D1688809

Programmierrichtlinien
in der Praxis

Harald Kellerwessel

Programmierrichtlinien in der Praxis

Die Deutsche Bibliothek –
CIP-Einheitsaufnahme

Ein Titeldatensatz für diese Publikation ist
bei Der Deutschen Bibliothek erhältlich.

ISBN 3-8266-0921-2
1. Auflage 2002

Alle Rechte, auch die der Übersetzung, vorbehalten. Kein Teil des Werkes darf in irgendeiner Form (Druck, Kopie, Mikrofilm oder einem anderen Verfahren) ohne schriftliche Genehmigung des Verlages reproduziert oder unter Verwendung elektronischer Systeme verarbeitet, vervielfältigt oder verbreitet werden. Der Verlag übernimmt keine Gewähr für die Funktion einzelner Programme oder von Teilen derselben. Insbesondere übernimmt er keinerlei Haftung für eventuelle, aus dem Gebrauch resultierende Folgeschäden.

Die Wiedergabe von Gebrauchsnamen, Handelsnamen, Warenbezeichnungen usw. in diesem Werk berechtigt auch ohne besondere Kennzeichnung nicht zu der Annahme, dass solche Namen im Sinne der Warenzeichen- und Markenschutz-Gesetzgebung als frei zu betrachten wären und daher von jedermann benutzt werden dürften.

Printed in Germany

© Copyright 2002 by mitp-Verlag/ Bonn,
ein Geschäftsbereich der verlag moderne industrie Buch AG & Co. KG/ Landsberg

Lektorat: Hans-Joachim Beese
Satz und Layout: G&U e.Publishing Services GmbH, Flensburg
Druck: Media-Print, Paderborn

Inhaltsverzeichnis

	Vorwort	11
1	**Ansprüche der Profis**	17
1.1	Effizienz statt Perfektion	17
1.2	So einfach wie möglich	20
1.3	Klare Begriffe	22
1.3.1	Programmierrichtlinie	23
1.3.2	Regel	23
1.3.3	Rahmenbedingung	24
1.3.4	Anwendungsbereich	26
1.3.5	Abgrenzung und Zusammenhang der Begriffe	27
2	**Wer erzeugt Quellcode?**	29
2.1	Welche Rolle(n) spielt der Programmierer?	29
2.2	Das Gehirn ist keine Datenbank	30
2.3	Garbage in ...	31
2.3.1	Was wird wahrgenommen?	33
2.3.2	Gestaltgesetze	39
2.3.3	Hintergrundwissen und Kontext	43
2.3.4	Gefühl, Glaubenskrieg und Zickzackkurs	44
2.4	Storage	47
2.4.1	Behalten	48
2.4.2	Umorganisieren	51
2.4.3	Vergessen	55
2.5	Garbage out ...	56
2.5.1	Wann wird vereinfacht?	57

2.5.2	Wie wird vereinfacht?	58
2.5.3	Wie kann man gegensteuern?	63
3	**Wo wird Quellcode verwendet?**	**65**
3.1	Lebenszyklus einer Source-Datei	65
3.1.1	Erstellung	66
3.1.2	Ablage	67
3.1.3	Einbau allgemeiner Funktionalitäten	69
3.1.4	Übersetzung	76
3.1.5	Test	77
3.1.6	Tuning	78
3.1.7	Überarbeitung	83
3.1.8	Peer Reviews	85
3.1.9	Generierung von Dokumentation	86
3.1.10	Wartung und Pflege	88
3.1.11	Portierung	96
3.1.12	Reverse Engineering	105
3.1.13	Wiederverwendung	106
3.1.14	Zusammenfassung	107
3.2	Softwareentwicklungs-Tools	107
3.2.1	Arten von Entwicklungswerkzeugen	108
3.2.2	Editoren	109
3.2.3	Beautifier	111
3.2.4	Vergleichswerkzeuge	112
3.2.5	X-Ref-Tools	113
3.2.6	Suchen-/Tauschen	116
3.2.7	Make	118
3.2.8	Debugger	119
3.2.9	Versionsmanagement	120
3.2.10	Werkzeuge zur Generierung von Dokumentation	123
3.2.11	Test- und Profiling-Tools	124
3.2.12	Integrierte Entwicklungsumgebungen	124

3.3	Beteiligte Personengruppen	126
3.4	Projektziel und -ressourcen	130
3.4.1	Zu entwickelndes System	130
3.4.2	Umfeld des Einsatzes	137
3.4.3	Engpässe des Projektes	137
4	**Gestaltung von Programmierrichtlinien**	**139**
4.1	Inhalt und Gliederung von Regelungen	139
4.1.1	Begründung von Regeln	140
4.1.2	Hinweise für Auslegung und Anwendung	140
4.1.3	Ausnahmen	141
4.1.4	Beispiele	141
4.1.5	Muss oder kann	142
4.2	Gliederung von Programmierrichtlinien	142
4.3	Gestaltungsprozess	145
5	**Einsatz von Programmierrichtlinien**	**151**
5.1	Einführung	151
5.2	Dauerhafte Umsetzung	152
6	**Allgemeine Regelungen**	**157**
6.1	Namensvergabe	157
6.1.1	Sprache	159
6.1.2	Zeichensatz	161
6.1.3	Verwendung von Unterstrichen	163
6.1.4	Groß- und Kleinschreibung	167
6.1.5	Länge	173
6.1.6	Abkürzungen	175
6.1.7	Prä- und Suffixe	178
6.1.8	Verwendung von Substantiven, Adjektiven und Verben	203
6.1.9	Reihenfolge	206
6.1.10	Sonstige Regeln	212

6.2	Ablage		213
6.2.1	Verzeichnisstruktur		215
6.2.2	Regelung des Ablaufs		216
7	**Sprachunabhängige Regeln für die Codierung**		219
7.1	Layout		219
7.1.1	Dateilänge		220
7.1.2	Länge von Blöcken und Prozeduren		220
7.1.3	Zeilenlänge		221
7.1.4	Umbruch von Zeilen		223
7.1.5	Anzahl Anweisungen je Zeile		225
7.1.6	Anzahl Variablen innerhalb einer Deklaration		225
7.1.7	Einrückungen		226
7.1.8	Leerzeichen bei Klammern und Operatoren		228
7.1.9	Leerzeilen		232
7.1.10	Horizontale Ausrichtung		234
7.1.11	Klammerung zusammengesetzter Ausdrücke		234
7.1.12	Formatierung von Kontrollstrukturen		235
7.1.13	Formatierung von Parameterlisten		245
7.2	Gliederung		247
7.3	Kommentierung		250
7.3.1	File- und Prozedur-Header		251
7.3.2	Erläuterungen zu Variablen, Parametern und Attributen		257
7.3.3	Block- und Zeilenende-Kommentare		258
7.3.4	Verweise		259
7.3.5	Änderungskommentare		260
7.3.6	To-do-Hinweise		260
7.3.7	Auskommentieren von Code		260
7.3.8	Vorgehensweisen beim Kommentieren		262
7.3.9	Layout von Kommentaren		263
7.4	Verwendung bestimmter Konstrukte		267
7.4.1	Schleifen		267
7.4.2	Sprunganweisungen		268

7.4.3	Bedingungen und Verzweigungen	269
7.4.4	Prozeduren und Funktionen	270
7.4.5	Variablen, Konstanten, Literale	271
7.4.6	Datentypen	273
7.4.7	Type-Casting	273
8	**Sprachspezifische Regelungen**	**275**
8.1	C-ähnliche Sprachen	276
8.1.1	C	277
8.1.2	C++	283
8.1.3	Java	286
8.2	Modula-2/-3	288
8.3	Ada	289
8.4	Visual Basic	289
8.5	Skriptsprachen	291
8.5.1	Perl	292
8.5.2	Python	294
8.6	SQL	296
9	**Das Programmierrichtlinien-Management-System**	**299**
9.1	Ziel	299
9.2	Rahmenbedingungen	301
9.3	Implementierungskonzept	302
9.4	Funktionalität	303
9.5	Benutzungsoberfläche	304
A	**Checkliste möglicher Regelungen einschließlich Alternativen**	**317**
A 1	Allgemeines	317
A 2	Alle Sprachen	331

Vorwort

Haben Sie irgendeinem Kollegen aus der Softwarebranche schon einmal eine Frage zum Thema Programmierrichtlinien gestellt? Welche Frage es auch immer war, mit hoher Wahrscheinlichkeit enthielt die Antwort die beiden Wörter „ja" und „aber":

- „*Ja*, es sollten schon längst einmal Programmierrichtlinien aufgestellt werden, *aber* es hat noch niemand die Zeit dafür gefunden."
- „*Ja*, eigentlich bräuchten wir Programmierrichtlinien, *aber* wir wollen keine Glaubenskämpfe unter den Entwicklern."
- „*Ja*, wir haben Programmierrichtlinien, *aber* im täglichen Projektstress hält sich niemand daran."
- „*Ja*, wir haben Programmierrichtlinien, *aber* nicht für diese Programmiersprache."
- „*Ja*, wir haben Programmierrichtlinien, *aber* sie sind so umfangreich, dass niemand mehr durchblickt."
- „*Ja*, wir haben Programmierrichtlinien, *aber* sie sind so schlecht geordnet, dass noch nie jemand darin die Regel gefunden hat, die er gerade suchte."

Und so weiter! Jeder, der die Praxis der Softwareentwicklung kennt, kann die Liste mühelos noch um einige Punkte erweitern. In kleinen Softwarehäusern oder EDV-Abteilungen fehlen Programmierrichtlinien oft völlig, bei den Großen der Branche füllen sie einen Stapel von Aktenordnern, in dem sich nur noch Eingeweihte auskennen. Beides ist nicht gut.

Auf der Ebene des einzelnen Entwicklers sieht es ähnlich aus: Manch einer hat einen Programmierstil, den seine Kollegen schlicht als „nicht vorhanden" bezeichnen, andere verplempern teure Zeit mit nutzloser „Codekosmetik". Auch diese Extreme zeigen nicht den richtigen Weg.

Dieses Buch schafft Abhilfe: *Beratern*, freiberuflichen *Entwicklern* sowie Mitarbeitern von *Softwarehäusern* oder *EDV-Abteilungen* gibt es einen Leitfaden an die Hand, der es ihnen ermöglicht

- die Aufwände für das Aufstellen und Umsetzen von Programmierrichtlinien so gering wie möglich zu halten und gleichzeitig,
- durch gesteigerte Softwarequalität einen Nutzen aus den Programmierrichtlinien zu ziehen, der die Aufwände weit mehr als nur wett macht.

Auf zweierlei Weise wird hierbei die Thematik angegangen. Zum einen vermittelt dieses Buch systematisch das erforderliche *Hintergrundwissen*, von der Psychologie des Programmierens über den geschickten Einsatz verfügbarer Softwaretools bis hin zu Tipps für die effektive Verwendung von Programmierrichtlinien bei der täglichen Entwicklungsarbeit. Dieses Hintergrundwissen ermöglicht es,

- Wesentliches von Unwesentlichem zu unterscheiden,
- Kosten und Nutzen von Regelungen richtig einzuschätzen

und damit letztlich

- Programmierrichtlinien nicht als Selbstzweck oder Streitobjekt, sondern als sinnvolles Werkzeug der Softwareentwicklung und –qualitätssicherung einzusetzen.

Zum anderen liefert dieses Buch *fertige Richtlinien* für eine Reihe gängiger Programmiersprachen. Wo immer es notwendig ist, sind dabei die einzelnen Regelungen begründet und gegebenenfalls auch Alternativen aufgezeigt. Dies ermöglicht eine schnelle und einfache Anpassung der Richtlinien, welche Gründe auch immer dies erfordern. Allgemeine, also von der verwendeten Sprache unabhängige Regeln, sind in einen eigenen Abschnitt ausgegliedert. Dadurch werden Änderungen und Erweiterungen zusätzlich vereinfacht.

Auf der CD zu diesem Buch finden Sie ein *Programm*, mit dem Sie Zeit sparend und komfortabel eigene Programmierrichtlinien erstellen und verwalten können. Gliederung und Inhalt sind dabei in einem weiten Rahmen konfigurierbar. Probleme der Praxis, wie

- unterschiedliche Programmierrichtlinien für wechselnde Projekte,

- Umgestaltungen während einer Einführungsphase und
- nachträgliche Änderungen aufgrund sich wandelnder Anforderungen

lassen sich mit dieser Software problemlos handhaben. Denn nicht jede Aufgabenstellung ist gleich: Wenn ein Prototyp zum Austesten eines Konzeptes erstellt werden soll, sind andere Vorgehensweisen effizient, als wenn ein ausfallsicheres System zu implementieren ist.

Der Quellcode für den Prototypen sollte beispielsweise besonders zügig erstellt werden, aber dennoch gewisse „Minimalqualitäten" haben. Sonst sind die im Code enthaltenen Implementierungsideen möglicherweise verloren, und einige Minuten für das Einfügen weniger Kommentarzeilen hätten schon eine Woche später einen ganzen Tag Arbeit erspart. Dementsprechend ist jeder Entwickler gehalten, selbst beim Implementieren eines Prototypen einige Regeln zu beachten, deren Hauptziel aber nicht ein fehlerfreier Code, sondern die Nachvollziehbarkeit grundlegender Implementierungsansätze ist. Bei der Programmierung eines ausfallsicheren Systems hingegen muss alles untersagt werden, was zu „Memory Leaks", nicht abgefangenen Ausnahmen oder sonstigen Fehlern führen kann, die ein System bei längerem Betrieb zwangsläufig irgendwann zum Absturz bringen.

Programmierrichtlinien, deren Ziel ganz allgemein „lesbarer und verständlicher Code" ist, werden den vielfältigen Problemstellungen der Praxis also nicht gerecht. Und das ist nur einer der Gründe, warum „Style-Guides" oder „Hinweise zum Programmierstil", wie man sie im Internet oder in Lehrbüchern findet, für einen professionellen Einsatz völlig unzureichend sind.

Hoffen wir also, dass die Antworten auf Fragen zum Thema „Programmierrichtlinien" zukünftig anders aussehen:

- *„Ja*, wir haben Programmierrichtlinien, und es hat auch nicht viel Zeit gekostet."
- *„Ja*, es gibt Zielkonflikte beim Aufstellen von Programmierrichtlinien, aber die werden ohne Glaubenskämpfe zwischen unseren Entwicklern gelöst."
- *„Ja*, wir haben Programmierrichtlinien, und zwar für alle Programmiersprachen, die wir einsetzen."

▶ „Ja, wir haben Programmierrichtlinien, und sie enthalten genau das, was für unsere Arbeit wesentlich ist."

▶ „Ja, wir haben Programmierrichtlinien, und sie sind so gut geordnet, dass jeder darin sofort findet, was er sucht."

▶ „Ja, wir halten uns an die Programmierrichtlinien, und deswegen hat der Projektstress auch abgenommen."

In diesem Sinne wünscht der Autor viel Erfolg beim Einsatz dieses Buches und des zugehörigen Programmes.

Aachen 2002

Harald Kellerwessel

Über den Autor

Harald Kellerwessel studierte von 1981 bis 1987 an der RWTH Aachen und der Universität Köln Betriebswirtschaftslehre. Dabei spezialisiert er sich auf Organisation, Informatik und Unternehmensrechnung.

Nach seinem Studium arbeitete er teils als angestellter, teils als selbstständiger Softwareentwickler. Daneben absolvierte er an der RWTH Aachen ein Zusatzstudium in Operations Research (Unternehmensforschung). In seiner Abschlussarbeit setzte er sich mit denk- und wahrnehmungspsychologischen Problemen beim computerunterstützten Entscheiden auseinander.

Seit mehreren Jahren ist der Autor als freier Softwareentwickler und EDV-Berater in Aachen tätig. Sie erreichen ihn per E-Mail unter harald.kellerwessel@t-online.de.

Anregungen und Kritik zu diesem Buch sind jederzeit willkommen, zumal sich aufgrund der komplexen Thematik dieses Buches sicherlich der ein oder andere Fehler nicht vermeiden ließ.

Danksagung

Ziel dieses Buches ist es nicht, neue Erkenntnisse zu schaffen, sondern vielmehr vorhandenes Wissen zu ordnen und in eine möglichst leicht anwendbare Form zu bringen. Mein Dank gebührt deswegen allen, die in Büchern, in Zeitschriften oder im Internet Informationen veröffentlicht haben, auf die bei der Erstellung dieses Buches zurückgegriffen wurde. Hierzu gehören nicht nur EDV-Fachleute, sondern insbesondere auch jene, die in der zweiten Hälfte des 20. Jahrhunderts begannen, die menschliche Wahrnehmung, unser Denken und unser Entscheidungsverhalten mit Hilfe wissenschaftlicher Experimente systematisch zu untersuchen. Gerade deren Arbeit wird in der Öffentlichkeit viel zu wenig anerkannt und viel zu wenig gefördert. Dies ist vor allem deswegen bedauerlich, weil das von ihnen geschaffene Know-how in einer Zeit, in der Menschen – nicht zuletzt im Bereich Softwareentwicklung – immer komplexere Aufgabenstellungen angehen, von größtem Nutzen ist. Aus diesem Grunde möchte ich hier wenigstens einige von ihnen namentlich erwähnen:

Alpert, M., Amabile, T. A., Anderson, C. A., Anderson, J. R., Bar-Hillel, M., Chapman, J., Chapman, L. J., Chesnick, E. I., Cohen, J., Dawes, R. M., Eddy, D. M., Edwards, W., Einhorn, H. J., Fischhoff, B., Frey, D., Geißler, H., Gettys, C. F., Haran, D., Hayes-Roth, B., Janis, I. L., Jennings, D. L., Kahnemann, D., Kelly, C. W. III, Langer, E. J., Levine, J. M., Lichtenstein, S., Miller, G. A., Murphy, G., Nisbett, R. E., Oskamp, S., Peterson, C. R., Raiffa, H., Ross, L., Slovic, P., Tversky, A., Wright, P.

Außerdem gilt mein ganz besonderer Dank Herrn Beese vom MITP-Verlag, der die Arbeit an diesem Buch in jeder denkbaren Form unterstützt hat, sowie natürlich allen, die mir durch Korrektur lesen, nützliche Hinweise und wohlwollende Kritik beigestanden haben. Zu nennen sind hier ganz besonders meine Eltern, meine Brüder, Christiane Kuhn und – last but not least – Dieter Hermanns.

1 Ansprüche der Profis

1.1 Effizienz statt Perfektion

Wer Programme nur für seinen privaten Gebrauch schreibt, der mag es mit der Softwarequalität halten wie er will. Anders sieht es aus, wenn die Entwicklung

- einen kommerziellen Zweck hat,
- der Ausbildung von Personen dient, die mit hoher Wahrscheinlichkeit einmal professionell Software entwickeln werden (Informatiker, DV-Kaufleute, mathematisch-technische Assistenten usw.) oder
- eine Public-Domain-Software betrifft, die mit dem Anspruch auf Sicherheit und Stabilität einem breiten Publikum zugänglich gemacht wird.

In allen diesen Fällen *sollte* Code erstellt werden, der verständlich, kontrollierbar und leicht zu warten ist, um nur einige Qualitätskriterien zu nennen. Die Realität sieht jedoch vielfach anders aus:

- In kleinen Softwarehäusern, bei Start-Ups und in den EDV-Abteilungen selbst größerer Unternehmen fehlen Programmierrichtlinien ganz oder zumindest teilweise; „kommentarfreie Programmierung" und ähnliche Unsitten sind an der Tagesordnung.
- Informatiklehrstühle veröffentlichen zwar Programmierrichtlinien im Internet – aber manch einer, der eine deutsche Hochschule mit einem Diplom in diesem Fach verlässt, schreibt dennoch Code von katastrophaler Qualität.
- Wer schließlich Public-Domain-Software für besser hält als kommerzielle, hat sich sicher noch nie die Mühe gemacht, in frei zugängliche Sources einmal einen Blick hineinzuwerfen.

Anspruch und Wirklichkeit klaffen beim Thema „Softwarequalität" auch heute noch meist weit auseinander, und

- fehlende,
- unzureichende oder
- schlecht gestaltete

Programmierrichtlinien sind dafür eine der Hauptursachen.

> Klammern nur dort, wo die Syntax es erfordert,
> Leerzeichen Mangelware,
> Kommentierung fehlend:
>
> ```
> hdr -> pktlen + = (ulong)*++buf << (8*--hdr->lenbytes);
> ```
>
> Um eine Seite Quellcode dieser Qualität zu enträtseln, benötigt selbst ein erfahrener C-Programmierer Stunden.
> (Das Vorbild für diese Zeile entstammt einem weltweit verbreiteten Public-Domain Programm.)

Abbildung 1.1: Beispiel für Codequalität von Public-Domain-Software

Der Ruf nach guten Programmierrichtlinien erschallt also sicherlich zu Recht, aber der Teufel steckt wie immer im Detail – und dies ganz besonders, wenn es um professionelle Softwareentwicklung geht.

Denn dann

- genügt es nicht, Richtlinien nur für eine Programmiersprache zu haben,
- kann nicht blindlings „perfekter Code" angestrebt werden, weil begrenzte Budgets und enge Termine zu Kompromissen zwingen,
- sind oftmals schlecht miteinander verträgliche Anforderungen gleichzeitig zu erfüllen – Portabilität ist hier nur eines der gefürchteten Schlagwörter,
- ändern sich Rahmenbedingungen von Projekt zu Projekt oder sogar während eines Projektes, sodass auch die Implementierungsarbeiten anderen Regeln folgen müssen,

- entsteht die Notwendigkeit, nebulöse Qualitäts*wünsche* in konkrete Qualitäts*kriterien* umzusetzen,
- sind die Qualitätskriterien wiederum nach unternehmerischen Maßstäben gegen kurz- und langfristige Kosten- sowie Terminziele abzuwägen.

Diese Liste erhebt noch bei weitem keinen Anspruch auf Vollständigkeit. Kurz gesagt: Programmierrichtlinien sollen helfen, Qualitätsprobleme zu lösen, können aber sehr schnell selbst zum Problem werden.

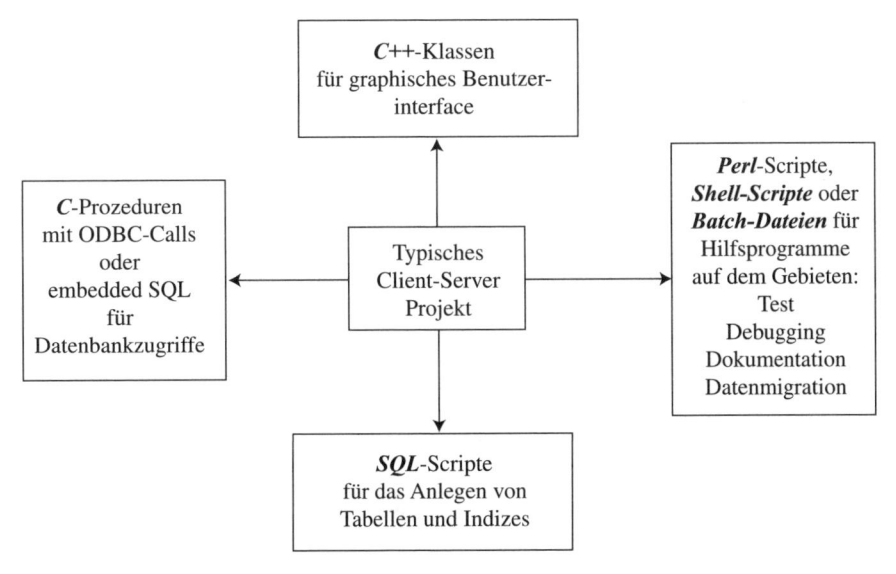

Abbildung 1.2: Unterschiedliche Programmiersprachen in einem Projekt (Beispiel)

Manch einer verdrängt dieses Thema deshalb am liebsten ganz. Aber genau das ist der sicherste Weg in die Sackgasse. Denn schlechter Programmcode verursacht meist schon während der Entwicklung und Inbetriebnahme eines Systems so hohe Kosten, dass sich die Investition in ein angemessenes Maß an Softwarequalität rentiert hätte.

Also hilft nur die Offensive:

- das Know-how zu den Themen „guter Programmierstil" und „effiziente Implementierung" systematisch zusammenstellen,
- die Probleme und Zielkonflikte der Praxis aufzeigen (anstatt sie zu verdrängen!),
- Lösungen *vorschlagen*, aber *nicht vorschreiben*.

Diese drei Punkte sind die Leitlinie für die folgenden Kapitel. Das Buch soll also als Werkzeug dienen für alle, die Programmierrichtlinien in einem professionellen Umfeld benötigen. Es reduziert den Aufwand für Aufstellung und Weiterentwicklung von Programmierrichtlinien auf das notwendige Minimum. Zudem zeigt es auf, wie man Programmierrichtlinien nutzbringend verwendet – und das heißt mehr, als sie zur Gewissensberuhigung im Schreibtisch aufzubewahren.

Dogmen oder das Streben nach dem „perfekten Quellcode" haben in diesem Buch nichts zu suchen. Stattdessen werden die Widersprüche und Begrenzungen des Softwareentwicklungsalltags offen dargestellt und Wege aufgezeigt, wie man damit umgehen kann. Die für ein Unternehmen oder ein Projekt angemessensten Kompromisse und Entscheidungen zu finden, bleibt Sache des jeweiligen Teams. Weil sicher noch für kein Softwareprojekt auf dieser Welt unbegrenzte Ressourcen vorhanden waren, empfiehlt sich dabei Augenmaß und das Streben nach Effizienz. Das notwendige Hintergrundwissen hierzu vermittelt dieses Buch.

1.2 So einfach wie möglich

Softwareprojekte ohne Zeitdruck gibt es nur in Ausnahmefällen. Organisatorische Verbesserungen bleiben deswegen im Alltag der kommerziellen Softwareentwicklung häufig auf der Strecke. Aus diesem Grund muss jedes Buch für einen professionellen Programmierer einfach zu lesen, systematisch geordnet und auf das Wesentliche beschränkt sein.

Leider ist aber das wirkliche Leben nie so simpel, wie Theoretiker dies gerne hätten, und das gilt ganz besonders dort, wo Programme entwickelt werden. Und weil gute Entscheidungen gerade bei der Softwareentwicklung viel Geld sparen und schlechte viel Zeit, Geld und Motivation (!) kosten, lohnt es sich, bei der Frage nach guten Programmierrichtlinien etwas weiter auszuholen.

Dazu müssen vier Problemkreise betrachtet werden:

1. die Erstellung von Quellcode,
2. die Verwendung von Quellcode,
3. die Gestaltung von Programmierrichtlinien und
4. die Verwendung von Programmierrichtlinien.

Die Erstellung von Quellcode interessiert uns, weil die Richtlinien darauf ausgerichtet sein müssen, *mit möglichst geringem Aufwand möglichst guten Code* zu erzeugen.

Die Verwendung von Quellcode muss betrachtet werden, um beurteilen zu können, was eigentlich „guter Code" ist. Denn nur wenn man weiß,

- wer,
- was,
- wann und
- mit welchen Softwaretools

mit einer Programmdatei macht, kann man beurteilen, welche Eigenschaften von Code – neben der Korrektheit – vorteilhaft sind und welche nicht.

Die beiden ersten Punkte liefern also die Hintergrundinformationen zur Klärung der Frage, was in Programmierrichtlinien vorgeschrieben oder empfohlen werden sollte und was herauszulassen ist. Damit steht aber noch nicht fest, wie Programmierrichtlinien zu gestalten sind, um die Entwickler möglichst gut zu unterstützen. Auch Richtlinien müssen Qualitätskriterien wie etwa Verständlichkeit und Übersichtlichkeit erfüllen, und auch die Art, wie sie eingesetzt werden, kann noch Effizienzgewinne bringen oder umgekehrt die angestrebten Erfolge zunichte machen. Deswegen wird die Gestaltung und Verwendung von Programmierrichtlinien in jeweils eigenen Kapiteln abgehandelt.

In den folgenden Abschnitten des Buches wird dann Punkt für Punkt aufgezeigt, was man unter welchen Bedingungen wie regeln sollte. Dabei werden als Erstes grundlegende Dinge angesprochen, also solche, die von den verwendeten Programmiersprachen weitestgehend unabhängig sind. Hierzu gehören unter anderem Namensvergabe, Kommentierung und Layout. Da sinnvolle Vorgehensweisen oftmals von vielen Details abhängen und es häufig auch Spielräume gibt, werden die vorgeschlagenen Regelungen dabei nicht nur einfach aufgelistet, sondern es wird auch ihr Für und Wider angegeben. So existiert in jedem einzelnen Fall eine Basis für eine Entscheidung darüber, ob man eine Regelung wortwörtlich in die eigenen Richtlinien übernehmen, sie modifizieren oder sogar ganz weglassen sollte.

Als Nächstes werden Regeln aufgeführt, die nur für bestimmte Programmiersprachen oder sogar noch enger definierte Anwendungsbereiche gelten, wie etwa bestimmte Sprachdialekte. Auch hier wird angegeben, wann und warum bestimmte Regelungen gelten sollten und wann sie anzupassen oder sogar ganz wegzulassen sind.

Damit ist hoffentlich auch klar, wie dieses Buch *nicht* verwendet werden sollte: Die im letzten Teil des Buches aufgeführten Regelungen sollen nicht blindlings übernommen, sondern kritisch durchgesehen und auch im Team diskutiert werden. Und damit die Diskussionen nicht in „Glaubenskriege" ausarten, wird im ersten Teil dieses Buches jenes Hintergrundwissen vermittelt, das für sachgerechte Entscheidungen nun einmal erforderlich ist. Mindestens einer im Team sollte dieses Hintergrundwissen parat haben und seinen Teamkollegen jederzeit vermitteln können. Derjenige sollte diesen Teil des Buch also wenigstens einmal gelesen haben – keine Sorge, diese Lektüre gehört zu den leichteren und angenehmeren Aufgaben für einen Softwareentwickler!

Programmierrichtlinien einführen oder verbessern heißt in Softwarequalität investieren. Investitionen sind niemals zum Nulltarif zu haben. Aber wenn richtig investiert wird, zahlt sich das aus. Dieses Buch zu lesen und mit seiner Hilfe Programmierrichtlinien zu erstellen, rentiert sich schon für ein einzelnes, kleineres Projekt – vorausgesetzt, die Richtlinien werden erstellt, *bevor* die Implementierungsarbeiten beginnen.

1.3 Klare Begriffe

Ein verständlicher und eindeutiger Sprachgebrauch ist für professionelle Arbeit unerlässlich. Das versteht sich insbesondere für den Bereich Softwareentwicklung und selbstverständlich auch für dieses Buch. Deswegen werden hier die wichtigsten Begriffe, die in den folgenden Kapiteln verwendet werden, kurz erläutert.

1.3.1 Programmierrichtlinie

Eine *Programmierrichtlinie* ist eine systematisch zusammengestellte, schriftlich fixierte Menge von Regeln, die bei der Erstellung von Quellcode zu beachten sind. Der Begriff ist bewusst recht allgemein gefasst, sodass hier nicht nur Dinge wie Namensvergabe und Layout, sondern etwa auch Regelungen bezüglich der Ablage von Source-Dateien in einem Versionsmanagement-System eingeordnet werden können. Das Ziel heißt letztendlich „Softwarequalität", und nicht für jedes Unternehmen oder Projekt ist es sinnvoll, die für Entwickler wichtigen Regeln auf unterschiedliche Dokumente zu verteilen.

In der Praxis kann es selbstverständlich zweckmäßig sein, Regelungen – beispielsweise für das Konfigurationsmanagement – in eine gesonderte Richtlinie auszugliedern. Man sollte verbleibende Abhängigkeiten aber nicht übersehen. Die Ziele des Konfigurationsmanagements lassen sich meist nur erreichen, wenn bei der Programmierung bestimmte Regeln eingehalten werden. Deswegen ist es wichtig, diese Dinge im Zusammenhang zu betrachten. Aus diesem Grund wird hier mit einer vergleichsweise weit gefassten Definition für den Begriff „Programmierrichtlinie" gearbeitet.

1.3.2 Regel

Unter einer *„Regel"* oder *„Regelung"* wird eine einzelne, oft nur aus einem einzigen Satz bestehende Vorschrift oder Empfehlung verstanden. Sie legt für einen bestimmten Aspekt der Programmierung eine Vorgehensweise oder Form fest. Eine Regel sagt beispielsweise aus, nach welchen Kriterien ein Datentyp für eine Variable zu wählen ist, oder ob zur Einrückung Leer- oder Tabulatorzeichen zu verwenden sind.

Zur Regelung einzelner Probleme bei der Programmierung gibt es häufig mehrere sinnvolle Alternativen. Zwischen diesen zu wählen ist Sache des Entwicklerteams, des Projekt- oder des Abteilungsleiters. Sind alle notwendigen Entscheidungen gefällt, gibt es aber für jeden Aspekt, der bezüglich des Inhalts der Sourcen oder des Umgangs mit ihnen geregelt werden soll, auch genau eine Regelung. Wo Missverständnisse sonst möglich wären, wird in diesem Buch ausdrücklich zwischen *Regeln* oder *Regelungen* auf der einen und *Regelungsalternativen* auf der anderen Seite unterschieden.

1.3.3 Rahmenbedingung

Eine Programmierrichtlinie ist immer eine Zusammenstellung von Regeln für einen bestimmten *Zweck*, wie etwa „Erstellung von Client-Programmen für Sicherheits-sensitive Client-/Server-Systeme". Mit dem Zweck einer Programmierrichtlinie sind bestimmte *Rahmenbedingungen* verbunden, die auf den Inhalt der Richtlinie Einfluss haben. Beispielsweise kann eine Programmierrichtlinie, die bei der Erstellung von Software für besonders sicherheitsempfindliche Bereiche anzuwenden ist, bestimmte Vorgehensweisen vorschreiben, die man bei zeitkritischen Anwendungen ausdrücklich untersagen würde.

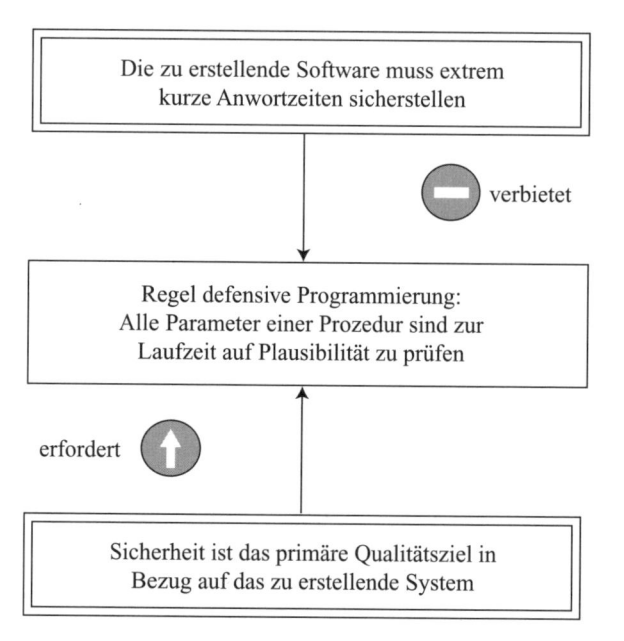

```
┌─────────────────────────────────────┐
│ Die zu erstellende Software muss    │
│ extrem kurze Anwortzeiten           │
│ sicherstellen                       │
└─────────────────────────────────────┘
              │
              │      ⊖ verbietet
              ▼
┌─────────────────────────────────────┐
│ Regel defensive Programmierung:     │
│ Alle Parameter einer Prozedur sind  │
│ zur Laufzeit auf Plausibilität      │
│ zu prüfen                           │
└─────────────────────────────────────┘
              ▲
   erfordert  ⬆
              │
┌─────────────────────────────────────┐
│ Sicherheit ist das primäre          │
│ Qualitätsziel in Bezug auf das      │
│ zu erstellende System               │
└─────────────────────────────────────┘
```

Abbildung 1.3: Andere Rahmenbedingungen erfordern andere Regelungen (Beispiel)

Solche Rahmenbedingungen kann man ganz allgemein als Eigenschaften jener Dinge sehen, die zu einem Projekt gehören:

▶ Anforderungen an die zu entwickelnde Software

▶ Eigenheiten der zu erwartenden Einsatzumgebung des Systems

▶ Besonderheiten des Entwicklungsteams

▶ Funktionalität der Entwicklungsumgebung.

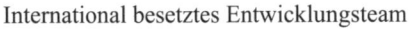

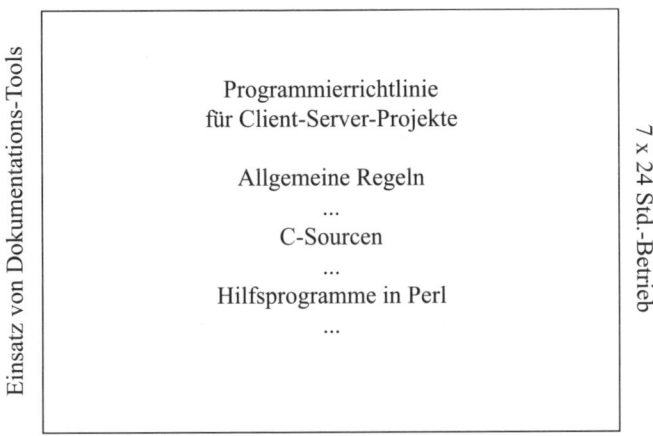

```
                International besetztes Entwicklungsteam
        ┌─────────────────────────────────────────────┐
        │                                             │
        │           Programmierrichtlinie             │
        │          für Client-Server-Projekte         │
 Tools  │                                             │  7 x 24 Std.-Betrieb
        │            Allgemeine Regeln                │
        │                   ...                       │
        │               C-Sourcen                     │
        │                   ...                       │
        │          Hilfsprogramme in Perl             │
        │                   ...                       │
        └─────────────────────────────────────────────┘
              Zugriff auf sensitive Daten über das Internet
```
(Einsatz von Dokumentations-Tools — linke Seite)

Abbildung 1.4: Rahmenbedingungen für eine Programmierrichtlinie

Bei der Erstellung einer Programmierrichtlinie ist die Beachtung von Rahmenbedingungen wichtig, weil es die „unter allen Umständen perfekte Vorgehensweise" in der Praxis der Softwareentwicklung nicht gibt. Ändern sich die Rahmenbedingungen eines Projektes, müssen oft auch Regelungen im Bereich der Programmierung angepasst werden. Dies sollte natürlich möglichst selten vorkommen. Ist es aber unvermeidlich, so erleichtern gut gestaltete Programmierrichtlinien die erforderlichen Anpassungen der Programme und auch der Richtlinien selbst. Zudem können sie bei der Abschätzung der Aufwände helfen, die aufgrund der geänderten Rahmenbedingungen zu erwarten sind.

```
         ┌─────────────────────────────┐
         │ Geänderte Rahmenbedingung   │
         └──────────────┬──────────────┘
                        ▼
    ┌───────────────────────────────────────────┐
    │ Neue Version der Programmierrichtlinie    │
    │ erstellen                                 │
    └──────────────────┬────────────────────────┘
                       ▼
  ┌──────────────────────────────────────────────┐
  │ Alte und neue Version der Programmierrichtlinie vergleichen │
  └──────────────────┬───────────────────────────┘
                     ▼
  ┌──────────────────────────────────────────────┐
  │ Die Unterschiede zwischen den Versionen der  │
  │ Programmierrichtlinie sagen aus, welche Arten von │
  │ Änderungen an den Sourcen durchzuführen sind.│
  └──────────────────┬───────────────────────────┘
                     ▼
  ┌──────────────────────────────────────────────┐
  │ Alle Stellen im Quellcode ermitteln, die von den Änderungen │
  │ betroffen sind                               │
  │ (halbautomatisch mit Hilfe von Such-Utilities) │
  └──────────────────┬───────────────────────────┘
                     ▼
  ┌──────────────────────────────────────────────┐
  │ Aufwand für Anpassung dieser Code-Stellen abschätzen und │
  │ zu den anderen Aufwänden addieren, die aus der Änderung │
  │ der Rahmenbedingung resultieren              │
  └──────────────────┬───────────────────────────┘
                     ▼
         ┌─────────────────────────────┐
         │ Änderungen durchführen      │
         └─────────────────────────────┘
```

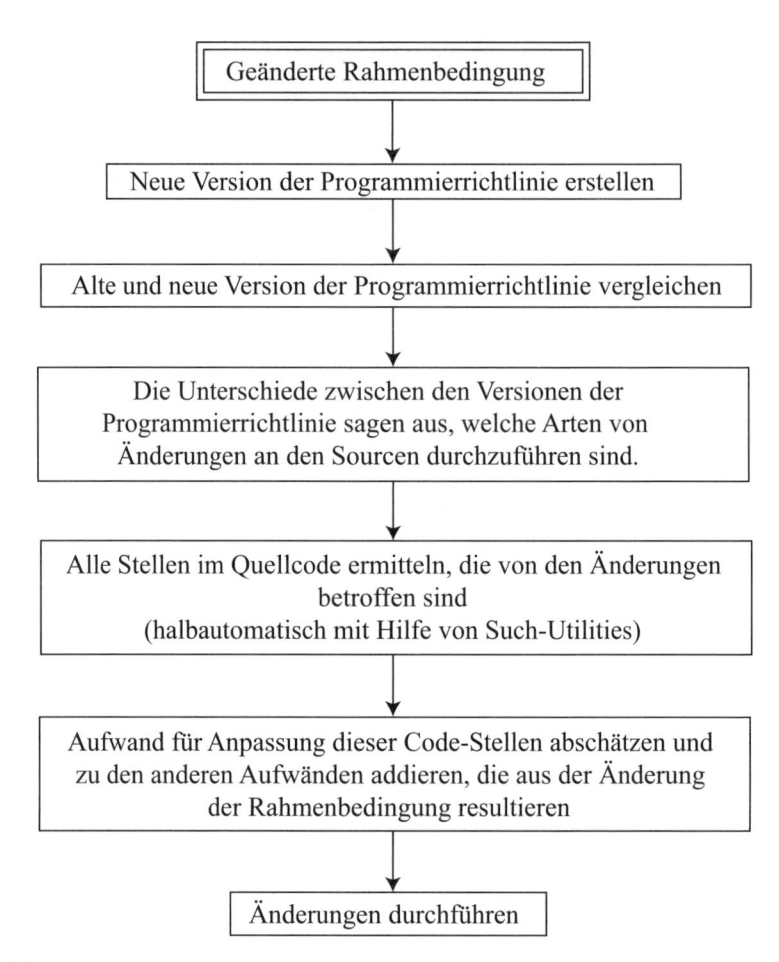

Abbildung 1.5: Vorgehensweise zur Anpassung von Programmierrichtlinien und betroffenen Sourcen bei der Änderung von Rahmenbedingungen

1.3.4 Anwendungsbereich

Jeder, der schon einmal im Internet nach „Style-Guides" oder „Programmierrichtlinien" gesucht hat, wird feststellen, dass diese meist für eine spezielle Programmiersprache erstellt werden. Diese 1:1-Zuordnung von Programmierrichtlinie und Programmiersprache ist aber wenig sinnvoll. Denn es gibt

1. Regeln, die von der verwendeten Sprache völlig unabhängig sind, und deswegen ausgegliedert werden sollten – man denke nur an solche bezüglich der Kommentierung,

2. Sprachen, die sich ähneln, wie beispielsweise C, C++ und Java oder diverse Basic-Dialekte,
3. sehr spezielle Arten von Quellcode, die unter Umständen noch einmal besondere Regelungen erfordern. Hier könnte man exemplarisch Sources nennen, die in C geschrieben sind und eingebettete Assembler-Statements enthalten.

Deswegen sollte eine Programmierrichtlinie unterteilt sein in Bereiche,

- die allgemein gültig sind, und
- in solche, die sich ausschließlich auf bestimmte Arten von Quellcode beziehen,

wie etwa „C- und C++-Sourcen" oder – schon sehr speziell, aber durchaus praxisnah – „C++-Code für Corba-Server".

Eine Programmierrichtlinie für ein größeres Client-/Server-Projekt könnte man also – neben einem Teil für allgemeine Regeln – beispielsweise in die folgenden Abschnitte untergliedern:

- C-Sourcen allgemein
- C mit embedded SQL
- SQL-Skripte allgemein
- Server-seitig auszuführende SQL-Prozeduren („Stored Procedures")
- Perl- und Shell-Skripte

Dies ist zweckmäßig, denn wer die Qualität eines Perl-Skriptes beurteilen will, sollte schließlich beim Lesen der anzuwendenden Regelungen die Tücken von „C" außen vor lassen können.

Weil es hier um etwas mehr geht, als jeweils nur um eine Programmiersprache – man beachte das Beispiel „C++-Code für Corba-Server" – wird in diesem Buch von *„Anwendungsbereichen"* gesprochen und damit die Art von Quellcode gemeint, auf die sich bestimmte Regelungen beziehen.

1.3.5 Abgrenzung und Zusammenhang der Begriffe

Insbesondere die Begriffe „Anwendungsbereich" und „Rahmenbedingung" sollten sauber getrennt werden, auch wenn es zwischen Rahmenbedingungen und Anwendungsbereichen ein Zusammenspiel geben kann. Das folgende Beispiel soll dies verdeutlichen.

Beispiel:

Ein Client-/Server-Projekt, bei dem ODBC für den Zugriff auf die Datenbank verwendet wird, benötigt im Zweifel Regelungen für den Anwendungsbereich „C-Sourcen mit ODBC-Zugriffen". Die Rahmenbedingung „ODBC-Zugriffe" kann sich aber auch auf den Anwendungsbereich „Stored Procedures" auswirken: die Verwendung bestimmter Datentypen für die Parameter der SQL-Prozeduren könnte untersagt werden, was bei der Rahmenbedingung „Client-Zugriffe ausschließlich über embedded SQL" nicht der Fall wäre.

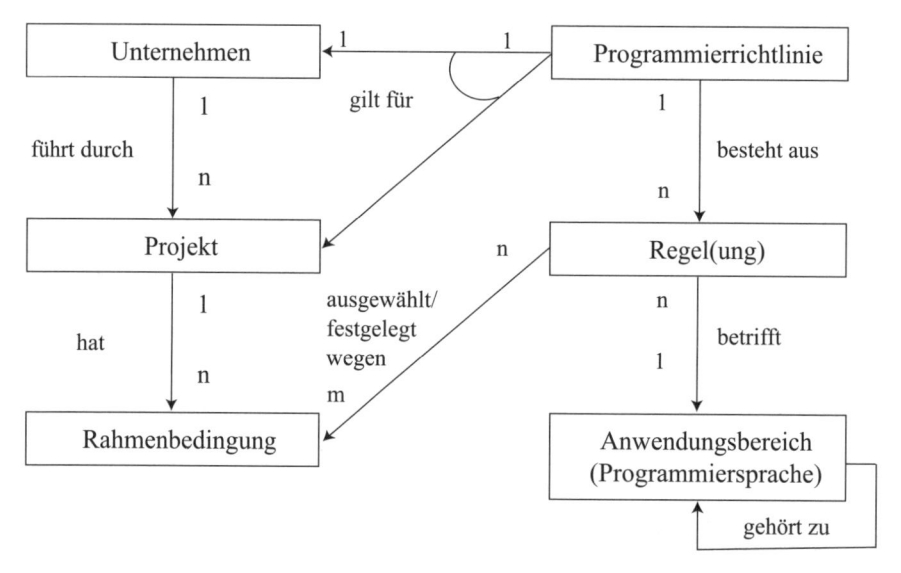

Abbildung 1.6: Zusammenhang zwischen Programmierrichtlinie, Regelung, Rahmenbedingung und Anwendungsbereich

Eine Programmierrichtlinie enthält also Regeln, die jeweils in engeren oder weiteren Anwendungsbereichen zu beachten sind. Der Inhalt einer Programmierrichtlinie hängt im Einzelnen von den Rahmenbedingungen der Projekte ab, für die die Richtlinie gültig sein soll.

Weitere Begriffe werden – soweit erforderlich – bei ihrer erstmaligen Verwendung erläutert.

2 Wer erzeugt Quellcode?

Programme schreiben ist – trotz der Tatsache, dass es für bestimmte Zwecke auch Code-Generatoren gibt – immer noch Sache von Menschen. Deren Stärken und Schwächen bestimmen also, wie gut die Sources werden und wie schnell sie fertig sind. Und weil Programmierung nun mal fast ausschließlich geistige Arbeit bedeutet, müssen wir uns in diesem Abschnitt insbesondere mit einigen Erkenntnissen der kognitiven oder auch *Denk- und Wahrnehmungspsychologie* beschäftigen.

Wer – in welcher Form auch immer – schon an Softwareprojekten beteiligt war, hat sicherlich über so manches, was er dabei erlebt hat, verständnislos den Kopf geschüttelt. In diesem Kapitel wird er erfahren, warum viele, angeblich „so überflüssige" Probleme keineswegs zufällig entstehen, sondern ganz einfach mit der Funktionsweise unseres Gehirns zu tun haben. Denn zusammengefasst lauten die wichtigsten Erkenntnisse der kognitiven Psychologie schlicht: *Der angeblich so großartige menschliche Geist ist weitaus besser zur schnellen Bilderkennung geeignet als zu jenen Formen des strukturierten und planenden Denkens, die das Programmieren erfordert.* Aber wenn man das weiß und berücksichtigt, kann man die daraus resultierenden Probleme zumindest reduzieren.

2.1 Welche Rolle(n) spielt der Programmierer?

Der Programmierer ist nicht nur derjenige, der sich Algorithmen zur Lösung einer Aufgabenstellung überlegt und niederschreibt. Er ist auch derjenige, der

- seine eigenen Sources am häufigsten liest,
- den Code seiner Kollegen verstehen, verwenden und gegebenenfalls anpassen muss,
- und er ist selbstverständlich Adressat sowie oft auch (Mit-)Ersteller der Programmierrichtlinien.

In allen diesen Rollen muss er Informationen

- aufnehmen,
- speichern,
- wieder abrufen und
- verarbeiten.

Und bei allen diesen Tätigkeiten ist er in erster Linie einmal Mensch, ausgestattet mit einem Denk- und Wahrnehmungsapparat, den die Evolution für ganz andere Zwecke als für das Programmieren entwickelt hat. Zudem ist jeder Mensch Schwankungen seiner Leistungsfähigkeit, seines Wohlbefindens und seiner Gefühle unterworfen, die auf seine Informationsaufnahme und -Verarbeitung weit mehr Einfluss ausüben als Softwareprojekten im Allgemeinen gut tut. Die Erkenntnisse der Psychologie zu diesem Themengebiet und welche Lehren sich daraus für das Programmieren und für das Aufstellen der zugehörigen Richtlinien ergeben, wird in den folgenden Abschnitten erläutert.

2.2 Das Gehirn ist keine Datenbank

Das menschliche Gehirn besteht – neben der „Versorgungsinfrastruktur" aus Adern und dergleichen – aus ca. 100 Milliarden Nervenzellen, die der Fachmann *Neuronen* nennt. Jedes Neuron ist über tausende von Kontaktstellen, so genannten *Synapsen*, mit anderen Nervenzellen verbunden. Der Trick, der uns das Aufnehmen und Behalten von Informationen ermöglicht, besteht in einer Eigenschaft dieser Synapsen: je öfter eine Synapse einen Reiz erhält und je stärker dieser ist, desto besser ist sie in der Lage, ihn weiterzuleiten. Lernen und Gedächtnis basieren also darauf, dass Informationen, die als Reize von unseren Sinnesorganen aufgenommen werden, bestimmte Verbindungen in unserem Gehirn trainieren – und andere nicht.

Bei der Verarbeitung der Reize werden niemals nur einzelne Zellen stimuliert, sondern immer mehr oder minder große Bereiche. Und weil Menschen über ihre verschiedenen Sinne gleichzeitig Informationen aufnehmen und sich teilweise auch noch unterschiedliche Hirnareale an der Verarbeitung des Inputs eines Sinnesorganes beteiligen, kommt es bei der Informationsverarbeitung im Gehirn zu komplizierten Reizmustern, die noch dazu bei jedem Menschen unterschiedlich ausfallen. Denn schließlich sind bei jedem von uns die Synapsen in anderer Art und Weise „vortrainiert".

Diese Vorgänge sind also etwas völlig anderes als das Abspeichern von Werten in einer Datenbank, und sie sind auch in keiner Weise mit dem Lesen von Daten aus einer Datei vergleichbar. Beim Gehirn findet das Abspeichern und Abrufen von Informationen niemals getrennt statt – und niemals, ohne dass bewusste oder unbewusste „Nebeninformationen" mit gespeichert oder abgerufen werden.

Folgerichtig liefert unser Gehirn bei einer „Abfrage" auch nicht wortwörtlich ab, was „eingespeichert" wurde. Es vernachlässigt Details, es verschmilzt neue Informationen mit vorhandenem Wissen, es verarbeitet und verfälscht, es ordnet um, es missversteht und es vergisst. Dies sind alles völlig normale Vorgänge und keineswegs selten auftretende Fehler.

Bei der Programmierung müssen diese Dinge entsprechend einkalkuliert werden. Das bedeutet Folgendes:

1. Aus der Arbeitsweise des menschlichen Gehirns resultierende Fehler sind in der Summe sehr häufig. Untersuchungen belegen beispielsweise, dass selbst von Informationen, die jemand in guten Glauben als „sicher" oder sogar „absolut sicher" bezeichnet, *jede vierte oder fünfte falsch ist!*
2. Zu welchen Arten von Fehlern unser Gehirn am meisten neigt, ist mittlerweile recht gut bekannt. Gezielte Maßnahmen zur Fehlervermeidung sind deshalb möglich und sollten durch entsprechende Regelungen im Softwareentwicklungsprozess verankert werden.

In den nächsten Kapiteln wird das Wissen über die menschliche Informationsverarbeitung detaillierter dargestellt. Dabei wird auch aufgezeigt, mithilfe welcher Regelungen man typische Fehler vermeiden, aber auch die Stärken unseres Gehirns nutzen kann.

2.3 Garbage in ...

Für die Programmierung hat die *visuelle* Wahrnehmung, also das Erkennen von Schrift, Bildern und Symbolen, die größte Bedeutung. Der Inhalt eines Code-Abschnitts etwa sollte schnell, vollständig und korrekt erfasst werden. Entsprechendes gilt selbstverständlich auch für die Dokumentation und die zahllosen anderen Schriftstücke, die in Softwareprojekten eine Rolle spielen.

Die Stärke des menschlichen Gehirns liegt jedoch in der Fähigkeit, Wahrgenommenes *sehr schnell* zu strukturieren und exakt *eine* Bedeutung herauszufiltern – auf Kosten von Vollständigkeit und Genauigkeit. Dieses Können ist überlebenswichtig: unsere Urahnen hat es vor den Gefahren der Wildnis geschützt, heute hilft es uns, Unfällen in Haushalt und Verkehr zu entgehen. Für die Programmierung hat diese Stärke jedoch eher eine Reihe von Nachteilen. Um diese im Einzelnen beurteilen zu können, muss man den Wahrnehmungsvorgang etwas näher betrachten.

Die von den Netzhautzellen des Auges gelieferten Helligkeitsinformationen werden zunächst von speziellen Neuronen verarbeitet, die als eine Art Kanten- und Balkendetektoren wirken. Das heißt, das ankommende Bild wird als Erstes in einfache Linien- und Flächenelemente zerlegt. Diese werden schrittweise zu höheren Einheiten zusammengesetzt, bis schließlich ein reales Objekt oder ein Symbol erkannt und seine Bedeutung erfasst ist. Dieser Vorgang kann selbstverständlich auch erst mit der Erkennung ganzer Objekt- oder Symbolkombinationen abgeschlossen sein, wie etwa beim Lesen, das ja nicht mit dem Identifizieren der einzelnen Buchstaben-„Symbole" endet.

Beim Zusammensetzen der Kanten und Balken zu bedeutungshaltigen Einheiten berücksichtigt das Gehirn eine Reihe von Faktoren, ohne die eine Erkennung der Einheiten oft gar nicht möglich wäre, die aber unter ungünstigen Bedingungen zu Fehlerquellen werden können.

Als Beispiel sei hier ein Fehler dargestellt, bei dem der Einflussfaktor „Hintergrundwissen" eine Rolle spielt.

BEISPIEL:

Die meisten Menschen in unserem Kulturkreis werden hinter drei aufeinander folgenden Großbuchstaben in einem Text wahrscheinlich eine Abkürzung vermuten. Denn sie wissen, dass Abkürzungen oft aus einigen wenigen Großbuchstaben bestehen und Wörter sonst höchstens einen großgeschriebenen Anfangsbuchstaben haben. Die Buchstabenfolge „TWO" würden diese Menschen also versuchen, als Abkürzung zu interpretieren (wie der Autor dieses Buches das vor einigen Jahren beim Lesen eines Kommentars in einem Programm tat) und nicht als die Zahl „2" (wie dies der englischsprachige Autor des Programmes gemeint hatte).

Um einen derartigen Fehler zu vermeiden, könnte man in einer Programmierrichtlinie beispielsweise fordern, dass zu betonende Wörter oder Satzteile in Kommentaren nicht mit Hilfe von Großschreibung, sondern durch ein nachgestelltes, eingeklammertes Ausrufezeichen (!) hervorgehoben werden sollen. Wenn alle Entwickler im Team Kenntnisse in HTML haben, könnte man stattdessen natürlich auch die Verwendung entsprechender Tags vorschreiben (<EM>...</EM> oder <B>...</B>) – eine Vorgehensweise, die insbesondere bei Java-Doclet-Kommentaren sinnvoll ist.[1]

Hintergrundwissen ist aber nur einer der Faktoren, die für Geschwindigkeit und Korrektheit einer Wahrnehmung von Bedeutung sind. Im Folgenden werden deshalb die aus Sicht der Softwareentwicklung wesentlichen Einflüsse auf die Wahrnehmung einzeln dargestellt und diskutiert.

2.3.1 Was wird wahrgenommen?

Psychologische Experimente weisen darauf hin, dass Menschen für eine sehr kurze Zeitspanne in der Lage sind, eine optische Wahrnehmung vollständig zu speichern. Innerhalb weniger Zehntelsekunden verblasst aber die Information in dem so genannten *visuellen sensorischen Gedächtnis*, und nur ca. vier bis fünf Einzelinformationen bleiben übrig und stehen für weitere Verarbeitungsschritte zur Verfügung.

Was dabei als Einzelinformationen anzusehen sind, hängt von Details ab: für einen Erstklässler sind die Einzelinformationen möglicherweise Buchstaben, für jemanden, der viel liest, vielleicht ganze Wortgruppen. Entsprechendes gilt selbstverständlich nicht nur für die Erkennung von Schrift, sondern auch für die Erfassung von Bildern, Diagrammen usw.

Welche Einzelinformationen nach ungefähr einer Sekunde noch zur „Weiterverarbeitung" verbleiben, wird von der Aufmerksamkeit gesteuert. Nur das, was aus irgendwelchen Gründen beachtet wird, steht für eine dauerhaftere Speicherung zur Verfügung, alles andere geht sofort wieder verloren.

---

1. Selbstverständlich gehört eine Regelung zum Thema „Hervorhebungen in Kommentaren" nicht gerade zum Wichtigsten in einer Programmierrichtlinie. Und wenn, dann ist sie weitaus mehr deswegen zu empfehlen, weil in Kommentaren ohnehin großzuschreibende Konstantennamen enthalten sein können, und nicht wegen eines in einem Einzelfall aufgetretenen, geradezu „exotischen" Fehlers. Als Beispiel taugt ein solcher Fehler jedoch besonders gut, weil ungewöhnliche Dinge oft besser im Gedächtnis haften.

Damit steht die Aufmerksamkeit bei der Wahrnehmung an erster Stelle: alles, was unserer Aufmerksamkeit entgeht, wird von vorneherein ausgefiltert. Worauf sich die Aufmerksamkeit richtet, hängt wiederum von einer Reihe von Einflüssen ab. Unser Gehirn kann aber in jedem Fall *nur eine geistig beanspruchende Aufgabe gleichzeitig* bewältigen. Werden mehrere Aufgaben von einer Person gleichzeitig bewältigt, so sind dabei alle bis auf eine *Automatismen*, also Vorgänge, die so weit eintrainiert sind, dass sie keine Aufmerksamkeit mehr in Anspruch nehmen.

Damit sind Automatismen – auch als *Routinehandlungen* bezeichnet – bereits als eine erste Gefahr in der Softwarequalitätssicherung einzustufen: Bei Routinehandlungen wird nicht nachgedacht und auch im Nachhinein sich an nichts erinnert. Alle Vorgänge im Bereich der Programmierung, die bewusst und konzentriert durchgeführt werden sollen, bedürfen also einiger Vorkehrungen, die verhindern, dass sich ein „Zu viel an Routine" einschleicht. Als Beispiel sei die Durchführung von Code-Reviews erwähnt.

BEISPIEL:

Wenn eine Source von einem Kollegen einfach nur gegengelesen wird, ist die Gefahr groß, dass dieses Lesen zu einer Routinehandlung wird: der Programmautor ist ja als sorgfältig bekannt und Details interessieren den Kontrollierenden ohnehin nicht. Also wird der Code nur überflogen und die Fehler zeigen sich erst in der Testphase oder beim Kunden. Weitaus besser ist es, wenn der Verfasser des Programmes den Quellcode dem kontrollierenden Kollegen erläutert. Denn dann sind beide zu Aufmerksamkeit und Konzentration gezwungen: der eine, weil er erklären, der andere, weil er verstehen muss.

Also ist beispielsweise eine Regelung, die das *Gegenlesen* von Sources vor dem Einchecken in ein Versionskontrollsystem verlangt, *wenig effektiv*. Wenn man eine entsprechende Kontrolle haben möchte, gibt es einen besseren Weg: Dem Programmautor wird vorgeschrieben, vor dem Einchecken einer Datei diese mit einem Kollegen durchzugehen und ihm dabei zu *erläutern*. Dies ist übrigens auch deswegen günstiger, weil Informationen grundsätzlich dann besser aufgenommen werden, wenn sie mehreren „Informationskanälen" (Augen *und* Ohren) dargeboten werden.

Dass Menschen immer nur eine geistig beanspruchende Aufgabe auf einmal bewältigen können, ist selbstverständlich auch ein Grund, gerade bei der Programmierung Störeinflüsse, Ablenkung und dergleichen so weit wie möglich zu vermeiden. Dies ist aber eine Frage, die Arbeitsplatzgestaltung und Organisation betrifft; auf den Inhalt von Programmierrichtlinien hat es keinen Einfluss.

Ob überhaupt und vor allem *wie stark* sich die Aufmerksamkeit eines Menschen auf eine Information richtet, ist abhängig von bestimmten Eigenschaften der Information selbst und von der Frage, wo und wie sie präsentiert wird. Die wesentlichsten Faktoren sind:

- Neuheit,
- Anschaulichkeit,
- Nützlichkeit,
- Position innerhalb einer Reihe von Informationen und
- inwieweit die Information überraschend oder eher erwartet ist.

Neuheit

Neuheit erzeugt – wen wundert's – Aufmerksamkeit. Der Umkehrschluss kann bei der Programmierung relevant werden: Was nicht neu, aber vielleicht trotzdem wichtig ist, droht der Aufmerksamkeit zu entgehen. Diese Tatsache sollte man bei der Kommentierung von Code ebenso im Hinterkopf haben wie beim Abfassen von Programmierrichtlinien.

> Was wichtig, aber „nicht besonders originell" ist, sollte hervorgehoben werden – sonst wird es nicht beachtet.

Anschaulichkeit

Anschauliche Informationen werden bevorzugt. Auch hier ist die Umkehrung das eigentlich Interessante: Was nicht sofort eingängig ist, wird auch nicht wahrgenommen. Wer Anforderungen in einem Pflichtenheft, Kommentare im Quellcode oder Regelungen für einen Style-Guide formuliert, tut deshalb gut daran, sich verständlich auszudrücken.

Dies ist aber oft gar nicht so einfach, denn die Begriffe „anschaulich" und „verständlich" sind relativ. Jeder Mensch hat schließlich ein anderes Vorwissen, und was einer für klar und einleuchtend hält, ist für einen anderen ein

Buch mit sieben Siegeln. Wer etwas eingängig und anschaulich darlegen will, muss also mit Hypothesen darüber arbeiten, welche Formulierung seiner Lesergruppe am verständlichsten erscheinen wird. Das erfordert Überlegung, ist anstrengend und kostet Zeit.

BEISPIEL:

Wer meint, mit der Forderung nach „prägnanten Variablennamen" und „verständlichen Kommentaren" in einem Style-Guide allzu viel zu erreichen, der irrt. Denn derartige Vorgaben sind viel zu allgemein und zu abstrakt. Besser ist es, konkrete Regeln für die Bildung von Bezeichnern für Variablen, Prozeduren usw. anzugeben. Eine solche konkrete Regel könnte etwa besagen, dass Variablen mit ganzzahligen Datentypen häufig eine Anzahl irgendwelcher Objekte speichern und in diesen Fällen die Variablennamen mit „anzahl" oder „cnt" beginnen oder enden sollten. Weitere derartige Regeln können andere typische (und somit für jeden Programmierer anschauliche!) Fälle für die Wahl von Bezeichnern abdecken.

Hinweise, Tipps und vor allem Beispiele verdeutlichen zusätzlich den Sinn einer Regelung und erleichtern somit ihre Umsetzung. Als Tipp für die Namensvergabe bei Variablen empfiehlt sich beispielsweise:

„Jede Variablendeklaration sollte man sofort mit einem Kommentar versehen, der den Verwendungszweck der Variablen beschreibt. Anhand des Kommentars lässt sich leicht prüfen, ob der Name für die Variable wirklich passend gewählt ist oder durch einen prägnanteren ersetzt werden sollte."

Durch die Verbindung von Regeln mit Tipps, Hinweisen und dergleichen lassen sich Anschaulichkeit und Erstellungsaufwand noch am ehesten unter einen Hut bringen. Langes Herumfeilen an der Formulierung einer Vorschrift kostet meist genauso viel Zeit, wie das Verdeutlichen durch ein Beispiel und bringt dem Leser im Allgemeinen weniger.

> Im Übrigen gilt: Bei *wichtigen* Informationen sollte man bereit sein, in eine anschauliche Darstellung zu investieren. Denn sonst werden die Informationen im schlimmsten Fall überhaupt nicht wahrgenommen!

Nützlichkeit

Dass für uns nützliche Informationen unsere Aufmerksamkeit erregen, leuchtet ein. Dieser Umstand kann aber auch helfen, Programmierrichtlinien „an den Mann zu bringen": Wenn Style-Guides nicht nur trockene Vorschriften enthalten, sondern auch verwertbares (Hintergrund-)Wissen in Form von

- Zeit sparenden Tipps,
- Begründungen und
- Anwendungsbeispielen

ist die Wahrscheinlichkeit, dass sie beachtet werden, erheblich höher. Der zusätzliche Aufwand für diese „nützlichen Extras" lohnt sich längerfristig mit Sicherheit – zumal sie auch die Faktoren „Anschaulichkeit" und „Bedeutung" (s. unten) positiv beeinflussen. Allerdings sollten die Teammitglieder gesagt bekommen, warum ihre Programmierrichtlinie ein so „fürchterlich umfangreiches" Dokument geworden ist – sonst geht der Schuss nach hinten los!

Position

Ein ganz wesentlicher Punkt für die Wahrnehmung von Informationen ist ihre Positionierung. Bei Listen erzeugen der erste und – mit Abstrichen – der letzte Eintrag die Stärkste Aufmerksamkeit, bei kreisförmigen Anordnungen geht der Blick zuerst nach oben rechts („1 Uhr").

Sind in einer Liste andere als der erste und der letzte Eintrag am wichtigsten, ist also eine gesonderte Hervorhebung unbedingt erforderlich. Alternativ dazu kann man selbstverständlich in vielen Fällen auch die Reihenfolge der Liste anpassen. Das Problem dabei ist jedoch, dass das Sortieren nach Wichtigkeit der menschlichen Wahrnehmung nur teilweise gerecht wird – der unwichtigste Punkt am Ende zieht einen unverhältnismäßig hohen Anteil der Aufmerksamkeit auf sich.

Enthält eine Liste mehr als fünf oder maximal sieben Elemente, empfiehlt es sich ohnehin, sie zu splitten. Sonst wird sie zu unübersichtlich. Deswegen sollten beispielsweise auch Prozeduren möglichst nicht mehr als sieben Parameter haben. Die Faustregel, die man sich merken sollte, lautet schlicht: *Je kürzer eine Liste ist, desto weniger Einträge entziehen sich der Aufmerksamkeit des Betrachters.*

Unerwartete Informationen

Die Art und Weise, wie Menschen unerwartete, überraschende Informationen aufnehmen, verdient einige spezielle Hinweise. Denn man sollte meinen, dass Unerwartetes und Ungewohntes besonders beachtet wird. Das gilt aber nicht immer – *in bestimmten Fällen können unerwartete Informationen der Aufmerksamkeit einer Person sogar ganz entgehen.*

Die Ursache hierfür liegt in der sofortigen Verarbeitung wahrgenommener Informationen. Unser Gehirn versucht automatisch, das ankommende Reizmuster in vorhandene Schemata einzuordnen – und greift dabei manchmal zum Holzhammer.

BEISPIEL:

Jeder C-Programmierer ist das „++" gewohnt, das bei einer for-Schleife das Inkrementieren der Zählervariablen anzeigt. Hat man ausnahmsweise einmal einen Loop vor sich, bei dem der Counter dekrementiert wird, so kann es sein, dass das „--" überhaupt nicht registriert wird. Die Anweisungen innerhalb der Schleife geben dann meist zunächst einige Rätsel auf.

Unerwartetes und Ungewohntes sollte man also hervorheben – eine Regel, die für die Kommentierung von Programmen ebenso zutrifft wie auf ungewöhnliche Regelungen in Programmierrichtlinien.

Die schlechte Wahrnehmung von Unerwartetem und Ungewohntem ist obendrein der Grund, warum ein *einheitlicher Programmierstil* erstrebenswert ist. Wer auch in den Sources seiner Kollegen alles dort findet, wo es seiner Gewohnheit entspricht, wird den Code schnell verstehen und nur in Ausnahmefällen Teile missinterpretieren.

Problematisch wird es natürlich dann, wenn ein Team aus Personen gebildet wird, von denen jeder sich bisher nach einem anderen Style-Guide gerichtet hat. Für den Fall gibt es keine ideale Lösung:

▶ Wenn jeder seinen alten Gewohnheiten folgt, wird es keinen einheitlichen Programmierstil geben und die dementsprechenden Vorteile entfallen.

▶ Wenn das Team zukünftig einer gemeinsamen Programmierrichtlinie folgt, werden einige ihre Gewohnheiten ändern müssen, und das fällt nicht nur schwer, sondern führt oft auch zu Fehlern.

Wie auch immer man es dreht, Fehlerhäufigkeit und Aufwände werden über dem Durchschnitt liegen. Eine vernünftige Lösung dieses Problems hängt von Rahmenbedingungen ab, beispielsweise, wie lange das Team bestehen wird und ob äußere Zwänge die strikte Beachtung eines einheitlichen Programmierstils erfordern.

2.3.2 Gestaltgesetze

Gestaltgesetze sind Prinzipien, die bestimmen, welche Teile einer Wahrnehmung als eine Einheit gesehen werden, oder umgekehrt: nach welchen Kriterien ein visueller Eindruck zergliedert wird. Unser Gehirn „sortiert" die ankommenden Bildelemente nach Nähe und Ähnlichkeit, versucht glatte Verläufe und geschlossene Strukturen zu erkennen und strebt schließlich das Erkennen einer sich besonders prägnant vom Untergrund abhebenden „Gestalt" an.

Nähe

Das Prinzip der Nähe ist dem Programmierer wahrscheinlich intuitiv am geläufigsten: nicht umsonst trennt man semantisch unterschiedliche Code-Blöcke optisch durch Leerzeilen voneinander. Denn sonst würden sie wegen des Prinzips der Nähe als *eine* Einheit interpretiert werden.

Nähe kann aber auch genutzt werden, um Methoden innerhalb einer Klassen-Deklaration in eine Abfolge zu bringen, die einen Zusammenhang ausdrückt. Eine alphabetische Sortierung nach Namen bringt beispielsweise alle set-Methoden hintereinander. Damit versteckt man aber die paarweise Zusammengehörigkeit von get- und set-Methoden, die bei entsprechender Anordnung sonst sofort ins Auge springt.

Grundsätzlich gilt: Nähe sollte genutzt werden, um Zusammenhänge hervorzuheben. Umgekehrt muss Nähe vermieden werden, wenn dadurch nicht vorhandene Gemeinsamkeiten vorgetäuscht würden. Sind mehrere Zusammenhänge gegeben, die sinnvollerweise durch Nähe ausgedrückt werden könnten, müssen Prioritäten gesetzt werden.

Ähnlichkeit

Ähnliche Dinge werden – auch wenn sie nicht unbedingt nah beieinander sind – ebenfalls als zusammengehörig angesehen. Musterbeispiel hierfür sind runde, eckige und geschweifte Klammern, die sehr schnell als Paare erkannt werden – es ist geradezu ein Reflex, nach der schließenden Klammer zu sehen, wenn man die öffnende vor sich hat und umgekehrt.

Auf dem gleichen Prinzip basiert das „`endif`" aus einer 4GL, das wesentlich besser als ein einfaches „`end`" oder „`}`" die Zugehörigkeit zum „`if`" erkennen lässt. Schlechter als „`endif`" ist übrigens das „`fi`", das in einigen Sprachen Verwendung findet: Während öffnende und schließende Klammern sich durch eine für unser Gehirn sehr einfache geometrische Transformation (sprich: die Spiegelung) als ähnlich identifizieren lassen, ist das Vertauschen zweier Buchstaben eine eher „teure Operation". Für wen diese Operation zum Automatismus geworden ist, der hat natürlich trotzdem keine Probleme damit.

Ähnlichkeit kann selbstverständlich auch auf Farben und Schriftattributen basieren – man denke nur an das Syntax-Highlighting von Code-Editoren oder an das HTML-Tag „`<code>`". Deswegen bietet sich auch bei Sprachen, bei denen Schlüsselwörter und Bezeichner nicht Gross-/Kleinschreibungs-sensitiv sind, diesbezüglich eine einheitliche Regelung an (Schlüsselwörter groß, Bezeichner klein bis auf Konstanten oder dergleichen).

Glatter Verlauf

Das Gesetz des glatten Verlaufs lässt uns gerade oder zumindest gleichmäßig gekrümmte Linien als zusammengehörig erkennen, auch wenn diese aus einzelnen Elementen („*", „-", „/" usw.) zusammengesetzt sind. Deswegen ist es eigentlich auch eine Selbstverständlichkeit, alle Zeilen eines Anweisungsblocks gleich weit einzurücken.

Auf der anderen Seite ist es äußerst irritierend, wenn zur Darstellung von Sourcen eine Proportionalschrift verwendet wird und dadurch horizontale Ausrichtungen zur Zickzacklinie werden, das Prinzip des glatten Verlaufs also beim Erkennen des Blocks auf einmal nicht mehr helfen kann.

Das Gesetz des glatten Verlaufs ist sicherlich auch ein Grund, einen Kommentar gleich weit einzurücken wie den zugehörigen Anweisungblock. Beginnt man stattdessen Kommentare immer am Zeilenanfang, bekommt man eine „Stufe", die den Verlauf stört und den Kommentar optisch vom zugehörigen Code abtrennt.

Bei mehrzeiligen Kommentaren schreiben Style-Guides vielfach vor, die einzelnen Zeilen mit derselben Zeichenkombination („ * ", „// " usw.) einzuleiten. Dies ist ebenfalls ein Beispiel dafür, wie durch das Erzeugen eines glatten Verlaufs der Eindruck der Zusammengehörigkeit bewirkt wird. Die Zeilen eines Blockkommentars mit einer entsprechenden Zeichenkombination abzuschließen, verstärkt diesen Eindruck zwar noch, ist aber aufwändig. Glatte Verläufe sollte man also in Maßen einsetzen, um Sourcen optisch zu gliedern. Regelungen in Programmierrichtlinien sollten in diesem Bereich nicht zu viel vorschreiben.

Geschlossenheit und gute Gestalt

Die Prinzipien der Geschlossenheit und der guten Gestalt lassen unser Gehirn nicht sichtbare Teile von Objekten inter- bzw. extrapolieren. Ganze Berufszweige leben davon: Maler, Zeichner, die Film- und Fernsehbranche, Zauberer und Werbefachleute. Wir sehen auf dem Bild in einem Ferienkatalog einen sich endlos ausdehnenden Strand – sogar dann, wenn wir genau wissen, dass wir in dem angrenzenden Hotelkomplex im letzten Jahr Urlaub gemacht haben. Genauso nehmen wir eine weit gehend verdeckte Rundung als Kreis wahr, selbst wenn wir nicht einmal sicher sein können, dass es sich nicht nur um einen Halbkreis handelt.

Auch bei der Programmierung kann das Prinzip der guten Gestalt zur Falle werden, zum Beispiel wenn einzelne Code-Zeilen innerhalb eines Blockes so lang sind, dass sie ohne zu Scrollen nicht mehr vollständig auf dem Bildschirm zu sehen sind. Dann extrapolieren wir zunächst anhand dessen, was sichtbar ist, wie etwa der Anfang eines Methodenaufrufs. Wehe, es gibt zwei Methoden, deren Namen sich nur bei den letzten Buchstaben unterscheiden – dann besteht die Gefahr von Irrtümern. Deswegen sollten beispielsweise Regelungen bezüglich einer maximalen Zeilenlänge nicht allein an den Fähigkeiten des Druckers festgemacht werden.

Gestaltgesetze und Lesbarkeit

Die Gestaltgesetze spielen als Hintergrund beim Aufstellen von Programmierrichtlinien eine ganz wesentliche Rolle. Denn wer sie beim Schreiben von Code berücksichtigt, erzeugt Sourcen, die zumindest lesbar, meist aber auch gut verständlich sind – und vor allem keine „Fallen" enthalten, die zu Missverständnissen verleiten.

Das Wort „lesbar" bedeutet dabei für die professionelle Softwareentwicklung einen ganz konkreten Zeit- und damit Kostenvorteil: Die Zusammenhänge innerhalb des Codes werden schneller erkannt. Dies ist meist auch mit einem besseren Behalten verbunden und kann somit „Nachschlage-Aufwände" verringern. Zudem hilft das bessere Erinnern der Sourcen auch Fehler zu vermeiden und Wiederverwendungs-Potenziale zu erkennen („Vorsicht, das könnte Konflikte mit Prozedur X geben" bzw. „So einen ähnlichen Ablauf hatten wir doch schon einmal ... vielleicht kann man da etwas übernehmen.").

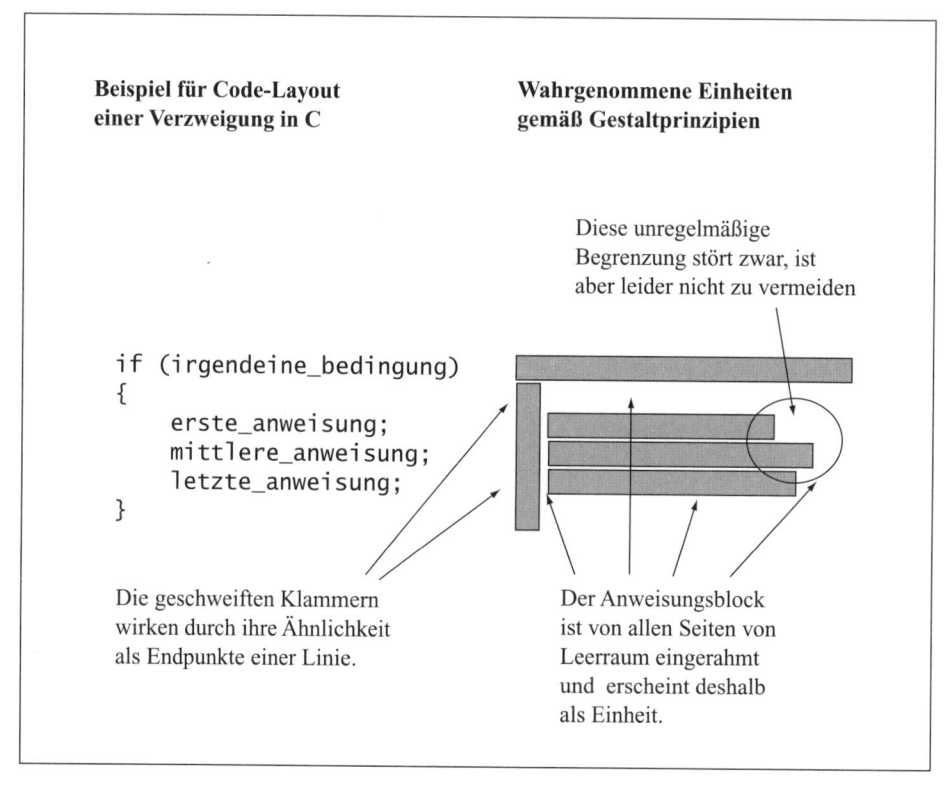

Beispiel für Code-Layout einer Verzweigung in C

Wahrgenommene Einheiten gemäß Gestaltprinzipien

Diese unregelmäßige Begrenzung stört zwar, ist aber leider nicht zu vermeiden

```
if (irgendeine_bedingung)
{
    erste_anweisung;
    mittlere_anweisung;
    letzte_anweisung;
}
```

Die geschweiften Klammern wirken durch ihre Ähnlichkeit als Endpunkte einer Linie.

Der Anweisungsblock ist von allen Seiten von Leerraum eingerahmt und erscheint deshalb als Einheit.

Abbildung 2.1: Beispiel für ein Code-Layout unter Beachtung der Gestaltgesetze

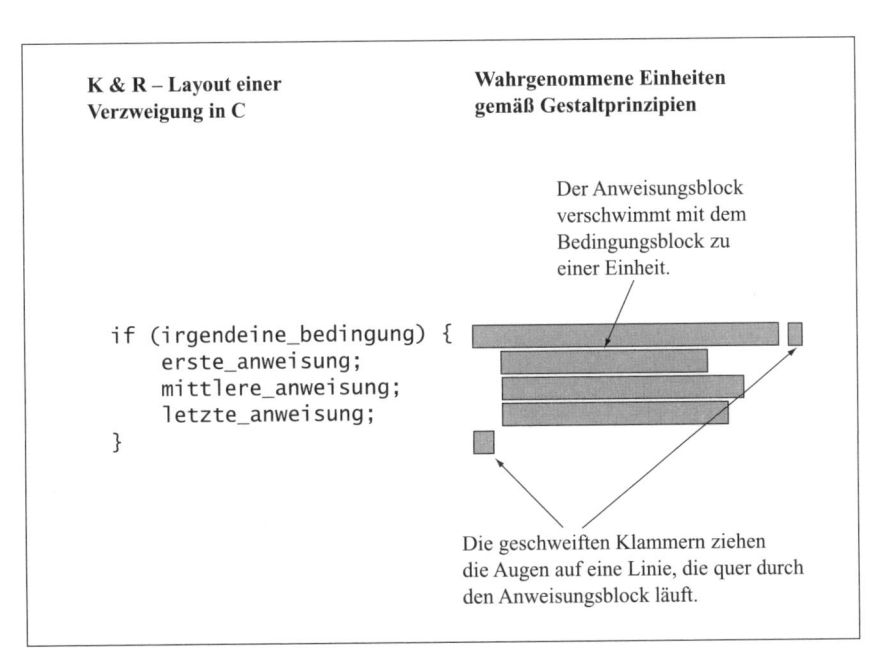

```
K & R – Layout einer              Wahrgenommene Einheiten
Verzweigung in C                  gemäß Gestaltprinzipien

                                        Der Anweisungsblock
                                        verschwimmt mit dem
                                        Bedingungsblock zu
                                        einer Einheit.

    if (irgendeine_bedingung) {
        erste_anweisung;
        mittlere_anweisung;
        letzte_anweisung;
    }

                                        Die geschweiften Klammern ziehen
                                        die Augen auf eine Linie, die quer durch
                                        den Anweisungsblock läuft.
```

Abbildung 2.2: Kernighan&Ritchie-Layout aus Sicht der Gestaltgesetze

2.3.3 Hintergrundwissen und Kontext

All unsere Wahrnehmungen finden nicht isoliert statt, sondern werden beeinflusst von unserem Vorwissen und dem „Drumherum" unserer Sinneseindrücke. Warum beispielsweise bringt der Compiler nur diese merkwürdige Fehlermeldung bei der Deklaration „`long anzahl_Sekunden = 0L;`"? Genau, weil unser Gehirn in diesem Zusammenhang den Buchstaben „O" für die Zahl „0" hält und der Compiler stattdessen „OL" als Bezeichner einer Variablen oder Konstanten interpretieren möchte. Wir hingegen sehen den Kontext „Deklaration einer Variablen vom Typ long" und verfügen über das Hintergrundwissen „Variablen vom Typ long werden mit 0L initialisiert" – und schon *verdreht unsere Wahrnehmung* den Buchstaben „O" in die Zahl „0" *anstatt uns zu warnen*.

Vorwissen, Kontext und das Zusammenspiel dieser beiden Faktoren ermöglichen es uns, auch unvollständige Wahrnehmungen zu interpretieren. Meist geschieht dies schnell und korrekt, manchmal aber auch weder auf die eine, noch auf die andere Weise. Ein weiteres Beispiel hierzu wurde bereits am Anfang dieses Kapitels angegeben. Programmierrichtlinien müssen auf das Vermeiden entsprechender Fehler ausgerichtet sein. Dies kann auf unterschiedliche Art geschehen.

BEISPIEL:

Es kann verlangt werden, bei Code-Editoren eine Schriftart einzustellen, die eine besonders gute Unterscheidung von „O" und „0" sowie von „l" und „1" gestattet. Dies setzt natürlich eine entsprechende Konfigurationsmöglichkeit aller verwendeten Editoren voraus. Zudem müssen sich die Drucker diesen Einstellungen gemäß verhalten. Eine Alternative zu dieser Vorgehensweise besteht darin, Bezeichner zu untersagen, die Verwechslungsgefahr in sich bergen. Eine recht radikale Variante hiervon besteht in der Vorschrift, Ziffern in Namen nach Möglichkeit gar nicht zu verwenden.

Entscheidend ist: Bei der Aufstellung von Programmierrichtlinien sind die Faktoren „Hintergrundwissen" und „Kontext" überall dort zu berücksichtigen, wo sie zu Fehlerquellen werden können. Die Verwechslungsgefahr zwischen bestimmten Buchstaben und Ziffern wurde hierbei nur exemplarisch genannt. Je nach Projekt können sehr spezielle Regelungen erforderlich werden, um auf Vorwissen und Zusammenhang basierende Fehler zu vermeiden. Die Teamzusammensetzung mag dabei ebenso eine Rolle spielen wie aufgabenbedingt unterschiedliche Fachsprachen.

Sorgfalt bei der Namensvergabe und bei der Aufstellung der diesbezüglichen Regelungen sind die wichtigsten Faktoren, um auf Kontexteinflüssen basierende Fehler zu vermeiden. Der hierzu erforderliche Aufwand lohnt sich allerdings – sofern man ihn rechtzeitig betreibt und nicht erst, wenn das Kind in den Brunnen gefallen ist. Das Anlegen eines Dictionarys bereits in der Analysephase und die Verwendung und Erweiterung desselben im weiteren Projektverlauf sind äußerst empfehlenswert. Dementsprechende Regeln gehören selbstverständlich in die Programmierrichtlinien.

2.3.4 Gefühl, Glaubenskrieg und Zickzackkurs

Unzweifelhaft beeinflussen auch unsere Emotionen, was wir wahrnehmen, wie wir es interpretieren und welche Bedeutung wir unseren Sinneseindrücken beimessen:

▶ unangenehme Mitteilungen dringen weit weniger zu uns durch als angenehme,

- bestätigende Informationen werden gegenüber widersprechenden bevorzugt,
- Ungewohntes verzögert unsere Wahrnehmung.

Entsprechende Hervorhebungen sind hier ein Mittel, um gegenzusteuern.

Wichtig sind aber vor allem einige allgemeinere Implikationen, die sich aus diesen Feststellungen ergeben: Das Überschätzen bestätigender Informationen führt zu einer allgemeinen Tendenz, Risiken zu unterschätzen. Folge: Regelungen, die Risiken vermindern sollen, werden als „bürokratischer Aufwand" abgetan und dementsprechend wenig beachtet. Wozu sollte man im Auto auch einen Sicherheitsgurt anlegen, wenn man bisher noch jedes Mal ohne heil angekommen ist? Warum sollte man jeden Morgen das nächtliche Backup kontrollieren, wo es doch noch nie Probleme damit gegeben hat? Wer einmal miterlebt hat, wie nahezu eine ganze EDV-Abteilung wegen eines Fehlers bei der Datensicherung Tage und Nächte durcharbeiten musste, um ein Produktions-Planungs-System nach einem Absturz wieder in Gang zu bringen, kennt die Antwort.

Programmierrichtlinien dienen zu einem guten Teil der Vermeidung von Fehlern. Der Aufwand, der in diesem Bereich getrieben wird, muss sich aber letztendlich rentieren. Bei dem Beispiel mit der Datensicherung ist die Rentabilität keine Frage – bei der Softwareentwicklung aber kosten Maßnahmen zur Vermeidung von Fehlern bzw. ihrer Folgen oft viel Zeit. Deswegen ist es genauso wichtig, die Wahrscheinlichkeit des Auftretens von Fehlern sowie die durch die Mängel jeweils verursachten Kosten realistisch einzuschätzen, wie auch die Aufwände für die Vermeidungsmaßnahmen.

Die Häufigkeit von (Fehler-)Ereignissen sachgerecht zu veranschlagen, ist dabei ähnlich schwierig wie das Vorauskalkulieren von Entwicklungszeiten, und das liegt nicht zuletzt an emotional bedingten Verzerrungen unserer Wahrnehmung. Das so genannte „*Wunschdenken*" ist dafür eines der bekanntesten Beispiele: Niemand wünscht sich ein häufiges Auftreten von Fehlern, also wird die Fehlerhäufigkeit zu gering eingeschätzt.

Dass wir unsere Meinungen gerne bestätigt sehen, kann aber auch zu übertriebenem Pessimismus führen: eine einmal gemachte negative Erfahrung lässt nachfolgende positive an unserer Wahrnehmung vorbeiziehen. Die Folge sind Glaubenskriege um die Frage, welches Maß an Sicherheitsaufwänden wirtschaftlich sinnvoll ist: der Optimist fühlt sich mit seiner Meinung ebenso im Recht wie der Pessimist – und das möglicherweise sogar, obwohl beide in gleichem Umfang positive und negative Erfahrungen gemacht haben, nur eben in anderer Reihenfolge!

Bei derartigen Auseinandersetzungen verlaufen die Fronten oft zwischen Programmierern und Leitungsebene. In aller Regel sind schließlich die Entwickler diejenigen, die Überstunden machen müssen, um Fehler zu beseitigen – sie nehmen also die Fehlerfolgen weitaus direkter wahr als die Projekt- oder Abteilungsleiter. Zudem bedeutet der Satz „Wir haben schon wieder eine halbe Ewigkeit für die Beseitigung eines Fehlers benötigt, der erst im Nachhinein festgestellt wurde" für Führungskräfte keine angenehme Nachricht. Diese Information muss also gegen Widerstände ankämpfen.

Die Entwickler sind aber natürlich ebenso diejenigen, die als Erstes gegen ein Zuviel an Regelungen antreten werden – auch hier spüren sie die Folgen viel direkter. *Der Einfluss der Gefühle auf unsere Wahrnehmung ist also bestens geeignet, um auf der Suche nach dem richtigen Maß ebenso teure wie sinnlose Glaubenskämpfe und Zickzackkurse zu verursachen.*

> Von überragender Bedeutung ist in diesem Zusammenhang, dass alle Beteiligten diese Problematik verstehen und sich ihrer bewusst sind. Nur wenn jeder die Tücken der menschlichen Wahrnehmung kennt und aufgrund dessen in der Lage ist, das Entstehen seiner eigenen Ansichten ebenso wie das der anderen kritisch zu hinterfragen, ist die Chance gegeben, von Anfang an ein vernünftiges Maß an Regeln festzulegen und dies auch beizubehalten.

Aus dem Gesagten ergibt sich zudem für die Abschätzung von Aufwänden und Fehlerwahrscheinlichkeiten, dass diese nach Möglichkeit auf „harte" Daten zurückzuführen sind. Damit können Wahrnehmungsverzerrungen zumindest reduziert werden. Hierzu kann man Fremdquellen (z.B. Fachbücher) heranziehen oder unternehmensintern anfallende Materialien auswerten.

BEISPIEL:

Entwickler bzw. Tester können während der Testphase eines Systems mit sehr geringem Aufwand mitprotokollieren, wie viel Zeit auf die Tests selbst und wie viel auf Ursachenfindung und Fehlerbeseitigung entfällt. Damit hat man schon einmal ei-

nen Wert, der helfen kann abzuschätzen, ob es sich lohnt, die hauseigenen Programmierrichtlinien zu überarbeiten oder ihre Einhaltung stärker zu prüfen. Laufen die Tests überwiegend glatt durch und lassen sich die festgestellten Fehler mit geringem Aufwand beseitigen, besteht kein Handlungsbedarf. Entstehen in der Testphase vergleichsweise hohe Kosten, die nicht dem Test selbst, sondern der Fehlerbeseitigung zuzurechnen sind, sollte man die Codequalität einer generellen Prüfung unterziehen. Gegebenenfalls sind dann auch Maßnahmen im Bereich „Programmierrichtlinien" einzuleiten.

Die Beschaffung „harter Daten" ist sicherlich meist weitaus günstiger als das Führen von Glaubenskriegen. Aber Vorsicht: Auch „harte" Daten werden gerne angezweifelt, vor allem, wenn sie einer vorgefassten Meinung entgegenstehen. Sprüche wie „Glaube nie einer Statistik, die du nicht selbst gefälscht hast" werden gerne von Leuten zitiert, die sich besonders schwer damit tun, die Entstehung ihrer eigenen Ansichten kritisch zu durchleuchten. Messfehler gibt es in der Tat überall, bei der Erfassung von Zeiten und Häufigkeiten genauso wie beim Umgang mit dem Zollstock. Wenn beim Aufmessen einer Küche Fußleisten und Anschlüsse übersehen werden, führen auch simple Längenmessungen zu unbrauchbaren Ergebnissen. Jede Form von Messung kann also falsche Daten liefern. Somit verdienen Statistiken nicht mehr und nicht weniger kritische Distanz als Messergebnisse anderer Art. *Wer Daten misstraut, sollte sich ruhig ihre Entstehungsgeschichte näher ansehen – aber eben auch die seiner eigenen bisherigen Meinung!*

2.4 Storage

So wie ein Computer muss auch das menschliche Gehirn Informationen speichern. Damit ist zur Ähnlichkeit zwischen Gedächtnis und Festplatte aber auch schon alles gesagt: der Rest sind Warnungen bezüglich der Unterschiede.

Vergleichen wir unser Erinnerungsvermögen einmal mit einem relationalen Datenbank-Management-System. Dort wird zu jeder Abfrage ein so genannter „query execution plan" (QEP) angelegt. Dieser bestimmt, mithilfe welcher Folge von Operationen das Ergebnis der Abfrage ermittelt wird. Der QEP hat für den Anwender dabei nur Auswirkungen auf die Geschwindigkeit – der Inhalt des Ergebnisses bleibt unbeeinflusst (von glücklicherweise sehr seltenen Bugs in diesem Bereich natürlich abgesehen).

Das menschliche Gehirn arbeitet hingegen über *assoziative Bahnung*. Mit einer Frage verbinden („assoziieren") wir etwas. Das kann zu einer sofortigen, vollständigen und richtigen Beantwortung der „Gedächtnisabfrage" führen – muss aber nicht! Manches fällt uns erst im Nachhinein ein, anderes verwechseln wir, wieder anderes ist längst vergessen und zudem kommen wir von Hölzchen auf Stöckchen: die „Ergebnismenge" (engl. „result set") enthält keineswegs selten sogar Informationen, die gar nicht hineingehören.

Neben dieser völlig anderen Form der Abfrageverarbeitung gibt es einen zweiten, äußerst wichtigen Unterschied zwischen einer Datenbank und unserem Gedächtnis: es ist ein „aktiver" Speicher, der seine Inhalte permanent untereinander und mit neuen Wahrnehmungen verarbeitet, sie umorganisiert und vereinfacht – und dies oft in unzulässiger Weise.

Im Bereich Softwareentwicklung gibt es sicherlich viele Gründe, sich mit der Funktionsweise des Gedächtnisses, seinen Stärken und seinen Schwächen auseinander zu setzen. Für Programmierrichtlinien ist das Behalten erste Voraussetzung für ihre Anwendung – wenn man sich nicht einmal daran erinnert, dass es zu einer bestimmten Frage eine Regelung gab, wird man sie wohl kaum beachten. Einige Erkenntnisse der Gedächtnispsychologie sind aber auch für Regeln – beispielsweise zum Thema „Kommentierung" – von Interesse.

2.4.1 Behalten

„Die Wiederholung ist die Mutter der Weisheit." Diesen Satz hat wohl jeder schon einmal gehört. Dahinter steht eine alte, bereits Ende des 19. Jahrhunderts wissenschaftlich untersuchte Erkenntnis: Unser Gedächtnis muss das, was ihm in Erinnerung bleiben soll, im Allgemeinen mehrfach präsentiert bekommen. Von dem, was nur einmal wahrgenommen wird, geht in aller Regel nur ein Bruchteil in das so genannte Langzeitgedächtnis über.

Wenn jemand beispielsweise eine Programmierrichtlinie genau einmal durchliest, so wird er sich nur ungefähr 20 % ihres Inhalts dauerhaft einprägen. Das ist nicht gerade viel. Wenn guter Programmierstil in Fleisch und Blut übergehen soll, dann muss also mehr Zeit eingeplant werden, als die für einmaliges Durchlesen eines Style-Guides. Wenn man einige Erkenntnisse der Gedächtnispsychologie beachtet, lässt sich der Aufwand aber wenigstens auf das unbedingt erforderliche Maß reduzieren.

Technik statt Motivation

Als Erstes ist hier mit einem weit verbreiteten, aber eigentlich sehr überflüssigen Irrtum aufzuräumen: Die Motivation – also der Wille, etwas behalten zu wollen – spielt für die Gedächtnisleistung eine völlig untergeordnete, manchmal sogar eine kontraproduktive Rolle. Sicherlich, wenn jemandem die Motivation so weit fehlt, dass er Programmierrichtlinien erst gar nicht liest, so kann er ihren Inhalt auch nicht erlernen.

Von diesem Extremfall abgesehen ist aber die Fähigkeit, sich Wissen langfristig anzueignen, eine Sache der Technik. Dies haben zahlreiche Studien belegt, und allen Zweiflern sei an dieser Stelle ausdrücklich gesagt, dass Forscher im Bereich der kognitiven Psychologie mit der gleichen Sorgfalt arbeiten wie Naturwissenschaftler (und dazu mit einem verblüffenden Trickreichtum, um zu klaren Ergebnissen zu kommen!).

Abgesehen davon kann sich jeder an einem einfachen Beispiel selbst deutlich machen, wie gering der Einfluss der Motivation auf die Behaltensleistung ist. Kennen Sie irgendwelche Werbesprüche? Na klar, oder? Haben Sie die etwa lernen *wollen*?!? Doch sicher nicht. Und wenn Sie ehrlich sind, werden Sie feststellen, dass Sie sich manch einen Werbespruch eingeprägt haben, obwohl Sie ihn nur ein einziges Mal gehört oder gelesen haben – Wiederholung ist eben nur eine Technik, mit der die Werbung arbeitet. Es gibt aber noch andere Tricks, mit denen die Fachleute der Branche uns gegen unseren Willen ihre Botschaften einhämmern. Und diese Tricks kann man selbstverständlich auch sinnvoll nutzen.

Bedeutung

Entscheidend für die Behaltensleistung sind in erster Linie *Verarbeitungstiefe* und *Bedeutung*. Je intensiver wir uns mit einem Sachverhalt beschäftigen und je mehr er für uns einen Sinn ergibt, desto eher werden wir uns an ihn erinnern. Für Programmierrichtlinien heißt dies zweierlei:

1. Guter Programmierstil sollte anhand der vorhandenen Regelungen erarbeitet werden.
2. Die in Programmierrichtlinien aufgeführten Regeln sind zu begründen.

Diskussionen über Style-Guides sind also keineswegs als rein unproduktive Tätigkeit zu sehen, sondern sie stützen – wenn sie sachlich geführt werden –

das Behalten der Regeln. Auch das Kontrollieren von Sources auf Konformität mit den Richtlinien stellt selbstverständlich einen sehr intensiven Lernvorgang dar. Es lohnt sich deshalb durchaus, bei der Ersteinführung von Style-Guides oder bei der Aufnahme neuer Mitglieder in ein Team sich hierfür etwas Zeit zu nehmen. Dabei wird zudem automatisch das für Lernvorgänge so wichtige Feedback geliefert.

Desgleichen haben Begründungen ihren Zweck nicht nur darin, die Bereitschaft zur Einhaltung der Standards zu fördern. Wenn der Hintergrund einer Vorschrift erläutert wird, dann bekommt diese oft erst einen Sinngehalt – und das verbessert die Behaltensleistung.

Der Begriff „Bedeutung" verdient an dieser Stelle noch einige besondere Hinweise. Ein Bild sagt bekanntlich mehr als tausend Worte. Was für die Aussagekraft (anders herum betrachtet: die Geschwindigkeit der Informationsaufnahme) gilt, lässt sich auf die Behaltensleistung übertragen: Menschen erinnern sich besser an Bilder als an Texte. In *beiden* Fällen wird aber normalerweise der *Sinngehalt* wesentlich intensiver gespeichert als Details der Darstellung oder etwa der Wortlaut. Ausnahmen von dieser Regel gibt es nur in seltenen Fällen, wie beispielsweise bei Reimen.

Erste Folgerung: Was nicht verstanden wird, prägt sich im Zweifel nur sehr schwach oder gar nicht ein – denn der Betreffende kann in diesem Fall keine Bedeutung zuordnen. Tauchen beispielsweise in einer Regelung Fachbegriffe auf, die einem Neuling nicht vertraut sind, so wird seine Behaltensleistung für diese Regel automatisch schlecht sein.

Zweite Folgerung: Wenn Details einer Darstellung oder der genaue Wortlaut eines Textes wichtig sind, muss man dies ausdrücklich erwähnen. Tut man das nicht, wird man sich nur die „grobe Bedeutung" erinnern und das eigentlich Wesentliche wird vergessen. Das sollte man beim Kommentieren von Sources ebenso beachten wie beim Formulieren von Programmierrichtlinien.

Fachkenntnis

Für das Behalten ist neben den genannten Techniken – Bedeutung hinzufügen, verarbeiten, wiederholen – noch ein weiterer Faktor erwähnenswert. Offensichtlich spielt das jeweilige Fachwissen für das Gedächtnis eine Rolle. Schachspieler können zum Beispiel Stellungen auf einem Schachbrett wesentlich besser behalten als Leute, die nichts von diesem Spiel verstehen. Dies liegt jedoch nicht daran, dass Schachspieler allgemein ein überdurchschnittliches Gedächtnis haben. Sie können aber im Gegensatz zu Anfängern ganze Konstellationen von Figuren als Einheiten speichern, während Anfänger sich die Position jeder Figur einzeln einprägen müssen.

Softwareentwickler sollten dementsprechend mit zunehmender Erfahrung immer besser in der Lage sein, sich den Inhalt von Programmierrichtlinien zu merken. Aber auch hier darf der Umkehrschluss nicht übersehen werden: *Betreffen Regelungen Anwendungsgebiete, mit denen ein Entwickler noch nicht vertraut ist, so wird er Schwierigkeiten haben, sich die Regeln einzuprägen.*

2.4.2 Umorganisieren

Alle Informationen, die unser Gedächtnis erreichen, werden in der einen oder anderen Form weiterverarbeitet. Eindrücke werden eingeordnet, abstrahiert und gegen bereits vorhandene Erfahrungen abgeglichen. Dadurch wird die Abfrage von Gedächtnisinhalten beschleunigt und teilweise die Anwendung erworbenen Wissens erst ermöglicht. Die Art, wie unser Gedächtnis Wahrnehmungen organisiert, birgt aber auch typische Quellen für Denkfehler, Aneinander-vorbei-Reden und Verfälschen von Erinnerungen – alles Dinge, die man bei Absprachen zum Thema „Programmierrichtlinien" ebenso wenig brauchen kann wie bei ihrem praktischen Einsatz.

BEISPIEL:

Dass der Panama-Kanal in Mittelamerika liegt und den Atlantischen Ozean mit dem Pazifik verbindet, wissen Sie sicherlich. Wenn nun ein Schiff den Panama-Kanal vom Atlantik aus durchquert, fährt es dann von Osten nach Westen oder umgekehrt? Die Frage ist einfach zu beantworten, denn der Atlantik liegt im Osten von Amerika und der Pazifische Ozean im Westen ... aber das Schiff fährt trotzdem von Nord-West Richtung Süd-Ost! Der Grund: Südamerika liegt insgesamt gesehen viel weiter östlich als Nordamerika, und gerade an der schmalsten Stelle biegt sich Mittelamerika sogar etwas Richtung Norden, bevor es in den südlichen Subkontinent über geht.

Unsere Gedächtnisabfrage „In welcher Richtung verläuft der Panama-Kanal" wird also fehlerhaft beantwortet. Wir haben ein vergröbertes Abbild der – in diesem Falle geografischen – Zusammenhänge im Kopf, und haben von dort aus (Atlantik ist im Osten von Amerika, Pazifik im Westen) hierarchisch auf ein Detail geschlossen (atlantischer Eintrittspunkt in den Panama-Kanal ist östlich vom pazifischen).

Dieses Beispiel zeigt zweierlei:

- Erstens werden Gedächtnisinhalte offenbar teilweise in Form hierarchischer Schemata gespeichert.
- Zweitens haben wir das geforderte Wissen nur indirekt abgerufen, es wurde teilweise „konstruiert".

Schemata

Schemata repräsentieren eine Struktur von Objekten oder Ereignissen. Laufen tatsächliche Gegebenheiten dieser Struktur zuwider, so wird die Erinnerung an die Gegebenheiten möglicherweise erheblich verfälscht. In einem psychologischen Experiment ging dies beispielsweise so weit, dass fast ein Drittel der Versuchspersonen sich an Bücher in einem manipulierten Büroraum „erinnerte", obwohl sich dort definitiv keine befunden hatten.

Auch bei einer Abfolge von Vorgängen kann die Erinnerung durch ein Schema vom „normalen" Ablauf manipuliert werden. Welche Auswirkungen Derartiges auf die Qualität von Schriftstücken und auf das Behalten ihres Inhalts gerade bei einem Softwareprojekt haben kann, bedarf wohl kaum der Erwähnung. Ein ungewöhnliches Fehlen von Dingen, eine nicht alltägliche Reihenfolge und dergleichen bedürfen deswegen stets der Hervorhebung, wie beispielsweise im Code durch einen entsprechenden Kommentar.

Rekonstruktion

Menschen sind kaum in der Lage, wirklich *Erinnertes* von Wissen zu unterscheiden, das auf *Schlussfolgerungen* basiert, also zumindest partiell „konstruiert" ist. Deswegen gilt in Softwareprojekten zu Recht das *Prinzip der Schriftlichkeit* und dies sollte man auch bei Programmierrichtlinien strikt einhalten. Wenn Absprachen bezüglich irgendwelcher Regelungen getroffen werden, so sind diese in geeigneter Form aufzuzeichnen – sonst ist Streit über den Inhalt der Vereinbarungen vorprogrammiert. Zur Verdeutlichung:

BEISPIEL:

Praktische jede Regelung hat neben Vorteilen auch Nachteile. Die „Erinnerung" an eine Absprache wird im Zweifel bei jedem Besprechungsteilnehmer auch aus diesem Wissen über die Vor- und Nachteile konstruiert. Eine kurze Unaufmerksamkeit in der Unterredung führt bei einem Teammitglied möglicherweise zu einer eher unbedeutenden Wissenslücke in diesem Bereich – verfälscht jedoch auf Umwegen den entscheidenden Teil des Gedächtnisinhalts. Nachträgliche Diskussionen darüber, was denn nun in der letzten Sitzung vereinbart wurde, sind dann eine geradezu unausweichliche Folge. Zudem können Erinnerungsfehler natürlich dazu führen, dass jemand ungewollt über einen längeren Zeitraum hinweg gegen irgendwelche Regeln verstößt.

Vorwissen

Besonders hoch ist das Risiko von verfälschten Erinnerungen und damit verbundenen Auseinandersetzungen, wenn bei einem Teil der Beteiligten das neu aufgenommene Wissen bisherigen Vorstellungen zuwiderläuft. *Vorwissen* kann neu hinzugekommene Gedächtnisinhalte massiv manipulieren.

BEISPIEL:

Ein Teammitglied ist bisher der festen Überzeugung gewesen, dass man für Einrückungen Tabulator- statt Leerzeichen verwenden sollte. In einer Besprechung beschließt das Team, ab sofort durchgängig Leerzeichen zum Einrücken zu nehmen, weil man dies nach ausgiebiger Diskussion und dreimaligem Umentscheiden letztendlich doch für besser hält. Derjenige, der bisher Tabs verwendet hat, fährt anschließend für eine Woche in Urlaub. Er kommt aus dem Urlaub zurück, benutzt weiterhin Tabulatorzeichen und schwört auf Kritik seiner Kollegen hin jeden Eid, dass man dies doch so vereinbart hätte.

Das ist weder Gewissenlosigkeit noch Alzheimer, sondern eine der Fallen, die mit der Arbeitsweise unseres Gehirns verbunden sind. Dieses Beispiel verdeutlicht noch etwas: Besonders wenn in einer Diskussionsrunde die Meinung mal in die eine und mal in die andere Richtung tendiert, sollte das abschließende Ergebnis einschließlich der Begründung schriftlich festgehalten werden, sei es auf einem Whiteboard, sei es, dass es per E-Mail an alle Teilnehmer geschickt wird. Denn das mehrmalige Umentscheiden führt zu „konkurrierenden" Gedächtnisinhalten, der Fachmann spricht von „*Interferenz*" – und dieser Effekt kann die Behaltensleistung drastisch verschlechtern.

Kategorien

Eine weitere Form von Wissensorganisation, die sich in unserem Gehirn abspielt, ist das Bilden abstrakter Begriffe. Jeder Programmierer hat beispielsweise eine Vorstellung davon, was ein Datenbanksystem oder CASE-Tool ist.

„Datenbanksystem" und „CASE-Tool" bezeichnen aber keine konkreten, einzelnen Programmsysteme, sondern eine *Kategorie*, also eine „Schublade", in die ein bestimmtes Programm eingeordnet werden kann.

Wenn jemand einen abstrakten Begriff benutzt, hat er jedoch in den seltensten Fällen eine allgemeingültige Definition.

dafür zur Verfügung. Die Zuordnung eines Objektes zu einer Kategorie läuft *intuitiv* auch nicht in der Weise, dass die Eigenschaften des Objektes gegen jene abgeprüft werden, die gemäß einer Definition der Kategorie zu fordern sind. Stattdessen gehen Menschen im Allgemeinen so vor, dass sie ein Objekt mit einem typischen *Repräsentanten* der Kategorie vergleichen.

Diese Denkweise bildet natürlich eine ideale Basis für Missverständnisse und Aneinander-vorbei-Reden. Denn Repräsentanten von Kategorien sind oftmals individuell sehr unterschiedlich. Wer ausschließlich mit PCs vertraut ist, bezeichnet vielleicht ein Programm als „Datenbanksystem", wenn es irgendwelche Werte in tabellarischer Form speichern kann und hält Transaktionshandling für kein entscheidendes Merkmal. Der Großrechner-Spezialist hingegen verweist auf hierarchische Datenbanken und zählt Mehrbenutzerfähigkeit und die Handhabung von Transaktionen zu den unabdingbaren Eigenschaften. Meist bleiben diese Unterschiede in den Vorstellungen *unbewusst*. Obendrein ändern sich die Repräsentanten der Kategorien im Zeitablauf, denn sie hängen von unserem jeweils aktuellen Wissensstand ab.

Beim Erstellen von Programmierrichtlinien kann es deshalb erforderlich werden, zunächst einmal einige Begriffe zu klären, bevor man eine Regel festlegt. Es nützt wenig vorzuschreiben, eine Datei solle nicht länger als 1000 Lines of Code sein, wenn nicht klar ist, ob dabei leere und Kommentarzeilen mitzuzählen sind oder nicht. Gerade wenn Entwickler zusammenarbeiten sollen, die abweichende Betriebssysteme, verschiedenartige Programmiersprachen, unterschiedliche Tools usw. gewohnt sind, werden Missverständnisse aufgrund differierender Vorstellungswelten eher zur Regel als zur Ausnahme. Entsprechend mehr Zeit für die Formulierung und Umsetzung einer Programmierrichtlinie sollte man einkalkulieren. Zumindest ein Teil der höheren Aufwände wird sich kurzfristig in Form von besserer Zusammenarbeit und Kommunikation innerhalb des Teams bezahlt machen.

Folgerungen

Denken in Schemata und Kategorien, „manipulierendes Vorwissen" sowie unbewusstes Schlussfolgern sind mögliche Ursachen für Missverständnisse, Irrtümer und unerfreuliche Debatten. Jedes Teammitglied sollte diese Fallen unseres Gedächtnisses kennen, bei Meinungsverschiedenheiten einkalkulieren und entsprechende Vorbeugemaßnahmen (Prinzip der Schriftlichkeit, explizite Begriffsdefinitionen usw.) akzeptieren. Soweit möglich sollten Programmierrichtlinien Vorschriften enthalten, die auf Schemata und Kategorien basierende Fehler vermeiden helfen. Beispielsweise kann man bezüglich der Wahl von Datentypen einen Hinweis anbringen, dass generell zu prüfen ist, ob außer „gängigen" Werten noch Sonderfälle gespeichert werden müssen.

2.4.3 Vergessen

Zum Thema „Gedächtnis" gehört nicht nur das Behalten, sondern ebenso das Vergessen. Gedächtnisinhalte verblassen mit der Zeit, wenn sie nicht verwendet werden. Dies gilt natürlich auch für Regelungen, die nur selten anzuwenden sind.

Weiterhin spielt die oben bereits erwähnte Interferenz eine Rolle: Erinnerungen auf einem bestimmten Gebiet werden durch anderes überlagert. Bereits Verinnerlichtes kann dadurch vollständig verloren gehen. Dies kann Regeln bezüglich einer Programmiersprache betreffen, mit der längere Zeit nicht gearbeitet wurde, oder etwa den Umgang mit Tools, die nur selten zum Einsatz kommen – sofern zwischenzeitlich Sprachen oder Werkzeuge verwendet wurden, die andere Regelungen erfordern.

Gegen den Zerfall von Gedächtnisinhalten hilft nur eins: sie müssen gelegentlich wieder aufgefrischt werden. Eine sinnvolle Möglichkeit hierzu besteht oft in der Einweisung neuer Teammitglieder in die geltenden Regelungen.

In vielen Fällen geht Wissen aber nicht ganz verloren. Etwas wiedererkennen ist fast immer erheblich einfacher als etwas zu reproduzieren, sodass dies oft noch gelingt, wenn der aktive Gedächtnisabruf längst nicht mehr möglich ist.

Auch die Reihenfolge, in der etwas gelernt wurde, spielt eine Rolle: die Vorwärtsassoziation funktioniert meist besser als die Rückwärtsassoziation. Aufbau und Formulierung von Programmierrichtlinien sollten dies berücksichtigen. Regelungen sind also an solchen Objekten festzumachen, denen sich der Programmierer beim Codieren oder bei Reviews gegenübersieht.

BEISPIEL:

Eine Bestimmung, die besagt, dass Konstanten anstelle von Literalen zu verwenden sind, gehört unter die Überschrift „Literale" und nicht unter „Konstanten". Auch die Formulierung sollte entsprechend das Wort „Literale" am Anfang haben, also „Anstelle von Literalen sind Konstanten zu verwenden," und nicht etwa „Konstanten sind gegenüber Literalen zu bevorzugen". Richtig herum erzeugt die Wahrnehmung eines Literals im Code die Vorwärtsassoziation von „Literal" zu der anzuwendenden Regelung. Bei umgekehrter Reihenfolge steigt hingegen die Wahrscheinlichkeit, dass der Regelverstoß übersehen wird.

2.5 Garbage out ...

Menschen können nur eine sehr geringe Anzahl von Einzelinformationen gleichzeitig zur Verarbeitung im Kopf behalten. Früher ging man von etwa sieben dieser so genannten *Chunks* aus, die heutige Forschung schätzt die Zahl eher auf vier bis fünf. Dies wurde bereits im Zusammenhang mit dem Thema „Aufmerksamkeit" erwähnt.

Für die Verarbeitung von Informationen stehen dem „Prozessor in unserem Kopf" also maximal fünf „Register" zur Verfügung. Das *Kurzzeitgedächtnis* ist folglich ein Engpass. Bei Berechnungen und beim Schlussfolgern zwingt es unser Gehirn zu starken *Vereinfachungen*.

Um zu vereinfachen, greifen wir – meist intuitiv – auf eine Reihe von Strategien zurück, die unter dem Schlagwort „Heuristiken" oder etwas salopper „Daumenregeln" bekannt sind. Heuristiken ermöglichen vielfach erst die Lösung eines Problems. Bei etwas komplexeren Themen führen sie jedoch oft zu Ergebnissen, die alles andere als korrekt zu nennen sind – und Aufgabenstellungen im Bereich Softwareentwicklung sind in den seltensten Fällen trivial!

Heuristiken werden häufig unbewusst und individuell auch sehr unterschiedlich eingesetzt. Sie bilden somit nicht nur eine ideale Basis für schlechte Entscheidungen, sondern auch für unerquicklich lange Diskussionen und Glaubenskämpfe. All das ist bei der Aufstellung von Programmierrichtlinien unerwünscht. Außerdem kann man durch bestimmte Regelungen Programmierfehlern vorbeugen, die auf den Vereinfachungstrategien unseres Gehirns basieren. Es ist also wichtig zu wissen, wann und in welcher Form Menschen Heuristiken einsetzen und welche Auswirkungen dies haben kann. Im Folgenden wird deshalb ein Überblick über dieses Gebiet vermittelt.

2.5.1 Wann wird vereinfacht?

Es gibt typische Bedingungen, unter denen Menschen zu Vereinfachungsstrategien tendieren. Die Komplexität der Aufgabenstellung, etwa im Sinne von „Anzahl erforderlicher Verarbeitungsschritte bei Nicht-Vereinfachung", ist dabei nur einer der Faktoren. Weitere wichtige Einflüsse sind:

- Unsicherheit
- Stress
- Zeitdruck
- Ablenkung

Unsicherheit bezieht sich hierbei auf gegebene Daten oder zukünftige Rahmenbedingungen. Je weniger verlässlich eine aktuelle Datenbasis erscheint und je schlechter sich längerfristige Einflussfaktoren vorhersehen lassen, desto eher wird eine Entscheidung anhand einer Daumenregel gefällt. Dabei kommt es oft zu einem krassen Missverhältnis zwischen einer gefühlsmäßigen Zufriedenheit mit der Entscheidung und einer späteren sachlichen Beurteilung ihrer Qualität.

Dass *Stress* und *Zeitdruck* Menschen zu „Ruck-Zuck-Verfahren" beim Denken verleiten können, ist sicherlich nicht weiter überraschend. Jedoch spielt weniger tatsächlicher als vielmehr *empfundener* Zeitdruck die entscheidende Rolle. Qualitativ gute Entscheidungen – und die braucht man für sinnvolle Programmierrichtlinien ebenso wie für ordentliche Programme – setzen also voraus, den Beteiligten das Gefühl von Zeitdruck zu *nehmen*.

Gerade bei der Softwareentwicklung und den zugehörigen organisatorischen Fragen kann deswegen das bei unzureichend ausgebildeten Führungskräften beliebte „nur mal richtig Druck machen" zum Eigentor werden. Anstatt Mitarbeiter bei jeder Gelegenheit den Satz „Wir haben da einen Termin" hören zu lassen, sollte man die Beschäftigung mit den vordringlichen Aufgaben in anderer Weise fördern.

Ein einfacher, bereits Anfang des 20. Jahrhunderts wissenschaftlich untersuchter Motivationstrick besteht darin, *Interesse zu zeigen*. Dies kann beispielsweise folgendermaßen geschehen.

BEISPIEL:

Anstatt wöchentlich von den Entwicklern schriftliche Statusberichte anfertigen zu lassen, sollten Projektleiter sich in kurzen, direkten Gesprächen von den Mitarbeitern den Stand ihrer Arbeiten zeigen lassen. Dabei kann der Projektleiter nebenbei auch ein Auge auf die Einhaltung von Programmierrichtlinien werfen und wenn nötig eingreifen. Ist eine kontinuierliche schriftliche Dokumentation des Projektstandes erforderlich, macht der Projektleiter sich in den Gesprächen Notizen, am besten auf einem geeigneten Formular. Die Entwickler werden dadurch von Bürokratie entlastet und gefährliche Schönfärbereien in Bezug auf den Fortgang der Arbeiten sind weitaus unwahrscheinlicher. Beides vermindert Stress. Diese Vorgehensweise stellt nebenbei einheitliche und adressatengerechte Projektstatus-Berichte sicher. Der Projektleiter kann in den Gesprächen sein Interesse an den vordringlichen Angelegenheiten zeigen und seine Mitarbeiter dadurch in die gewünschte Richtung motivieren. Die Konzentration der Unterredung auf die Arbeiten mit erster Priorität aktiviert beim Mitarbeiter die zugehörigen Gedächtnisinhalte. Das Gefühl von Termindruck kann dabei vermieden werden. Durchdachtes Arbeiten an den wesentlichen Dingen wird gefördert. Anstelle von hektisch erstelltem, fehlerträchtigen Quick-&-Dirty-Code entstehen Sources, die von Anfang an den Programmierrichtlinien entsprechen.

Ablenkung wirkt im Ergebnis wie Stress oder Zeitdruck. Die verfügbare Kapazität des Kurzzeitgedächtnisses wird nochmals reduziert, der Zwang zum Vereinfachen verstärkt. Wer von seinem Chef eine durchdachte Entscheidung haben will, sollte also nicht gerade dann in sein Zimmer hineinplatzen, wenn noch fünf weitere Kollegen etwas von ihm wollen. Dies gilt ganz besonders bei der Festlegung von Regeln, die die Programmierung betreffen, weil dort nachträgliche Änderungen die Anpassung umfangreicher Sources erforderlich machen können.

2.5.2 Wie wird vereinfacht?

Da die Vereinfachungsstrategien unseres Gehirns mit dem Engpass „Kurzzeitgedächtnis" zusammenhängen, laufen sie alle darauf hinaus, bestimmte

Aspekte einer Problemstellung unbeachtet zu lassen. Dies kann grundsätzlich auf zweierlei Arten geschehen:

- entweder man konzentriert sich auf einen bestimmten Teil der Aufgabenstellung und lässt implizit alles andere beiseite,
- oder man schließt mehr oder minder bewusst einige als weniger relevant erachtete Gesichtspunkte aus und versucht die restlichen einzubeziehen.

Die meisten Heuristiken gehören zum zuerst genannten Bereich, oftmals gerechtfertigt durch die Worte „Wir konzentrieren uns auf das Wesentliche". Fehlerhafte oder zumindest riskante Varianten dieser Strategien sind beispielsweise:

- Monokausales Denken: Wenn eine Problemursache gefunden ist, werden mögliche weitere außer Acht gelassen.
- Vorzeitiger Abbruch bei der Suche nach Lösungen: Eventuell bessere Alternativen bleiben außen vor.
- Sicherheitsdenken: Man beurteilt Lösungen für ein Problem nur danach, ob durch sie ein bestimmter Negativeffekt vermieden wird.
- Unzulässiges Verallgemeinern: Die Unterschiede zwischen dem Spezialfall, auf den eine Lösung passt, und dem allgemeinen Problem, das zu lösen ist, bleiben unberücksichtigt.
- Falsche Analogieschlüsse: Eine Lösung wird von einem ähnlich gelagerten Problem übernommen, ohne dabei zu prüfen, ob es Abweichungen in den Problemstellungen gibt, die dem entgegenstehen. (Die Ariane 5 wurde beispielsweise durch ein Programmmodul zum Absturz gebracht, das von der Steuerung der Ariane 4 übernommen wurde und dort einwandfrei funktioniert hatte.)
- Die übelste Variante: Man informiert sich erst gar nicht; somit sind keine Informationen vorhanden, die zu verarbeiten wären.

Ein Beispiel für die zweite Kategorie von Vereinfachungsstrategien ist das unreflektierte Ablehnen einer Lösung, mit der man in der Vergangenheit unzufrieden war. Häufig bedeutet dies den Weg vom Regen in die Traufe.

Ähnlich verhält es sich mit der Anwendung von K.o.-Kriterien. Dadurch werden oftmals Alternativen von vornherein ausgesondert, die bei angemessener Gewichtung aller Vor- und Nachteile zwar nicht als zufriedenstellende Lösung, aber im gegebenen Rahmen als das geringste Übel angesehen worden wären.

In der Softwareentwicklung könnten sich Vereinfachungsstrategien etwa folgendermaßen auswirken.

BEISPIELE:

Beispiel 1:

Der neue Leiter einer EDV-Abteilung stellt fest, dass der von einem bestimmten Entwicklerteam erzeugte Programmcode nahezu unleserlich ist. Variablennamen sind zwar offenbar gut gewählt, aber Einrückungen, Leerzeichen und Leerzeilen fehlen fast völlig. Andere Gruppen innerhalb der Abteilung produzieren jedoch gut lesbare Sources, obwohl es keine offiziellen Programmierrichtlinien gibt. Der Abteilungsleiter fürchtet den Aufwand für das Erstellen eines Style-Guides, außerdem hat er Bedenken, ob seine Mitarbeiter sich daran halten werden. Er erteilt deswegen kurzerhand die Anweisung, alle schlecht lesbaren Sources mit Hilfe eines Beautifier-Programmes nachzubearbeiten. Einrückungen, Leerzeichen und Leerzeilen sind jetzt überall einheitlich, das Problem scheint vom Tisch. Erst später fällt auf, dass das betroffene Team zwar sprechende Variablennamen gewählt hat, die Bezeichner für Prozeduren jedoch aus zweibuchstabigen, unverständlichen Kürzeln bestehen. Eine genauere Analyse, die jetzt durchgeführt wird, bringt außerdem zu Tage, dass in der gesamten Abteilung der Code völlig unzureichend kommentiert ist. Bei der Namensvergabe folgt zudem jeder Entwickler seinen eigenen Konventionen. Es existieren bis zu fünf Synonyme für dieselbe Sache, es wird mal mit und mal ohne Präfixe gearbeitet und dergleichen mehr – alles Probleme, bei denen ein Beautifier keinerlei Nutzen bringt.

Beispiel 2:

Der Inhaber eines Softwarehauses hat sich das Ziel gesetzt, die Produktivität seines Unternehmens zu erhöhen. Seine Mitarbeiter klagen schon lange darüber, dass sie viel zu viel mit der Wartung alter Systeme beschäftigt sind und die Auslieferung der neuen sich deswegen stark verzögert. Ein Projektleiter erhält deswegen den Auftrag, eine Programmierrichtlinie zu erstellen und dafür zu sorgen, dass alle alten Sources entsprechend den darin enthaltenen Regelungen überarbeitet werden. Der beauftragte Manager ist ständig unter Zeitdruck. Er lädt sich deswegen den erstbesten Style-Guide aus dem Internet herunter und erklärt ihn zum Standard. Die Mitarbeiter erhalten eine zweimonatige Urlaubssperre, um die Überarbeitung der alten Sourcen zu ermöglichen. Dabei stellt sich heraus, dass der Code zwar nicht den neuen Regelungen entspricht, insgesamt gesehen jedoch in keinem schlechten Zustand ist. Die Überarbeitung der Sourcen bestünde vorwiegend in einer Änderung der Einrückungstiefe und in der Ergänzung einiger Namenspräfixe. Die geringe Produktivität resultiert in Wahrheit aus der Verwendung völlig veralteter und ungeeigneter Entwicklungstools, die man ohne nennenswerten Aufwand durch eine weitaus modernere Freeware ersetzen könnte. Die Mitarbeiter halten Programmierrichtlinien dennoch grundsätzlich für sinnvoll. Sie sollten aber den bereits inoffiziell verbreiteten Konventionen folgen und zudem die Fähigkeiten der zukünftig eingesetzten Public-Domain-Tools berücksichtigen.

Beide Beispiele zeigen typische, auf „Daumenregeln" basierende Fehler. Im ersten Beispiel wird ein Detail für die gesamte Problemursache gehalten und nur eine, besonders leicht umsetzbare Lösung in Betracht gezogen. Im zweiten Fall fällt die Informationsbeschaffung völlig unter den Tisch. Als Problemursache wird ohne zu zögern der gängigste Fall angenommen. Und selbst von den dazu passenden Lösungsalternativen wird nur die erstbeste gewählt.

Auf den Vereinfachungsstrategien unseres Gehirns basieren auch eine ganze Reihe häufiger Programmierfehler. Einige davon lassen sich durch entsprechende Regelungen verhindern, sofern die Einhaltung der Regelungen auch durch Code-Reviews kontrolliert wird. Denn die Annahme, dass ein System fehlerfrei sei, das bei Tests oder über einen längeren Zeitraum im Wirkbetrieb keine Fehler gezeigt hat, ist bereits eine unzulässige Vereinfachung.

BEISPIEL:

Werden Return-Codes von Datenbank- oder Dateizugriffen nicht abgefragt, so fällt dies bei Tests in der Regel nicht auf. Der Fall etwa, dass ausgerechnet bei einem „Commit" die Netzwerkverbindung unterbrochen wird, lässt sich für Testzwecke kaum erzeugen und ist auch sonst nicht häufig. Er kann aber unerkannte und deswegen besonders ärgerliche Folgen haben. Die Abfrage des Fehlercodes ist also beim Abschliessen einer Transaktion genauso wichtig wie bei jedem anderen SQL-Statement. Eine entsprechende Regel gehört deshalb unbedingt in Programmierrichtlinien für Datenbank-Clients. Die Einhaltung einer solchen Vorschrift lässt sich nur durch Code-Reviews sicherstellen.

Typische, auf unzulässigen Vereinfachungen basierende Programmierfehler hängen meist mit Fehler-, Sonder- oder Grenzwerten von Variablen zusammen. In Style-Guides wird deswegen häufig vorgeschrieben, bei allen Verzweigungen einen Else- oder Default-Ast einzufügen. Dies hilft aber natürlich nur dann, Fehler zu vermeiden, wenn überhaupt anhand der Werte einer Variablen verzweigt wird. Deswegen sollte man zusätzlich verlangen, dass Fehlercodes abzufragen und Parameterwerte auf Zulässigkeit zu prüfen sind.

Auch die Empfehlung, einen Algorithmus erst einmal in Pseudo-Code zu formulieren und diesen Pseudo-Code als Kommentar in die Source-Datei zu übernehmen, hilft Fehler aufzudecken, die auf Heuristiken basieren. Hierdurch wird ganz einfach ein bewussteres Arbeiten gefördert, sodass implizite Annahmen und nicht berücksichtigte Sonderfälle dem Entwickler auffallen.

Abschließend sei noch angemerkt, dass Heuristiken auch beim Schätzen von Wahrscheinlichkeiten eine Fehlerquelle darstellen. Dies trifft insbesondere dann zu, wenn die Wahrscheinlichkeit von mit *und* verknüpften Ereignissen ermittelt werden soll. Die Wahrscheinlichkeit für das Eintreten des Gesamtereignisses wird dabei im Allgemeinen viel zu hoch geschätzt. Dies führt vor allem deswegen zu gefährlichen Irrtümern, weil das Gesamtereignis oftmals das Ziel „System fehlerfrei" oder Ähnliches repräsentiert.

BEISPIEL:

Ein Softwarehaus erstellt ein Programmsystem, das im 7x24-Stunden-Betrieb laufen soll und aus 75 überwiegend kleineren Prozeduren besteht. Diese umfassen im Schnitt lediglich ca. 20 Lines of Code, das gesamte System also nur 1500 Programmzeilen. Die Geschäftsführung glaubt an ihre hervorragenden Qualitäts-Sicherungs-Maßnahmen. In ihrem Unternehmen enthalte maximal eine von 100 solch kleinen Prozeduren beim abschließenden Build noch einen Fehler. Die Wahrscheinlichkeit dafür, dass eine Prozedur korrekt ist, setzt man deswegen mit 99 % an. Mithilfe eines Taschenrechners ermittelt man die erste Überraschung: Die Wahrscheinlichkeit für eine fehlerfreie Auslieferung des Gesamtsystems erreicht selbst unter dieser Annahme nicht einmal 50 %, denn $0{,}99^{75}$ ergibt 0,47 oder 47 %. Sicherheitshalber wiederholt man die Rechnung auf Basis von vier Fehlern je 2000 LOC statt nur einem. Dies würde für eine einzelne Prozedur bedeuten, dass sie mit ca. 96 % Wahrscheinlichkeit korrekt ist. Die Wahrscheinlichkeit für ein fehlerfreies Gesamtsystem sinkt jetzt aber nicht um den Faktor vier, sondern geht auf 4,68 % zurück, also auf ungefähr ein Zehntel!

In diesem Beispiel wird von einem Systemumfang ausgegangen, der nur wenigen Wochen Programmieraufwand entspricht. Eine Restfehlerrate von zwei Fehlern je 1000 LOC bedeutet zudem einen hervorragenden Wert, und Fehlerraten von nur einem Fehler je 2000 LOC werden nur von Spitzenklasse-Softwarehäusern erreicht. In durchschnittlichen EDV-Unternehmen liegen die Werte um den Faktor 10 schlechter. Dies verdeutlicht ganz allgemein die Notwendigkeit von QS-Maßnahmen bei der Softwareentwicklung.

Realistische Annahmen über Wahrscheinlichkeiten sind aber auch wichtig, wenn Regelungen in Programmierrichtlinien aufgenommen werden, die der Automation bestimmter Vorgänge dienen. Hierzu gehört beispielsweise das Generieren von Dokumentation. Diesbezügliche Regeln müssen – ganz analog zur obigen Beispielrechnung – sehr konsequent beachtet werden, sonst sind von dem automatisierten Vorgang keine brauchbaren Ergebnisse zu erwarten. Deswegen sollte man solche Regelungen unbedingt organisatorisch mit Code-Reviews koppeln, bei denen ihre Einhaltung geprüft wird. Dazu gehört auch immer die Kontrolle auf Aktualität: Es nützt nichts, Dokumentation aus veralteten Doclet-Kommentaren zu generieren oder einen „final build" zu starten, wenn einige Teammitglieder ihre fertigen Module noch nicht ins Versionsmanagement-System eingecheckt haben.

2.5.3 Wie kann man gegensteuern?

Gerade das Umfeld der Softwareentwicklung mit

- komplexen Problemstellungen,
- sich ständig ändernden, schwer einschätzbaren Einflussgrößen und
- permanentem Zeitdruck

ist ein nahezu idealer Nährboden für Fehler, die auf der Anwendung von „Daumenregeln" anstelle systematischer Überlegung basieren. Davon betroffen sind alle Phasen des Entwicklungsprozesses, von der Systemanalyse bis zu Test und Installation. Programmierrichtlinien können in diesem Zusammenhang helfen, Fehler bei der Implementierung zu vermeiden. Vorgaben bezüglich Tracing und Wartbarkeit erleichtern zudem die Aufdeckung und Beseitigung typischer Irrtümer in den Bereichen Analyse, Design und Test. Alle Regeln hierzu bedürfen aber auch der Kontrolle, sonst werden sie nur wenig Wirkung zeigen.

3 Wo wird Quellcode verwendet?

Programmierrichtlinien sollen Nutzen bringen, also *sinnvolle* Regelungen enthalten. Sinnvolle Regeln für die Erstellung von Sources lassen sich naturgemäß nur dann festlegen, wenn man weiß, welche Anforderungen Quellcode zu erfüllen hat. Dabei sollte man nicht nur fertig gestellte Sources in die Betrachtung einbeziehen, sondern auch noch in Arbeit befindliche.

Wenn man ganz allgemein wissen will, welche Qualitätsansprüche an eine Sache zu stellen sind, muss man klären

- von wem
- für welchen Zweck und
- auf welche Weise

sie gebraucht wird. Im Folgenden lauten deshalb die Fragestellungen:

- Welche Personen verwenden Quellcode?
- Was tun sie damit, unter welchen Einsatzbedingungen und mit welchem Ziel?
- Welche Softwaretools nehmen sie dabei zu Hilfe?

Die Beantwortung dieser Fragen liefert Leitlinien dafür, wie Programmierrichtlinien optimal zu gestalten sind.

3.1 Lebenszyklus einer Source-Datei

Dieser Abschnitt gibt einen allgemeinen Überblick darüber, was mit Quellcode getan wird und wo dementsprechend Regelungsbedarf entstehen kann. Was konkret in einem gegebenen Projekt geregelt sein sollte und welche Alternativen dabei im Einzelnen sinnvoll sind, hängt von den Rahmenbedingungen des jeweiligen Projektes ab.

BEISPIEL:

Unter anderem wird in diesem Kapitel deutlich gemacht, dass die erfolgreiche Entwicklung portabler Systeme sehr durchdachte Vorgaben erfordert, und zwar in aller Regel auch bei der Verwendung von Sprachen, die Portabilität über Hardware- und Betriebssystem-Grenzen hinweg unterstützen (oder ehrlicher gesagt: versprechen). Nicht in jedem Projekt sind Programmierrichtlinien erforderlich, die eine spätere Portierung von Sources berücksichtigen. Dennoch kann man nur jedem Softwareentwickler und jedem Projektleiter empfehlen, die entsprechenden Seiten wenigstens einmal zu lesen, um bösen Überraschungen vorzubeugen. Dies gilt insbesondere für alle diejenigen, die mit Datenbank-Anwendungen, Internet, verteilten Systemen und dergleichen zu tun haben.

3.1.1 Erstellung

Eine Quellcode-Datei muss zunächst erstellt werden. In den meisten Fällen fängt der Entwickler dabei nicht mit einer leeren Datei an, sondern er

- kopiert ein vorhandenes Sourcefile,
- generiert einen Rahmen für den Inhalt mit Hilfe eines Templates,
- erzeugt große Teile des Codes aus Designs, die unter Verwendung eines CASE-Tools erstellt wurden oder
- verwendet einen Code-Generator, der automatisch die Grundfunktionalitäten einer Eingabemaske zu einer Datenbank-Tabelle vorgeneriert.

Je weniger die Erstellung einer Source-Datei automatisiert ist, desto mehr organisatorische Regelungen sind erforderlich, um Einheitlichkeit zu sichern. Werden beispielsweise Templates verwendet, so enthalten diese meist einen Dateikopf mit Copyright-Vermerk, Projektname und dergleichen. In den Programmierrichtlinien genügt dann für den File-Header ein Hinweis auf das Template.

Starten die Programmierer häufig mit leeren Dateien oder Kopien sehr alter Sourcen, sind präzisere Vorgaben erforderlich. Deren Einhaltung sollte dann auch sorgfältig geprüft werden. *Viele Programmierer tauchen als Autoren von Sourcen auf, die geschrieben wurden, als sie das betreffende Unternehmen schon längst verlassen hatten!*

Wird ein Code-Generator verwendet, sollte man darauf achten, dass die Programmierrichtlinien dessen Funktionalität berücksichtigen. Änderungen an dem Layout, das der Code-Generator erzeugt, sollten nur in wirklich unvermeidlichen Fällen verlangt werden und nur an solchen Stellen, die nicht einer Neu-Generierung zum Opfer fallen können.

Die meisten Code-Generatoren lassen sich konfigurieren. Dabei gibt es jedoch oft Beschränkungen. Deswegen kann eine manuelle Nachbearbeitung generierter Sourcen nicht immer vermieden werden. Die Programmierrichtlinien sollten aber nur Nachbearbeitungen verlangen, die auch nach optimaler Konfiguration des Code-Generators unbedingt erforderlich sind. Sonst sinkt der Nutzen dieser Tools schnell auf null.

3.1.2 Ablage

Bei der Erstellung einer Source-Datei oder beim ersten Speichern muss entschieden werden, in welchem Verzeichnis des Dateisystems oder eines Versionsmanagement-Systems sie abzulegen ist. Hierzu sollten selbstverständlich klare Regelungen existieren. Im Allgemeinen richtet sich die Ablage nach dem *Projekt*, zu dem die Datei gehört, und nach der *Art der Datei* (Schnittstellen- oder Implementierungsmodul, Include-File, Ressource- oder Properties-Datei usw.).

Nicht nur für die Ablage der Sourcen selbst sollten klare Anweisungen vorliegen, sondern auch für Binarys, Listings und alle sonstigen Dateien, die von Entwicklern bei ihrer Arbeit erzeugt oder verwendet werden. Dazu gehören je nachdem, wie weit in einem Unternehmen die Arbeitsfelder aufgegliedert sind, auch Anforderungs- und Designdokumente, Testpläne und Testprotokolle, Anwender- und Programmierer-Dokumentation, Trace-Files usw. Für alle Arten von Dokumenten muss dabei *Namensvergabe* und *Ablageort* geregelt sein.

Versionsmanagement-Systeme

Der Begriff „Ablageort" schließt hier auch die Frage ein, welche Dateien unter Versionskontrolle genommen werden sollen. Gängige Versionsmanagement-Systeme speichern nur reine Text-Files komprimiert. Daraus können Speicherplatz-Probleme resultieren, wenn beispielsweise Ressource-Dateien unter Versionskontrolle gestellt werden sollen. Bevor Regelungen hinsichtlich der Ablage von Dateien in einem Versionsmanagement-System getroffen werden, sollte man sich dessen (Un-)Fähigkeiten also unbedingt näher ansehen.

Dies gilt insbesondere, wenn die Entwicklungsumgebung auf einem heterogenen Netzwerk basiert, wie beispielsweise einer Kombination von UNIX-Rechnern und PCs. Zeilenschaltung und Dateiende werden auf diesen Plattformen unterschiedlich kodiert. Falscher Umgang mit einem Versionsmanagement-System kann unter anderem dazu führen, dass Text- als Binär-Dateien interpretiert und somit unkomprimiert gespeichert werden.

Bei Verwendung eines Versionsmanagement-Systems ist weiterhin festzulegen, ob das Einchecken von Zwischenversionen nur bei Erreichen eines gewissen *Status* erlaubt sein soll. Üblicherweise wird verlangt, dass eingecheckter Code von Compile-Fehlern frei sein muss. Verstößt jemand gegen diese Regel, hindert er seine Kollegen an Testläufen, weil diese den dafür erforderlichen Build nicht erzeugen können.

Häufig wird dabei übersehen, dass Zwischenversionen von Dateien auf lokalen Platten der PCs der Entwickler gespeichert werden. Das ist aus Performance-Gründen zwar sinnvoll, schließt die nicht eingecheckten Versionen der Sourcen aber in den meisten Unternehmen vom Backup aus. Den Programmierern sollte in derartigen Fällen ein Netzlaufwerk zu Verfügung stehen, über das Dateien von den lokalen Platten gesichert werden können.

Werden Dateien, die zu einem Projekt gehören, in irgendeiner Weise zentral abgelegt, erweisen sich bedauerlicherweise oft auch Vorschriften als notwendig, die ein allzu langes „Bunkern" von Zwischenversionen auf lokalen Datenträgern untersagen. Schon mit Rücksicht auf Krankheiten oder Unfälle sollte alles, was im Verlaufe eines Tages erstellt wurde, abends in ein Verzeichnis kopiert werden, auf das zumindest *ein* anderes Teammitglied problemlos zugreifen kann.

Auch die Vergabe der Dateinamen muss selbstverständlich in einer Weise geregelt sein, die nicht mit der Arbeitsweise des verwendeten Versionsmanagement-Systems kollidiert. Verlangt ein Kunde etwa, dass Dateinamen eine Versionsnummer enthalten sollen, so betrachtet das Versionsmanagement-System unterschiedliche *Versionen* solcher Dateien als unterschiedliche *Dateien*. Der Einsatz eines Versionsmanagement-Systems wird durch derartige Vorgaben ad absurdum geführt.

Änderung der Ablage

In der Praxis stellt sich oft im Nachhinein heraus, dass die ursprünglich vorgegebene Systematik für die Ablage mit bestimmten Anforderungen eines Projektes oder etwa mit neuen Tools nicht verträglich ist. Änderungen sind dann unumgänglich. Dabei können Probleme vermieden werden, wenn alle betroffenen Dateien Namen haben, die unabhängig vom Ablageort eindeutig sind.

BEISPIEL:

Readme-Dateien, die den Inhalt eines Verzeichnisses beschreiben, sind zwar sehr hilfreich. Wenn aber Dateien aus mehreren Verzeichnissen in einem zusammengeführt werden müssen, können dort nicht drei Files mit dem Namen README.txt gleichzeitig existieren.

Leider verhindern in vielen Fällen bindende Richtlinien von Programmiersprachen oder Entwicklungsumgebungen die Vergabe systemweit eindeutiger Dateinamen. Über derartige Restriktionen sollte man sich unbedingt informieren, bevor Regeln vorgeschrieben werden, die nicht umsetzbar sind.

Umstellung der Entwicklungsumgebung

Wird die Entwicklungsumgebung im Verlauf eines Projektes geändert, muss oft auch die Ablage der Dateien anders geregelt werden. Pfade, Dateinamens-Erweiterungen und dergleichen mehr können von Änderungen betroffen sein.

Noch größere Probleme können entstehen, wenn die Entwicklungsumgebung auf ein anderes Betriebssystem oder andere Netzwerksoftware umgestellt oder dahingehend erweitert wird. Abweichungen bei der maximalen Länge von Pfad- und Dateinamen, Gross-/Kleinschreibung, Sonderzeichen usw. können derartige Neuerungen zu kostenträchtigen Abenteuern werden lassen. Sind Umstellungen in solchen Bereichen im Vorhinein absehbar, sollten sie selbstverständlich in den Programmierrichtlinien berücksichtigt werden.

3.1.3 Einbau allgemeiner Funktionalitäten

Der Rahmen für eine Source-Datei steht und sie ist am vorgesehenen Ort gespeichert. Jetzt beginnt die eigentliche Arbeit: die Programmierung. Ein Großteil davon besteht im Einbau immer wieder gleicher oder zumindest sehr ähnlicher Funktionalitäten und Abläufe. Beispiele hierfür sind die Ausgabe von Meldungen, das Öffnen und Schließen von Dateien sowie die Fehlerbehandlung. Programmierrichtlinien sollten hierzu einheitliche Vorgehensweisen vorschreiben. Wie diese im Einzelnen auszusehen haben, hängt in erster Linie von Sicherheits-, Performance- und funktionalen Anforderungen an das zu erstellende System ab. Im Folgenden werden einige häufig in Programme einzubauende Funktionalitäten und der diesbezügliche Regelungsbedarf dargestellt.

Fehlerbehandlung und Meldungsausgabe

Fehlerbehandlung und Meldungsausgabe sind unterschiedliche Dinge, gehören aber eng zusammen. Im Allgemeinen wird die Meldungsausgabe bei der Fehlerbehandlung früher oder später verwendet: Tritt ein Fehler auf, zeigt das Programm dem Anwender den entsprechenden Fehlercode oder Fehlertext an. Zusätzlich oder stattdessen kann es das Fehlerereignis auch innerhalb des Systems kommunizieren. Im Anschluss an die Anzeige bzw. die Weiterleitung des Fehlerereignisses – teilweise auch direkt damit verbunden – bricht das Programm den laufenden Vorgang ab.

Dem Anwender wird der Fehler meist über eine Bildschirmausgabe mitgeteilt, manchmal aber auch indirekt über einen Eintrag

- im Ereignisprotokoll des Betriebssystems,
- in einer zur Applikation gehörenden Fehlerprotokolldatei oder
- in einer Datenbank-Tabelle.

Bei bestimmten Systemen verlangt man sogar heute noch das Mitprotokollieren von Fehlern auf einem eigens dafür eingerichteten Drucker.

Der Entwickler braucht selbstverständlich Vorgaben darüber,

- welche Arten von Fehlern,
- welche Ausgaben,
- mit Hilfe welcher Zugriffsmethoden,
- auf welche Ausgabegeräte

erfordern. Diese Angaben können manchmal einem Pflichtenheft entnommen werden, oft sind sie aber besser in Programmierrichtlinien aufgehoben.

Wichtig ist es vor allem, genau festzulegen, was ausgegeben werden soll. Hierzu gehören Dinge wie

- Fehlernummer,
- Fehlertext,
- Sprache des Fehlertextes,
- Name der Prozedur, in der der Fehler aufgetreten ist,
- Rechnername,
- Benutzername,
- Datum und Uhrzeit,

und dergleichen mehr. Vom Betriebssystem bereitgestellte oder selbst entwickelte Prozeduren für die Fehlerausgabe können sicherstellen, dass keine Angaben fehlen. Wie die betreffenden Prozeduren im Einzelnen zu verwenden sind, muss aber geregelt sein. Gerade Betriebssystem-Funktionen wie „syslog" unter UNIX können in vielfältiger Art und Weise genutzt werden.

Innerhalb eines Systems kann ein Fehler auf sehr unterschiedliche Weise kommuniziert werden. Deswegen sind entsprechende Regelungen wichtig. Gängige Verfahren sind:

- Rückgabe der Fehlernummer über den Return-Code einer Prozedur bzw. den Exit-Code eines Programmes,
- Setzen von globalen Variablen oder Flags,
- Kommunikation über spezielle Speicherbereiche bei Client-/Server-Verbindungen,
- Signale senden,
- Exceptions werfen.

Selbstverständlich ist es günstig, ein einheitliches Verfahren zur Mitteilung und Abhandlung von Fehlern innerhalb eines Programmsystems vorzugeben. Dies ist aber vielfach nicht möglich, weil bestimmte Systemteile Vorgehensweisen erzwingen, die sich an anderer Stelle nicht durchhalten lassen.

BEISPIEL:

Dies gilt insbesondere bei der Kombination von Sprachen, die Exceptions unterstützen, mit solchen, die dies nicht oder in anderer Form tun. Eine in C++ zu entwickelnde Oberfläche mit Datenbank-Zugriffen über ODBC genügt bereits, um die einheitliche Verwendung von Exceptions zu verhindern.

Vor der Festlegung entsprechender Regelungen muss also geklärt werden, welche Arten von Fehlerbehandlung durch zu verwendende Systemteile, Librarys und Sprachen unterstützt werden. Gerade in diesem Bereich können auch Unterschiede zwischen Betriebssystemen erhebliche Probleme bereiten. Das Signal-Handling etwa ist auf UNIX-Plattformen wesentlich ausgefeilter als bei PCs.

Auch die Meldungsausgabe sollte nicht jeder Entwickler nach Gutdünken implementieren. Es muss festgelegt werden

- unter welchen Bedingungen Meldungen auszugeben sind (Status-Meldungen, Warnungen, Feedback nach Benutzereingaben usw.),
- ob und in welcher Form Meldungen zu parametrisieren sind („Dateien wurden kopiert." oder „Es wurden 12 Dateien kopiert."),
- ob und wie Meldungen sprachlich anzupassen sind („Internationalization" oder auch „Localization"),
- ob Meldungstexte aus bestimmten Dateien oder über eine Datenbank-Verbindung einzulesen sind, ob dies beim Programmstart oder bei Bedarf zu erfolgen hat oder ob sie als Konstanten oder Literale codiert werden sollen.

An dieser Stelle wird die Problematik im Zusammenspiel zwischen Fehlerbehandlung und Meldungsausgabe deutlich: Eine Fehlermeldung soll ausgegeben werden, und dabei tritt wiederum ein Fehler auf. Dieser Fall muss in einer Weise geregelt sein, dass Endlos-Rekursionen vermieden werden.

Einlesen von Konfigurationsdaten

Viele Programme können mit Einstellparametern versehen werden, die ihr Verhalten in Bezug auf

- Ressourcen-Verbrauch,
- Standard-Geräte, -Verzeichnisse und -Dateien,
- das Look & Feel der Benutzungsoberfläche,
- Handhabung bestimmter Fehlersituationen,
- und dergleichen mehr

steuern. Derartige Konfigurationsinformationen können einem Programm in unterschiedlichster Form übergeben werden, beispielsweise über

- Parameter oder Flags, die beim Aufruf mitgegeben werden,
- Umgebungsvariablen,
- Ini- bzw. Properties-Dateien,
- Registry oder
- Datenbank-Tabellen.

Kombinationen der Vorgehensweisen sind dabei möglich. Die Gesamtlänge einer Kommandozeile etwa beschränkt die Zahl möglicher Aufrufparameter, vor allem wenn Datei- oder Verzeichnisnamen übergeben werden sollen. Für solche Fälle gibt es oft einen Parameter, der den Pfad zu einer Datei mit den Konfigurationsinformationen enthält.

Gehören verschiedene Programme zu einem Gesamtsystem, so sollten die Vorgehensweisen in Bezug auf Einlesen, Prüfen und gegebenenfalls auch Speichern von Einstellparametern einheitlich festliegen. Unschöner Mischmasch aus Umgebungsvariablen, Ini-Dateien, Registry-Einträgen und dergleichen stört nicht nur die Anwender, sondern führt auch zu erhöhten Entwicklungs- und Testaufwänden. Folgende Dinge sollte man vorgeben:

- Quelle bzw. Speicherort der Konfigurationsdaten,
- Datenformat oder zu verwendende Datentypen,
- erforderliche Prüfungen sowie Reaktion auf fehlende oder fehlerhafte Werte,
- Standardprozeduren, die beim Einlesen, Prüfen und gegebenenfalls auch Speichern zu verwenden sind.

Prüfung von Parametern und sonstigen Inputs

Um ein System nicht in undefinierte Zustände geraten zu lassen, sollten – von Ausnahmen abgesehen – alle Prozeduren, Methoden etc. ihre Eingabedaten und Parameter kontrollieren. Programmierrichtlinien legen sinnvollerweise fest,

- welche Eigenschaften,
- welcher Daten,

- mit was für einer Genauigkeit,
- an welchen Stellen im Programm

zu prüfen sind und wie gegebenenfalls die Fehlerbehandlung auszusehen hat. Auch die Kommentierung in Fällen, bei denen eine Prüfung nicht zweckmäßig oder nicht durchführbar ist, sollte einheitlich geregelt sein.

Handhabung von Standard-Parametern und -Flags

Bei vielen Applikationen gehört die Reaktion auf bestimmte Parameter oder Flags zum Standardverhalten. Typisch hierfür ist die Ausgabe einer Versionsnummer beim Start eines Programmes mit dem Flag „-version".

Welche Parameter und Flags von jeder Anwendung verarbeitet werden sollten, kann in einem Anforderungsdokument festgelegt sein. Wird Software unterschiedlicher Art für einen breiten Nutzerkreis entwickelt, empfiehlt sich jedoch eine diesbezügliche Regelung als Teil einer Programmierrichtlinie. Dabei können dann auch Implementierungsdetails vorgegeben werden, die in einem Anforderungsdokument nicht zu finden sind.

Öffnen und Schließen von Verbindungen und Dateien

Bei der Client-/Server-Programmierung, aber auch in vielen anderen Bereichen spielen „open-" und „close-" Operationen eine erhebliche Rolle. Hierzu gehören etwa:

- Öffnen und Schließen von Dateien und Datei-ähnlichen Geräten (stdin, stdout, stderr usw.),
- Herstellen und Trennen von Netzwerkverbindungen,
- Connect und Disconnect in Datenbank-Anwendungen,
- Schließen von Transaktionen,
- Verbinden und Trennen von Clients und Servern in verteilten Applikationen.

Diese Vorgänge können aus den unterschiedlichsten Gründen fehlschlagen. Die zugehörige Fehlerbehandlung sollte deswegen geregelt sein. Zudem macht es häufig Sinn, nicht alle Vorgehensweisen beim Öffnen und Schließen bzw. Verbinden und Trennen zuzulassen. Für den Connect zu einer Datenbank sollte beispielsweise festgelegt sein, ob ein Kennwort mit zu übergeben ist oder ob die Authentifizierung auf andere Weise erfolgt.

Logging, Tracing und Monitoring

In vielen Applikationen werden Informationen unterschiedlicher Art mitprotokolliert und in Dateien ausgegeben. Hierzu gehören Daten über

- Ressourcen-Verbrauch,
- Öffnen und Schließen von Verbindungen,
- Häufigkeit bestimmter Vorgänge

und Ähnliches. Die Informationen dienen Tuning-, Sicherheits- und sonstigen Zwecken. Einheitliche Vorgehensweisen erleichtern vor allem die Auswertung der mitprotokollierten Daten, können aber auch Entwicklungs- und Testaufwände verringern.

Thread-, Prozess- und Signal-Handling

Kommunikation zwischen Prozessen und von Threads innerhalb von Prozessen spielt in der modernen Anwendungsentwicklung eine immer stärkere Rolle. Fehler in der Koordination von Abläufen können zu Deadlocks führen. Allein schon deswegen empfiehlt es sich, das Handling von Prozessen und Threads sorgfältig zu regeln.

Aber auch gravierende Unterschiede zwischen diversen Betriebssystem-Plattformen und zwischen verschiedenen Programmiersprachen können ein Grund sein, in diesem Bereich sehr genaue Vorgaben zu machen. Ansonsten wird die Portierung eines Systems auf andere Rechner oder die Umstellung auf eine andere Sprache vor unüberwindliche Hindernisse gestellt.

Handhabung von Kennwörtern und anderen Sicherheitsmechanismen

Gerade im Bereich Sicherheit sind klare und umfassende Regelungen unabdingbar. Im Allgemeinen ist zunächst festzulegen, welche Security-Mechanismen verwendet sollen werden, bevor Implementierungsdetails vorgegeben werden können.

Die meisten Betriebs-, Netzwerk- und Datenbanksysteme verfügen heutzutage über Funktionen zur Authentifizierung und zur Überwachung sicherheitsrelevanter Vorgänge. Welche davon für welche Zwecke am geeignetsten sind, kann meist nur bei genauer Kenntnis aller Rahmenbedingungen entschieden werden. Dies gilt insbesondere deshalb, weil auch die Entwickler dieser Systeme nicht perfekt arbeiten und dadurch immer wieder Sicherheitslücken entstehen, die nicht zum Schwachpunkt der eigenen Software werden sollten.

Hat man sich entschieden, selbst entwickelten Kennwortmechanismen den Vorzug vor denen in den verwendeten Basissystemen zu geben, sind detaillierte Vorgaben für die jeweilige Implementierung erforderlich. Die genauen Vorgehensweisen können dabei je nach Programmiersprache variieren. Wichtig ist es beispielsweise, Zwischenspeicher sofort löschen, wenn ihr Inhalt nicht mehr benötigt wird. Dadurch wird ein Auslesen mit Hilfe von Hacker-Tools oder Trojanischen Pferden erschwert. Werden eigene Verschlüsselungsmechanismen – beispielsweise für die Speicherung von Passwörtern – verwendet, sind für deren Implementierung und Aufruf ebenfalls Regelungen erforderlich.

3.1.4 Übersetzung

Sind die ersten Funktionalitäten implementiert, wird eine Source-Datei je nach verwendeter Programmiersprache zunächst übersetzt oder direkt ausgeführt. Dabei prüft der Compiler oder Interpreter den Code in jedem Fall auf syntaktische Fehler; eingebettete SQL-Befehle unterzieht er unter Umständen auch einer semantischen Prüfung (d.h. Check auf Existenz der angesprochenen Tabellen und Spalten).

Das Verhalten von Compilern und Interpretern ist in vielerlei Hinsicht konfigurierbar. Bei integrierten Entwicklungsumgebungen wird es durch Eingaben unter dem Menüpunkt „Optionen" eingestellt, ansonsten über

- Flags und Aufrufparameter,
- Umgebungsvariablen und
- Setzungen in Make- oder Ini-Dateien.

Die Möglichkeiten hängen im Einzelnen von der Programmiersprache und dem Betriebssystem ab. Meist konfiguriert man zumindest die folgenden Parameter:

- Pfade zu Librarys,
- Optimierungsoptionen und
- die Behandlung bestimmter Zustände als Fehler oder Warnung.

Programmierrichtlinien sollten also nicht nur festlegen, *welche Setzungen* vorzunehmen sind, sondern auch *auf welche Weise*.

Je nach Compiler und Betriebssystem können beispielsweise Pfade zu Bibliotheksdateien auf eine der folgenden Arten angegeben werden:

- direkt im Quellcode,
- als Compiler- oder Linker-Flag,
- über Umgebungsvariablen und
- in Make-Files.

Eine einheitliche Regelung ist hier dringend angeraten, sonst sind unangenehme Überraschungen die fast schon sichere Folge.

Die Einstelloptionen von Entwicklungsumgebungen, Compilern, Linkern und dergleichen sollten vor Beginn eines Projektes gründlich eruiert werden. Darauf aufbauend kann dann festgelegt werden, welche Setzungen im Einzelnen wünschenswert sind und welche untersagt werden müssen. Eine systematische Vorgehensweise schützt hier vor allzu häufigen Änderungen an den Programmierrichtlinien.

3.1.5 Test

Sind die gewünschten Funktionalitäten implementiert und enthält die Source-Datei keine Compile-Fehler mehr, durchläuft der Code in der Regel eine Phase, in der immer wieder Tests durchgeführt und Korrekturen vorgenommen werden. Tests dienen den unterschiedlichsten Zwecken:

- Prüfung der Source auf Erfüllung der funktionalen Anforderungen,
- Kontrolle des Antwortzeitverhaltens und des Ressourcenverbrauchs,
- Untersuchung der Stabilität bei Lastspitzen, Fehleingaben und Ähnlichem,
- Begutachtung der Lauffähigkeit auf verschiedenen Plattformen.

Durchdachte Vorgehensweisen bei der Implementierung können den Aufwand in der Testphase erheblich reduzieren. Die Tätigkeiten in dieser Phase umfassen unter anderem:

- Festlegung erforderlicher Testfälle,
- Erzeugen von Testdaten,

- Implementierung von Treiber-Programmen oder Skripten zur Durchführung der Tests,
- Testdurchführung,
- Dokumentation und Auswertung der Testergebnisse,
- Suche nach Fehlerursachen,
- Fehlerbehebung.

Was diese Aufgaben umfassen, hängt noch von Details ab, wie etwa, ob nur Black-Box- oder auch White-Box-Tests auszuführen sind. In jedem Fall können aber lesbarer und gut kommentierter Code, standardisierte Debug-Ausgaben und eine an den Bedürfnissen des Testers orientierte Dokumentation die genannten Tätigkeiten erheblich erleichtern:

- Wenn der Quellcode Hinweise darauf enthält, welche Ressourcen eine Prozedur überhaupt verwendet und welche möglicherweise in besonderem Maß, können Tests zum Lastverhalten der Routine sich daran orientieren.
- Gut kommentierter Code umfasst Angaben über unzulässige, Minimal- und Maximalwerte von Variablen – daraus können Testfälle abgeleitet werden.
- Lesbare Sources vereinfachen ganz allgemein die Fehlersuche und -behebung, beispielsweise dadurch, dass sich schreibende und lesende Zugriffe auf Variablen leichter verfolgen lassen.
- Gezielte Debug-Ausgaben ermöglichen es, den Bereich, in dem die Ursache für ein Problem liegen muss, schnell einzukreisen.

Es lohnt sich also durchaus, Betrachtungen darüber anzustellen, durch welche Maßnahmen Entwickler dazu beitragen können, Testaufwände zu reduzieren. Entsprechende Regelungen in den Programmierrichtlinien helfen dabei, solche Maßnahmen zum Standard zu machen.

3.1.6 Tuning

Tuning-Maßnahmen zielen darauf ab, Antwortzeiten zu verbessern und Ressourcenverbräuche zu reduzieren. Programmierrichtlinien können diesen Bereich auf unterschiedlichste Art und Weise unterstützen:

- Regelungen bezüglich Tracing und Monitoring helfen, Schwachpunkte zu identifizieren.
- Vorgaben in Bezug auf das Öffnen und Schließen von Verbindungen und Dateien tragen dazu bei, die Häufigkeit „teurer" Operationen zu reduzieren.
- Standards für die Formulierung von eingebetteten SQL-Befehlen unterstützen eine angemessene Verteilung von CPU-Last zwischen Client und Server.
- Empfehlungen zum Umgang mit Anweisungen, bei denen explizit oder implizit Speicherplatz allokiert wird, können Antwortzeiten verbessern.

Tuning ist weder Spielerei noch Selbstzweck:

- Bei der Interpreter-Sprache Python gibt es beispielsweise zwei Module fast gleicher Funktionalität für das Serialisieren von Objekten. Die Funktionen des einen Moduls sind dabei um bis zu 1000-mal schneller als die des anderen. Derartige Unterschiede können bei Performance-kritischen Anwendungen nicht durch bessere Hardware ausgeglichen werden.
- Bei modernen Anwendungen verlangt der Kunde oft die Einhaltung bestimmter Antwortzeiten und maximaler Ressourcenverbräuche.
- Allzu großzügiger Umgang mit Plattenplatz kann selbst heute noch Backup-, Datenimport- und andere Batch-Operationen erschweren oder sogar unmöglich machen.
- Falsche Strategien im Bereich Memory-Allocation werden sicherlich auch in Zukunft Anwender zu unnötigen Kaffeepausen animieren.
- Wer Vorgaben bezüglich Antwortzeiten allzu leichtfertig auf Kosten des Hauptspeichers erfüllt, gefährdet vielleicht sogar die Stabilität eines Systems.

Aus diesen Gründen ist es schlichtweg falsch, Tuning von vornherein mit dem Stempel „das brauchen wir nicht" zu versehen. Die zunehmende Leistungsfähigkeit der Hardware kann falsche Vorgehensweisen bei der Programmierung nur in den seltensten Fällen kompensieren.

Tuning ist allerdings aufwändig und muss deswegen auf die wirklich erforderlichen Punkte konzentriert werden. Gerade deshalb empfiehlt es sich, den Entwicklern bereits zu Beginn einer Implementierungsphase die notwendigen Leitlinien an die Hand zu geben.

> Vor der Annahme, dass man „notfalls" mit Hilfe von Multithreading Performance-Probleme im Nachhinein lösen kann, muss hier ausdrücklich gewarnt werden. Multithreading ist ein äußerst komplexes Gebiet. Viele Standardpakete, -module oder -libraries können für multithreaded Applikationen nicht verwendet werden, zudem gibt es Probleme beim Signal-Handling. Programmiersprachen und Betriebssysteme weisen untereinander jeweils erhebliche Unterschiede beim Threadhandling auf. Gerade Multithreading muss deshalb beim Systemdesign und bei Programmierrichtlinien von Anfang an berücksichtigt werden, wenn diese Option offen gehalten werden soll.

Notwendige Informationen

Welche Tuningmaßnahmen sich lohnen, hängt zu einem nicht unerheblichen Teil von den verwendeten Sprachen, Compilern, Librarys, Datenbank- und Betriebssystemen ab. Deswegen sollte man sich unbedingt entsprechende Detailkenntnisse verschaffen und darauf aufbauend Regeln festlegen.

BEISPIEL:

Frühere Versionen eines weit verbreiteten Datenbanksystems waren bekannt dafür, dass die „Connect-"Operation regelmäßig mehrere Sekunden in Anspruch nahm. Innerhalb eines Clients war es deswegen sinnvoll, eine einmal hergestellte Verbindung zum Server offen zu halten und für weitere Transaktionen zu nutzen. Bei anderen Systemen brachte es hingegen Vorteile, den Client immer nur für die Dauer einer Transaktion mit dem Server zu verbinden. Dadurch minimierte man die Zahl der gleichzeitig vom Server zu verwaltenden Connections.

Um von vornherein effiziente Programme zu erzeugen, sollte man sich über die folgenden Aspekte der verwendeten Entwicklungs- und Einsatzumgebung informieren:

- Speicherplatzbedarf von Daten- bzw. Objekttypen,
- Mechanismen zum Allokieren sowie zum expliziten und impliziten Freigeben von Speicherplatz,
- Besonders zeit- oder ressourcenintensive Operationen,
- Zeit oder Ressourcen sparende Alternativen für Prozeduren, Objektklassen und Methoden.

In diesem Zusammenhang ist – je nach Aufgabenstellung – die folgende Software zur Einsatzumgebung zu rechnen:

- Betriebssystem,
- Netzwerk,
- Datenbank,
- Transaktionsmonitor,
- Middleware (ODBC, JDBC),
- Web Server und Web Application Server,
- Object Request Broker,
- Runtime-Module portabler Sprachen und
- zur Laufzeit hinzugebundene Bibliotheken (Shared Objects, DLLs und dergleichen).

Selbstverständlich sind nicht bei jedem Projekt alle in dieser Übersicht aufgeführten Punkte zu berücksichtigen. Sie kann aber als Checkliste dienen, um den Problemkreis einmal systematisch „abzuklopfen". Ein paar Stunden surfen im Internet oder auf CDs mit Fachzeitschriften-Artikeln liefern oft schon die Informationen, in welchen Bereichen Tuning-Bedarf zu erwarten ist und wo diesbezügliche Maßnahmen unnötig sind. Darauf aufbauend können dann zielgerecht Prioritäten festgelegt und bei der Gestaltung von Programmierrichtlinien berücksichtigt werden.

Vorhandenes verwenden

Zum Tuning gehört immer auch das Mitprotokollieren von Zeiten und Ressourcenverbräuchen. Hierzu greift man am besten auf die vorhandenen Möglichkeiten der Entwicklungs- und Einsatzumgebung zurück. Dadurch werden überflüssige Eigenentwicklungen vermieden.

Fähigkeiten und vor allem Schwächen dieser vorgegebenen Tracing-Funktionalitäten sind dabei jedoch in Betracht zu ziehen. Trace-Outputs müssen sich leicht interpretieren lassen. Dabei spielt vor allem die Zuordnung der Ergebnisse zu Programmteilen eine große Rolle. Es nützt nichts, eine hohe CPU-Beanspruchung zu diagnostizieren, wenn man anschließend Tage oder Wochen damit verbringt, in den Sources die Ursache dafür zu finden. Sinnvolle Richtlinien können in diesem Bereich Monate an Arbeit einsparen, vor allem bei Systemen, deren „Ressourcenhunger" einem geplanten 7x24-Stunden-Betrieb entgegensteht. Die Regelungen sollten den Programmierern insbesondere vorgeben,

- welche Informationen aus der Applikation heraus mitzuprotokollieren sind, weil sie von den entsprechenden Funktionen der Entwicklungs- oder Einsatzumgebung *gar nicht, nicht genau genug, zu stark abgekürzt oder nur verfälscht ausgegeben werden,*

- welche Prozeduraufrufe nicht verwendet werden dürfen oder zumindest deaktivierbar sein müssen, weil sie das Tracing behindern oder dessen Ergebnisse unbrauchbar machen,

- wie bestimmte Dinge zu implementieren sind, um Protokollierungsfunktionen zu unterstützen oder erst zu ermöglichen.

Auch hier empfiehlt sich – ergänzend zu einem Blick in die Handbücher – die zugehörige Informationsbeschaffung über das Internet und über Fachzeitschriften. In vielen Fällen lassen sich dennoch eigene Tests nicht ganz vermeiden. Nicht jeder Hersteller gibt offen zu, dass Rechnernamen in seinen Protokolldateien nach dem sechsten Zeichen abgeschnitten, Zeiten nicht auf eine, sondern nur auf fünfzig Millisekunden genau ausgegeben und andere wesentliche Informationen vielleicht sogar vollständig weggelassen werden.

Regeln hinreichend detaillieren

Zum Bereich „Tuning" gehören oft auch Vorgaben bezüglich der Konfigurationsmöglichkeiten des zu erstellenden Programms. Insbesondere ist zu klären, welche Tuning- und Tracing-Funktionalitäten noch im fertigen System zuschaltbar sein müssen und welche bei einem Auslieferungs-Build nicht mit einzubinden sind.

Entsprechende Bestimmungen leisten aber nur dann wirklich gute Dienste, wenn sie die notwendigen Einzelheiten einbeziehen. Jedes Teammitglied sollte nicht nur wissen, welche Funktionen deaktivierbar sein müssen, sondern auch wie. Derartige Informationen können die Programmierer üblicherweise keinem Anforderungsdokument entnehmen. Sie gehören deshalb in die Programmierrichtlinien.

Vorgehensschema

Um den Bereich „Tuning" optimal bei der Erstellung von Programmierrichtlinien zu berücksichtigen, sollten Sie folgende Reihenfolge einhalten:

1. Informieren Sie sich vorab über die Einsatzumgebung der zu entwickelnden Applikation.
2. Schlagen Sie in den Handbüchern aller bei Entwicklung und Einsatz Ihrer Programme zu verwendenden Systeme nach, ob dort Informationen zu Tuning, Tracing, Antwortzeiten und Ressourcenverbräuchen zu finden sind; dies ist meist der Fall und in aller Regel ist die Informationsmenge beherrschbar.
3. Werten Sie die gefundenen Informationen im Hinblick auf Ihre Aufgabenstellung aus.
4. Setzen Sie sie in Vorgaben für die Programmierung um. Entscheiden Sie dabei insbesondere, welche Tuning- und Tracing-Funktionen nur für die Entwicklungsphase und welche dauerhaft in Ihr System eingebaut werden sollen.
5. Informieren Sie die Entwickler über die geplanten Regelungen. Klären Sie sie dabei über die Hintergründe der einzelnen Maßnahmen auf und diskutieren Sie mit ihnen über Verbesserungen, bevor die Regeln festgeschrieben und angewendet werden.

In regelmäßigen Abständen sollten Sie zudem ihre Informationen über die Entwicklungs- und Einsatzumgebung aktualisieren und die Programmierrichtlinien auf Anpassungsbedarf hin untersuchen.

3.1.7 Überarbeitung

Nichts ist auf Anhieb perfekt, und gerade Quellcode durchläuft oft eine ganze Reihe von Überarbeitungszyklen. Dabei werden die Sources zum einen hinsichtlich ihrer optischen Gestaltung bereinigt, zum anderen häufig auch günstiger modularisiert und – *hoffentlich!* – ausführlicher kommentiert.

Einheitliches Layout und gute Lesbarkeit des Codes kann durch so genannte *Beautifier*-Programme sichergestellt werden. Sie ergänzen Einrückungen und Leerzeilen, richten Klammern aus und brechen zu lange Zeilen um.

Gezielte Ausrichtungen, die Zusammenhänge hervorheben sollen, jedoch nicht dem Standard entsprechen, werden von Beautifiern aber oft zerstört. Zudem kann kein Beautifier der Welt Modularisierung, Kommentierung oder Namensvergabe verbessern. Damit stellt sich die Frage, welchen Nutzen diese „Verschönerungsprogramme" überhaupt bringen. Style-Guides können sie jedenfalls nicht ersetzen.

Vieles spricht dafür, Code manuell zu überarbeiten und dabei tunlichst alle Mängel optischer und inhaltlicher Art in einem Durchgang zu beseitigen. Diesen Vorgang zu unterstützen, ist eines der Hauptziele der Gestaltung von Programmierrichtlinien. Denn die Arbeitsweise des menschlichen Gehirns macht es nahezu unmöglich, auf Anhieb „perfekten" Code zu erstellen. Die Assoziationen unseres Gedächtnisses führen nun mal nicht zu strukturiertem, sondern zu sprunghaftem Denken. Der Einsatz von Entwicklungsumgebungen, die so genannte *Refactoring*-Funktionen bieten – wie zum Beispiel systemweites Umbenennen von Prozeduren – sei hier darum ausdrücklich empfohlen.

Was regeln jetzt aber Programmierrichtlinien konkret hinsichtlich der Überarbeitung von Code? Um überflüssige Arbeiten und Fehler zu vermeiden, sollten sie aussagen, welche Arbeitsschritte wann durchzuführen sind. Dabei ist Folgendes zu beachten:

- Das menschliche Gedächtnis ist ein Schwachpunkt im System. Alles, was ansonsten vergessen werden kann, sollte sofort an geeigneter Stelle notiert werden. Bei der ersten Niederschrift des Codes genügen allerdings „Kommentare im Stenogrammstil" – erst nach der Überarbeitung muss jeder Entwickler sie verstehen können.

- Jede Überarbeitung kann selbst wiederum zu Fehlern führen. Auch das Einfügen eines kurzen Kommentars kann durch schlichtes Vertippen Compile- oder Laufzeitfehler bewirken. (Dies passiert vorzugsweise bei Skripten, die dem Backup dienen, und genau dem Kollegen, der anschließend in Urlaub fährt – kein Scherz, sondern selbst erlebt!) Abschließende Übersetzungs- und Testläufe sind also leider unumgänglich. Um den damit verbundenen Aufwand zu minimieren, sollte man vorher den Code einer Kontrolle unterziehen, beispielsweise durch einen Vergleich mit der Vorgängerversion.

Was inhaltlich bei der Überarbeitung von Sourcen zu beachten ist, ergibt sich aus den Programmierrichtlinien und den Anforderungen an das zu erstellende System. Review- und Testschritte sind selbstverständlich auch nach Code-Änderungen erforderlich, die sich ausschließlich aufgrund aktualisierter Anforderungen ergeben. Änderungen gleich welcher Art sollte man deshalb möglichst in einem Arbeitsgang durchführen. Dies setzt allerdings voraus, dass den Entwicklern bei jeder Modifikation des Codes auch Zeit für Verbesserungen in Bezug auf Kommentierung, Layout, Namensvergabe und dergleichen zugestanden wird.

3.1.8 Peer Reviews

Eine Peer Review ist eine mehr oder minder institutionalisierte Überprüfung von Quellcode durch andere Entwickler. Die Formen reichen vom informellen „Gegenlesen lassen durch einen Kollegen" bis hin zu standardisierten Verfahren wie Fagan Inspections oder Code Walkthroughs.

Die Vorgehensweisen der Review-Techniken unterscheiden sich: Während bei Fagan Inspections Checklisten eingesetzt werden, verwendet man bei Code Walkthroughs Testfälle, die anhand der Sourcen durchgespielt werden. Alle Formen von Peer Reviews erfordern jedoch ein mehr oder minder intensives Durchlesen der Sourcedatei durch die Reviewer – also durch mindestens eine Person, die nicht der Autor des Programmes ist. *Je verständlicher der Code ist, desto weniger Zeit erfordert deshalb die Review.*

Peer Reviews sind das wichtigste Mittel zur Sicherung der Codequalität. Kein Test kann einen schlechten Programmierstil enthüllen, und nur wenige Tests werden derart sorgfältig geplant und durchgeführt, dass sie so viele Fehler aufdecken wie eine Review. Deswegen sollten Programmierrichtlinien

▷ zum einen die Entwickler dazu anhalten, von Anfang an Code zu schreiben, der auch ihren Kollegen verständlich ist,

▷ zum anderen bei Reviews wiederum als Checkliste dienen können, anhand deren die Sourcen geprüft werden können.

Das eine impliziert Konsequenzen für den Inhalt der Regelungen, das andere für den Aufbau und die Gliederung von Programmierrichtlinien.

3.1.9 Generierung von Dokumentation

Softwareentwicklung bedeutet weitaus mehr als nur das Erzeugen einer ausführbaren Datei. Ein ganz wesentlicher Punkt ist das Erstellen der zugehörigen Dokumentation. Sie enthält die erforderlichen Angaben für

- Installation, Konfiguration und Inbetriebnahme,
- Bedienung durch die Anwender,
- Operating,
- Tuning,
- Tracing und Monitoring,
- Feststellung und Behandlung von Fehlern,
- Wartung und schließlich
- Einbau in andere Systeme (API- / Schnittstellen-Dokumentation).

Ein erheblicher Teil der Informationen, die in die Dokumentation eingehen, existiert zunächst als Wissen in den Köpfen der Entwickler. Dies betrifft insbesondere die Bereiche Wartung und Schnittstellen, aber selbst das Handbuch für die Anwender kann nicht allein aus den Anforderungs- und Designdokumenten abgeleitet werden.

Deswegen empfiehlt es sich, Implementierung und Dokumentation zu integrieren. Eine der Möglichkeiten hierzu besteht darin, spezielle Kommentare in die Sourcen einzufügen, aus denen Handbücher oder Teile davon (vor-)generiert werden können. Effizienzgewinne lassen sich dadurch aber nur realisieren, wenn man die notwendigen Vorarbeiten konsequent durchführt. Das bedeutet Regelungsbedarf, denn ohne einheitliche Vorgehensweisen wird auch das beste „Doclet" Chaos und Lücken anstatt Dokumentation produzieren.

Zudem haben „Doclet"-Kommentare einen erheblichen Nachteil: sie blähen den Code auf und machen ihn dadurch unübersichtlich. Editoren, die es ermöglichen Kommentare temporär auszublenden, sind dem Autor während seiner über fünfzehnjährigen Tätigkeit als Softwareentwickler bedauerlicherweise noch nie begegnet. Wahrscheinlich mangelt es denjenigen, die Source-Editoren entwickeln, an geeigneten Testdaten ...

Somit muss zunächst geregelt werden, ob überhaupt Kommentare zur Generierung von Dokumentation in den Quellcode eingefügt werden sollen.

Bejaht man dies, müssen die zugehörigen Einzelheiten vorgegeben werden. Lehnt man Doclet-Kommentare und Ähnliches ab, sind die Entwickler dennoch in der Pflicht, ihren Beitrag zur Erstellung von Handbüchern und dergleichen zu leisten. Dies bedeutet ebenfalls Regelungsbedarf, sofern man unnütze Aufwände vermeiden möchte und die Qualität stimmen soll.

Wie man es auch dreht: vor der Aufstellung von Programmierrichtlinien sollte man Vorgehensweisen und Bedarf hinsichtlich Dokumentation abklären. Nur dann lassen sich die hiervon betroffenen Abläufe im Bereich Implementierung von Anfang an in die richtigen Bahnen lenken.

Einige Spezialaspekte sind an dieser Stelle noch zu erwähnen. Sicherlich können große Teile der Dokumentation heutzutage mit Hilfe von CASE-Tools generiert werden. Man sollte sich die betreffenden Softwarepakete aber im Vorhinein sehr genau ansehen. Am besten ist es, sich bei Nutzern zu erkundigen, die bereits längere Erfahrung mit diesen Werkzeugen haben. Deren Informationen sind zwar häufig nicht sehr werbewirksam, ersparen aber dafür potenziellen Kunden oft unangenehme Überraschungen.

Eine Alternative zum Kauf umfangreicher CASE-Pakete sind einfache, selbst entwickelte Tools, die mithilfe von Standard-Utilities zum Durchsuchen und Filtern von Dateien erstellt werden können. In jedes Source-File können Kommentarzeilen eingefügt werden, die hinter der Zeichenkette, die den Kommentar kennzeichnet, mit einem so genannten „Tag" versehen sind. Ein solches Tag muss lediglich eine möglichst kurze, aber eindeutige Zeichenfolge sein. Dann können die entsprechenden Zeilen mit Tools wie „grep" oder „find" aus den betreffenden Quelldateien ausgefiltert und weiterverarbeitet werden.

Die Vorgehensweise hat den oben bereits erwähnten Nachteil, dass die Sourcen durch derartige Kommentare aufgebläht werden. Zudem entsteht ein gewisser Regelungs- und sicher auch Kontrollbedarf. Geht man aber davon aus, dass selbst teure Entwicklungsumgebungen keine von Anfang an perfekten Lösungen bieten, stellen selbst entwickelte, auf *Teil*automation abzielende Utilitys eine kostengünstige Alternative dar. Dies gilt besonders deswegen, weil zugekaufte CASE-Tools oftmals nicht nur hohe Lizenzgebühren, sondern auch erhebliche Einarbeitungs- und Konfigurationsaufwände verursachen.

Vorteile bringen selbst erstellte Utilitys außerdem dort, wo am Markt erhältliche Entwicklungswerkzeuge keine Unterstützung bieten. Ein Beispiel hierfür sind X-Ref-Tools, die in aller Regel nicht in der Lage sind, Querverweise auf Objekte einzubeziehen, die Teil eines Datenbanksystems sind. Regelungen bezüglich der Namen von Tabellen, Spalten, Indizes und dergleichen ermöglichen es hier, mithilfe simpler Suchkommandos diejenigen Sources zu ermitteln, die beispielsweise auf bestimmte Tabellen zugreifen. Die Wartung von Client-/Server-Applikationen kann hierdurch erheblich erleichtert werden.

Ähnlich hilfreich können Programmierstandards sein, wenn es gilt, die Abdeckung gegebener Anforderungen durch ein System zu prüfen. Einzig notwendig ist es, entsprechend markierte Kommentare in den Code einzufügen. Dann können auch hier simple Such-Utilitys helfen, Lücken aufzuspüren oder Anpassungen an im Projektverlauf geänderte Anforderungen vorzunehmen. Gerade bei diesem Beispiel muss aber vorausgesetzt werden, dass klare Regelungen bestehen und diese auch sehr genau beachtet werden. Zudem ist eine eindeutige Nummerierung und selbstverständlich auch eine klare Festlegung der Anforderungen erforderlich. Oftmals mangelt es bei Softwareprojekten aber schon in diesem Bereich.

3.1.10 Wartung und Pflege

Wartung und Pflege sind Begriffe, die häufig synonym gebraucht werden. Beide beziehen sich auf Änderungen an den Sources bereits in Betrieb befindlicher Systeme. Sinnvoll ist es jedoch, unter Wartung ausschließlich die Lokalisierung und Beseitigung von Fehlern zu verstehen. Pflege umfasst dann die Anpassung an neue Anforderungen, wie etwa

- Änderung, Ergänzung oder Streichung von Funktionalitäten,
- Anpassung an ein erweitertes Datenmodell,
- Ausbau eines Single-User-Systems auf Mehrbenutzerbetrieb,
- Ergänzung von Echtzeiteigenschaften,
- Internationalisierung,
- Ausnutzung neuer Features der Entwicklungs- oder Einsatzumgebung, beispielsweise zur Verbesserung von Antwortzeiten oder auch
- Anpassung an geänderte Richtlinien, z.B. bezüglich Namensvergabe.

Die begriffliche Trennung von Wartung und Pflege bedeutet nicht, dass diese Tätigkeiten auch getrennt auszuführen sind. Wenn bei Pflegearbeiten Fehler im Code festgestellt werden, sollte man diese möglichst in einem Arbeitsgang mit beseitigen. Das spart vor allem Testaufwände.

Auch Tuningmaßnahmen können mit Wartung und Pflege verbunden sein, soweit sie auf Modifikationen an den Sources basieren und nicht auf Konfigurationsänderungen. Da die Grenzen zwischen hohem Ressourcenverbrauch oder schlechten Antwortzeiten auf der einen und Fehlern auf der anderen Seiten ohnehin oftmals verschwimmen, kann man Tuningmaßnahmen am Code auch zum Begriff „Wartung" hinzurechnen.

Ausdrücklich ausgeschlossen werden sollen an dieser Stelle jedoch alle Änderungen an den Sourcen, die zum Bereich „Portierung" gehören. Denn hinter diesem Begriff verbirgt sich mehr als genug Stoff für ein eigenes Kapitel (s.u.).

Wartung und Pflege verursachen oftmals *zwei- bis viermal mehr Aufwand* als die Entwicklung eines Systems. Von daher lohnt es sich, nach Wegen zu suchen, diese Aufwände zu reduzieren. Eine Möglichkeit hierzu besteht darin, bei der Implementierung bereits zu erwartende Maintenance-Arbeiten zu berücksichtigen. Also betrachten wir im Folgenden, wie Wartungstätigkeiten üblicherweise durchgeführt werden. Darauf aufbauend sind Aussagen darüber möglich, an welchen Stellen und in welcher Form geregelte Vorgehensweisen die Maintenance erleichtern können.

Ablauf eines Wartungsvorgangs

Wie jeder Ablauf beginnt auch ein Wartungsvorgang mit einem auslösenden Ereignis: beim Betrieb eines Systems wird in irgendeiner Form ein Fehler festgestellt. Das muss nicht unbedingt aufgrund der Ausgabe einer entsprechenden Meldung sein, sondern kann irgendein Verhalten des Systems betreffen, das ein Anwender oder Operator für unrichtig hält.

Die Information über den Fehler wird alsdann in mehr oder minder vollständiger und korrekter Form an einen mit der Wartung beauftragten Entwickler weitergeleitet. Dieser versucht die Fehlerursache festzustellen. Dazu kann er sich Teile der Sourcen ansehen, Tests durchführen und versuchen, vom betroffenen Anwender oder Operator mehr über das Auftreten des Fehlers zu erfahren.

Liegt die Fehlerursache in den Sourcen, muss der Code korrigiert werden. Daran schließen sich die üblichen Folgearbeiten an:

- Modul- und eventuell Regressionstest,
- Aktualisierung der Dokumentation,
- Patch-Installation und
- eventuell weitere Tätigkeiten.

Die Betrachtung dieses Ablaufs lehrt Folgendes:

- Wartung erfordert direkte oder indirekte Kommunikation zwischen Anwender bzw. Administrator auf der einen und Programmierer auf der anderen Seite.
- Das Auffinden einer Fehlerursache ist mit „Herumsuchen" in den Sourcen verbunden.
- Häufig werden Tests durchgeführt, um eine mögliche Fehlerursache einzukreisen oder zu identifizieren.
- Die „eigentliche" Korrektur stellt oft – aber nicht immer! – einen Minimalaufwand dar.
- An jeder Korrektur hängt ein Rattenschwanz weiterer Arbeiten.
- Der Wartungsprozess selbst ist an verschiedenen Stellen fehleranfällig, beispielsweise bei der Weitergabe von Informationen oder durch Seiteneffekte bei der Korrektur.

Im Folgenden wird dargestellt, welche Regeln bei der Implementierung einzuhalten sind, um die hieraus resultierenden Aufwände möglichst niedrig zu halten.

Kommunikation zwischen Anwender und Entwickler

Zunächst sollten Maßnahmen ergriffen werden, die die Kommunikation Richtung Entwickler optimieren. Hierzu gehört ein einfacher Weg für den Anwender oder Operator, alle wesentlichen Informationen über einen aufgetretenen Fehler zu melden.

Automatisiertes Mitprotokollieren von Fehlernummern und Fehlertexten gehört hierzu ebenso wie das Speichern der Werte von Umgebungsvariablen, Startparametern und dergleichen. Im laufenden Betrieb zuschaltbare Protokollierungsfunktionen können dem Programmierer bei reproduzierbaren Fehlern zusätzliche, wertvolle Informationen an die Hand geben.

Derartige Funktionalitäten erfordern im Wesentlichen ein gutes Systemdesign. Allerdings muss den Entwicklern auch strikt vorgegeben werden, ausschließlich die speziell entworfenen Fehlerbehandlungsprozeduren zu verwenden.

Ursachensuche im Quellcode

Die manuelle Suche nach der Fehlerquelle in den Sourcen erfordert vor allem lesbaren, übersichtlichen und verständlichen Code. *Ein ganz allgemein guter Programmierstil ist deshalb eine der wichtigsten Voraussetzungen für geringe Wartungsaufwände.*

Zusätzlich sind X-Ref-Funktionen hilfreich. Durchdachte Namenskonventionen in Verbindung mit Such-Utilitys reichen hier oftmals schon aus. Zudem können Versionsmanagement-Systeme durch ihre „Differences"-Funktionen helfen, Fehler sehr kleinen Code-Abschnitten zuzuordnen. Dazu gehört aber die Einhaltung bestimmter Regeln im Umgang mit diesen Systemen, wie beispielsweise nicht zu seltenes Einchecken der Sourcen.

Tests

Da Wartungsarbeiten oftmals auch kleinere Tests erfordern, sind diesbezügliche Vorkehrungen selbstverständlich auch wünschenswert. Eine gute Modularisierung stellt beispielsweise sicher, dass Tests auf Systemteile eingeschränkt werden können. Eine geordnete (*geregelte!*) Ablage von Testtreibern, -daten und -protokollen bereits in der Entwicklungsphase erspart Doppelarbeiten. Im Übrigen gelten hier natürlich die Hinweise aus dem Abschnitt „Test" (s.o.).

Aktualisierung der Dokumentation

Oftmals müssen nach einer Fehlerbeseitigung auch Teile der Dokumentation geändert werden: der Wartungsarbeit am Code folgt die an den Handbüchern. Wird die Dokumentation aus Doclet-Kommentaren oder Ähnlichem generiert, hält sich der Aufwand in Grenzen.

Meist sind aber manuelle Änderungen erforderlich. Gibt es aufgrund der Systemmodularisierung klare Zuordnungen zwischen Teilen des Sourcecodes und Abschnitten der Handbücher, kosten diese nur wenig Zeit. Das ist aber nicht immer der Fall. Deshalb kann es sich lohnen, in die Sourcen Kommentare mit (aktuellen!) Querverweisen auf zugehörige Stellen der Dokumentation einzufügen. Das erleichtert es, die zu ändernden Abschnitte in den Handbüchern zu ermitteln.

Grundsätzlich hilft es bei der Wartung genauso wie bei der Entwicklung, wenn durch entsprechende Regelungen berücksichtigt wird, dass die Programmierer auch Informationen zu den Handbüchern beizusteuern haben. Die Notwendigkeit, Programmverhalten und Dokumentation auch bei Änderungen konsistent zu halten, sollte bei der Erstellung von Programmierrichtlinien immer mit beachtet werden.

Was ist bei der Pflege anders?

Die Abläufe bei Pflegemaßnahmen ähneln in vielen Punkten denen bei der Wartung. Es gibt jedoch zwei Hauptunterschiede:

▸ Pflegemaßnahmen sind besser planbar. Sicherlich lässt sich auch Wartung in gewissem Umfang im Vorhinein berücksichtigen, weil man weiß, dass immer mit einer gewissen Häufigkeit Fehler festgestellt werden. Aber der genaue Zeitpunkt ihres Auftreten, die Dringlichkeit, mit der sie zu beseitigen sind, und der Zeitaufwand der Arbeiten können nicht vorhergesagt werden. Dies sind grundlegende Unterschiede gegenüber der Pflege von Programmen.

▸ Bei Pflegearbeiten verteilen sich die Aufwände anders. Während die Änderungen am Code bei der Wartung oftmals minimal sind, besteht Pflege oft aus der Ergänzung vergleichsweise umfangreicher Funktionalitäten. Die Suche nach einer Fehlerursache entfällt, dafür müssen Tests meist nicht nur einfach wiederholt, sondern zusätzliche neu geplant werden.

Weil Pflegemaßnahmen oft schon zum Zeitpunkt der Systementwicklung sehr detailliert vorhersehbar sind, macht es grundsätzlich Sinn, den Programmierern frühzeitig Richtlinien an die Hand zu geben, die helfen, die Pflegeaufwände zu verringern. Die entsprechenden Vorgaben können dabei weitaus spezieller sein als solche in Bezug auf Wartung, da die betroffenen Bereiche im Vorhinein bekannt sind.

Beispiel Internationalisierung

Als Illustration zum Thema „Pflegemaßnahmen, die bereits im Voraus einkalkuliert werden können" soll hier ein Überblick über das Gebiet „Internationalisierung" gegeben werden. Ein Programmsystem sei geplant, das man mittelfristig auch im Ausland anbieten möchte. Mit einer anderen Sprache für das Benutzerinterface ist es dabei jedoch in den seltensten Fällen getan. Die Internationalisierung umfasst je nach Aufgabenstellung folgende Bereiche:

- Zeichensatz,
- Sortierreihenfolge,
- Schriftrichtung,
- Länge von Beschriftungen,
- Schreibweise von postalischen Adressen,
- Zahlendarstellung,
- Schreibweise des Datums,
- Zeitrechnung (Kalender),
- Maße und Einheiten,
- Währungen,
- Symbole und auch
- juristische und soziale Fragen.

Dabei fangen die Probleme oft früher an, als man denkt. Nicht alle europäischen Völker verwenden die lateinische Schrift, und bereits an der deutschen Ostgrenze ist man mit dem bei uns gebräuchlichen Zeichensatz ISO-8859-1 am Ende. Selbst arabische Ziffern sind nicht überall Standard. Hier macht beispielsweise Griechenland eine Ausnahme.

Eine einheitliche Sortierreihenfolge fehlt sogar in unserem eigenen Land: es gibt eine „Telefonbuch"- und eine davon abweichende „Lexikon"-Sortierung – von Fragen der Gross- und Kleinschreibung ganz abgesehen. Für eine Adressverwaltung, in der nicht nur deutsche Anschriften gespeichert werden sollen, eignet sich ohne weiteres weder die Telefonbuch- noch die Lexikonreihenfolge.

Zum Glück ist in Deutschland wenigstens die Unsitte abgeschafft, ein „ch" als nur einen Buchstaben zu zählen. In anderen europäischen Ländern sind derartige Dinge noch üblich. Deswegen kann es schon einen großen Unterschied bedeuten, ob man ein ursprünglich für den deutschen Markt entwickeltes System zusätzlich in Italien oder in Spanien anbieten möchte. Denn im Spanischen zählen „ch" und „ll" jeweils als ein Buchstabe, im Italienischen gibt es Derartiges nicht.

Wer eine Software in den USA verkaufen will, muss sich unter Umständen mit Gallonen, Unzen und Zoll statt Litern, Gramm und Zentimetern auseinander setzen. Auch die Adressen sind in den Vereinigten Staaten anders aufgebaut als in Deutschland.

Andere Rechtssysteme – wichtig für betriebswirtschaftliche Anwendungen – findet man hinter jeder Grenze. Die Schriftrichtung und der Kalender wechseln beim Überqueren des Mittelmeeres. Auch die russische Zeitrechnung weicht von unserer in einigen Details ab. In Ostasien haben Farben und Symbole vielfach eine andere Bedeutung als im westlichen Kulturkreis – ein Fettnapf kann sich da schnell in die Benutzungsoberfläche einschleichen.

Selbst ein so eindeutig klingender Begriff wie „mehrsprachig" hat zahlreiche Facetten:

- Wird immer nur eine Sprache *gleichzeitig* benötigt? Oder muss eine einzelne Installation eines Systems parallel Aus- und Eingaben in mehreren Sprachen verarbeiten können?
- Muss nur die Benutzungsoberfläche mehrere Sprachen unterstützen oder müssen auch *Fehlermeldungen und Warnungen* in der Landessprache ausgegeben werden?
- Werden die *Daten* des Systems in mehreren Sprachen abgelegt? Dies kann bereits bei einer Software der Fall sein, die nur in einem Land mit nur einer Landessprache genutzt werden soll. Man denke nur an ein Programm für eine Ausländerbehörde oder Ähnliches.
- Muss das *Datenmodell* (Tabellen- und Spaltennamen) in mehreren Sprachen vorliegen, damit beispielsweise in jedem Land Standardwerkzeuge für das Reporting effizient eingesetzt werden können?

▷ Sind Bezeichner und Kommentare im Quellcode in Englisch zu halten, damit der Kunde selbst oder ein international besetztes Team die Wartung der Software übernehmen kann?

Wer sich durch entsprechende Programmierrichtlinien die Möglichkeit zu einer späteren Internationalisierung eines Systems offen halten möchte, der hat also zunächst einige Fragen zu klären. Eine sinnvolle Vorgehensweise sieht etwa so aus:

1. Die zukünftigen Anforderungen an die zu entwickelnde Software werden präzisiert. Die Zahl der Länder oder Regionen bzw. der Sprachen wird dabei eingegrenzt und die von der Internationalisierung betroffenen Programmteile werden aufgelistet.
2. Die Einsatzumgebung, die Entwicklungsumgebung und die verwendeten Programmiersprachen werden darauf geprüft, ob sie überhaupt in der Lage sind, die Anforderungen abzudecken. Wenn nicht, müssen die Anforderungen zurückgeschraubt oder andere Tools eingesetzt werden.
3. Mit Hilfe eines Grobdesigns wird geprüft, ob die Funktionalitäten, mit deren Hilfe die einzelnen Elemente der Entwicklungs- und Einsatzumgebung die Anforderungen erfüllen, untereinander kompatibel sind.[1] Wenn nicht, ist ein erneutes Anforderungs-Tayloring erforderlich.
4. Auf Basis eines konsistenten Designs und der Kenntnis aller Rahmenbedingungen kann man den Programmierern jetzt vorgeben, welche Zeichensätze, Sortiermethoden, Fehlerbehandlungsroutinen usw. verwendet werden sollen und welche nicht.

In manchen Fällen wird es sich lohnen, durch gezielte Regelungen die geplante Internationalisierung eines Systems zu erleichtern. In anderen Fällen wird es aber sicherlich heißen: wir verzichten lieber auf die Auslandsmärkte. Oder: Wir nehmen eine komplette Parallelentwicklung für ein anderes Land in Kauf. Bei den Programmierrichtlinien kann man sich dann auf andere Dinge konzentrieren.

---

1. Dies ist insbesondere wichtig, wenn Datenbank-Applikationen nicht mit der zum DBMS gehörenden 4GL erstellt werden.

3.1.11 Portierung

Unter der Überschrift „Portierung" sollen hier zwei genau genommen unterschiedliche, aber eng zusammenhängende Themen angesprochen werden:

1. die allgemeinen Voraussetzungen für die Anpassung von Sourcen an eine andere Zielplattform,
2. das Entwickeln von Systemen, die von Anfang an „portabel", also auf unterschiedliche Plattformen ausgerichtet, sein müssen.

Im Folgenden geht es also einerseits darum, mit welchen Maßnahmen man ganz allgemein die Übertragbarkeit von Quellcode erleichtern kann, und andererseits, welcher Regelungsaufwand entsteht, wenn bezüglich der Zielplattformen konkrete Anforderungen vorliegen, die nicht im Rahmen eines Anforderungs-Taylorings gestrichen werden konnten.

Vorab sei gesagt, dass man es beim Thema „Portabilität" wahrscheinlich mit der schillerndsten Problematik in der EDV überhaupt zu tun hat. Diese Aussage ist – offen gesagt – alles andere als positiv gemeint. Trotz aller Versprechungen der Hersteller und Standardisierungsgremien verbindet wohl jeder erfahrene Entwickler mit dem Wort „portabel" einige der weniger schönen Erinnerungen seiner Laufbahn. Geplante und geregelte Vorgehensweisen können aber viele Probleme im Vorhinein ausräumen.

Betroffene Plattformen

Beim Ausdruck „Plattform" denkt man in erster Linie an Betriebssysteme. Eine solche Sichtweise ist im Zusammenhang mit Programmierrichtlinien aber viel zu eng, denn Portierung betrifft unter anderem:

- Hardware,
- Netzwerke,
- Datenbanken,
- Web-Browser,
- Object Request Broker,
- unterschiedliche Programmiersprachen und
- Compiler-Unterschiede bei gegebener Programmiersprache.

Zu jedem dieser Stichworte müssten eigentlich noch eine ganze Reihe von Unterpunkten erwähnt werden. Allein beim Thema Hardware sind zumindest die Folgenden zu nennen:

- Rechnerkategorie: vom Mainframe bis hinab zum Palm Top oder UMTS-Handy
- Byte-Reihenfolge: hier Little Endian, dort Big Endian
- Single- gegenüber Multi-Prozessor-Systemen
- 32- oder 64-Bit-Architektur

Hinter allen solchen Schlagwörtern verbergen sich ganz konkrete Problemstellungen, die bei der Softwareentwicklung in irgendeiner Form beachtet werden müssen: entweder im Rahmen des Systemdesigns oder im Zuge der Implementierung. Nicht alle Schwierigkeiten lassen sich aber bereits beim Design aus dem Weg schaffen. Im Gegenteil: Ohne gezielte Maßnahmen sowohl hinsichtlich des Designs als auch bezüglich der Implementierung ist die Entwicklung portabler Systeme ein aussichtsloses Unterfangen.

Die Programmierung setzt in diesem Zusammenhang genaue Kenntnisse der Plattformen voraus, die bedient werden sollen. Und: diese Kenntnisse müssen selbstverständlich bei der Implementierung berücksichtigt werden. Daraus folgt, sie müssen jederzeit

- schriftlich,
- einfach anzuwenden und
- für jeden Entwickler verfügbar

vorliegen. Das geht nun mal am besten in Form konkreter Regeln, sprich: in einer Programmierrichtlinie. Wer meint, es ginge auch ohne, unterstellt, dass jedes Teammitglied über perfektes Fachwissen ausgerechnet auf einem der tückischsten Gebiete der EDV verfügt.

Betriebssysteme

Die Ähnlichkeiten, insbesondere zwischen UNIX- und PC-Plattformen, täuschen leicht über das wirkliche Ausmaß hinweg, hinsichtlich dessen sich Betriebssysteme unterscheiden. Abweichungen gibt es beispielsweise im Hinblick auf:

- das Dateisystem,
- das Trennsymbol bei Pfadangaben,
- die Länge von Dateinamen und die darin erlaubten Zeichen,
- das Dateiende-Kennzeichen,
- das oder die Byte(s) zur Markierung einer Zeilenschaltung in Text-Dateien,
- die Verwendung von Zeichencodes (ASCII, Unicode, EBCDIC etc.),
- die Handhabung von Sperren innerhalb von Dateien (also auf der Ebene von Bytes oder „regions"),
- das Starten und Stoppen von Hintergrund- oder Dienstprozessen („daemons", „services" und Ähnliches),
- das Signal-Handling,
- die Handhabung von Umgebungsvariablen,
- die Funktionalität des Ereignisprotokolls („syslog"),
- die Möglichkeiten zur Beschränkung des Zugriffs auf Dateien und externe Geräte,
- die Art und Weise der Systemkonfiguration und der Installation von Software,
- die Fähigkeiten der zugehörigen Kommando-Interpreter und
- die standardmäßig zur Verfügung stehenden Tools und Utilitys.

Wer meint, dass sich die Probleme, die sich aus einer solchen Vielzahl von Unterschieden ergeben, einfach durch die Wahl einer „portablen" Programmiersprache oder Entwicklungsumgebung lösen lassen, der irrt sich – es sei denn, er möchte nur ein „Hello World"-Programm schreiben. Selbst verschiedene Betriebssystem-Versionen auch nur eines einzigen Herstellers können das Thema „Portabilität" auf die Tagesordnung bringen!

Datenbanken

Im Bereich Datenbanken sieht es eher noch um einiges schlechter aus als bei den Betriebssystemen. Zunächst gibt es den Unterschied zwischen objektorientierten und relationalen Datenbanken, was zu grundsätzlich abweichenden Vorgehensweisen und Möglichkeiten bei der Anwendungsentwicklung führt. Aber auch der Wechsel zwischen diversen relationalen, also SQL-Datenbanken ist eine Wissenschaft für sich.

Am besten verdeutlicht dies das Interface „java.sql.DatabaseMetaData", das zu JDBC gehört. JDBC ist jene Schnittstelle, die Java für in Tabellenform gespeicherte Daten zur Verfügung stellt. Das Interface „java.sql.DatabaseMetaData" umfasst allein über 60 (!) Methoden, deren Name mit „supports" beginnt. Jede dieser Methoden ermöglicht es, eine spezielle Fähigkeit des verwendeten RDBMS abzufragen.

Selbst wenn man aus dieser Masse an Methoden nur diejenigen heraussucht, die Merkmale wirklich leistungsfähiger und am Markt verbreiteter Datenbank-Management-Systeme betreffen, bleiben noch einige Dutzend übrig. Dabei verbergen sich auch hinter den übrigen Methoden von „DatabaseMetaData" noch eine Reihe keineswegs zu vernachlässigender Ungleichheiten. Diese liegen vor allem in der Handhabung von Null-Werten und im Bereich „Stored Procedures".

> Das bedeutet: Auch bei Verwendung einer so stark auf Portabilität ausgerichteten Datenbank-Zugriffsschnittstelle wie JDBC verbleibt ein Berg an Problemen, wenn eine professionelle Anwendungsentwicklung die Übertragbarkeit der Applikation auf SQL-Datenbanken unterschiedlicher Hersteller ermöglichen soll. Die Problematik verschärft sich im Allgemeinen noch, sobald weniger portable Mechanismen zur Verbindung mit den Datenbanken verwendet werden.

Wer eine Anwendung entwickeln möchte, die zur Speicherung der Daten Systeme verschiedener Hersteller nutzen können soll, muss sich also zunächst einmal informieren. Das schließt nicht nur die Frage ein, welche Features vorhanden sind, sondern oft auch etliche *Details ihrer Implementierung*.

Erst auf Basis dieser Informationen können die Anforderungen an die Applikation gegen die Fähigkeiten der einzelnen Datenbanksysteme abgeglichen und daraus Vorgaben für das Design und die Implementierung abgeleitet werden. Wenn man Glück hat, lässt sich das Projekt unter Verwendung sehr elementarer Funktionalitäten abwickeln, die von allen gewünschten Datenbanken in gleicher Weise zur Verfügung gestellt werden.

In den meisten Fällen empfiehlt es sich aber, bereits in der Frühphase des Projektes einen kompetenten Berater hinzuzuziehen. Mit diesem gemeinsam müssen dann Strategien entwickelt werden, um einerseits die Funktionalitäten der Datenbanken noch wirklich sinnvoll nutzen zu können, aber andererseits das geforderte Maß an Portabilität zu erreichen. Die Ergebnisse dieses Prozesses müssen dann beim Design und bei den Regeln für die Implementierung eingehen.

Programmiersprachen

Die Portierung eines Systems auf eine andere Programmiersprache wird in den meisten Fällen sicherlich nicht im Vorhinein geplant. Sofern diese Problematik bei Programmierrichtlinien überhaupt berücksichtigt wird, dürfte sich dies in aller Regel auf die Formulierung vager und allgemeiner „Wunschvorstellungen" beschränken. Das unterscheidet dieses Thema von den Gebieten „Betriebssysteme" und „Datenbanken".

Dennoch schadet es nicht, bei der Gestaltung von Programmierrichtlinien ein paar Grundkenntnisse hierzu im Hinterkopf zu haben. Soweit Alternativen bei der Regelung bestimmter Dinge gegeben sind, kann man dann hier oder dort ein Hintertürchen für die Zukunft offen halten. *Außerdem hilft es, Regeln so zu gestalten, dass Missverständnisse zwischen Teammitgliedern vermieden werden.* Dies gilt insbesondere, wenn Entwickler mit unterschiedlicher Ausbildung und Berufserfahrung kooperieren müssen, wie etwa Ingenieure, die noch Fortran gelernt haben, mit C- oder Python-„Freaks".

Konzeptuelle Unterschiede

Auch bei Programmiersprachen gilt zunächst die Warnung: die Ähnlichkeiten sind geringer als man denkt! Vor allem darf man sich nicht zu der Annahme verleiten lassen, dass gleiche Ausdrucksweise auch gleiche Funktionalität bedeutet.

BEISPIEL:

Die Konzepte bezüglich Ausnahmebehandlung, wie sie C++, Java und Ada bieten, unterscheiden sich stark, auch wenn in allen Sprachen der Begriff „Exception" gebraucht wird. In Java ist eine Exception ein Objekt einer Klasse, hat also Attribute und kann deshalb sehr detaillierte Informationen über einen aufgetretenen Fehler liefern. Derartige Möglichkeiten bietet eine Ausnahme in Ada nicht. Bei Python hängt es von der verwendeten Version ab.

Eine besondere Warnung bezüglich ihrer Unterschiede verdienen an dieser Stelle Zeichenketten, also „Strings". Die Abweichungen betreffen unter anderem

- maximal zulässige Länge,
- Zeichensatz (Unicode, ASCII etc.),
- Zulässigkeit besonderer Zeichen, wie z.B. von '\0',
- Speicherplatzbedarf,
- verfügbare Operatoren,
- implizite und explizite Konvertierung in Zahlen und Listen,
- Internationalisierbarkeit und
- Gross-/Kleinschreibungssensitivität bei Vergleichen.

Selbst eng verwandte Sprachen wie C, C++ und Java unterscheiden sich in Bezug auf Zeichenketten gravierend. Zudem trifft man allen Standardisierungsversuchen zum Trotz bei SQL-Datenbanken auf diese Problematik. Dort gibt es Zeichenketten vom Typ „varchar", die je nachdem bis zu 255 oder bis zu 2000 Zeichen aufnehmen können, und außerdem „Blobs" (Binary Large Objects) mit bis zu 2 Gigabyte Länge. Den Blobs fehlen dann aber vielleicht die Suchoperatoren oder -funktionen, die man von „varchar" her kennt. Diese Problematik schlägt zum einen in die zugehörigen 4GLs durch, zum anderen findet man sie in ähnlichem Ausmaß auch bei Programmiersprachen, die nichts mit Datenbanken zu tun haben.

Java gehört zu den Sprachen, bei denen die Länge von Strings nur durch den verfügbaren Hauptspeicher begrenzt ist. Seit der ersten Hälfte des Jahres 2002 stellt diese Sprache auch vielseitige Suchfunktionen mithilfe so genannter *regulärer Ausdrücke* („regular expressions") zur Verfügung. So etwas war bisher Skriptsprachen, wie zum Beispiel Perl, vorbehalten. Welche Interpreter bei welchen Operationen auf welchen Plattformen am schnellsten sind, kann aber wahrscheinlich niemand sagen – zumal sich so etwas von Release zu Release ändert. Sind funktionale Anforderungen mit solchen an Antwortzeiten verbunden, wird es deshalb äußerst schwierig zu prognostizieren, auf welche Sprachen man innerhalb der nächsten Jahre überhaupt sinnvoll portieren kann.

Wer sich bei einer Entwicklung den Übergang auf eine andere Programmiersprache offen halten will, sollte sich also vorab sehr genau informieren. Nur dann können Regelungen gefunden werden, die Portabilität so weit wie möglich sichern, ohne den initialen Entwicklungsaufwand explodieren zu lassen.

Übergang auf höhere Programmiersprachen

Wenn man von einer Portierung auf eine andere Programmiersprache ausgeht, so bedeutet dies meist den Übergang zu einer „höheren" oder „moderneren", also beispielsweise von C auf eine 4GL, Java oder Ada. Die höheren Programmiersprachen sind vielfach stärker auf Sicherheit ausgelegt und deshalb im Allgemeinen restriktiver.

BEISPIEL:

In C kann man beliebig viele Variablendeklarationen zu einer Anweisung verbinden und zudem mehrere Anweisungen auf einer Zeile unterbringen. Ein Ada-Compiler würde derartigen Code nicht übersetzen, sondern stattdessen eine Fehlermeldung ausgeben.

Wer den Übergang zu einer moderneren Programmiersprache erleichtern will, tut also zunächst einmal gut daran, Standards festzulegen, die ohnehin einem sauberen Programmierstil entsprechen. Zum anderen empfiehlt sich Folgendes:

▶ Die Modularisierung ist bereits an den Konzepten höherer Sprachen zu orientieren. Beispielsweise lassen sich mithilfe von C-Source-Dateien Java- oder C++-Klassen in gewissem Umfang nachbilden.

▶ Es sind alle Datentypen zu vermeiden, die in den Sprachen fehlen, auf die möglicherweise portiert werden soll. Zum Beispiel sollten C-Programmierer ohne „unsigned"-Datentypen auskommen, wenn eine Umstellung auf Java zu erwarten ist. Leider benötigt man gerade für Schnittstellen zu SQL-Datenbanken „unsigned char"-Werte. Darüber hinaus sind je nach Compiler die Parameter von String-Funktionen vom Typ „unsigned char *" und nicht „char *". In Bezug auf derartige Probleme lohnt eine vorausschauende Programmierung oft nicht mehr. Stattdessen nimmt man hier besser einen höheren Portierungsaufwand in Kauf.

- Unsauberer Umgang mit Datentypen ist zu untersagen. Beispielsweise lässt man in C für Bedingungen wirklich nur Ausdrücke zu, die einen boolschen Wert ergeben, und nicht etwa Pointer oder Zahlen.
- Operatoren, die nicht in allen Programmiersprachen ein geeignetes Äquivalent haben – wie etwa „+=" – sollten nicht eingesetzt werden, auch wenn sie aus anderen Gründen Vorteile bieten.
- Anstelle mehrzeiliger Kommentare gebrauchet man eine Abfolge einzeiliger Kommentare, also beispielsweise „//" anstelle von „/* ... */".
- Zudem gilt wie immer beim Thema Portabilität: auf alle „Spezialitäten" ist zu verzichten oder sie sind zumindest in eigenen Modulen oder Prozeduren zu kapseln. Hierzu gehören etwa Matrizenmultiplikationen in Fortran, Listen-Operationen in Perl und Ähnliches.

Soll die Möglichkeit zur Portierung auf eine höhere Programmiersprache offen gehalten werden, müssen diese und weitere Regeln den Entwicklern detailliert vorgegeben werden.

Wechsel aus einer höheren Sprache

Liegen bereits Sourcen in einer höheren Programmiersprache vor, so kann man Assembler- oder C-Code daraus möglicherweise direkt generieren. Bei bestimmten 4GLs wird ohnehin C-Code als Zwischencode erzeugt. Ansonsten sollte man versuchen, einen entsprechenden Cross-Compiler zu erwerben.

Im Übrigen ist eine Umsetzung von Sourcen in eine maschinennähere Sprache nur in den seltensten Fällen wirklich erforderlich. Die meisten höheren Sprachen bieten Schnittstellen, um für spezielle Anwendungszwecke C-Routinen einzubinden. Je nach Entwicklungsumgebung und Betriebssystem sind derartige Interfaces sogar sprachunabhängig.

Bevor man also die Sourcen einer kompletten Applikation in eine wartungsunfreundliche und fehlerträchtige Sprache umsetzt, sollte man die Nutzung solcher Funktionalitäten erwägen. Es ist immer noch besser zwei Sprachen zur Entwicklung einzusetzen, als ein ganzes System mit den Risiken einer maschinennahen Sprache wie „C" zu belasten.

Allerdings gibt es bei einigen solcher Sprachschnittstellen Schwachpunkte in Bezug auf die Parameterübergabe. Dies beschränkt sich jedoch meist auf sehr spezielle Datentypen; manchmal betrifft es Arrays. Programmierrichtlinien, die derartige Restriktionen von vornherein berücksichtigen, halten Optionen offen.

Die Portierung von Sourcen in eine maschinennähere Sprache birgt also im Allgemeinen wenig Probleme. Schwieriger ist es dagegen, zwischen verschiedenen höheren Sprachen zu wechseln. Dies setzt fast schon voraus, dass man nur einen Bruchteil ihrer Funktionalität genutzt hat. Ansonsten kommt die Übertragung einer Neuprogrammierung gleich. Aber auch die ist natürlich bei einem sauber konzipierten und implementierten System wesentlich einfacher. *Unverständlicher Code ist niemals portabel!*

Compiler

Die zunehmende Standardisierung von Programmiersprachen hat die Probleme mit den Unterschieden von Compilern in den letzten Jahren in den Hintergrund treten lassen. Leider muss man aber dennoch warnen: *Fast jeder Standard hat Lücken!*

Insbesondere bei C und C++ sind diese Lücken oft unangenehm. Sie betreffen vielfach nicht irgendwelche Randbereiche, sondern Funktionalitäten, die fast jeder Entwickler nutzen möchte, gerade um gut strukturierten und lesbaren Code zu schreiben. Es ist schon bedauerlich, dass eigentlich sauberer Quellcode oftmals von einem C++-Compiler auf einen anderen „portiert" werden muss. Betroffen sind etwa „pragma"-Anweisungen, Templates, Strings, die maximale Länge von Bezeichnern, das Alignment von „struct´s" und andere Dinge mehr.

Wer Sourcen hinsichtlich unterschiedlicher Compiler portabel halten möchte, muss die Programmierer deshalb anweisen, eine ganze Reihe prinzipiell sinnvoller Sprachkonstrukte nicht zu verwenden. Welche das im Einzelnen sind, hängt noch von einigen Rahmenbedingungen ab, sodass auch hier gilt: *erst informieren, dann Regelungen festlegen!*

Sonstiges

Das Thema Portierung hat weitere Facetten, die hier nicht im Einzelnen besprochen werden können:

- Rechnerhardware
- Netzwerkhardware
- Netzwerkprotokolle
- Interoperabilitätsprotokolle für verteilte Systeme (DCOM / Corba / RMI)
- Nicht-standardisierte Aspekte von Object Request Brokern
- Web-Browser.

Bei Web-Browsern allein müsste man noch Unterpunkte wie Style Sheets, Applets, Plug-Ins, HTML-Version, erwartete Bildschirmgröße und dergleichen mehr anführen. Alle diese Dinge können dazu führen, dass ein System nur dann ohne weiteres auf eine andere Einsatzumgebung übertragen werden kann, wenn die Entwickler bei der Codierung bestimmte Regeln beachtet haben.

In jedem Fall sollte man Anforderungen hinsichtlich Portabilität zu Projektbeginn konkretisieren, um den Programmierern sinnvolle Richtlinien an die Hand geben zu können. Was wichtig ist, sollte dabei schriftlich geregelt werden. Überflüssiges ist aber auch konsequent wegzulassen. Wer „universelle" Portierbarkeit eines Systems anstrebt, darf sich über explodierende Aufwände nicht wundern. Und wer einfach nur ganz generell „portablen Code" fordert, wird alles andere bekommen.

3.1.12 Reverse Engineering

Beim Reverse Engineering von Quellcode wird manuell oder mit Hilfe entsprechender Tools aus existierenden Sources das zugehörige Design erzeugt oder aktualisiert. Dieser Vorgang setzt generell gut strukturierten Code voraus – „goto"-Programmierung macht automatisches und sicherlich meist auch manuelles Reverse Engineering unmöglich.

Ist Reverse Engineering – aus welchen Gründen auch immer – vorhersehbarer Bestandteil eines Entwicklungsprojektes, so empfiehlt es sich, Programmierrichtlinien an dieser Tatsache auszurichten. Werden für das Reverse Engineering etwa Tools eingesetzt, die mit bestimmten Konstrukten Probleme haben, so sollte man den Gebrauch dieser Konstrukte untersagen oder zumindest auf die unbedingt notwendigen Fälle einschränken. Dies kann zur nachträglichen Anpassung oder Ergänzung einer Programmierrichtlinie führen, wenn Erfahrungen mit den Fähigkeiten und Schwachpunkten der Tools erst im Verlauf eines Projektes gesammelt werden.

3.1.13 Wiederverwendung

Nicht alle Aufgabenstellungen lassen sich so gut abstrahieren, dass die geforderte Funktionalität durch entsprechend parametrisierte Prozeduren in allgemeiner Form implementiert werden kann. Deswegen werden Sourcedateien oder Teile davon häufig kopiert oder als Muster genommen, um darauf aufbauend ähnliche Abläufe zu programmieren.

Folgende Vorgehensweisen sind in der Praxis üblich:

1. Kopieren einer Datei oder eines Teils davon. Anschließend werden Statements entfernt oder hinzugefügt und mit Hilfe von Suchen-/Tauschen-Operationen Variablen- und Prozedurnamen angepasst. Im Ergebnis entsteht ein neuer Codeblock oder eine vollständig neue Source-Datei.
2. Abstrahieren einer Datei zu einem Template. Die Vorgehensweise ähnelt der unter Punkt 1. Resultat ist aber eine Datei, die als Muster für manuelles oder automatisches Erzeugen von Quelldateien zu ähnlichen Problemstellungen dient.

Je eher mit der Wiederverwendung einer Sourcedatei zu rechnen ist, desto mehr empfiehlt es sich, die Qualität des Originals zu optimieren. Das bedeutet ganz generell, hier besonders auf die Einhaltung der Programmierrichtlinien zu achten.

Es kann sich aber auch als sinnvoll erweisen, für Quelldateien, deren Wiederverwendung zu erwarten ist, zusätzliche Regeln aufzustellen. Beispiele hierfür sind:

- die Forderung nach dateiweit eindeutigen Variablennamen, um eine Änderung der Bezeichner durch einfaches Suchen/Tauschen zu erleichtern,
- das Hervorheben von Stellen, die nach dem Kopieren anzupassen sind, durch eine einheitliche Markierung,
- die Formulierung von Kommentaren in einer besonders leicht zu ändernden Form.

Um Überarbeitungs- und Kontrollaufwände in vernünftigen Grenzen zu halten, sollten derartige Regelungen jedoch mit dem notwendigen Augenmaß eingesetzt werden. Sie machen vor allem dort Sinn, wo eine *mehrfache* Wiederverwendung wahrscheinlich ist.

3.1.14 Zusammenfassung

Der Lebenszyklus einer Quelldatei kann ein rundes Dutzend sinnvoll zu unterscheidender Vorgänge umfassen. Die damit verbundenen Tätigkeiten unterstützt man teilweise am besten durch allgemeine Regeln bezüglich Layout, Namensvergabe und Kommentierung, teilweise aber auch durch sehr spezielle Vorgaben, die sich gezielt an bestimmten Problemstellungen orientieren.

Es lohnt sich in jedem Fall, etwas vorauszuschauen und im Vorhinein zu prüfen, welchen Verwendungen der im Rahmen eines Projektes zu erstellende Quellcode unterliegen wird. Nur dann kann man bei Implementierungsarbeiten durch konkrete Anweisungen Aufwand und Qualität in ein angemessenes Verhältnis bringen.

> Pauschale Aussagen wie „brauchen wir alles nicht" oder „wir müssen alles berücksichtigen" sind in der Regel gleichermaßen falsch und damit im Endeffekt teuer.

3.2 Softwareentwicklungs-Tools

Die ersten Programme zur Unterstützung der Softwareentwicklung wurden bereits vor Jahrzehnten entwickelt. In zunehmendem Maße – aber nicht immer mit zunehmendem Erfolg – werden seitdem in Software-Projekten CASE-Tools und IDEs verwendet, oft aber auch noch die zahllosen, teilweise sehr simplen Utilitys, die Teil des einen oder anderen Betriebssystems sind. Am Rande kommen auch kleinere, selbst entwickelte Skripten zum Einsatz, die beispielsweise die Systemtabellen von relationalen Datenbanken nutzen, um SQL-Statements zu generieren.

Quellcode und Dokumentation ohne die Verwendung verschiedenster Hilfsprogramme zu erstellen, ist also heutzutage undenkbar. Der Softwareentwicklungsprozess selbst wird immer stärker automatisiert. Automation setzt aber überall Standardisierung voraus.

KAPITEL 3 – WO WIRD QUELLCODE VERWENDET?

> Je mehr Vorgänge maschinell und möglichst ohne Bedienereingriffe ablaufen sollen, desto sauberer muss die Vorarbeit sein. Dies gilt in der Datenverarbeitung genauso wie in jedem industriellen Prozess.

Alle Programme, mit deren Hilfe ein Entwickler Source-Code in irgendeiner Weise be- oder verarbeitet, benötigen einen Input, der bestimmten Konventionen entspricht. Sonst werden sie den Output zumindest nicht in der gewünschten Qualität liefern. Programmierrichtlinien müssen deshalb auf die verwendeten Tools abgestimmt sein.

Es macht wenig Sinn, jeden Entwickler alle Handbücher infrage kommender Hilfsprogramme durcharbeiten und jeden für sich die Frage klären zu lassen, wie man welche Kombination welcher Werkzeuge am geschicktesten einsetzt. Der effizientere Weg besteht darin, die wirklich notwendigen Informationen einmal zu extrahieren und den Programmierern in einer Weise an die Hand zu geben, die diese direkt als Anleitung bei ihrer Arbeit nutzen können. Hierzu gehört selbstverständlich die Vermittlung von Grundkenntnissen im Umgang mit den Tools. Auf der anderen Seite stehen aber auch eine Reihe von Regeln, die konkret angeben, wie welche Problemstellung mit welchen Utilitys anzugehen ist. Dieser Teil der Informationen, der sich sowohl auf die Gestaltung der Sourcen als auch auf zu beachtende Dinge bei ihrer Ablage und Handhabung bezieht, sollte in die Programmierrichtlinien eingehen.

3.2.1 Arten von Entwicklungswerkzeugen

Programme, die die Softwareentwicklung unterstützen sollen, gibt es zuhauf, und das Angebot ändert sich ständig. Neue Tools kommen auf den Markt und alte werden erweitert. Vieles ist Freeware, manches ist teuer. Den Überblick hat wohl niemand. An den wichtigsten Arten von Werkzeugen – neben Compilern und Interpretern – hat sich aber im Laufe der Jahre nur wenig geändert. Einige wurden bereits in vorangegangenen Abschnitten erwähnt. Zu nennen sind:

- Editoren, vom einfachsten Utility zur Erstellung unformatierter Texte bis hin zu ausgefeilten Tools mit Syntax-Highlighting und Templates für alle wichtigen Sprachkonstrukte.

- Beautifier

- X-Ref-Tools, die Querbezüge zwischen den Deklarationen von Variablen, Prozeduren etc. und ihrer Verwendung aufzeigen; meist sind diese heutzutage in CASE-Werkzeuge und Entwicklungsumgebungen integriert.
- Make-Programme, die Abhängigkeiten zwischen Dateien untersuchen und darauf aufbauend Vorgänge ausführen, wie beispielsweise das Neu-Übersetzen oder das Neu-Generieren von Quellcode.
- Such-Utilitys bzw. Suchen-/Ersetzen-Funktionen von Editoren bzw. integrierten Entwicklungsumgebungen.
- Vergleichs-Tools, die üblicherweise entweder zu Versionsmanagement- oder zu Betriebssystemen gehören.
- Debugging- und Profiling-Werkzeuge
- Dokumentations-Tools
- Versionsmanagement-Systeme
- Entwicklungssysteme, die eine mehr oder minder große Anzahl der bereits erwähnten Funktionalitäten mit weiteren (Maskeneditoren, Aufgabenverwaltung usw.) integrieren.

Im Folgenden werden die wichtigsten Aspekte dieser Entwicklungswerkzeuge aus Sicht der Frage „Was sollte man wie regeln?" dargestellt.

3.2.2 Editoren

Editoren dienen zur Eingabe von Quellcode. Im professionellen Bereich werden fast nur noch solche eingesetzt, die mit speziellen Funktionen zur Erkennung der Syntax einer oder mehrerer Programmiersprachen ausgestattet sind und dementsprechend Schlüsselwörter, Literale und Kommentare farbig hervorheben können. Vielfach haben sie weitere nützliche Fähigkeiten, wie beispielsweise „Inhalts-Assistenten" (engl. „content assist"). Diese schlagen dem Programmierer eine Auswahl möglicher Bezeichner vor, um einen Teil einer Anweisung zu vervollständigen.

Um ein einheitliches Code-Layout sicherzustellen, sollten im Rahmen eines Projektes alle Entwickler dieselben Editoren verwenden und diese auch in gleicher Weise konfigurieren. Einstellungen bezüglich der Formatierung des Codes wie beispielsweise die Einrückungstiefe, aber auch Schriftarten,

Farben und Ähnliches müssen für alle Arbeitsplätze übereinstimmen. Denn Sourcen werden nicht nur am Rechner angezeigt, sondern oftmals auch in ausgedruckter Form weitergereicht oder abgelegt. Dann stört es, wenn man den Autor eines Programmes bereits an seinen persönlichen Farb- und Schriftvorlieben erkennen kann.

Bei der Wahl der Schriftart sollte man sich nicht auf die Standardeinstellung des Editors verlassen. Die Buchstaben „l" und „O" müssen sich hinreichend von den Ziffern „1" und „0" unterscheiden. Auch das kleine „l" und das große „I" dürfen sich nicht zu sehr ähneln.

Im Übrigen sollte man die Schrift nach Höhe und Laufweite aussuchen. Der Raum, den vierzig Zeilen Text bei der einen ausfüllen, reicht bei einer anderen nur für dreißig – und das bei gleicher Einstellung der Schriftgröße. In analoger Weise entscheidet die Laufweite darüber, ob lediglich siebzig oder mehr als achtzig Zeichen in eine Zeile passen. Allerdings sollte man den Font so auswählen, dass der Platzgewinn nicht auf Kosten der Leserlichkeit geht.

Für die Programmierung kommen naturgemäß nur Nicht-proportional-Schriften in Frage. Das schränkt die Auswahl oftmals stark ein. Dies gilt insbesondere, wenn im Rahmen des Projektes auf unterschiedlichen Betriebssystemen entwickelt wird. Denn die gewählte Schrift sollte selbstverständlich auf allen Rechnern zur Verfügung stehen.

Mehr als 5 % der Bevölkerung leiden unter einer Form von Farbenblindheit oder haben andere schwer wiegende Sehprobleme. Am häufigsten ist die Rot-Grün-Blindheit. Reines Rot oder Grün sind für Menschen mit einer leichten Schwäche beim Farbsehen noch unterscheidbar. Für Mischtöne, wie etwa Rotbraun und Dunkelbraun, gilt dies nicht. Deren Anwendung sollte man unbedingt meiden. Die Schriftgröße muss die Normen für Bildschirmarbeitsplätze erfüllen. Zwölf Punkt sind das Minimum. Für spezielle Zwecke kann jeder Entwickler für sich immer noch temporär andere Werte einstellen.

Manchmal spielen bei Editoren – ähnlich wie bei integrierten Entwicklungsumgebungen – auch Pfadeinstellungen eine Rolle. Diese können die Ablage von Sourcedateien betreffen, aber beispielsweise auch Verzeichnisse mit Templates. Auch hier sind einheitliche Regelungen wünschenswert.

Welche Einstellparameter es gibt, ist produktabhängig. Ein kurzer Blick unter einen Menüpunkt, der je nach Editor „Optionen", „Einstellungen", „Settings" oder „Customize" heißt, verrät, was eingestellt werden kann. Man benötigt also keine Checkliste, um die notwendigen Regelungen schnell und vollständig festzulegen.

Auf eine spezielle Funktionalität von Editoren ist hier noch hinzuweisen. Praktisch alle derartigen Werkzeuge, die in der Softwareentwicklung eingesetzt werden, können zu einer Klammer, auf der sich der Cursor befindet, die dazu passende hervorheben. Dies darf kein Argument sein, auf entsprechende Ausrichtungen zu verzichten. Das menschliche Auge erfasst trotz derartiger Hilfen Code mit einem ordentlichen Layout immer noch besser. Außerdem hilft diese Funktionalität nur bei nicht ausgedruckten Sources.

3.2.3 Beautifier

Beautifier formatieren Quellcode. Sie sorgen für einheitliche Einrückungen, brechen überlange Zeilen um und richten Parameter oder Klammern aus. Manche ergänzen auch fehlende Leerzeichen und sorgen für eine einheitliche Gross-/Kleinschreibung von Schlüsselwörtern oder etwa HTML-Tags. Als Input benötigen sie im Allgemeinen syntaktisch korrekten Code. Ihre Funktionalität ist oftmals in Editoren oder IDEs eingebaut.

Werden Beautifier eingesetzt, so sollte ihre Verwendung selbstverständlich einheitlich sein. Dies betrifft Parameter und Flags zur Vorgabe von Einrückungstiefe, maximaler Zeilenlänge usw.

Die Frage ist aber, ob man sie überhaupt nutzen sollte. Es spricht vieles dafür, alle Entwickler dazu anzuhalten, ihre Sources von Anfang an korrekt zu formatieren und nicht im Nachhinein zu versuchen, unlesbaren Code zu verschönern. Beautifier können Formatierungen nur nach „sturen" Regeln vornehmen – gezielte Ausrichtungen zur Hervorhebung von Zusammenhängen fallen ihnen automatisch zum Opfer. Zudem ist schlecht lesbarer Code auch schlecht kontrollierbar – Sources sollten aber bereits vor ihrer ersten Übersetzung durch einen einfachen Schreibtischtest geprüft werden können. Es macht also wenig Sinn, Code nur eben schnell vor dem „final check in" einem Beautifying zu unterziehen.

Das wichtigste Argument gegen Beautifier betrifft aber die Vergleichsmöglichkeiten mit Vorgängerversionen. Tools wie „diff", „compare" oder „fc" arbeiten zeilenorientiert und sind nicht in der Lage, Sprachkonstrukte zu erkennen. Sie können also inhaltliche und Layout-Änderungen nicht unterscheiden. Wird zunächst unsauberer Code erzeugt und dieser später einem Beautifying unterzogen, sind inhaltliche Vergleiche zwischen Versionen vor und nach dem Beautifying meist nicht mehr möglich. Die wesentlichen Unterschiede verbergen sich zwischen zusätzlichem Leerraum, Vereinheitlichung der Gross-/Kleinschreibung und ähnlichen Dingen.

Auch Optionen zum Ignorieren von „White Space" helfen nur bedingt, und zwar aus zwei Gründen. Zum einen kann es Leerzeichen innerhalb von Strings geben, die inhaltliche Bedeutung für ein Programm haben, aber beim Setzen der entsprechenden Flags mit ignoriert werden. Zum anderen werden Leerzeichen und Tabulatoren für den Vergleich lediglich komprimiert, also eine Folge von Leerzeichen und Tabulatoren mit einem Leerzeichen gleichgesetzt. Hat ein Programmierer – wie es leider häufig vorkommt – Leerzeichen um Operatoren herum ganz weggelassen und der Beautifier diese ergänzt, wird die betroffene Zeile auch von „diff -b" oder „fc /w" als verändert angesehen. Auch Zeilenschaltungen, die ergänzt wurden, führen meist zu Ausgaben, die bei der Suche nach inhaltlichen Unterschieden zwischen Programmversionen nur stören. Dies alles ist bei der Fehlersuche äußerst hinderlich und kostet deshalb Zeit.

Die Betrachtungen zum Thema „Beautifier" zeigen also eines: Man sollte von Entwickler fordern, dass sie von der ersten Codezeile an auf ein ordentliches Layout achten. Dafür, eine solche Regel festzuschreiben, spricht außerdem die menschliche Gewohnheit. Wer nicht von Anfang auf lesbare Sources achtet, der erzeugt im täglichen Projektstress meist auch dauerhaft nur „Wegwerf-Code".

3.2.4 Vergleichswerkzeuge

Programme zum Vergleich unterschiedlicher Versionen von Quelldateien zählen zu den ältesten und effektivsten Mitteln bei der Bugsuche. Dennoch haben sie Schwächen. Die Umbenennung einer Variablen ändert in aller Regel genauso wenig am Verhalten eines Programmes wie eine Umstellung der Reihenfolge von Methoden- oder Prozedurdeklarationen – von einigen tückischen Ausnahmen einmal abgesehen.[1] Derartige Modifikationen an Sources erschweren es deshalb aber, mithilfe von Tools wie „diff" oder „fc" die für das

---

1. Gibt man globalen Variablen kein gesondertes Präfix, so kann es sein, dass eine lokale Variable so umbenannt wird, dass sie eine globale anschließend „verdeckt". An den Stellen, wo vorher der Wert der Globalen verwendet wurde, wird jetzt möglicherweise der der Lokalen genommen.

Programmverhalten wesentlichen Unterschiede zu ermitteln. Die Ausgaben dieser Utilitys werden unnötig „aufgeblasen", ihre Auswertung wird erschwert. Entsprechendes gilt bei Änderungen der Formatierung, wie im Abschnitt über Beautifier bereits erwähnt.

Welche Konsequenzen sind daraus zu ziehen? Solche Veränderungen an Sources, die inhaltlich ohne Bedeutung sind, sollten vermieden werden. Klare Regelungen bezüglich Namensvergabe, Code-Formatierung und Aufbau von Quelldateien, helfen hierbei – vorausgesetzt, sie werden von den Entwicklern konsequent beachtet.

3.2.5 X-Ref-Tools

X-Ref-Tools zeigen Beziehungen zwischen jenen Objekten auf, aus denen Quellcode besteht: Prozedur-Deklarationen und -Implementierungen, Verwendung von Klassen, Konstanten und globalen Variablen, Vererbungsbeziehungen und dergleichen mehr. Ähnlich wie „diff" oder „compare" werden diese Werkzeuge häufig bei der Suche nach Fehlerursachen eingesetzt.

Die Grenzen von X-Ref-Tools sind immer dann erreicht, wenn bestimmte Objekte in den Sources nicht als solche erkannt werden können. Dynamische Prozeduraufrufe, SQL-Statements, die zur Laufzeit erst erzeugt werden, das Nachladen des Byte-Codes einer Klasse, deren Name erst während der Ausführung eines Applets ermittelt wird – all das verhindert es, aus dem Quellcode heraus die wesentlichen Querbezüge vollständig ermitteln zu können.

Auch variierende Einsatzumgebungen können derartige Probleme bereiten. Werden Librarys erst zur Laufzeit hinzugebunden, kann ein X-Ref-Tool nur Querbezüge zu solchen Versionen der Bibliothek ermitteln, die innerhalb der Entwicklungsumgebung zur Verfügung stehen. Entsprechendes gilt für Referenzen auf Tabellen eines Datenbanksystems.

Werden für die Entwicklung von Datenbank-Applikationen IDEs eingesetzt, die dafür nicht speziell gedacht sind, enden deren X-Ref-Funktionen ohnehin an der Programmgrenze: nur die Sources und eventuell vorhandene Librarys werden zur Ermittlung von Querbezügen herangezogen, ein Zugriff auf die zugehörige Datenbank findet nicht statt. Häufig fehlen aber auch Werkzeuge selbst für X-Ref-Informationen innerhalb einer Datenbank. Nur mit Tricks lässt sich oft ermitteln, aus welchen Stored Procedures heraus auf eine bestimmte Tabelle zugegriffen wird. Gute Werkzeuge, die auch für Datenbank-Anwendungen umfassende X-Ref-Funktionen bieten, sind für kleinere Unternehmen meist unerschwinglich.

Ein weiterer Schritt fehlt ohnehin fast immer: Es werden nicht nur Querverweise innerhalb eines Programmsystems benötigt, sondern meist auch zwischen Sourcen und der zugehörigen Dokumentation. Das schließt Verweise auf zugrunde liegende Anforderungen ebenso ein wie solche auf Handbücher oder Testfälle.

So hilfreich X-Ref-Tools auch sind, der Profi hätte gerne mehr. Das lässt sich aber nur durch ergänzende, an strikte Regeln gebundene Kommentierung der Sourcen erreichen, teilweise auch über geeignete Namenskonventionen. Die Vorgehensweise ist einfach: X-Ref-Funktionen werden mit Hilfe einfacher Such-Utilitys erweitert. Damit dies gelingt, müssen die betreffenden Kommentare oder Bezeichner durch möglichst eindeutige Zeichenketten identifiziert werden können. Hierzu dienen Tags, Präfixe oder Suffixe.

BEISPIEL:

Werden etwa die Namen aller Spalten einer Datenbank durch das Präfix „sp_" von den Namen der entsprechenden Variablen oder Feldern unterschieden, so lässt sich mit Hilfe von Utilitys wie „find" oder „grep" sofort feststellen, aus welchen Prozeduren heraus auf eine bestimmte Spalte einer Tabelle zugegriffen wird.

Allerdings sollte man sich von diesem Beispiel nicht zu der Annahme verleiten lassen, dass sich alle Probleme im Bereich X-Ref so einfach lösen lassen. Denn die Verwendung anderer Tools wird durch derartige Namenskonventionen unter Umständen gestört:

▷ Die Überschriften von Feldern einer automatisch generierten Maske sehen auf einmal nicht mehr wie gewünscht aus, wenn der Maskengenerator das Weglassen von Prä- oder Suffixen beim Erzeugen von Feldüberschriften nicht unterstützt.

▷ Will man Spalten von Tabellen eindeutig identifizieren, so versagen Tools, die versuchen, automatisiert Fremdschlüssel-Beziehungen zwischen Tabellen anhand gleicher Spaltennamen zu ermitteln. Der Workaround, in den Sourcen allen Spaltennamen den der Tabelle in der Punkt-Notation („tabellenname.spaltenname") voranzustellen, funktioniert nur, solange nicht in einer Abfrage dieselbe Tabelle mehrfach verwendet werden muss.

Derartige Abfragen benötigt man aber unter anderem bei reflexiven Beziehungen, wie sie beispielsweise zur Modellierung von Stücklisten erforderlich sind.

Abgesehen davon helfen Namenskonventionen zur Unterstützung von X-Ref-Funktionalitäten nur, solange die Namen auch tatsächlich im Quellcode zu finden sind. Immer dann, wenn Bezeichner irgendwelcher Objekte erst zur Laufzeit erzeugt werden, stößt diese Vorgehensweise an ihre Grenzen. Einziger Workaround: Sofern die infrage kommenden Objektbezeichner bereits zur Übersetzungszeit feststehen, ist es möglich, sie in einem Kommentar hinzuzufügen. Kann also beispielsweise eine Prozedurvariable sinnvollerweise nur einige wenige Werte annehmen, so genügt ein kurzer Hinweis im Quellcode, in dem die infrage kommenden Prozeduren aufgeführt werden.

Weitere Probleme ergeben sich, wenn man Querbezüge zwischen der Dokumentation und dem Quellcode mithilfe einfacher Suchfunktionen feststellen will. Denn die Dokumentation besteht in den seltensten Fällen aus „plain text".

BEISPIEL:

Umlaute und Sonderzeichen werden in HTML-Dateien oft in der Form „&Kuerzel;" dargestellt, wobei Kuerzel *hier den HTML-Namen irgendeines Zeichen bedeuten soll. So steht etwa* „Ü" *für eine großes „U" in der Umlautform, also ein „Ü". Sucht man in HTML-Files mit einer einfachen Textsuche nach Namen, die in dieser Weise codierte Zeichen enthalten, so kann die Suche nach ihnen fehlschlagen, obwohl sie am Bildschirm und auf Ausdrucken sichtbar sind.*

SQL-Datenbanken unterstützen heutzutage in der Regel Bezeichner, die nicht nur die Buchstaben von A – Z, Ziffern und Unterstriche enthalten dürfen. Auch Dateinamen unterliegen im Allgemeinen kaum noch Beschränkungen. Das angeführte Beispiel zeigt aber, dass die Nutzung aller Möglichkeiten bei der Namensvergabe mit Nachteilen verbunden ist.

Wer die Begrenztheit von X-Ref-Tools mit Hilfe geeigneter Vorschriften zur Namensvergabe und Kommentierung umschiffen möchte, hat also keine leichte Aufgabe. Empfehlenswert ist es, nicht nur im Quellcode, sondern auch in der gesamten Dokumentation nach einheitlichen Regeln gebildete Bezeichner zu gebrauchen. Diese sollten nur die Buchstaben aus dem ASCII-Zeichensatz enthalten sowie in bestimmten Fällen Ziffern oder Unterstriche.

Ob und gegebenenfalls welche Prä- oder Suffixe zu verwenden sind, muss aufgrund der Rahmenbedingungen eines Projektes entschieden werden.

> Bei Datenbank-Anwendungen ist es in diesem Zusammenhang wichtig, nicht nur die Arbeit der Entwickler, sondern möglicherweise auch den Einsatz von Endanwender-Werkzeugen zu berücksichtigen. Keine Controlling-Abteilung der Welt möchte, dass bei ihren Auswertungen die Spaltenüberschriften alle mit dem Präfix „col_" beginnen.

Kommentare können genutzt werden, um explizite Verweise – etwa auf verwendete Ressourcen – in den Quellcode aufzunehmen. Wenn man dies tut, sollte es aber auf jeden Fall durchgängig und in einheitlicher Form geschehen. Zusätzliche Kommentare, die Querbezüge deutlich machen, sind oftmals sehr hilfreich. Im Übermaß genutzt, machen sie Sources aber auch unübersichtlich. Die Vor- und Nachteile sollten zu Projektbeginn im Team ausdiskutiert werden. Danach kann man die gewünschten Regelungen festschreiben.

3.2.6 Suchen-/Tauschen

Das Suchen bzw. Suchen und Ersetzen von Zeichenfolgen in Quellcode-, Konfigurations- oder Dokumentationsdateien gehört sicherlich zu den häufigsten Funktionen, die Entwickler verwenden.

Am meisten werden Suchfunktionen wohl bei der Ermittlung von Fehlerursachen genutzt. Mit ihrer Hilfe wird festgestellt,

- welche Anweisungen den Wert einer bestimmten Variablen ändern oder abfragen,
- welche Prozeduren wo und mit welchen Parametern aufgerufen werden oder
- auf welche Dateien oder Datenbank-Tabellen mit Hilfe welcher Funktionen zugegriffen wird.

Weiterhin können Suchfunktionen bei der Kontrolle von Sources auf einheitlichen Programmierstil genutzt werden:

▸ Ist der Aufruf einer Methode jedes Mal gleich und entspricht er den Konventionen?

▸ Wechselt die Bezeichnungs- bzw. Schreibweise für den Namen eines Objektes oder ist sie überall identisch?

Alle diese Fälle beschreiben die Verwendung von Suchfunktionen oder Such-Utilitys zu X-Ref-Zwecken. Deswegen genügt es hier weitgehend, auf das entsprechende Kapitel zu verweisen. Auf eine Feinheit sei hier aber noch hingewiesen.

X-Ref-Tools sind selten so ausgefeilt, dass sie nicht nur allgemein Verweise auf Objekte finden, sondern auch eine Suche hinsichtlich Deklaration oder Implementierung, schreibenden oder lesenden Zugriffs und ähnlicher Kriterien einschränken können. Deswegen empfiehlt es sich beim Formatieren von Code, *Zeilenschaltungen zwischen Objektbezeichner und zugehöriger Operation zu vermeiden.*

BEISPIEL:

Formatiert man die SQL-Anweisung „UPDATE" so, dass das Schlüsselwort auf einer eigenen Zeile steht, lässt sich die Frage „wo wird eine gegebene Tabelle aktualisiert?" nicht mithilfe einfacher Suchfunktionen beantworten. Steht hingegen der Tabellennamen auf derselben Zeile wie das Schlüsselwort, werden alle fraglichen Anweisungen problemlos gefunden.

Entsprechende Überlegungen gelten auch bei der Kommentierung: Wortkombinationen, die ein sinnvolles Suchkriterium darstellen, gehören nach Möglichkeit auf eine Zeile. Trennung von Schlagwörtern mithilfe „harter" Bindestriche verbietet sich aus dem gleichen Grund.

Das Komprimieren von Dateien bedarf mit Rücksicht auf die vorhandenen Such-Utilitys ebenfalls gewisser Regeln. Programme wie „find" oder „grep" reichen nicht aus, um eine Zeichenkette in einem gezippten Source-File zu finden. Je nach Entwicklungsumgebung sollte man das Komprimieren von Quellcode deshalb sicherheitshalber untersagen. Ähnliches gilt für Dateien, die Dokumentation, Trace-Ausgaben oder Testfälle enthalten.

Vielfach genügt es nicht, eine einzelne Datei nach einem Text zu durchforschen. Oft müssen alle Dateien eines Verzeichnisses oder ganze Directory-Bäume abgesucht werden. Klare Regelungen bezüglich der Ablage von Dateien unterstützen es, die Anzahl zu durchsuchender Verzeichnisse klein zu halten.

Die wenigsten Entwicklungsumgebungen verfügen über wirklich ausgereifte Funktionen zum Umbenennen von Variablen, Prozeduren und dergleichen. Denn auch Kommentare können die entsprechenden Bezeichner enthalten, und Referenzen sind möglicherweise in Dateien enthalten, die nicht einmal im selben Verzeichnis liegen. Je eindeutiger Variablennamen und Ähnliches gewählt werden, desto einfacher sind Umbenennungen auch mit Hilfe weniger ausgefeilter Werkzeuge durchzuführen.

Aus diesem Grunde sollte ein Entwickler, wenn er Probleme mit der Suche nach einem treffenden Namen für eine Variable hat, zunächst wenigstens einen Bezeichner wählen, der aus einer Zeichenkette besteht, die an keiner anderen Stelle im Code verwendet wird. Dann ist eine spätere Umbenennung auch mit den Suchen-/Ersetzen-Funktionen ganz normaler Editoren möglich.

Insgesamt gesehen gilt mit Rücksicht auf die Verwendung von Such-Werkzeugen:

- möglichst eindeutige Bezeichner verwenden,
- auf einheitliche Schreibweise achten,
- zusammengehörige Wörter nicht durch eine Zeilenschaltung trennen,
- Ablage von Dateien klar regeln,
- Sourcen und Dokumentation nicht komprimieren.

Diese allgemeinen Grundregeln sollten sich in Programmierrichtlinien in entsprechend angepasster und detaillierter Form wiederfinden.

3.2.7 Make

„make" ist ein auf UNIX-Systemen verbreitetes Werkzeug, um bei Softwareentwicklungs-Projekten voneinander abhängige Aktionen automatisiert ausführen zu können. Die entsprechende Funktionalität wird heutzutage meist in Entwicklungsumgebungen integriert. „make" prüft das Änderungsdatum von Dateien und stellt anhand von definierten Abhängigkeiten fest, welche Dateien als Folge einer Modifikation eines Files neu erzeugt werden müssen. Meist wird dieses Tool zum Erstellen von Binärdateien aus Quellcode verwendet. Prinzipiell bietet es jedoch weitere Möglichkeiten, wie beispielsweise zum automatisierten Aktualisieren von Dokumentation.

Die Konfiguration von Make-Dateien hängt eng mit der Ablage von Quellcode und den Einstellungen anderer Tools, wie etwa Versionsmanagement-Systemen, Compilern und Code-Generatoren, zusammen. Jeder Entwickler sollte wissen, welche Modifikationen an Make-Files bzw. an den entsprechenden Einstellungen der Entwicklungsumgebung von ihm selbst vorzunehmen sind und welche Standards er zu übernehmen hat. Außerdem muss geregelt sein, wann und gegebenenfalls mit welchen Parametern „make" zu starten ist. In integrierten Entwicklungsumgebungen geschieht dies zwar weitgehend automatisch, aber auch dort gibt es oft noch Wahlmöglichkeiten zwischen unterschiedlichen Optionen.

3.2.8 Debugger

Debugger sind nützliche Werkzeuge bei der Fehlersuche, aber auch sie haben ihre Grenzen. Sie ermöglichen es, Programme schrittweise ablaufen zu lassen und dabei die Änderung der Werte von Variablen zu beobachten. Ihre Nachteile sind:

- Sie stehen meist nur innerhalb der Entwicklungsumgebung zur Verfügung. Deswegen helfen sie nur bedingt, das Zustandekommen von Fehlern im Wirkbetrieb eines Systems nachzuvollziehen.

- Im Debug-Mode laufen viele Programme erheblich langsamer ab, was auch die Zeiten für die Fehlersuche hochtreibt.

- Für Debugging-Zwecke ist oft ein spezieller Übersetzungslauf erforderlich, bei dem eine wesentlich umfangreichere Binärdatei erzeugt wird als bei einem „normalen" Compile. Dies kostet Plattenplatz und Zeit. Zudem verhalten sich Debug-Images aus unerfindlichen Gründen manchmal anders als Binarys ohne Debug-Informationen.

- Debugger zeigen lediglich aktuelle Werte an. Will man beispielsweise den Zusammenhang zwischen den Änderungen von zwei Variablen innerhalb einer Schleife sichtbar machen, sind vom Entwickler in den Code eingefügte Debug-Ausgaben weitaus hilfreicher.

So nützlich Debugger bei manchen Problemstellungen auch sind: es geht nichts über einprogrammierte Trace-Ausgaben. Deswegen sollten Programmierrichtlinien immer vorgeben, wo und wie Tracing-Funktionalitäten in ein System einzubauen sind. Die Details hierzu hängen allerdings stark von den Anforderungen an das System und von den verwendeten Programmiersprachen ab.

3.2.9 Versionsmanagement

Aufgabe von Versionsmanagement-Systemen ist es, zu Dateien eine Historie zu speichern. Alte Versionen sind damit wiederherstellbar, es können Kommentare zu Dateiversionen hinterlegt werden, und bei manchen Systemen ist es möglich, Änderungen zusammenzuführen, die von verschiedenen Personen parallel an derselben Datei ausgeführt wurden. Mithilfe von Schlüsselwort-Ersetzungen (engl. *keyword substitutions*) können Informationen über Bearbeiter, Versionsnummer, Änderungsdatum und dergleichen automatisiert in den Quellcode eingefügt werden.

Wie bei vielen Programmen, die mit erheblichem Aufwand entwickelt werden und zum Teil sogar als Freeware zu haben sind, werden auch bei Versionsmanagement-Systemen ihre Möglichkeiten selten in vollem Umfang genutzt. Sie können beispielsweise Dateien und auch Änderungskommentare vor dem Einchecken automatischen Prüfungen unterziehen. Nach erfolgreichem Check-In werden auf Wunsch E-Mails mit entsprechenden Informationen an die Teammitglieder verschickt oder andere Nacharbeiten ausgeführt.

Derartige Funktionalitäten müssen aber konfiguriert werden. Also sollte man wie so oft zunächst die Anforderungen im gegebenen Projekt ermitteln und gegen die Fähigkeiten des verwendeten Systems abgleichen. *Probleme, die durch geschickte Konfiguration eines Tools gelöst werden können, braucht man in Programmierrichtlinien nicht mehr zu berücksichtigen!*

Dennoch bleibt im Umgang mit Versionsmanagement-Systemen Regelungsbedarf. Die Ablage von Source-Dateien sollte man beispielsweise so organisieren, dass jeder Entwickler für seine Arbeit nicht mehr Dateien als unbedingt erforderlich ausgecheckt halten muss. Außerdem verbleiben auch bei optimaler Konfiguration eines Tools im Allgemeinen einige Restprobleme. Diese lassen sich meist nur auf der organisatorischen Ebene lösen: die Teammitglieder müssen also einige *–schriftlich festzuhaltende!* – Konventionen beachten.

Regeln sollte man insbesondere die folgenden Punkte:

1. Welche Dateien gehören unter Versionskontrolle?
2. Wann, wie oft bzw. unter welchen Bedingungen sind Files einzuchecken und wann nicht?
3. Unter welchen Bedingungen sollten Dateien gemeinsam eingecheckt werden?

4. Welche Keywords sind zu verwenden und wie?
5. Welche Informationen gehören in Änderungskommentare und welche nicht?
6. Welche Prüfungen sollten vorgenommen werden, um die Konsistenz eingecheckter Dateien zu sichern?

Zunächst einmal muss jeder Entwickler wissen, welche Files zu versionieren sind und welche nicht. Dateien, die vollständig aus anderen generiert werden, stellt man im Allgemeinen nicht unter Versionskontrolle. Ausnahmen kann es aber auch hier geben. Dateien der folgenden Art sollten aber in jedem Fall eingecheckt werden – auch wenn das leider vielfach übersehen wird:

- Konfigurationsdateien,
- Batch-Files und Shell-Skripte in denen Umgebungsvariablen gesetzt werden,
- Make-Files
- Quellcode von Hilfsprogrammen und Testtreibern,
- Dateien mit Testdaten,
- SQL-Scripte zum Anlegen von Datenbank-Tabellen und
- alle anderen, nicht generierten Dateien, deren Inhalt das Verhalten des zu entwickelnden Systems bei Tests oder im Wirkbetrieb beeinflussen kann.

Zu regeln ist weiterhin, wie häufig Dateien in das Versionsmanagement-System übertragen werden sollen. Im Falle von Bugfixes sind eventuell bereits minimale Unterschiede zwischen Dateiversionen Anlass genug für ein Check-In. Ist ein Sourcefile in Entwicklung, so lohnt sich meist ein tägliches Einchecken. Zwischenversionen von Quellcode-Dateien sollten dabei nach Möglichkeit nicht nur syntaktisch korrekt sein, sondern zumindest in einem Zustand, dass die implementierte Funktionalität *Testläufe nicht behindern* kann. Dummy-Routinen sind in diesem Zusammenhang besser als Endlos-Schleifen, Hänger oder Core-Dumps.

Werden Dateien gemeinsam eingecheckt, erhalten sie im Allgemeinen auch denselben Änderungskommentar. Sinnvoll ist dies beispielsweise, wenn zur Beseitigung eines Fehlers mehrere Files auf einmal modifiziert wurden. Hat man mehrere Dateien aus unterschiedlichen Gründen geändert, so sollte man sie einzeln einchecken. Sind Schnittstellen aktualisiert worden, empfiehlt es sich, den Check-In-Vorgang gegebenenfalls zwischen den betroffenen Teammitgliedern zu koordinieren.

Keywords werden meist in Kopfkommentaren von Dateien (engl. file headers) verwendet sowie in der Deklaration von statischen Variablen. Die Variablendeklarationen stellen sicher, dass Versionsinformationen auch im ausführbaren Code enthalten sind. Im Allgemeinen genügen einige Templates, um alle erforderlichen Schlüsselwörter für die Versionsverwaltung in jede Source-Datei einzufügen. Der Gebrauch der Templates sollte vorgeschrieben sein.

Änderungskommentare kann man in vielfältiger Weise handhaben. Vom frei formulierten Satz bis hin zu einem strikt geregelten Aufbau ist alles möglich. Enthalten sie Referenzen auf implementierte Anforderungen oder auf Bugs, die beseitigt wurden, können die entsprechenden Informationen bei geschickter Vorgehensweise ausgefiltert und weiterverwendet werden. Eine Kopplung an Anforderungs- oder Bug-Management-Systeme sollte man deshalb in Erwägung ziehen; Machbarkeit und zu erwartender Nutzen hängen aber letztendlich von den Rahmenbedingungen des Projektes ab.

Versionsmanagement-Systeme können eingecheckte Dateien nicht auf Inkonsistenzen prüfen. Ändert beispielsweise ein Programmierer eine Schnittstelle, so müssen die betroffenen Aufrufe manuell oder mit Hilfe anderer Entwicklungswerkzeuge gefunden und angepasst werden.

Ob die aktuellen Versionen aller zu einem Projekt gehörenden Dateien insgesamt einen konsistenten Stand ergeben, oder ob vielleicht Datenbank-Abfragen und Datenbank-Definition auseinander laufen, muss also gesondert kontrolliert werden. Die hierzu notwendigen Regelungen kann man in eine Programmierrichtlinie aufnehmen, wenn der Kontrollvorgang in einem Arbeitsgang mit dem Einchecken von Dateien durchzuführen ist. Ansonsten hält man sie in einer gesonderten Arbeitsanweisung oder in einem entsprechenden Kapitel des Projekthandbuches fest.

Zum Abschluss sei noch auf eine ebenso wesentliche wie eigentlich selbstverständliche Eigenschaft von Versionsmanagement-Systemen hingewiesen. Die Einheiten, die sie verwalten, sind *Dateien*. Alles, was nicht in einem eigenen File steht, kann also auch nicht getrennt versioniert werden. Dies sollte man unbedingt bedenken, wenn man Fragen regelt, die die Aufteilung von Code auf Dateien betreffen.

Leider setzen Programmiersprachen hier oft Grenzen, die etwa verhindern, dass einzelnen Methoden einer Klasse eigene Versionsnummern zugewiesen werden können. Mit Rücksicht auf Versionsmanagement-Systeme sollte man Code – soweit es die verwendete Sprache zulässt – auf möglichst kleine Dateien aufteilen. Übertreibungen lassen die gängigen Programmiersprachen dabei kaum zu.

3.2.10 Werkzeuge zur Generierung von Dokumentation

Die allgemeinen Aspekte der Generierung von Dokumentation aus Quellcode wurden bereits angesprochen. Hat man sich für den Einsatz von „doclets" oder Ähnlichem einmal entschieden, so müssen in jedem Fall Details geregelt werden:

1. Welche Informationen sollen die „Doclet-Kommentare" im Code enthalten und wie sind sie zu formulieren?
2. Wann finden die Generierungsläufe statt?
3. Mit welchen Parametern ist das Tool zu starten?
4. Welchen Prüfungen ist der Output zu unterziehen?
5. Müssen die Ausgaben manuell überarbeitet werden und wenn ja, wie?
6. Wo ist der Output abzulegen?

Zumindest der erste Punkt gehört in die Programmierrichtlinien, denn er betrifft den Inhalt von Source-Dateien. Ob Regelungen zu den anderen Fragen besser in einem gesonderten Dokument festgeschrieben werden, hängt in erster Linie davon ab, ob die Generierung der Dokumentation von den Entwicklern mit übernommen wird oder nicht. Ist jeder Programmierer zur Dokumentation der von ihm erstellten Systemteile verpflichtet, so macht es Sinn, diesbezügliche Vorgaben einfach in die Programmierrichtlinien aufzunehmen.

Wie die angesprochenen Bereiche im Einzelnen zu regeln sind, hängt von den verwendeten Tools und von den Anforderungen an die zu erstellende Dokumentation ab. Die notwendigen Vorgaben müssen deshalb für jedes Unternehmen oder sogar für jedes Projekt einzeln festgelegt werden. Die Arbeit rentiert sich aber schnell, weil Dokumentationsaufwände oft ein Drittel der Projektkosten verursachen.

3.2.11 Test- und Profiling-Tools

Am Markt sind eine Reihe von Werkzeugen erhältlich, die helfen, das Verhalten und den Ressourcenverbrauch von Programmen zu untersuchen. Teilweise erfordern sie das Hinzulinken spezieller Bibliotheken, teilweise betrachten sie den Code als „Blackbox". In einigen Fällen mag der Einsatz von Test- oder Profiling-Werkzeugen auf die Programmierung vernachlässigbar sein, in anderen Fällen müssen bestimmte Konventionen eingehalten werden, um eine ordnungsgemäße Arbeit dieser Tools zu ermöglichen.

Allgemeine Regeln lassen sich in diesem Bereich leider nicht angeben. Hier hilft nur:

- Handbücher lesen,
- die für die Programmierer wesentlichen Informationen herausarbeiten,
- eventuell einige Dinge austesten und schließlich
- die Ergebnisse dieses Prozesses den Entwicklern als Regelungen an die Hand geben.

Je nach Projektumfang und Anforderungen an die zu erstellende Software sollte man für Test und Profiling auf spezialisierte Berater zurückgreifen. Das Geld ist in aller Regel gut investiert.

3.2.12 Integrierte Entwicklungsumgebungen

Auch beim Einsatz umfangreicher Entwicklungssysteme entstehen nicht automatisch korrekte und wartbare Programme. Man kann sich in diesem Zusammenhang manchmal des Eindrucks nicht erwehren, dass das Nachdenken über die eigene Tätigkeit Softwareentwicklern sogar ausgesprochen schwer fällt. Sonst müssten IDEs eigentlich mehr Unterstützung in Hinblick auf die Qualität von Code bieten. Doch Ansätze zur Besserung sind glücklicherweise erkennbar: Refactoringmethoden, Unterstützung bei der Internationalisierung, Aufgabenverwaltung und ähnliche Features gehören mittlerweile sogar zu manch einer Public-Domain-IDE.

Die Fähigkeiten integrierter Entwicklungsumgebungen umfassen – außer den soeben genannten – diejenigen der bisher erwähnten Werkzeuge. Im Detail gibt es hier natürlich erhebliche Unterschiede. Ähnlich wie bei Versionsmanagement-Systemen ist das A und O deshalb zunächst die Konfiguration. Soweit diese zentral und meist nur von einer Person vorgenommen wird, sind schriftliche Regelungen hierzu nicht unbedingt erforderlich. Ansonsten sollte durch entsprechende Vorgaben an die Entwickler in diesem Bereich für Einheitlichkeit gesorgt werden.

Weiterhin ist zu prüfen, welche Anforderungen an die Sourcen nicht durch zielgerichtetes Konfigurieren automatisch erfüllt werden können. Templates müssen nicht nur existieren, sondern auch genutzt werden, und die meisten IDEs formatieren Code nur nach Auswahl des betreffenden Menüpunktes (und das meist noch nicht einmal besonders intelligent). Es verbleiben also in jedem Fall Regeln für den Umgang mit diesen Systemen. Diese müssen aber je nach den Rahmenbedingungen des Projektes und der verwendeten Entwicklungsumgebung unterschiedlich festgelegt werden.

Einen besonderen Hinweis verdient an dieser Stelle noch das Thema „Templates". Gute Entwicklungsumgebungen bieten nicht nur die Möglichkeit, beim Erstellen neuer Dateien „Textmuster" zu verwenden, sondern gestatten es, für Codeblöcke beliebiger Art auf parametrierbare Templates zurückzugreifen.

Standardfunktionalitäten, wie Fehlerbehandlung, Meldungsausgabe und Tracing, können damit schnell und einheitlich in Sourcen eingefügt werden. Hat man die entsprechenden Templates einmal erstellt, genügt die Anordnung, sie auch durchgängig zu verwenden. Damit kann der Umfang von Programmierrichtlinien ein Stück weit reduziert werden. Das bietet auch psychologische Vorteile.

Alle nicht-trivialen Templates sollte man unter Versionskontrolle stellen, denn Änderungen kann man auch hier nie ausschließen. Mit Rücksicht auf das Versionsmanagement legt man dabei jedes Template in einer eigenen Datei ab, auch wenn die Entwicklungsumgebungen typischerweise alle in einer speichern. Nachdem Änderungen an den Templates in die Versionsverwaltung eingecheckt sind, muss die entsprechende Datei der IDE manuell oder mit Hilfe eines Skriptes aktualisiert werden.

Die Template-Dateien versieht man am besten mit einzeiligen Header-Kommentaren, die Template-Name oder -Nummer und eine Versions-Id enthalten. Diese Kommentare werden mit in den Code übernommen. Mit ihrer Hilfe können nach einer Änderung des Templates alle Stellen in den Sourcen, die möglicherweise zu aktualisieren sind, schnell ermittelt werden.

Hier liegt auch der Grund, die Templates in jeweils einer eigenen Datei ins Versionsmanagement-System zu übernehmen. Denn wenn mehrere Templates in einer Datei enthalten sind, können Versionsnummern ihnen nicht mehr einzeln zugeordnet werden. Bei Änderungen müssten dann alle Stellen im Code geprüft werden, die auf irgendwelchen Templates aus der betreffenden Datei basieren, unabhängig davon, ob sie tatsächlich modifiziert wurden.

Im Rahmen eines länger andauernden Projektes werden Entwickler meist selbst immer wieder Templates ergänzen, beispielsweise um einen einheitlichen Aufruf der von ihnen geschriebenen Prozeduren sicherzustellen. Unter diesen Bedingungen sollte auch die Erstellung und Verwaltung der Templates in den Programmierrichtlinien geregelt sein.

3.3 Beteiligte Personengruppen

Derjenige, der am meisten mit einer Source-Datei zu tun hat, ist im Allgemeinen ihr Autor. Es gibt aber noch weitere Personen, die mit Quellcode zu tun haben, und auch und gerade deren Interessen sollten sich in Programmierrichtlinien niederschlagen.

Auf das Thema „Peer Reviews" wurde schon hingewiesen. Bereits während der Entwicklung muss hierbei der Inhalt einer Source-Datei nicht nur von ihrem Autor, sondern auch von dessen Teamkollegen verstanden werden. Dabei sollte man sich darüber klar sein, dass deren Hintergrundwissen unter Umständen erheblich von dem des Programmautors abweicht. Der eine hat bisher mehr technische Systeme entwickelt, der andere betriebswirtschaftliche. Wieder ein anderer ist Spezialist für Datenbankanwendungen, während die übrigen Teammitglieder sich besser mit Hardware und Netzwerken auskennen. Unterschiedliche Programmiersprachen-Kenntnisse kommen ebenso vor wie vielleicht auch verschiedene Muttersprachen.

Zudem ist die Fluktuation in der EDV-Branche groß. Häufig ändert sich dadurch die Zusammensetzung eines Teams während eines laufenden Projektes. Quereinsteiger – vom Mathematiker oder Elektrotechniker über den Lehrer bis hin zum Betriebswirt – sind ebenfalls keine Seltenheit.

Quellcode wird auch nicht ausschließlich von Entwicklern gelesen. Wenn ein Tester einen Fehler feststellt, wird er unter Umständen gemeinsam mit dem Programmierer einen Blick in die Sourcen werfen wollen, damit die Ursache schnellstmöglich gefunden und beseitigt werden kann. Andere Mitarbeiter der Qualitätssicherung kommen ebenfalls als „Konsumenten" von Sourcen infrage. Auch hier gilt: Hintergrundwissen, Erfahrung und Routine variieren oftmals stark.

Im bestimmten Fällen werden auch Mitarbeiter eines Kunden den Inhalt von Source-Dateien sehen wollen. Ein kritischer Projektleiter, hohe Qualitätsansprüche oder eine sehr komplexe Aufgabenstellung können dazu führen, dass Teile des Codes mit Angehörigen des Abnehmerunternehmens durchgesprochen werden müssen. Im Extremfall hat man es hier sogar mit Personen ohne jeglichen EDV-Background zu tun. Entsprechendes gilt selbstverständlich für In-House-Projekte.

Eine Fähigkeit sollte aber bei allen, die Quellcode lesen, vorausgesetzt werden können, nämlich Grundkenntnisse in Englisch. Fehlen die, ist nicht einmal die Syntax der gängigen Programmiersprachen verständlich. Die Betonung liegt hierbei allerdings auf dem Wort *Grundkenntnisse*. Denn das Vokabular der Englischen Sprache ist so umfangreich, dass von keinem Programmierer auf diesem Gebiet „Dolmetscherniveau" erwartet werden kann. Dies sollte man bedenken, ehe man dort, wo es eigentlich nicht erforderlich ist, Kommentierung und Namensvergabe in Englisch vorschreibt.

Aber auch bei international besetzten Entwicklermannschaften kann man sich nicht ohne weiteres auf die Englischkenntnisse aller Beteiligten verlassen. Die Qualität der Fremdsprachenausbildung variiert weltweit sehr stark. Wer meint, mit der Regelung „gesamter Programmcode in Englisch" wäre es getan, erlebt möglicherweise böse Überraschungen. Flankierende Maßnahmen, um Verständlichkeit (*Einfachheit!*) und Korrektheit des verwendeten Englisch sicherzustellen, sind deshalb oft angeraten. Dies gilt insbesondere, wenn das Erstellen der Benutzungsoberfläche und das Formulieren von Fehlermeldungen auch zum Aufgabenbereich der Entwickler gehören. Die gewählten Maßnahmen müssen dabei nicht unbedingt die Welt kosten. Nicht nur Informatik-, sondern auch Anglistikstudenten verdienen gerne ein paar Euro nebenher.

Programmcode sollte also grundsätzlich möglichst lesbar und verständlich sein – und zwar, wenn es geht, auch für Personen ohne Spezialwissen. Das ist ein hoher Anspruch, und ihn zu erfüllen kostet Zeit und somit Geld. Kompromisse sind deshalb erforderlich. Damit diese nicht täglich neu gefunden werden müssen – was die teuerste Lösung wäre – sollten Programmierrichtlinien hier die Richtung vorgeben. Dabei gilt ein alter EDV-Grundsatz auch für den Inhalt von Quelldateien: *Die richtige Information muss zur richtigen Zeit am richtigen Ort sein.*

Das Optimum wäre demnach erreicht, wenn ein Source-File aus sich heraus, ohne Hinzunahme weiterer Dokumente, verstanden werden könnte. Dies ist im Normalfall nicht realisierbar, weil dann ein Wust von Kommentaren den Code aufblähen und und damit unleserlich machen würde. Die Praxis kennt aber eher das Gegenteil: Kommentierung fehlt völlig, Variablennamen sind kryptisch und Dokumentation für die Wartung konnte wegen Zeitdrucks nicht erstellt werden.

Programmierrichtlinien sollten deshalb grundsätzlich die folgenden Dinge fördern:

1. adressatengerechtes Schreiben,
2. Trennung von fachlicher Logik und technischen Details,
3. Ablegen von Hintergrundinformationen in Kommentaren oder in entsprechender Dokumentation.

Jeder, der Programme schreibt, sollte im Hinterkopf haben, wer den Code später einmal verstehen muss. Oft wird – wenn überhaupt – in diesem Zusammenhang nur an das Thema „Wartung" oder „Pflege" gedacht. Dabei übersehen viele Entwickler völlig, dass die Korrektheit eines Programmes oftmals bereits in der Entwicklungsphase durch einen Schreibtischtest oder eine einfache Form von Review geprüft wird. Schon hierfür ist Verständlichkeit das A und O, und nicht jeder Reviewer kennt unbedingt die Feinheiten der verwendeten Programmiersprache oder spezielle Details der Aufgabenstellung.

Am besten legt man *schriftlich* fest,

▶ welchen „Know-how-Level" ein Entwickler voraussetzen darf,
▶ welche Informationen dementsprechend in Kommentare gehören,
▶ welche besser in ein Wartungshandbuch aufgenommen werden und
▶ welche ganz weggelassen werden können.

Dann herrscht Klarheit und neue Mitglieder im Team können alle wesentlichen Regelungen vollständig erfahren, ohne andere von ihren Aufgaben abhalten zu müssen.

BEISPIEL:

Im Rahmen einer Datenbank-Anwendung werden bestimmte SQL-Warnungen immer in gleicher Weise behandelt. Der Grund dafür liegt in einer speziellen Anforderung an das System. Der Code sollte eigentlich an allen betroffenen Stellen einen diesbezüglichen Kommentar enthalten, weil er sonst unverständlich ist. Dadurch würden aber die Sources an vielen Stellen um etliche Zeilen länger und damit unübersichtlicher. Also wird eine hinreichend begründete Regelung bezüglich der Warnungen in die Programmierrichtlinie für das Projekt aufgenommen und im Wartungshandbuch ein entsprechender Hinweis angebracht. Den Inhalt des Wartungshandbuches darf jeder Entwickler bei der Kommentierung als bekannt voraussetzen. Auch dies ist in der Programmierrichtlinie schriftlich festgehalten.

Mögliche Adressaten zu berücksichtigen heißt auch, Informationen zu trennen. Es schadet nichts, bei einem Kommentar anzumerken, wenn er ausschließlich die Fachseite oder etwa nur Entwickler betrifft, die mit den Feinheiten der verwendeten Programmiersprache weniger vertraut sind. Auch das Separieren von fachlicher Logik und Implementierungsdetails vereinfacht nicht nur Pflege und Portierung, sondern erleichtert zusätzlich das Verstehen des Programmes durch unterschiedliche Adressatengruppen.

Bezüglich des Hintergrundwissens gilt: so wenig wie möglich voraussetzen. Dies betrifft insbesondere auch die EDV-Seite. Informatik ist schon seit langem ein weites, sich ständig änderndes Gebiet – niemand kann permanent die Feinheiten aller Programmiersprachen, Datenbank- und Betriebssysteme parat haben. Regelungen bezüglich der Kommentierung von Programmen sollten dies berücksichtigen. Wenn die Gefahr droht, dass Sources durch ein Übermaß an Kommentierung zu unübersichtlich werden, sollten die Entwickler wenigstens Verweise auf Handbücher oder entsprechende Fachliteratur in den Code einfügen. Details hierzu legt man am besten projektabhängig fest.

3.4 Projektziel und -ressourcen

Die Erstellung von Quellcode ist kein Selbstzweck. Letztendlich soll ein Datenverarbeitungs-System entwickelt werden, das ganz bestimmte Anforderungen erfüllt. Und wie immer im Leben, sind die dazu vorhandenen Möglichkeiten begrenzt. Beides – die Anforderungen und die Beschränkungen – hat Einfluss darauf, wie der Entwicklungsprozess geregelt sein sollte.

Drei Punkte müssen in diesem Zusammenhang betrachtet werden:

- die Eigenschaften des zu entwickelnden Systems,
- das Umfeld, in dem das System eingesetzt werden soll und
- die Restriktionen, unter denen der Entwicklungsprozess stattfinden muss.

Die Trennung zwischen den beiden ersten Aspekten mag etwas willkürlich erscheinen. Zum Umfeld eines DV-Systems gehören jedoch so viele Dinge, dass es einfach eine Frage der Praktikabilität ist, hieraus einen eigenen Punkt zu machen.

3.4.1 Zu entwickelndes System

Für jedes zu entwickelnde System gibt es Anforderungen, die hochspezifisch sind. Diese müssen beim Design und manchmal auch durch gezielte Vorgaben für die Implementierung berücksichtigt werden. Einige Anforderungen lassen sich jedoch Bereichen zuordnen, die allgemeinerer Natur sind. Sie sollen deswegen im Folgenden durchgesprochen werden. Hierzu gehören:

- Umfang des Systems (Anzahl Funktionen),
- Datenvolumen,
- Verfügbarkeit,
- Antwortzeiten,
- Sicherheit,
- Internationalisierung,
- Konfigurierbarkeit und
- erwartete Pflegeintensität.

Umfang

Je mehr Menschen in einem Projekt zusammenarbeiten und je länger sie dies tun, desto besser sollten die Abläufe im Allgemeinen geregelt sein. Soll ein großes System erstellt werden, so müssen die Programmierrichtlinien also tendenziell restriktiver und ausführlicher ausfallen als bei einem „Miniprojekt".

Zudem rentiert sich der Aufwand, der in Regelungen hineingesteckt wird, umso eher, je öfter die Regeln angewandt werden – der Initialaufwand für das Aufstellen der Regeln ist schließlich annähernd konstant. Voraussetzen muss man bei dieser Kalkulation natürlich, dass die Vorgaben an die Entwickler sinnvoll sind und nicht zu *unnützem* Overhead führen. Je umfangreicher das zu entwickelnde System ist, desto mehr lohnt es sich also auch, die Regelungen selbst einer Qualitätskontrolle zu unterziehen. Diese sollte Kosten, Nutzen und Risiken in angemessenem Maß berücksichtigen.

Datenvolumen

Manch ein EDV-System ist von seinen prinzipiellen Funktionalitäten her recht einfach und wird erst dadurch zu einer Herausforderung, dass die zu verarbeitenden Datenvolumina den üblichen Rahmen überschreiten. Was dabei als großes Datenvolumen anzusehen ist, ändert sich im Laufe der Jahre allerdings gravierend. War Anfang der 90er-Jahre eine Datenbank mit 50 MB auf UNIX-Rechnern noch ein Problem, so existieren heute schon Anlagen zu Verwaltung von 1.000.000-mal größeren Datenmengen.

Das Datenvolumen hat Einfluss auf Tuningmaßnahmen, aber auch auf die notwendige Systemsicherheit. Fehler in Algorithmen wiegen umso schwerer, je umfangreicher die gegebenenfalls erforderlichen Korrekturmaßnahmen ausfallen. Müssen aus 10 Millionen Adressdatensätzen alle diejenigen herausgefunden und korrigiert werden, bei denen ein Anwender anstelle eines großen O´s eine 0 eingegeben hat, ist das ein anderes Problem, als wenn es sich um die 200 Kundenadressen eines kleinen Handwerkers handelt.

Wird ein System entwickelt, das große Datenmengen verarbeiten soll, müssen Programmierrichtlinien besonders auf folgende Aspekte hin ausgerichtet sein:

1. Sparsamer Umgang mit Hauptspeicher- und Plattenplatz.
2. Gute Antwortzeiten, soweit dadurch das erste Ziel nicht gefährdet wird.
3. Korrektes Programmverhalten, auch bei Lastspitzen und Fehlern von Anwendern.

Zum ersten Punkt gehört selbstverständlich auch, dass Memory Leaks unbedingt vermieden und nicht mehr benötigte Speichereinheiten möglichst schnell wieder freigegeben werden. Wie die Regelungen dazu im Einzelnen auszusehen haben, hängt von den verwendeten Programmiersprachen und Datenbanksystemen sowie einigen weiteren Faktoren ab.

Verfügbarkeit

Manche EDV-Systeme sind für Unternehmen existenziell wichtig und müssen zudem im Dauerbetrieb laufen, andere werden nur gelegentlich verwendet. Auch hieraus ergeben sich Konsequenzen für Programmierrichtlinien.

Fehlervermeidung – einschließlich des Problems „Memory Leaks" – ist bei einem System, das im 7x24-Stunden-Betrieb gefahren werden soll, noch wichtiger als bei einem, das ein besonders hohes Datenvolumen verarbeiten muss. Zudem stellt die Pflege solcher Programme ein spezielles Problem dar. Neue Module sollten im laufenden Betrieb eingebunden und alte deaktiviert werden können. Das erfordert nicht nur ein entsprechendes Design, sondern auch die Einhaltung gewisser Regeln bei der Implementierung. Diese betreffen insbesondere die Fehler- bzw. Ausnahmebehandlung, aber auch die Vorgehensweisen im Bereich Konfiguration. Auch hier existieren viele Sprachabhängigkeiten, weswegen Details an dieser Stelle zu weit führen würden.

Antwortzeiten

Kurze Reaktionszeiten sind oft nur ein „Nice-to-have", manchmal aber auch ein absolutes Muss. Das Systemdesign und die Vorgehensweisen bei der Implementierung sollten Anforderungen bei den Antwortzeiten direkt, aber auch indirekt durch Unterstützung entsprechender Tuningmaßnahmen berücksichtigen.

Regelungen in diesem Bereich betreffen beispielsweise

- Vorgaben bezüglich Caching,
- die Lastverteilung (engl. *load balancing*) bei Client-/Server-Systemen,
- Vorgehensweisen beim Allokieren von Speicherplatz oder die
- Verwendung von Such- und Sortieralgorithmen.

Tuningmaßnahmen orientieren sich meist gezielt an den Schwachpunkten von Programmiersprachen, von Compilern oder von Programmen, die zur Einsatzumgebung gehören (Datenbank, Betriebssystem usw.). Entsprechende Regelungen setzen deswegen genügende Detailkenntnisse voraus. Ist das notwendige Know-how noch nicht vorhanden, bieten sich zwei Strategien an:

1. auf Risiko setzen, also zunächst keine speziellen Regeln festlegen, oder
2. Informationen im Vorhinein beschaffen.

Welche dieser beiden Vorgehensweisen sich anbietet, hängt davon ab

- wie umfangreich das zu erstellende System ist,
- wie viel Aufwand die Informationsbeschaffung erfordert und
- wie wahrscheinlich die Einhaltung der Antwortzeiten auch ohne spezielle Maßnahmen ist.

Bei großen Systemen können Nacharbeiten, die alle oder zumindest viele - Module betreffen, erhebliche Kosten und Projektverzögerungen verursachen. Deswegen empfiehlt es sich hier, möglichen Problemen bei den Antwortzeiten von Anfang an zu begegnen.

Je kleiner das Projekt und je schwieriger die Informationsbeschaffung ist, desto eher rentiert es sich, auf die Leistungsfähigkeit moderner Hardware zu vertrauen und Maßnahmen erst dann zu ergreifen, wenn die Anforderungen tatsächlich nicht erfüllt werden.

Sicherheit

Sicherheit ist in der Datenverarbeitung ein vielschichtiger Begriff. In diesem Abschnitt ist die Sicherheit gegenüber gezieltem Ausspionieren, Manipulieren oder Zerstören von Daten gemeint.

Schwachpunkte in Betriebssystemen, Browsern und Programmiersprachen dienen oftmals als Einfallstore für Hacker. Je sensitiver die zu verwaltenden Daten sind und je mehr ein System der Öffentlichkeit zugänglich ist, desto wichtiger ist es, diese Schwachstellen zu kennen. Denn die meisten Sicherheitsprobleme lassen sich durch Einhaltung bestimmter Regeln beim Design und der Implementierung vermeiden. Beispiele für derartige Regeln sind:

- Speicherplatz, der sensitive Daten enthält, sollte – sobald er nicht mehr benötigt wird – mit Nullen oder Zufallszahlen überschrieben und anschließend freigegeben werden.
- Tracing-Funktionen sind so zu implementieren, dass sie nicht für unbefugte Zugriffe auf geschützte Informationen missbraucht werden können.
- Methoden, um die Lesbarkeit von rückübersetztem Code zu minimieren („Obfuscating"), sollten eingesetzt werden.

Bei hohen Anforderungen an die Sicherheit eines Systems empfiehlt es sich, entsprechende Informationen aus möglichst aktuellen Quellen zu beschaffen, bevor Regelungen festgeschrieben werden. Im Intenet sind immer eine Reihe von Seiten zum Thema „Security" zu finden. Bei besonders kritischen Systemen sollte man zudem spezialisierte Berater hinzuziehen.

Internationalisierung

Auf das Problem „Internationalisierung" wurde bereits als Beispiel für Pflegemaßnahmen eingegangen. Die Thematik ist äußerst vielschichtig und bedarf deswegen immer einer sehr genauen – und damit auch zeitaufwändigen – Analyse.

Der größte Teil dieser Arbeit betrifft dabei Fragen der Machbarkeit:

- Sind die Anforderungen überhaupt erfüllbar und wenn ja, wie?
- Welche Entwicklungsumgebungen, welche Programmiersprachen, was für Datenbanksysteme und welche Librarys sollte man verwenden?

Die Regeln, die die Programmierer bei der Implementierung einhalten müssen, damit die gefundenen Lösungen umgesetzt werden können, sind dabei fast schon als „Abfallprodukt" des Analyseprozesses zu sehen. Von daher ist es auch falsch, das Thema „Programmierrichtlinien" im Zusammenhang mit „Internationalisierung" als kostenträchtigen Overhead zu sehen. Wird die Problemstellung ernst genommen und systematisch angegangen, so verursacht das Festschreiben der Regeln für die Implementierung den geringsten Aufwand.

Konfigurierbarkeit

Software wird in den seltensten Fällen von allen Anwendern in gleicher Weise eingesetzt. Fast jedes Programm gestattet es deswegen, über Menüs, Umgebungsvariablen oder Konfigurationsdateien Einstellungen vorzunehmen.

Die Anforderungen an Systeme sind in diesem Zusammenhang sehr unterschiedlich. Die Betriebssysteme, die als Plattform dienen sollen, legen zudem die Möglichkeiten fest, die Entwickler für die Implementierung der Konfigurationsfunktionalitäten nutzen können. Regelungen hierzu müssen also projektspezifisch festgelegt werden.

Änderungshäufigkeit

In vielen Softwareprojekten beginnen die Pflegemaßnahmen schon bevor die erste Version in Betrieb ist. Dies ist bedauerlich, aber leider stehen die Anforderungen an ein System selten im Vorhinein so weit fest, wie das der Theorie zufolge sein müsste.

Bei der Frage „Wie weit muss die Implementierung auf Wartungs- und Pflegefreundlichkeit ausgerichtet sein?" empfiehlt es sich deshalb, den Entwicklungsprozess mit zu betrachten – auch wenn dies der Theorie widerspricht. Wenn geklärt ist, ob bereits in frühen Projektphasen oder erst nach der ersten Inbetriebnahme mit Änderungen an den Anforderungen gerechnet werden muss, sollte man versuchen Details abzuschätzen:

1. Wie häufig insgesamt werden Modifikationen erforderlich sein?
2. An welchen Stellen sind Änderungswünsche besonders wahrscheinlich?
3. Wo wären Umgestaltungen außergewöhnlich aufwändig?

Bei der Beantwortung der ersten beiden Fragen hilft uns die Denk- und Wahrnehmungspsychologie, und zwar aus den folgenden Gründen.

Problemstellungen im Bereich der Anforderungen an EDV-Systemen erweisen sich häufig als ähnlich vielschichtig wie die bei Design oder Implementierung. Sie sind gekennzeichnet durch

- komplexe Zusammenhänge,
- Ziel- und Interessenkonflikte,

- unsicheren Planungshorizont,
- sich ändernde Rahmenbedingungen und damit auch
- wechselnde Prioritäten.

Entscheidungen in einem solchen Kontext überfordern ganz grundsätzlich das menschliche Gehirn – und dies gilt unabhängig von Hierarchieebenen. Unangenehmerweise reagiert unser Verstand auf diese Überforderungen mit schwankendem Verhalten: *Je schwieriger eine Entscheidung zu fällen ist, desto eher wird sie revidiert.* Komplexe Probleme führen also ganz natürlicherweise zu Zickzackkursen.

Je vielschichtiger die Anforderungen an ein EDV-System sind, desto häufiger werden sie sich also noch vor der ersten Inbetriebnahme ändern. Dies stellt für Projektleiter und Programmierer eine unangenehme, aber nur sehr begrenzt zu beeinflussende Tatsache dar. Die Kenntnis dieser Tatsache hilft aber, die Bereiche zu prognostizieren, in denen Modifikationen zu erwarten sind.

> Überall dort, wo bereits im Vorhinein lange diskutiert oder eine Entscheidung schon einmal gekippt wurde, sind Änderungen an den Anforderungen zu erwarten.

Folgerungen für Programmierrichtlinien sind etwa:

- Wird Code aufgrund einer geänderten Anforderung modifiziert, so sollte die Vorgängerversion schnell wiederherstellbar sein, also beispielsweise auskommentiert in der Source-Datei verbleiben.
- Lassen sich Bereiche, die langen Diskussionen unterworfen waren, bestimmten Funktionalitäten zuordnen, so sollte man diese nach Möglichkeit in eigene Module bzw. Files ausgliedern – und zwar auch dann, wenn angeblich eine „endgültige Entscheidung" gefällt ist.
- Je komplexer das gesamte zu entwickelnde System ist, desto wichtiger sind Lesbarkeit und Übersichtlichkeit der Sourcen.

Fast jedes Softwareprojekt stellt *alle* Beteiligten vor eine Reihe keineswegs einfach zu lösender Probleme. Änderungen bezüglich der Anforderungen sind von daher ganz allgemein eher die Regel als die Ausnahme. Von der theoretischen Vorstellung, dass das nicht so sein sollte, verabschiedet man sich am besten schnell und vollständig.

In den Bereichen, wo Modifikationen schwierig und teuer sind, hilft es nur, den Kunden bezüglich der Anforderungen festzunageln und ihn über die Kosten etwaiger Änderungen aufzuklären. In den seltensten Fällen gelingt es, ohne unvertretbaren hohen Implementierungsaufwand für alle möglichen Kundenwünsche programmtechnische Hintertürchen offen zu halten. Regelungen, die zusätzliche Arbeit für die Entwickler bedeuten, sollte man also nur dann vorschreiben, wenn ihr Nutzen konkret absehbar ist.

3.4.2 Umfeld des Einsatzes

Jedes EDV-System wird in einer bestimmten Umgebung eingesetzt, die durch technische und weitere Aspekte charakterisiert ist. Auf der einen Seite stehen also Hard- und Software, auf der anderen Seite die Anwender, die Bedingungen, unter denen sie arbeiten, die Geografie der Einsatzorte und Ähnliches.

Bezüglich Hard- und Software spielen nicht nur die bereits diskutierten Portabilitätsprobleme eine Rolle. Alle Rechner, alle Peripheriegeräte und alle Programmsysteme, die genutzt werden, haben Stärken und Schwächen, die bis auf die Implementierungsebene durchschlagen können. Gute Kenntnis des Zielsystems und rechtzeitige Vorgaben an die Entwickler können deshalb einen fehlerträchtigen oder ressourcenintensiven Programmierstil verhindern. Wichtig ist in diesem Zusammenhang auch das Wissen über Unterschiede. *Regelungen, die in einem früheren Projekt zu unvermeidlichen Aufwänden führten, können in einem anderen möglicherweise gestrichen werden.*

Aber auch andere Faktoren der Einsatzumgebung können die Gestaltung von Programmierrichtlinien beeinflussen. Gutes EDV-Wissen der Anwender lässt unter Umständen auch bei der Implementierung einige Spielräume offen. Geografisch weit verteilte Einsatzorte sind hingegen möglicherweise ein Grund zu restriktiveren Regeln, um Reisekosten zu vermeiden, die sonst bei der Ermittlung von Fehlerursachen anfallen könnten.

3.4.3 Engpässe des Projektes

In den seltensten Fällen werden die Aufwände für EDV-Projekte ausreichend kalkuliert. Die Ursachen hierfür sind vielfältig. Einige der wichtigsten sind im Folgenden aufgeführt. Die vier zuerst genannten davon wurden schon in psychologischen Experimenten wissenschaftlich untersucht – mit Ergebnissen, die bedauerlicherweise für jeden Projektleiter Anlass zur Sorge sein sollten.

- Die Anzahl der Unterknoten von baumartig strukturierten Problemen wird im Allgemeinen gravierend unterschätzt.
- Aufwändsschätzungen folgen oftmals reinem Wunschdenken.
- Falscher Respekt vor den Ansichten eines Vorgesetzten oder der Mehrheit einer Gruppe bewirkt, dass Mitarbeiter Bedenken nicht in dem Maße äußern, wie sie sie tatsächlich empfinden.
- Menschen – auch Softwareentwickler – tendieren dazu, die eigene Leistungsfähigkeit zu überschätzen.
- Projekte werden oftmals aus persönlichen Interessen heraus schöngerechnet.
- Entgegen der eigenen Erfahrung wird aus theoretischen Gründen heraus an die Vollständigkeit von Anforderungsdokumenten geglaubt.
- Der Nutzen von modernen Entwicklungsumgebungen wird überschätzt, die Kosten für Anpassung und Einarbeitung werden zu niedrig angesetzt.
- Bei der Zusammenstellung der Anforderungen oder im Rahmen des Systemdesigns werden einzelne Kernprobleme übersehen, deren Lösung Aufwände explodieren lässt.

Der Konkurrenzdruck in der Branche tut ein Übriges: Wer sich am schlimmsten verkalkuliert, bekommt den Auftrag. Die Folge sind Zeit- und Kostendruck bei fast jeder Softwareentwicklung. Da Zeitdruck eine der Hauptursachen für schlechte Entscheidungen darstellt, ist der Weg in einen Teufelskreis oft vorgezeichnet.

Die Situation zu beklagen nützt jedoch nur wenig. Irgendwie muss man mit den zeitlichen – und manchmal auch anderen – Engpässen umgehen. Für die Programmierer ist es deshalb die Information wichtig, welche Regelungen auch unter Zeitdruck unbedingt zu beachten sind und welche geringere Priorität haben. Gibt es hierzu einheitliche und schriftliche Vorgaben, kann auch bei knappen Terminen noch in geordneter Weise weitergearbeitet werden. Im anderen Fall wird jeder Entwickler eigene Schwerpunkte setzen – das Chaos ist dann vorprogrammiert.

4 Gestaltung von Programmierrichtlinien

In den vorangegangenen Kapiteln wurde dargestellt, wer Programmierrichtlinien verwendet und welche Faktoren das Umfeld bestimmen, in dem Programmierrichtlinien genutzt werden. Darauf aufbauend werden nun Empfehlungen gegeben, wie zum einen Programmierrichtlinien inhaltlich und optisch aufgebaut sein sollten, und wie zum anderen der Prozess zu gestalten ist, der ihren Inhalt bestimmt.

4.1 Inhalt und Gliederung von Regelungen

Eine Programmierrichtlinie enthält eine Reihe von Regeln, die Softwareentwickler bei ihrer Arbeit zu beachten haben. Beschränkt man sich darauf, die notwendigen Vorschriften einfach nur zu aufzulisten, wird das wenig Nutzen und viel Ärger bringen. Niemand beachtet gern Regeln, deren Sinn er nicht versteht und bei denen er nicht weiß, wie sie eigentlich genau gemeint und anzuwenden sind.

Aus diesem Grund sollte für jede Regelung mehr als nur ihr „nackter Wortlaut" angegeben sein. Die folgenden Informationen gehören – von Einzelfällen abgesehen – immer dazu:

1. eine Begründung,
2. Hinweise bezüglich Auslegung bzw. Anwendung der Vorschrift,
3. eine Auflistung allgemeiner Ausnahmen,
4. Beispiele für die korrekte Umsetzung der Regelung,
5. eine Angabe darüber, ob die Regel eher den Charakter einer Empfehlung hat oder unter allen Umständen zu beachten ist.

4.1.1 Begründung von Regeln

Die Begründung von Regelungen ist Voraussetzung dafür, dass sie verstanden werden – und ohne Verstehen gibt es kein Behalten. Zweifellos wird niemand Regeln beachten, an die er sich nicht einmal erinnert. Als Frage verbleibt höchstens: Wie sollten Begründungen formuliert werden?

Zum Ersten muss allen Teammitglieder der Inhalt einer Formulierung klar sein. Manche Regelungen fußen auf Eigenschaften der Entwicklungs- oder Einsatzumgebung, die nicht jedem vertraut sind. Die Begründungen sollten die entsprechenden Kenntnisse – kurz, aber verständlich formuliert – vermitteln. Beim Sprachgebrauch ist dabei auf mögliche Missverständnisse zu achten. Unterschiedliche Konzepte von Programmiersprachen, Betriebs- oder Datenbanksystemen verursachen bei Entwicklern mit abweichendem Erfahrungshorizont sonst schnell Irrtümer.

Zum Zweiten müssen Begründungen überzeugend sein. Manch einer hat sogar generelle Bedenken, Argumente für Regelungen darzulegen, weil er damit rechnet, dass Begründungen eher zu ihrer Nichtbeachtung führen: „Ach deswegen? – Dann ist es ja nicht so wichtig!"

Wer überzeugend dartun will, warum die Einhaltung einer Vorschrift notwendig ist, der sollte

▷ Aufwand und Nutzen der Beachtung der Regel gegenüberstellen,

▷ denkbare Alternativen nennen und aufzeigen, warum diese weniger gut sind, sowie

▷ mögliche Folgen der Nichtbeachtung besonders anschaulich oder sogar drastisch darstellen.

Die zuletzt genannte Vorgehensweise empfiehlt sich aus psychologischen Gründen insbesondere bei Teammitgliedern, deren geistige Trägheit der Einhaltung von Regeln prinzipiell entgegensteht. Die beiden anderen Strategien eignen sich eher im Umgang mit „kritischen Denkern".

4.1.2 Hinweise für Auslegung und Anwendung

Der Wortlaut einer Regelung sollte zwar möglichst ohne zusätzliche Erläuterungen verständlich sein, aber in einem so komplexen Umfeld wie bei der Softwareentwicklung lässt sich das nicht immer erreichen. Zudem gibt es oft

Tricks und Kniffe, die die Umsetzung einer Regel erleichtern. Ergänzende Hinweise – die man sauber von der Begründung einer Vorschrift trennen sollte – sind deshalb oft hilfreich.

Solche Hinweise können etwa genutzt werden, um

- Begriffe zu präzisieren,
- möglichen Missverständnissen vorzubeugen,
- Alternativen zu erläutern, falls die Regelung irgendwelche Vorgehensweisen untersagt,
- auf Hilfsprogramme oder Funktionalitäten der Entwicklungsumgebung zu verweisen, die die Umsetzung der Vorschrift erleichtern.

4.1.3 Ausnahmen

Zu vielen Regelungen, die die Implementierung betreffen, gibt es Ausnahmen, die grundlegender Natur sind. Prozeduren sollten beispielsweise immer nur ein „Return"-Statement enthalten. Je nach Verfahren zur Parameter-Überprüfung und Fehlerbehandlung (Verwendung von Exceptions oder nicht) gibt es aber einen allgemeinen Sonderfall: wird an eine Prozedur in einem Parameter ein unzulässiger Wert übergeben, so sollte sie sofort unter Rückgabe eines Fehlercodes terminieren.

Derartige „generelle Ausnahmen" sind in Programmierrichtlinien keineswegs selten. Deshalb empfiehlt es sich, diese Fälle aus dem Wortlaut der Regelungen herauszunehmen und getrennt darzustellen.

4.1.4 Beispiele

Beispiele dienen der Veranschaulichung und damit dem Verständnis. Sie erleichtern die praktische Anwendung einer Regel, und verdeutlichen oft auch nochmals den Wortlaut und die Begründung.

Veranschaulichung ist für das Behalten von großer Bedeutung. In jedem Fall sollte die *korrekte* Anwendung einer Regel gezeigt werden. Manchmal ist es sinnvoll, zusätzlich auch gängige Fehler darzustellen. Diese müssen dann aber deutlich als solche zu erkennen sein.

4.1.5 Muss oder kann

Vorschriften werden natürlicherweise von Menschen oft als Einengung empfunden. Mit Rücksicht auf die Motivation der Entwickler sollten Regelungen deswegen nicht strenger gefasst werden als unbedingt notwendig. Bestimmte Regeln müssen aber strikt eingehalten werden, beispielsweise weil sonst automatisierte Vorgänge nicht korrekt ablaufen.

Im Normalfall ergibt sich bereits aus dem Wortlaut einer Vorschrift, ob sie eher den Charakter einer Empfehlung hat oder in jedem Fall zu beachten ist. Um diese Information aber auf einen Blick sichtbar zu machen, sowie um Missverständnissen vorzubeugen, sollte man sie noch einmal gesondert angeben. Wegen der dadurch entstehenden Redundanz empfiehlt sich allerdings eine kurze Prüfung, ob die Angabe und der Wortlaut der Regelung zueinander passen.

4.2 Gliederung von Programmierrichtlinien

Manch ein Style-Guide, den man im Internet finden kann, hat zwar ein Inhaltsverzeichnis, aber von einer sinnvollen Gliederung seines Inhalts kann trotzdem keine Rede sein. Zwei Fehler sind dabei am häufigsten:

- Die Unterteilung orientiert sich nicht an einheitlichen Kriterien.
- Eine prinzipiell sinnvolle Gliederung wird nicht durchgehalten.

Eine gute Gliederung teilt die Informationen zu jedem Punkt nach dem Wert genau einer Eigenschaft in Unterpunkte auf. Das ist nicht immer einfach, denn in der Realität sind fließende Übergänge nicht selten und oft gibt es eine Reihe von Querbezügen, die das Auffinden klarer Gliederungskriterien erschweren.

Das größte Hindernis liegt aber in der Arbeitsweise des menschlichen Gehirns: Die assoziative Speicherung von Informationen im Gedächtnis erzeugt beim Autor eines jeden Schriftstücks zunächst einmal eine eher ungeordnete Folge von Informationen zu einem Thema. Diese Informationen sinnvoll zu gruppieren, erfordert meist einige Denkarbeit – und die fällt bei Softwareentwicklern oftmals dem Zeitdruck zum Opfer.

Die assoziative Arbeitsweise des Gedächtnisses liefert wohl auch den Grund, warum gute Gliederungen sich im Inhalt der einzelnen Abschnitte nicht immer widerspiegeln. Nachdem sinnvolle Unterteilungen gefunden wurden, wird eben doch immer das niedergeschrieben, was die Erinnerung gerade liefert – unabhängig davon, ob es zu dem in Arbeit befindlichen Abschnitt gehört oder nicht.

Ungeeignete oder nicht durchgehaltene Gliederungen von Programmierrichtlinien sind also häufig. Die Frage ist, wie man es besser macht. Die Antwort hierauf wiederum hängt wie bei jedem Schriftstück vom Verwendungszweck ab:

▷ Der Inhalt von Programmierrichtlinien sollte leicht zu verstehen und zu behalten sein.

▷ Hat ein Entwickler eine konkrete Frage, wie ein bestimmtes Problem anzugehen ist, so sollte die Antwort möglichst schnell zu finden sein.

Um das Verstehen und Behalten von Informationen zu erleichtern, empfiehlt es sich zunächst ganz einfach, die Informationsmenge auf das notwendige Minimum zu reduzieren. Regelungen sollten dementsprechend möglichst allgemein gehalten, also in einer Art „Vererbungshierarchie" so hoch wie es eben geht angesiedelt werden. Bleibt die Frage, woher man eine geeignete Hierarchie bekommt.

Zum einen könnte man versuchen, den *Zweck* von Regelungen zum Aufbau einer solchen Hierarchie zu nehmen. Dagegen spricht aber schon, dass es zu einer Regel mehrere Begründungen geben kann. Die Hierarchie wäre also nicht eindeutig. Ein Gliederungspunkt „Regelungen, die der Portabilität dienen" etwa würde zwangsläufig auch Vorschriften umfassen, die genauso gut eine schnelle und sichere Code-Review unterstützen.

Ein anderer Ansatz ist viel versprechender. Regelungen geben in Allgemeinen Sollwerte vor. Sollwerte sind aber zwangsläufig immer Werte oder Wertebereiche von Eigenschaften irgendwelcher Objekte. Regeln im Bereich Programmierung beziehen sich beispielsweise bis auf Ausnahmen immer auf Elemente der verwendeten Sprachen: auf Verzweigungen, Anweisungen, Operatoren, Datentypen, Kommentare, Bedingungen usw.

Die Klassenhierarchie dieser Objekte liefert einen Kandidaten für eine gute Gliederung von Programmierrichtlinien, zumal diese Objekte es sind, die ein Entwickler beim Schreiben von Programmen vor Augen hat. Seine Fragen lauten nicht „Wie unterstütze ich *Portabilität*?" oder „Ist dieser Code *lesbar*?", sondern „Sollte ich hier einen vorzeichenlosen *Datentyp* verwenden?" oder „Soll der *Kommentar* in der ersten Spalte beginnen oder genauso weit eingerückt werden wie der Anweisungsblock, zu dem er gehört?"

Zwei – allerdings leicht zu umgehende – Schwachpunkte hat dieser Ansatz. Zum einen bietet sich noch eine weitere Hierarchie an, und zwar auf Basis der verwendeten Sprachen. Grundlegende Regeln – etwa für die Namensvergabe oder die Kommentierung – sind ganz allgemeiner Natur, während beispielsweise Vorschriften über den Gebrauch von Klassen nur objektorientierte Programmiersprachen betreffen. Gliedert man einen Style-Guide anhand einer Hierarchie von Sprachen, so müssen die sprachspezifischen Regelungen aber letztendlich in sich auch irgendwie geordnet werden – und hier bietet sich eben die Klassenhierarchie der Konstrukte an.

Ein Problem verbleibt allerdings an dieser Stelle. Die Elemente unterschiedlicher Sprachen sind nicht immer in gleicher Weise aufgebaut, die Klassenhierarchien ihrer Konstrukte dementsprechend nicht zu hundert Prozent kompatibel. Der Teil einer Programmierrichtlinie, der speziell Java betrifft, muss also gegebenenfalls etwas anders gegliedert werden als die Regeln für C.

Für praktische Zwecke ist dieses Problem jedoch von untergeordneter Bedeutung, weil in den meisten Fällen eine Programmiersprache nur einige Konzepte mehr bietet als eine andere. Nur sehr selten gibt es Konstrukte, die je nach Sprache ganz unterschiedlich einzuordnen sind, wie beispielsweise „Exceptions" bei Java und bei Ada. An dieser Stelle muss man von den Entwicklern so viel Know-how erwarten können, dass sie Regelungen zum Thema „Ausnahmebehandlung" bei Java unter dem Punkt „Klassen" suchen, bei Ada aber als eigenständigen Abschnitt auf einer höheren Ebene.

Den zweiten Schwachpunkt beim Gliedern einer Programmierrichtlinie anhand der Klassenhierarchie jener Objekte, auf die sich die Regelungen beziehen, betrifft die Eigenschaften der Objekte. Mit welchem Merkmal von Templateklassen verbindet man etwa eine Regel, die ihre Verwendung mit Rücksicht auf Portabilitätsprobleme vollständig untersagt? Wie ordnet man eine Vorschrift bezüglich der Ablage von Header-Dateien in einem bestimmten Verzeichnis ein?

Beide Probleme sind jedoch leicht lösbar: im ersten Fall betrachtet man „Verwendung" als Eigenschaft, im zweiten „Ablageort". Eine leichte Änderung des Blickwinkels, ein geringfügiges Umformulieren einer Regelung, und schon hat sie eindeutig ihren Platz. Werden bestimmte Vorgehensweisen für den Umgang mit Objekten festgelegt, so ordnet man eben diese Vorgehensweisen genau wie Eigenschaften ein.

4.3 Gestaltungsprozess

Programmierrichtlinien von der Stange gibt es nicht, und wenn, dann taugen sie nichts. Jedes Projekt hat seine Besonderheiten, und so muss auch immer wieder neu geprüft werden,

▶ welche Regelungen noch Sinn machen,

▶ welche zusätzlichen Regeln für die Implementierung benötigt werden und

▶ welche zu streichen sind.

Gibt es in einem Unternehmen noch keinerlei Programmierrichtlinien – was leider nicht so selten ist –, dann muss Grundlagenarbeit geleistet werden. Ähnlich sieht es aus, wenn im Rahmen eines Projektes eine neue Programmiersprache oder eine noch nicht getestete Entwicklungsumgebung eingesetzt oder eine ungewohnte Problemstellung angegangen werden soll.

In anderen Fällen genügt eine Durchsicht bestehender Regelungen durch den Projektleiter oder einen speziell beauftragten Mitarbeiter. Modifikationen kann man dann relativ unbürokratisch vornehmen, sollte sie allerdings kurz im Team besprechen und schriftlich festhalten. Ähnliches gilt, falls in einem laufenden Projekt die eine oder andere Regel geändert werden muss.

Grundlegend neue Programmierrichtlinien sollten nicht das Werk eines einzelnen sein. Um Akzeptanz zu erreichen, muss man die Betroffenen zu Beteiligten machen – und nicht umgekehrt! Vorarbeiten kann man aber einem Einzelnen übertragen oder themenbezogen auf die Teammitglieder aufteilen.

Zu den Vorbereitungen gehört es in jedem Fall, alle erforderlichen Informationen zusammenzustellen und zu ordnen. Notwendig sind insbesondere Fakten zu den Themen

▶ Entwicklungsumgebung,

▶ (Programmier-) Sprachen,

- Anforderungen an die zu erstellende Software und
- angestrebte Einsatzumgebung(en).

Der Aufwand für das Zusammentragen der Informationen hängt von diversen Einflussgrößen ab. Zu nennen sind vor allem:

- Funktionsumfang aller infrage kommenden Tools,
- Art und Anzahl der verwendeten Programmier- und gegebenenfalls Datenbankabfragesprachen,
- Funktionsumfang und erforderliche Qualität der zu erstellenden Software,
- Plattformen, auf denen die Software laufen soll bzw. mit denen sie kompatibel sein muss und nicht zuletzt,
- Vorkenntnisse der Personen, die die nötigen Angaben zusammenstellen.

Ein bis zwei Tage Arbeit sollte man in jedem Fall veranschlagen, bei sehr komplexen Projekten oder besonders umfangreichen Entwicklungsumgebungen können die Aufwände aber auch erheblich höher liegen. Da ein entsprechender Überblick aber auch vielen anderen Zwecken dient, lohnt sich die Investition mit Sicherheit.

Ausgehend von den zusammengetragenen Informationen können die notwendigen Regeln festgelegt werden. Dies erfordert teilweise tief gehende Kenntnisse der eingesetzten Tools und Programmiersprachen, Erfahrungen mit den Zielplattformen und Wissen über allgemein übliche Standards. Zudem sollten bereits bestehende, aber nirgendwo schriftlich festgehaltene Konventionen der Teammitglieder berücksichtigt werden.

Hier liegt also der eigentliche Aufwand. Um ihn so klein wie möglich zu halten, wurde dieses Buch und die zugehörige Software geschrieben. Damit können zumindest die verbreitetsten Problemstellungen schnell erledigt werden. Einige gesondert zu behandelnde Themen werden aber im Allgemeinen verbleiben.

Möglichst alle Entwickler sollten an der Festlegung der Regelungen beteiligt werden. Das heißt nicht, dass jeder seinen eigenen, vollständigen Entwurf für eine Programmierrichtlinie anfertigen muss. Dies wäre viel zu aufwändig. Es genügt, wenn ein oder zwei erfahrene Mitarbeiter mit dieser Aufgabe betraut werden. Werden alle Regeln wie vorgeschlagen begründet, kann jedes Teammitglied sich ausgehend von einem Entwurf ein eigenes Bild machen und gegebenenfalls Verbesserungsvorschläge oder Änderungswünsche einbringen.

Ein oder zwei Personen sollten die Programmierrichtlinie entwerfen. Dies wird sicherlich einige Tage in Anspruch nehmen. Die übrigen Teammitglieder müssen sich den Entwurf durchlesen, ihn überdenken und untereinander diskutieren. Auch das kostet Zeit. In der Summe sind zwei Wochen sicher schnell investiert. Der Return-on-Investment ist dennoch bereits bei einem Projekt mit einem Umfang von nur einem halben Mannjahr zu erwarten, und zwar aus folgenden Gründen:

- Probleme mit der Entwicklungsumgebung oder den Anforderungen des Projektes werden frühzeitig durchdacht. Die Zahl teurer Irrwege bei Design und Implementierung verringert sich.
- Die verbesserte Code-Qualität erleichtert die oftmals Zeit raubende Fehlersuche.
- Das Erstellen der Programmierrichtlinie führt zu einem projektbezogenen Know-how-Transfer innerhalb des Teams.
- Kommunikationsprobleme werden reduziert, weil das Festlegen der Regelungen einen einheitlichen Sprachgebrauch erzwingt.

Schwierigkeiten können in folgenden Bereichen auftreten:

1. Die Chemie im Team stimmt nicht. Beim Absprechen der Regelungen kommt es zu Endlosdiskussionen, Streitereien, faulen Kompromissen und dergleichen.
2. Die Regelungen finden allgemeinen Beifall, aber ihre Anwendung bei der Implementierung zeigt, dass sie wesentlich weniger durchdacht sind, als es den Anschein hatte.
3. Das Erstellen der Programmierrichtlinie läuft glatt, aber die allgemeine Zustimmung zu den Regeln führt nicht zu ihrer Umsetzung.

Wenn das Aufstellen gemeinsamer „Spielregeln" in einem Team nicht funktioniert, gibt es zwei mögliche Ursachen:

- entweder die Gruppe ist falsch zusammengesetzt
- oder sie wird nicht gut geführt.

In beiden Fällen ist es besser, die Probleme treten in der Frühphase eines Projektes zutage. Dann stehen im Allgemeinen noch mehr Handlungsspielräume zur Verfügung, um die Schwierigkeiten zu beseitigen. Das Aufstellen der Programmierrichtlinien als Problemursache zu sehen, wird wohl nur Personen einfallen, die das Beachten von Regeln bei der Softwareentwicklung insgesamt für überflüssig halten.

Stellt sich heraus, dass Konflikte zwischen zwei Teammitgliedern Ursache von Streitereien sind, gilt grundsätzlich die Regel, dass *beide* aus dem Projekt genommen werden sollten. Sind Fehler eher bei der Leitung der Gruppe anzunehmen, sollte man es zunächst mit entsprechenden Schulungen versuchen. Obwohl sehr viele Hochschulabsolventen – gerade aus den Bereichen Informatik, Mathematik und Ingenieurwissenschaften – bereits kurz nach ihrem Abschluss Führungsaufgaben in der Wirtschaft übernehmen, halten deutsche Universitäten die Vermittlung der hierzu notwendigen Kenntnisse und Fertigkeiten in den seltensten Fällen für ihre Aufgabe. Das Auffüllen der hieraus resultierenden Wissenslücken verspricht somit einigen Erfolg.

Wirklich gute Regelungen erfordern kritisches, planendes Denken. Dies ist nicht einfach. Kritik wird oftmals zurückgehalten, um die Stimmung in einer Gruppe nicht zu verderben oder auch aus falschem Respekt vor vermeintlichen Autoritäten. Planendes Denken erfordert es, eine Vielzahl an Zusammenhängen zu überblicken, oftmals mehr, als es die begrenzte Kapazität des menschlichen Kurzzeitgedächtnisses zulässt.

Auch sorgfältig in einem Team erarbeitete Programmierrichtlinien werden sich deshalb bei der praktischen Anwendung des Öfteren als überarbeitungsbedürftig herausstellen. In gewissem Umfang ist dies normal und unvermeidlich. Dennoch sollte man versuchen, diesem Problem vorzubeugen. Falls es in einem Team „zu brav" zugeht, beauftragt man am besten explizit ein Gruppenmitglied, den „Advokatus diaboli" zu spielen. Der Betreffende hat die Aufgabe, bewusst alle nur erdenklichen kritischen und unangenehmen Fragen zu stellen. Allzu schnellen und unreflektierten Lösungen wird dadurch vorgebaut.

Im Übrigen zeigen Untersuchungen aus dem betriebswirtschaftlichen Bereich, dass Fehlentscheidungen meist Folge unzureichender Informationsbeschaffung sind. Für Programmierrichtlinien ergibt dies die allen Softwareentwicklern bekannte Anweisung: Lesen Sie die Handbücher („RTFM")! Nur wer die vorhandenen Entwicklungswerkzeuge – und vor allem ihre Schwachpunkte – ebenso gut kennt wie die Anforderungen an das zu entwickelnde System, wird durch geschickte Regelungen die Implementierungsaufwände niedrig halten können.

Das größte Problem liegt jedoch oftmals nicht im Absprechen der Standards, sondern in ihrer Einhaltung. Wie man diese Schwierigkeit angeht, und wie man generell Programmierrichtlinien produktivitätsfördernd einsetzt, ist Thema des folgenden Kapitels.

5 Einsatz von Programmierrichtlinien

5.1 Einführung

Standards für die Programmierung sind nicht Selbstzweck. Sie sollen helfen

▶ Code zu erzeugen, der bestimmte qualitative Anforderungen erfüllt und

▶ Aufwände für die Erstellung, Prüfung und Änderung des Codes niedrig zu halten.

Dazu ist es erforderlich, dass die Entwickler die bestehenden Regelungen kennen und sie bei ihrer Arbeit beachten. Sowohl die Kenntnis der Regeln als auch ihre Beachtung sind nicht selbstverständlich.

Gut gestaltete, mit Begründungen und Beispielen versehene Programmierrichtlinien sind Schriftstücke, die zu lesen man eine gewisse Zeit braucht. Dies gilt insbesondere deshalb, weil ihr Inhalt verstanden und behalten werden soll.

Je mehr die Entwickler bereits an der Aufstellung ihres Style-Guides beteiligt waren, desto schneller werden sie die Regelungen im Kopf haben. Dennoch muss man für das Erlernen der Regeln immer eine gewisse Zeit einplanen. Während dieser Zeit wird jeder Programmierer öfter zu bestimmten Fragen etwas nachschlagen oder sich bei einem Kollegen erkundigen müssen.

Plant man die Zeit nicht ein, die für das Erlernen zumindest der häufig anzuwendenden Regeln notwendig ist, so wird kaum eine Source-Datei bereits während ihrer Entstehung den Standards entsprechen. Stattdessen werden nach jeder Code-Review umfangreiche Überarbeitungen erforderlich sein. Dies führt zu unnötigen Aufwänden.

Außerdem ändern unter solchen Bedingungen die Entwickler ihre Gewohnheiten nicht. Jedes Nachlassen bei den Kontrollen wird also sofort wieder zu einem Absinken der Code-Qualität führen. Das langfristige Ziel, die Erstellung guter Sources zur Routine werden zu lassen, wird verfehlt – und damit ein erheblicher Teil des Nutzens verschenkt, der aus Programmierrichtlinien gezogen werden kann.

Während der Einführung eines neuen Style-Guides und bei der Einarbeitung neuer Teammitglieder gilt deswegen oberste Priorität für Qualität – Zeitdruck ist Gift in dieser Phase!

Die Arbeit der Programmierer muss zudem bei der Gewöhnung an die Standards wohlwollend, aber intensiv kontrolliert werden. Feedback ist die Basis jeden Lernens. An dieser Stelle zu sparen bedeutet längerfristig hohe Effizienzverluste in Kauf zu nehmen. Im Gegenteil: Erkenntnisse aus der Lernpsychologie zeigen, dass hier besser zu viel als zu wenig getan werden sollte.

> Lernvorgänge sind besonders effektiv, wenn sie über das erstmalige Erreichen eines korrekten Ergebnisses hinaus fortgesetzt werden. Der Fachmann spricht hier von „Overlearning" oder „Überlernen".

Außerdem ist *positive* Motivation bei Lernvorgängen besonders wichtig. Richtiges Verhalten – also korrekte Anwendung der Regeln – darf also durchaus gelobt werden. Über Fehler klärt man hingegen sachlich und ruhig auf – auch wenn es manchmal schwer fällt! Solange Gelerntes nicht hundertprozentig zur Routine geworden sind, ist es durchaus normal, dass Fehler auch schon einmal wiederholt werden.

Um die Entwickler für die Beachtung aller Regelungen zu motivieren, kann man überdies zu einem kleinen Trick greifen. Nehmen sie Quellcode aus Lehrbüchern und lassen Sie ihn von ihren Mitarbeitern anhand ihrer Programmierrichtlinie einer Code-Review unterziehen. Greifen sie dazu am besten auf Code-Beispiele zurück, die Ihre Mitarbeiter während ihrer Ausbildung verstehen mussten oder die von besonders bekannten Autoren stammen.

5.2 Dauerhafte Umsetzung

Auch wenn eine Programmierrichtlinie zunächst erfolgreich eingeführt wurde, kann die Umsetzung der Regeln immer noch aus einer Reihe von Gründen Probleme verursachen oder sogar scheitern. Die wichtigsten derartigen Gründe sind:

▶ Zeitdruck,

▶ Schwierigkeiten, alte Gewohnheiten abzulegen,

- mangelnde Einsicht in die Notwendigkeit, sauberen Code zu erzeugen,
- grundsätzliche Abneigung gegen Vorschriften und
- Widerstand gegen spezielle Regelungen.

Sind einzelne Personen in einem Entwicklerteam, die sich im Gegensatz zu den anderen nicht an die Standards halten, kann dies zum Problem werden. Wenn ein Mitarbeiter eines Teams es sich herausnehmen kann, Regelungen zu ignorieren, geht die Motivation der anderen verloren. Soziologische Untersuchungen zeigen ohnehin, dass die Gesamtleistung einer Gruppe im Allgemeinen dem geometrischen Mittel der Leistung der Gruppenmitglieder entspricht. Einzelne können also die Gruppenleistung überproportional nach unten drücken. Gegebenenfalls muss die Notbremse gezogen und der betreffende Mitarbeiter aus dem Team herausgenommen werden.

Von einem derartigen Extremfall abgesehen erweisen sich meist die beiden zuerst genannten Punkte als Problemursache: Unter Zeitdruck wird nicht mehr auf Qualität geachtet, alte Unarten schlagen wieder durch. Je mehr sich aber ein sauberer Programmierstil bereits einschleifen konnte, desto geringer ist dieses Risiko. Zeitdruck kann zudem durch solides Projektmanagement vorgebeugt werden.

Zwei Problemkreise bleiben jedoch in jedem Fall:

- Kein Mensch liefert perfekte Arbeit ab – schon gar nicht bei so komplexen Aufgabenstellungen wie in der Softwareentwicklung. Dies betrifft insbesondere die Kommentierung, die ohne Feedback durch einen Kollegen kaum jemals hinreichend verständlich und ausführlich ausfallen dürfte.
- Bestimmte Regeln müssen nur sehr selten angewandt werden. Verstöße gegen derartige Regeln sind daher relativ wahrscheinlich, weil man sie ganz einfach vergisst.

Aus diesen Gründen sind Code-Reviews einfach unerlässlich. Offen bleibt lediglich, wann und wie sie durchgeführt werden sollten. Die in der Fachliteratur vorgeschlagenen Formen von Peer Reviews sind vielfach so aufwändig, dass man fragen muss, ob sie bei einer realistischen Gegenüberstellung von Kosten und Nutzen noch als empfehlenswert erscheinen würden. Ziel muss es sein,

- mit möglichst wenigen Beteiligten,
- in der denkbar geringsten Anzahl von Durchläufen,

- so viele Mängel wie möglich

zu finden und zu beseitigen. Konkret heißt dies:

- Es genügt, wenn der Programmautor einem oder maximal zwei Kollegen seine Quelldatei erläutert.
- Der Code sollte möglichst nur einmal durchgegangen werden, eventuell ergänzt um einen „Schnelldurchlauf".

Um dabei trotzdem alle oder wenigstens die meisten Fehler aufzudecken, gehen die Beteiligten speziell zu beachtende Regeln sinnvollerweise vorher durch. Eventuell selten benötigte Bestimmungen werden dadurch in Erinnerung gerufen. Entsprechende Verstöße fallen dann sofort auf.

Wenn ein Style-Guide vollständig neu eingeführt wurde, sollten die Review-Teilnehmer ihn als Ganzes im Vorhinein noch einmal kurz überfliegen. Dies kann jeder für sich tun, das kann aber auch gemeinsam geschehen. Beim Durchgehen der Regelungen sollte man darüber nachdenken (bzw. darüber sprechen), worauf bei der Review besonders zu achten ist. Dazu gehören

- Regeln, die alten Gewohnheiten zuwiderlaufen,
- besondere Problemstellungen,
- Vorgaben, die geändert werden mussten.

und Ähnliches. Nach diesem „geistigen Aufwärmen" gibt der Programmautor kurz einen Überblick über den von ihm erstellten (bzw. aktualisierten) Code. Dabei erläutert er den Zweck, den Implementierungsansatz, besondere Anforderungen und dergleichen. Dies kann er bereits anhand des Datei-Headers tun, wobei dessen Inhalt in einem mitkontrolliert wird.

Danach sollte das Programm in einer sinnvollen Reihenfolge – vom Allgemeinen zum Speziellen oder einfach vom Dateianfang zum -ende – einmal vollständig durchgegangen werden. Um sicherzugehen, dass kein Teil vergessen wird, kann man sich Notizen darüber machen, welche Functions oder Methoden bereits kontrolliert wurden.

Je nach persönlichen Vorlieben verwendet man einen Ausdruck oder prüft das Programm am Rechner. Arbeitet man direkt am Computer, kann man kleinere Änderungen – wie beispielsweise einen zusätzlichen Satz in einem Kommentar – sofort eingeben. Allerdings sollte die Source-Datei vorher ins

Versions-Management-System eingecheckt worden sein, um gegebenenfalls den Stand vor und nach der Review vergleichen zu können.

Benutzt man eine Hardcopy oder sind umfangreichere Korrekturen erforderlich, macht sich der Programmautor bezüglich notwendiger Änderungen Notizen und aktualisiert den Code später. Der ganze Vorgang kann also unbürokratisch und zügig durchgeführt werden.

> Wenn die Standards, denen der Code zu entsprechen hat, feststehen, gibt es auch wenig Anlass, während einer Review Zeit raubende Diskussionen über persönliche Vorlieben hinsichtlich des Programmierstils zu führen. Treten tatsächlich Meinungsverschiedenheiten zutage, so sollte man sie notieren und später im Team besprechen, im Übrigen aber die Durchsicht des Codes fortsetzen.

Konkrete Fragen – ob etwa eine bestimmte Anweisung den Regeln entspricht oder nicht – klärt man am besten sofort. Hierzu hält man während der Review eine aktuelle Fassung der erforderlichen Programmierrichtlinie(n)[1] ausgedruckt oder auf dem Rechner bereit. Sind die Standards sinnvoll gegliedert, lassen sich offene Punkte schnell bereinigen.

Um die Anzahl der Reviews auf das notwendige Maß zu begrenzen, sollte man sie nur bei den folgenden Anlässen durchführen:

- bevor eine Source-Datei in den Status „bereit zum Abnahme- oder Regressionstests" versetzt wird,
- wenn ein Programmautor einen Bug – der sich einer oder wenigen Source-Dateien zuordnen lässt – nicht innerhalb kurzer Zeit findet,
- allgemein vor aufwändigeren Tests.

Kleinere, vom Programmautor selbst durchgeführte Tests, sind im Allgemeinen effektiver, als einen Kollegen um eine Review zu bitten. Bevor man aber Zeit raubende Modultests aufsetzt, sollte der Code ohnehin einmal von einer

---

1. Arbeitet man mit einem Standard, der auf Unternehmensebene gilt, und hat man zusätzlich besondere Vorgaben für ein Projekt, so sind mehrere Style-Guides erforderlich.

anderen Person als dem Autor durchgesehen werden. Dann kann man in einem auch Dinge wie Namensvergabe, Kommentierung und Layout prüfen. Dadurch werden Doppelarbeiten – sowohl hinsichtlich Tests als auch bezüglich Reviews – eingespart.

Setzt man Programmierrichtlinien gezielt bei der Vorbereitung und Durchführung von Code-Reviews ein, so erreicht man mit geringstmöglichem Aufwand ein vergleichsweise hohes Maß an Qualität. Die für die Reviews erforderliche Zeit rentiert sich dank

- Einsparungen bei Test- und Wartungsarbeiten,
- geringeren Fehlerfolgekosten, weil Mängel frühzeitiger aufgedeckt werden,
- mehr Sicherheit und Flexibilität durch das „Know-how-Sharing", das mit Reviews zwangsläufig verbunden ist,
- höherer Motivation und mehr Teamgeist aufgrund eines höheren Anteils an gemeinsamen Tätigkeiten anstelle von „Einzelkämpfertum".

Führt man Code-Reviews durch, ohne dabei einen Style-Guide als Grundlage zu verwenden, so ist dies weit weniger effektiv, als wenn ausgearbeitete Regelungen dabei zur Hand sind. Denn ohne Programmierrichtlinien werden immer wieder

- dieselben Fragen hochkommen,
- dieselben Meinungsverschiedenheiten aufbrechen,
- dieselben Mängel übersehen und
- vor allem *keine einheitlichen* Sourcen erstellt werden.

Erst die Kombination aus (durchdachten!) Standards und ihrer praktischen Verwendung bei der Überprüfung der Sourcen bringt das Optimum aus Aufwand und Nutzen.

6 Allgemeine Regelungen

Ein großer Teil der Regeln, die ein Entwickler zu beachten hat, ist nicht nur von der Programmiersprache unabhängig, sondern betrifft sogar Dinge, die über den Quellcode hinausgehen. Hierzu gehören grundlegende Regeln bei der die Wahl von Namen, bezüglich der Ablage von Dateien und Ähnliches. Die Namensvergabe sollte beispielsweise nicht erst bei der Implementierung, sondern bereits mit der Analysephase beginnend einheitlich gehandhabt werden. Vorgaben in Bezug auf die Ablage von Dateien müssen nicht nur Quellcode, sondern auch SQL- oder Make-Skripten, IDL-Files, Testprotokolle und dergleichen erfassen.

In diesem Kapitel werden zunächst Regelungen in Bezug auf die Vergabe von Namen vorgeschlagen und ihre Vor- und Nachteile aufgezeigt. Im Anschluss daran werden einige Hinweise dazu gegeben, wie man die Ablage von Dateien und damit in Zusammenhang stehende Tätigkeiten der Entwickler organisieren kann.

6.1 Namensvergabe

Ohne eine einheitliche Bezeichnungsweise geht der Überblick selbst bei kleineren Softwareprojekten schnell verloren. Zudem sparen gut gewählte Bezeichner meist viel Zeit bei der Kommentierung von Programmen. Empfehlungen oder Vorschriften zur Namensvergabe findet man deshalb in nahezu allen Style-Guides. In den seltensten Fällen werden dabei aber alle Facetten dieses in der Tat wichtigen Themas beachtet. Zum einen sind Namen nicht nur Bezeichner für Variablen und Prozeduren, sondern auch für

▶ Dateien unterschiedlichster Art (Sourcen, Binärcode, Konfigurationsdateien, Prüfprotokolle usw.),

▶ Verzeichnisse bzw. gegebenenfalls „Projekte" in Versions-Management-Systemen,

▶ Tabellen und Spalten in relationalen Datenbanken,

- Pakete, Klassen und Module,
- Attribute von Objekten sowie
- Konstanten, Parameter und Label.

Zum anderen gibt es eine ganze Reihe von Aspekten, die bei der Namensvergabe geregelt sein sollten. Hierzu gehören:

- die Sprache,
- die zulässigen Zeichen,
- die Trennung von Wortbestandteilen innerhalb von Bezeichnern (über Unterstriche oder „mixed case"),
- die Groß- und Kleinschreibung von Namen für Klassen, Konstanten, Variablen und dergleichen,
- die minimale und maximale Länge,
- die Verwendung von Abkürzungen,
- der Gebrauch von Prä- und Suffixen,
- die zweckentsprechende Verwendung von Substantiven, Adjektiven und Verben bei Bezeichnungen für Objekte der oben erwähnten Arten sowie
- die Reihenfolge, in der einzelne Wörter oder Abkürzungen zu einem Bezeichner zusammengesetzt werden sollten.

Meist bleiben einige dieser Dinge ungeregelt. Um aber den Überblick auch über komplexe Softwareprojekte zu ermöglichen, sind durchgängige Vorgehensweisen bei der Benennung von Objekten aller Art eigentlich ein Muss.

Die Praxis sieht jedoch oft anders aus. Das liegt zum einen an der Nachlässigkeit vieler Projektleiter, zum anderen aber auch an praktischen Hindernissen. Unterschiedliche Betriebs- oder Datenbanksysteme, verschiedene Programmiersprachen und ähnliche Dinge verursachen oft eine Reihe von Schwierigkeiten bei der Festlegung einheitlicher Standards für die Namensvergabe. Im Folgenden werden deswegen alternative Regelungen zu den angegebenen Aspekten aufgezeigt und ihre Vor- und Nachteile bei der Bewältigung möglicher Probleme angegeben.

6.1.1 Sprache

Softwareentwickler im angloamerikanischen Raum kennen das Problem „Sprache" bei der Wahl von Bezeichnern nicht. Sie können – von Details einmal abgesehen – problemlos alle Namen in Englisch vergeben.

In Deutschland sieht das anders aus. Wir müssen wählen, ob wir uns bei der Namensvergabe (und der Kommentierung) unserer eigenen Sprache oder des Englischen bedienen wollen. Die Entscheidung ist oftmals leider nicht so einfach, wie es auf den ersten Blick scheint. Für die Verwendung deutscher Bezeichner sprechen die folgenden Argumente:

▶ Die meisten deutschen Programmierer können sich in ihrer Muttersprache immer noch um einiges verständlicher und präziser ausdrücken als in Englisch.

▶ Entwickler, die in Deutschland tätig, aber in einem anderen Land aufgewachsen sind, haben manchmal nur geringe Englischkenntnisse.

▶ Englische Wörter haben oft zahlreiche Bedeutungen. Sie verleiten deswegen eher zu Missverständnissen.

▶ Eine Festlegung auf „Englisch" ist allein nicht ausreichend. Gerade die Unterschiede zwischen amerikanischem und britischem Englisch können zu Problemen führen. Ein Mischung von Namen wie „color" und „colour" oder „Licence" und „License" innerhalb eines Systems kann zu besonders schwer zu lokalisierenden Fehlern führen. Diese Problematik wird durch die Tatsache verschärft, dass die Unterschiede zwischen amerikanischem und britischem Englisch denjenigen meist nicht vertraut sind, für die Englisch eine Fremdsprache ist.

▶ Deutsche Bezeichner kollidieren so gut wie nie mit Schlüsselwörtern einer Programmier- oder Datenbankabfragesprache.

▶ Die Kommunikation mit dem Kunden erfordert in der Regel die Verwendung deutscher Bezeichnungen.

▶ Bei Datenbankprojekten verhindern englische Tabellen- und Spaltennamen unter Umständen einen späteren Einsatz von Endbenutzer-Werkzeugen.

- Englischsprachige Bezeichner – etwa für Dateien, Aufrufparameter oder Umgebungsvariable – sind für den Kunden nicht immer zumutbar. Dies gilt beispielsweise in Bereichen wie Systemkonfiguration, Tuning, Fehlermeldungen und Datensicherung.

Die Vergabe englischer Namen hat hingegen die folgenden Vorteile:

- Deutsche Bezeichnungen sind im EDV-Bereich teilweise ungebräuchlich – ihre Verwendung lässt sich nicht sauber durchhalten.
- Englische Wörter sind teilweise erheblich kürzer als ihre deutschen Übersetzungen; Quellcode mit englischen Bezeichnern ist dementsprechend übersichtlicher.
- Entwickler aus dem Ausland können nicht immer Deutsch. Ist das Team international besetzt, ergibt sich Englisch oftmals automatisch als Sprache der Wahl.

> Die zahlreichen Argumente für und wider die Verwendung deutscher Bezeichner sollten keinesfalls dazu verleiten, die Wahl der Sprache jedem Entwickler selbst zu überlassen. Denn das hat mit Sicherheit völlig uneinheitliche Benennungen zur Folge, weil dieselben Dinge dann mal mit einem englischen und mal mit einem deutschen Namen belegt werden. Das Auffinden von Querbezügen sowohl innerhalb des Quellcodes also auch zwischen Anforderungen, Design, Sources, Testfällen und dergleichen würde dadurch praktisch unmöglich. Die gesamte Qualitätssicherung innerhalb des Projektes wäre gefährdet.

Folgende Regelungsalternativen bieten sich je nach den Rahmenbedingungen eines Projektes an:

1. Für alle Bezeichner wird die englische Sprache verwendet. Da die EDV-Welt von US-amerikanischen Unternehmen dominiert wird, sollte man dabei nicht auf das an den deutschen Schulen gelehrte britische, sondern auf das amerikanische Englisch zurückgreifen.
2. Es werden grundsätzlich englische Ausdrücke gebraucht. Für alle Objekte, auf die Anwender oder Bediener des Systems zugreifen müssen, gibt es zusätzlich deutsche Bezeichnungen.

3. Die Namensvergabe erfolgt in Deutsch. Nur dort, wo es keine oder zumindest keine gebräuchlichen deutschen Bezeichnungen gibt, wird Englisch verwendet.

Die erste Alternative bietet sich bei Systemen an, die ohnehin international eingesetzt werden sollen. Die zweite ist in den Fällen günstig, wo die Entwickler ausreichend gut Englisch können und Übersetzungen an der Schnittstelle zu den Benutzern leicht zu implementieren sind. Sollen Anwender beispielsweise ausschließlich mit Reporting-Werkzeugen, also lesend, auf Datenbank-Tabellen zugreifen, so kann mit Hilfe von View-Definitionen problemlos ein deutsches Interface bereitgestellt werden.

Die dritte Möglichkeit ist oftmals schwer durchzuhalten. Viele Programmierer sind in ihrer Ausbildung auf englische Bezeichnungen „getrimmt" worden. Durchaus mögliche deutsche Übersetzungen sind für sie ungewohnt, wie beispielsweise „Ausnahme" anstelle von „Exception".

Empfehlenswert ist die Namensvergabe in Deutsch, wenn für alle Entwickler zugreifbar eine Liste mit den Fällen geführt wird, in denen englische Bezeichnungen anstelle der deutschen zu verwenden sind. Infrage kommen hierbei etwa Begriffe wie „socket" oder „constraint". Zusätzlich sollten aber konsequente Kontrollen durchgeführt werden, um die parallele Verwendung deutscher und englischer Bezeichner zu vermeiden.

6.1.2 Zeichensatz

Viele Betriebssysteme bieten heutzutage die Möglichkeit, in Dateinamen Sonderzeichen und Umlaute zu verwenden. Auch die Bezeichner von Tabellen und Spalten dürfen mittlerweile bei allen gängigen SQL-Datenbanken mehr als nur die Buchstaben von A bis Z, Unterstriche und Ziffern enthalten. Dazu muss man lediglich so genannte „quoted identifier" benutzen, sprich: alle Bezeichner in doppelte Hochkomma einschließen. Die Frage ist allerdings, ob man von solchen Möglichkeiten Gebrauch machen sollte. Die Antwort ist ein klares Nein.

Ersetzt man Umlaute durch die entsprechenden Buchstabenkombinationen („ae" statt „ä" usw.) und verzichtet man auf alle Sonderzeichen außer Unterstrichen, so geht man zahllosen möglichen Problemen immer noch am sichersten aus dem Weg. Zwar sind Zeichensätze heutzutage genormt, aber wie so oft gibt es eine ganze Reihe von Normen, und jedes Betriebssystem, jede

Programmiersprache und jedes Tool setzt auf eine andere. Neben Unicode werden eine ganze Reihe unterschiedlicher 8-Bit-Zeichensätze verwendet, und daraus können auch heute noch Probleme beim Drucken und bei der Suche nach Bezeichnern irgendwelcher Objekte resultieren.

BEISPIEL:

Wird die Dokumentation zu einem System in HTML-Dateien abgelegt, so erscheint ein „ä" darin möglicherweise nicht als einzelner Buchstabe, sondern als „ä" oder „&#auml;". Sucht man in der Dokumentation einen Namen, der ein „ä" enthält, kann es also sein, dass er dort nicht gefunden wird.

Zudem ist die Sortierfolge bei Bezeichnern, die Umlaute enthalten, nicht eindeutig definiert. Den Namen „Möller" finden Sie im Lexikon anders eingeordnet als im Telefonbuch. An welcher Stelle ein „dir"- oder „ls"-Befehl eine Datei mit diesem Namen listen und wie ein Datenbank-Administrationstool eine so benannte Tabelle einsortieren würde, ist völlig unvorhersehbar. Abgesehen davon existieren selbst innerhalb Europas recht unterschiedliche Konventionen bezüglich der Sortierung. Ein Teammitglied aus Dänemark würde den Namen „Möller" wahrscheinlich weder in einem deutschen Lexikon noch im deutschen Telefonbuch finden, weil die Dänen ihre speziellen Zeichen (Æ, Ø und Å) hinter dem „Z" einordnen.

Auch bei der Verwendung von Sonderzeichen ist Vorsicht geboten. Viele Programmiersprachen lassen beispielsweise das „$"-Symbol in Variablennamen zu, in einigen hat es aber spezielle Bedeutung. Böse Überraschungen können die Folge sein.

Bezeichner gleich welcher Art sollten also immer nur die Buchstaben von A bis Z, Unterstriche und Ziffern enthalten. Das erste Zeichen muss dabei – von speziell geregelten Ausnahmen abgesehen – immer ein Buchstabe sein.

Ziffern verwendet man bei der Namensvergabe – auch wenn sie grundsätzlich zulässig sind – nach Möglichkeit nicht. Insbesondere die „1", die „0" und die „6" sind je nach Schriftart leicht mit den Buchstaben „l", „O" und „G" zu verwechseln. Sie können deshalb zu Missverständnissen und somit zu Bugs führen. Abgesehen davon sind Ziffern in Namen häufig ein Hinweis auf schlecht gewählte Bezeichner oder auf die Verwendung von mehreren einzelnen Variablen anstelle eines Arrays.

Auch die Buchstabenfolge „rn" sollte man bei der Namensvergabe meiden. Sie ähnelt bei den meisten Schriftarten einem „m" und ist deswegen genauso fehlerträchtig wie Einsen und Nullen in Bezeichnern. Bei einigen Fonts sind auch „I" und „l" schlecht zu unterscheiden. Anstelle eines Namens, der ein „I" oder die Kombination „rn" enthält, verwendet man also möglichst ein Synonym. Allerdings sollte diesbezüglich nur eine Empfehlung in Programmierrichtlinien aufgenommen werden, keine strikte Vorschrift.

6.1.3 Verwendung von Unterstrichen

Unterstriche am Anfang oder Ende von Bezeichnern haben in vielen Programmiersprachen eine spezielle Bedeutung. Es steht deshalb außerhalb jeder Diskussion, dass sie nur in den vorgesehenen Fällen dort zu finden sein sollten. Um die Frage, ob Unterstriche *innerhalb* von Namen zur Trennung von Wörtern bzw. Wortbestandteilen verwendet werden dürfen, tobt aber einer der großen Glaubenskriege unter den Softwareentwicklern.

Bei allen gängigen Sprachen dürfen Bezeichner nach Belieben Groß- oder Kleinbuchstaben enthalten. Unterschiede gibt es lediglich bei der Frage, ob Abweichungen bezüglich der Groß- und Kleinschreibung signifikant sind oder nicht. Von daher ist es eigentlich unnötig, Wortgrenzen innerhalb von Namen mit Hilfe von Unterstrichen zu verdeutlichen. Bei Programmiersprachen wie C, C++, Java und Python hat sich deshalb der Standard eingebürgert, Wortanfänge innerhalb von Bezeichnern groß zu schreiben und alles andere klein, wie beispielsweise „LieferAdresse" oder „partNo". Diese so genannte „mixed case"- oder „Intercaps"-Schreibweise ist unter anderem auch bei Pascal, Modula-2/3 und Visual Basic üblich.

Die Konvention geht auf die Sprache C zurück: Konstanten werden großgeschrieben, die reservierten Wörter klein – alle anderen Bezeichner heben sich durch den Wechsel von Groß- und Kleinbuchstaben davon ab: eine sinnvolle Regelung, vor allem, als die Länge von Namen noch auf 6 Zeichen limitiert war.

Einige Gründe sprechen jedoch für die Trennung von Wortbestandteilen innerhalb von Namen durch Unterstriche:

▷ Die Namen von Konstanten bestehen oftmals auch aus mehreren Teilen – dort hat sich die Verwendung von Unterstrichen schon lange eingebürgert.

- Niemand nennt eine Konstante „LAENGEmAX", sondern immer nur „LAENGE_MAX".
- Datenbanksysteme speichern Tabellen- und Spaltennamen in der Regel durchgängig in Klein- oder in Großbuchstaben. Schreibt man in einem SQL-Skript „Create Table LieferAdresse …", so erscheint bei einer Dictionary-Abfrage der Tabellenname dennoch entweder als „LIEFERADRESSE" oder als „lieferadresse" – die Hervorhebung der Wortgrenzen entfällt also hierbei.
- Unterstriche verdeutlichen die Bestandteile eines Bezeichners oftmals besser. Sie sind ein guter Ersatz für die Leerzeichen, die Programmiersprachen innerhalb von Namen nicht zulassen. „anzahl_lieferungen" ist beispielsweise leichter zu lesen als „anzahlLieferungen". Die optische Trennung erfolgt bei Verwendung von Unterstrichen fast über die gesamte Zeilenhöhe, beim Wechsel von Groß- und Kleinschreibung fällt sie manchmal sogar ganz weg.
- Bezeichner dürfen heutzutage meist 30 oder mehr Zeichen lang sein – Unterstriche kosten also nicht mehr den knappen Platz für Buchstaben.

Bei der Frage, ob Unterstriche innerhalb von Namen zu verwenden sind oder nicht, stehen sich also Argumente sehr unterschiedlicher Art gegenüber. Auf der einen Seite ein weltweit verbreiteter Standard (und damit die Gewohnheiten vieler Programmierer), auf der anderen Seite häufig eine erheblich bessere Lesbarkeit. Auch hier gilt leider: die Frage gar nicht zu regeln, ist der verkehrteste Weg.

Welche Regelung auch immer gewählt wird, man sollte darauf achten, sie möglichst in allen Bereichen durchzuhalten. Dies spricht unter Umständen dafür, trotz der Vorteile bezüglich der Lesbarkeit auf Unterstriche zu verzichten. Der Grund: In Anforderungsdokumenten und in den Handbüchern für die Anwender wird man nahezu immer Bezeichnungen finden, die weder Unterstriche noch einen Wechsel von Groß- und Kleinschreibung enthalten. Für die Textsuche ohne Beachtung von Groß- und Kleinschreibung steht bei jedem Betriebssystem und bei jedem Editor eine Funktion zur Verfügung. Das Ignorieren von Unterstrichen in einem Suchmuster oder im zu durchsuchenden Text ist dagegen alles andere als ein Standard. Querbezüge in Schriftstücken, die vom Kunden oder für den Kunden erstellt wurden, lassen sich also leichter finden, wenn auf die optische Trennung von Namensbestandteilen verzichtet wird. Diese Aussage schließt auch ein, dass Bindestriche und getrennte Wörter als Bezeichner in Anforderungsdokumenten oder Handbüchern weniger geeignet sind.

Ein weiteres Argument gegen den Gebrauch von Unterstrichen ergibt sich insbesondere bei C++ aus der Problematik des „name mangling". Denn innerhalb eines C++-Programmes kann man Methoden mit demselben Namen an mehreren Stellen deklarieren, wie beispielsweise innerhalb von verschiedenen Klassen oder – bei einer abweichenden Parameterliste – sogar innerhalb einer Klasse. Weil gängige Assembler und Linker das nicht handhaben können, erzeugen C++-Compiler aus

▶ den Klassen- und Methodennamen,

▶ den Parametertypen sowie

▶ gegebenenfalls auch aus den Modifiern (wie z.B. „const")

eindeutige Funktionsnamen. Durch dieses so genannte „name mangling" wird das Assemblieren und Linken des Programmes ermöglicht.

Wie dabei die Namen im Einzelnen zusammengestellt werden, ist nicht genormt, sondern hängt teilweise sogar von der *Version* des Compilers ab. Einzelne Unterstriche werden zur Bildung der „mangled names" zwar nur selten verwendet, doppelte Unterstriche kommen aber schon öfter vor. Je nach Betriebssystem und Compiler kann letztlich nicht ganz ausgeschlossen werden, dass Unterstriche in Methoden- oder Parameternamen beim Linken durch zufällige Namensgleichheiten Fehler verursachen.

Letztlich bieten sich folgende Alternativen beim Gebrauch von Unterstrichen in Namen an:

1. Die Verwendung von Unterstrichen zur Trennung der Bestandteile von Bezeichnern wird vollständig untersagt; stattdessen benutzt man „mixed case". Abkürzungen, die normalerweise ausschließlich aus Großbuchstaben bestehen, schreibt man als Bestandteil eines Namens nur mit einem großen Anfangsbuchstaben, also beispielsweise „DbmsConnect" statt „DBMSConnect".

2. Innerhalb von Namen werden einzelne Wörter durch Großschreiben des Anfangsbuchstabens hervorgehoben, aber mit folgender Ausnahme: Treffen an einer Wortgrenze ausschließlich Großbuchstaben aufeinander, wie

beispielsweise bei Konstantennamen oder bei Abkürzungen als Namensbestandteil, wird an dieser Stelle ein Unterstrich eingeschoben (z.B. „DBMS_Connect").

3. Bestandteile von Bezeichnern werden (immer) durch Unterstriche getrennt.

Welche dieser Möglichkeiten zu bevorzugen ist, hängt von den verwendeten Programmiersprachen und Entwicklungstools, gegebenenfalls vom Datenbanksystem sowie von den Vorlieben der Entwickler ab. Die Entscheidung muss also auf Projekt- oder Unternehmensebene getroffen werden.

Je nach den gegebenen Rahmenbedingungen kann dabei auch eine der angegebenen Regeln in Verbindung mit speziellen, zusätzlichen Ausnahmen das Optimum sein. Beispielsweise wird in Visual Basic grundsätzlich die „mixed case"-Schreibweise verwendet. Namen von Ereignisprozeduren werden aber aus dem Bezeichner des Steuerelements, einem Unterstrich und der Benennung des Ereignisses gebildet. Auch Modul- oder Firmenkürzel kann man einheitlich mit einem Unterstrich vom Rest der Bezeichner trennen, selbst wenn im Übrigen Intercaps benutzt werden.

Mit der Festlegung, ob Unterstriche oder „mixed case" zur Trennung von Namensbestandteilen zu verwenden sind, bleibt aber immer noch ein Detail offen. Manchmal ist nämlich nicht offensichtlich, was als eigenständiges „Teilwort" eines Bezeichners zu gelten hat. Sollte man eine Variable, die den Namen einer Eingabedatei aufnimmt, „inputFilename" oder „inputFileName" bzw. „input_file_name" nennen? Ist „timezone" oder „time_zone" bzw. „Zeitzone" oder „ZeitZone" zu bevorzugen?

Für derartige Zweifelsfälle empfiehlt sich eine Liste, in der sie explizit aufgeführt sind oder am besten sogar ein Data Dictionary, das alle verwendeten Bezeichner enthält (einschließlich vorgeschriebener Abkürzungen, Prä- und Suffixe sowie Hinweisen auf *nicht* zulässige Synonyme und Namenszusätze). Auch sehr klar formulierte Regelungen machen nämlich in diesem Bereich bei der Anwendung des Öfteren Probleme. Dafür gibt es hauptsächlich zwei Gründe: das, was den Regelungen wortgetreu entspricht, läuft den Gewohnheiten manchmal zuwider. Außerdem gibt es teilweise eingebürgerte Standards, die einer strikten Regelauslegung entgegenstehen. Explizites Festlegen von Zweifelsfällen ist deswegen der einfachste und sicherste Weg, um bei den Bezeichnern Einheitlichkeit zu bewirken. Bei dieser Festlegung sollte man sich anhand der Dokumentation von Betriebssystemen oder Standardbibliotheken (wie z.B. des Java-API) über bereits verbreitete Vorgehensweisen informieren.

6.1.4 Groß- und Kleinschreibung

Die Möglichkeiten zur Hervorhebung von Wortgrenzen innerhalb von Bezeichnern mit Hilfe von Groß- und Kleinschreibung wurden bereits erläutert. Es gibt aber noch eine ganze Reihe anderer verbreiteter Konventionen in Bezug auf Groß-/Kleinschreibung von Namen. Teilweise sind diese sprachabhängig.

Ihr Zweck besteht darin, die Lesbarkeit von Sourcen, Designdokumenten und dergleichen zu verbessern. Die Unterscheidung von Schlüsselwörtern und Namen auf der einen sowie der Namen für unterschiedliche Arten benutzerdefinierter Objekte (Variablen, Klassen, Prozeduren usw.) auf der anderen Seite erleichtert dabei das Erkennen von Zusammenhängen im Code.

Dieser Zweck ist also der gleiche wie bei den farblichen Hervorhebungen, die syntaxorientierte Editoren mittlerweile standardmäßig ermöglichen. Dennoch erweisen sich Standards für Groß- und Kleinschreibung immer noch als sinnvoll. Die Gründe hierfür sind:

▷ Nicht immer stehen Tools zur Verfügung, die überhaupt Syntax-Highlighting unterstützen.

▷ Die Möglichkeiten, verschiedene Arten benutzerdefinierter Objekte farblich zu unterscheiden, hängen vom jeweiligen Editor ab. Die Farben von Bezeichnern für Variablen, Konstanten und Klassen können beispielsweise meist nicht getrennt eingestellt werden.

▷ Noch sind keineswegs alle Rechner mit Farbdruckern verbunden, sodass die am Bildschirm sichtbaren Unterschiede auf Hardcopys nicht immer erscheinen.

▷ Böten Editoren – zusätzlich zu den bisher üblichen Möglichkeiten – eine farbliche Unterscheidung von Konstanten, Variablen, Klassen und dergleichen, so würden die Sourcen *zu* bunt, als dass dies noch eine Hilfe darstellen könnte. Dieser Effekt könnte allerdings durch die Verwendung von Fettdruck anstelle zusätzlicher Farben gemildert werden.

Groß-/Kleinschreibungskonventionen werden aus den genannten Gründen auch längerfristig noch Teil jeder Programmierrichtlinie sein. Als Hauptproblem für die Vorgabe sinnvoller Regeln erweisen sich dabei die Festlegungen der unterschiedlichen Sprachen in Bezug auf die Schreibweise von Schlüsselwörtern.

- Bei Modula-2 müssen alle Keywords großgeschrieben werden.
- In C, C++, Java, Perl und Python enthalten die reservierten Wörter ausschließlich Kleinbuchstaben. Die Kleinschreibung der Schlüsselwörter wird als Konvention auch für Ada-Programme empfohlen.
- Bei SQL und Turbo-Pascal ist die Notation nicht festgelegt. In der Praxis sind Großschreibung, Kleinschreibung und „mixed-case" mit großem Anfangsbuchstaben verbreitet.
- In Smalltalk-ähnlichen Sprachen wie OpenScript oder HyperTalk sind die Keywords zwar auch nicht „case-sensitiv", aber „mixed-case"-Schreibweise mit einem Kleinbuchstaben am Anfang ist gängige Konvention.
- In Visual Basic schreibt man immer nur den Anfangsbuchstaben eines Schlüsselwortes groß.

Jede Sprache hat hier also ihren eigenen Standard, teils per Konvention, teils in der Sprachdefinition festgelegt. Dinge wie Schnittstellen zu C-Routinen und eingebetteter SQL-Code können die Situation zusätzlich verkomplizieren.

Zumindest ist aber die Schreibweise der Schlüsselwörter *innerhalb* der meisten Sprachen durch eine verbreitete Konvention geregelt. Also sollte man zunächst die für viele Projekte wesentliche Lücke an dieser Stelle betrachten. Dies ist SQL.

Die Uneinheitlichkeit geht dort so weit, dass man selbst bei generierten Skripten zuweilen eine Mischung aus groß- und kleingeschriebenen Keywords findet – und das bei Verwendung eines zum Lieferumfang des DBMS gehörenden Werkzeugs! Der Wechsel zwischen Groß- und Kleinschreibung zeigt die Unsicherheit, die darüber herrscht, wie man die Schlüsselwörter von SQL schreiben sollte.

Da viele Datenbanksysteme Tabellen- und Spaltennamen entweder einheitlich in Großbuchstaben oder aber durchgängig in Kleinbuchstaben ablegen, bietet sich weder das eine noch das andere für die Keywords an. Denn die Schreibweise der Tabellen- und Spaltennamen sollte man an die gespeicherte Form anpassen. Dies bietet Vorteile beim Programmieren eigener Generierungs-Tools, beim Suchen von Querbezügen zwischen Sources und Datenbankinhalten und dergleichen mehr. Wird über mehrere unterschiedliche DBMS hinweg portabel entwickelt, lässt sich dieser Vorteil natürlich nur teilweise realisieren.

Weil die SQL-Syntax überwiegend aus sehr kurzen Wörtern und Abkürzungen besteht, lässt sich nur eine Schreibweise unabhängig vom verwendeten Datenbanksystem sinnvoll durchhalten: Anfangsbuchstabe groß, Rest klein.

BEISPIEL:

```
Select abteilung, vorname, familienname From angestellter;
Select ABTEILUNG, VORNAME, FAMILIENNAME From ANGESTELLTER;
```

Man kann bei dieser Vorgehensweise Tabellen- und Spaltennamen so schreiben, wie sie auch in den Systemtabellen des DBMS gespeichert sind, und sie heben sich trotzdem gut von den reservierten Wörtern ab. Da SQL meist in C oder eine der C verwandten Sprachen eingebettet wird, lassen sich die SQL-Keywords bei dieser Notation auch hinreichend von den Schlüsselwörtern der Hostsprache unterscheiden. Eine wesentliche Ausnahme bildet an dieser Stelle nur Visual Basic.

Soweit die verwendeten Software-Werkzeuge nichts anderes erzwingen, bietet sich also für die reservierten Wörter von SQL die Schreibweise mit großem Anfangsbuchstaben an. Beschränkt man sich bei der Entwicklung auf den Gebrauch von Datenbanksystemen nur eines Herstellers, kann man die Keywords auch kleinschreiben, wenn die Inhalte der Systemtabellen in Großbuchstaben gespeichert werden und umgekehrt.

BEISPIEL:

```
SELECT abteilung, vorname, familienname FROM angestellter;
select ABTEILUNG, VORNAME, FAMILIENNAME from ANGESTELLTER;
```

Hierbei nimmt man aber meist in Kauf, dass die SQL-Schlüsselwörter sich entweder nicht von den Keywords der Hostsprache unterscheiden oder aber nicht von den Bezeichnern für Konstanten. Die Verwechslungsmöglichkeit mit Klassennamen, wie sie durch die oben vorgeschlagene Notation entstehen könnte, spielt demgegenüber aus mehreren Gründen eine untergeordnete Rolle:

- SQL-Befehle werden meist in Dritt-Generations-Sprachen eingebettet. Eine Verwechslung mit Klassennamen kann es dort nicht geben.
- Klassennamen werden in Sourcen generell nur bei Deklarationen, beim Aufruf statischer Methoden und bei Typ-Abfragen („isInstanceOf" und dergleichen) gebraucht. In allen diesen Fällen unterscheidet der Kontext hinreichend zwischen Klassennamen und SQL-Keywords.
- Beim Aufruf statischer Methoden folgt dem Klassennamen die Zeichenfolge „::" oder ein „.". Die Schlüsselwörter von SQL enthalten aber weder Punkte noch Doppelpunkte.
- SQL-Keywords sind meist wesentlich kürzer als Klassennamen.

Schreibt man die reservierten Wörter von SQL jeweils mit einem großem Anfangsbuchstaben, so passt dies also zu den verbreitetsten Groß-/Kleinschreibungs-Konventionen:

- Für Bezeichner von Konstanten werden ausschließlich Großbuchstaben verwendet.
- Klassennamen haben einen großen Anfangsbuchstaben, der Rest wird klein oder in „mixed-case"-Form geschrieben.
- Prozedur- und Methodennamen beginnen mit einem Kleinbuchstaben. Großbuchstaben enthalten sie nur, wenn Unterstriche zur Trennung von Wortbestandteilen untersagt sind.
- Für Variablen-, Parameter- und Attributnamen verwendet man dieselben Schreibregeln wie für Prozedur- und Methodennamen. Die Unterscheidung erfolgt anhand der Klammern, die bei Prozeduren und Methoden die – gegebenenfalls leere – Parameterliste umschließen.

Von diesen Standards gibt es jedoch auch Ausnahmen:

- Bei Visual Basic und Ada werden Bezeichner oftmals durchgängig in „mixed case"-Notation mit großem Anfangsbuchstaben geschrieben, völlig unabhängig davon, ob es sich um Variablen, Konstante oder Prozeduren handelt. Zumindest der Hervorhebung von Konstanten durch Großbuchstaben steht aber kein vernünftiges Argument entgegen.

▸ Groß-/Kleinschreibung mit großem Anfangsbuchstaben wird bei Perl teilweise für paketweit sichtbare bzw. für globale Variablen empfohlen. Um der Verwechslung mit Klassennamen aus dem Weg zu gehen, sind Präfixe zur Kennzeichnung der Sichtbarkeit aber sinnvoller.

▸ In einigen deutschen Lehrbüchern wird für Attributbezeichner ein großer Anfangsbuchstabe verwendet, wenn es sich bei dem Bezeichner um ein Substantiv handelt. Davon wird hier ausdrücklich abgeraten, weil Attribute als spezielle Variablen („member variable") anzusehen sind und nicht mit Klassen verwechselt werden sollten. Für Methodennamen gilt erst recht, dass sie mit einem Kleinbuchstaben zu beginnen haben. Auch diese Konvention wird in deutschen Lehrbüchern teilweise verletzt.

▸ Zur Kennzeichnung von Konstanten wird manchmal auch eine kleines „c" in Prä- oder Suffixform gebraucht. Werden Schlüsselwörter – wie bei Modula-2 oder bisweilen bei SQL – durchgängig großgeschrieben, ist diese Vorgehensweise eine denkbare Alternative.

Trotz unterschiedlicher Ansichten in einigen Details gibt es aber eine Regel, über die generelle Einigkeit herrscht: *Keinesfalls dürfen sich Bezeichner nur durch Groß- und Kleinschreibung unterscheiden.* Beispielsweise ist das „Überladen" von Standardfunktionen aus C-Librarys in der Form, dass man den gleichen Namen in Großbuchstaben verwendet (z.B. „STRCPY" als Ersatz für „strcpy"), in jedem Fall zu untersagen.

Manchmal gerät man in Versuchung, einer Konstanten den – bis auf Groß-/Kleinschreibung – gleichen Namen zu geben wie der entsprechenden Variablen, etwa wenn die Konstante einen Wert zur Vorbelegung der Variablen repräsentiert. Versieht man Variablen mit einem Präfix zur Kennzeichnung ihrer Sichtbarkeit, lässt sich die angegebene Regel aber auch in diesen Fällen problemlos durchhalten.

Bei Konflikten mit Attributnamen empfiehlt sich ein Suffix für den Defaultwert, wie beispielsweise „_DFT". Die Namen selbst entwickelter Funktionen, die solche aus Standardbibliotheken ersetzen, versieht man sinnvollerweise mit einem Firmen- oder Modulpräfix. Es besteht also kein Grund, Ausnahmen von der Regel zuzulassen, dass Bezeichner sich nicht nur in Bezug auf

Groß- und Kleinschreibung unterscheiden dürfen. Bei nicht-case-sensitiven Programmiersprachen sind verschiedene Schreibweisen für denselben Bezeichner selbstverständlich zu untersagen.

Für *Paket-* oder *Modulnamen* gibt es sprachabhängige Konventionen. Diese sollte man auch im Zusammenhang mit Datei- und Verzeichnisnamen sehen. Paketnamen in Java entsprechen Pfaden auf Betriebssystemebene. Perl-Module werden in Dateien gespeichert, deren Name mit der Bezeichnung des Moduls übereinstimmt und die durch die Erweiterung „.pm" gekennzeichnet sind.

Python verhält sich ähnlich wie Java und Perl. Pakete werden auf Verzeichnisse abgebildet, Module auf Dateien. In Ada kann eine Datei hingegen mehrere Pakete enthalten. Eine direkte Zuordnung von Paket- zu Verzeichnisnamen gibt es hier also nicht.

Bei Java gilt die Konvention, Paketnamen kleinzuschreiben, Perl-Module haben vielfach Namen in Großbuchstaben. Bei Python haben die Standardpakete und -module meist Namen in Kleinbuchstaben, aber auch „mixed case" wird verwendet. Paketnamen in Ada folgen der Konvention für alle anderen Bezeichner („mixed case" mit großem Anfangsbuchstaben).

Aufgrund der – beispielsweise bei Perl – fließenden Übergänge zwischen Modulen und Klassen, empfiehlt sich für Bezeichner von Modulen die Verwendung großer Anfangsbuchstaben. Die Java-Konvention, Paketnamen kleinzuschreiben, übernimmt man zweckmäßigerweise für andere Sprachen.

> Wegen der Beziehungen zwischen Paket- und Modulbezeichnern auf der einen und Verzeichnis- bzw. Dateinamen auf der anderen Seite, sollte man allerdings testen, ob Befehle wie „package", „import" oder „use" bei den verwendeten Betriebssystemen einwandfrei arbeiten. Dabei sollte man auch an mögliche Unterschiede zwischen der Entwicklungs- und der Einsatzumgebung eines Systems denken. Bei heterogenen Netzwerken und älteren Betriebssystemen empfiehlt sich eine besonders sorgfältige Prüfung, ob Importe mit der gewählten Namenskonvention funktionieren.

6.1.5 Länge

Bezüglich der Länge von Bezeichnern gibt es einige Empfehlungen, die in vielen Style-Guides zu finden sind, sich aber oftmals aus unterschiedlichen Gründen nicht durchhalten lassen. Im Allgemeinen erweisen sich weder übermäßig lange noch sehr kurze Namen als sinnvoll.

Minimallänge

Ein einzelner Buchstabe stellt zwar in allen bekannten Programmiersprachen einen gültigen Variablennamen dar, aber nur selten einen aussagekräftigen und verständlichen. Dies hat sich leider bis heute weder bei Entwicklern noch bei Lehrbuchautoren wirklich herumgesprochen. Gegen die Verwendung einzelner Zeichen für die Benennung selbst von lokalen Variablen sprechen aber diverse Gründe:

▶ Zumindest einige sehr einfache Editoren und Such-Utitlitys verfügen bis heute nicht über die Option „Find as Word". Will man mithilfe solcher Tools verfolgen, an welchen Stellen eine Variable mit Namen „i" verwendet wird, so werden auch alle Wörter angezeigt, die zufällig diesen Buchstaben enthalten.

▶ Auch das menschliche Auge erkennt auf dem Bildschirm oder auf Ausdrucken einbuchstabige Bezeichner nur schlecht. Dies gilt besonders bei Programmen von Entwicklern, die nicht mit den Regeln für den Gebrauch von Leerzeichen vertraut sind und deswegen Operatoren und Bezeichner ohne Zwischenraum aneinander schreiben.

▶ Enthält ein Anweisungsblock mehrere Index- oder Zählervariablen, so ist vielfach kaum erkennbar, welche wofür verwendet wird. Gerade in solchen Fällen leidet die Verständlichkeit des Codes unter Namen, die genau genommen keine sind.

Bezeichner sollten immer *mindestens* drei oder vier Zeichen lang sein. Prä- oder Suffixe zur Bezeichnung des Datentyps, Modulkürzel und Ähnliches sind dabei selbstverständlich nicht mitzuzählen. Die Fortran-Konventionen, dass I bis N grundsätzlich ganzzahlige Variablen repräsentieren und X bis Z Fließkommazahlen, sind als Relikt aus der Frühzeit höherer Programmiersprachen anzusehen und haben in heutigem Quellcode nichts zu suchen.

Maximallänge

Die maximal zulässige Länge von Bezeichnern unterliegt selbst heute noch vielfach technischen Beschränkungen, auch wenn diese erheblich seltener zum Tragen kommen. Java und Python beispielsweise erlauben Namen von theoretisch unbegrenzter Länge. Aber wenn man mit einer solchen Sprache eine Datenbank-Applikation entwickelt und beim DBMS Spaltennamen „nur" 32 Zeichen lang sein dürfen, sollte man dieses Limit aus Gründen der Einheitlichkeit grundsätzlich beachten.

Zudem kann bei objektorientierten Sprachen das oben bereits erwähnte „name mangling" zur Falle werden: Lässt ein Linker nur Namen begrenzter Länge zu, können die vom C++-Compiler generierten Bezeichner zu Problemen führen – auch wenn Klassen- und Methodennamen einzeln betrachtet weit davon entfernt sind, zu lang zu sein.

Ähnliches gilt im Zusammenhang mit Dateinamen. Es gibt Beschränkungen bezüglich maximaler Pfadlängen. Teilweise betrifft dies spezielle Betriebssysteme, teilweise bestimmte Datenträger, wie beispielsweise CDs. Manchmal haben auch Tools – wie etwa im Bereich Datensicherung – Schwierigkeiten mit sehr langen Datei- oder Verzeichnisnamen. Zudem wird die Ausgabe von Inhaltsverzeichnissen auf dem Monitor oder Drucker möglicherweise ab einer bestimmten Spalte abgeschnitten. Vorsicht ist also geboten.

> Datei- und Verzeichnisnamen spielen – wie oben bereits erwähnt – auch im Zusammenhang mit Paketen und Modulen eine Rolle. Soll das zu entwickelnde System auch noch auf älteren Plattformen laufen, empfiehlt es sich zu testen, ob die Länge von Paket- und eventuell auch Modulnamen nicht auf 8 Zeichen beschränkt werden muss. Bei Java hilft gegebenenfalls das Packen der Class-Dateien in ein Jar-File, um ein Limit bezüglich der Länge von Paket- bzw. Verzeichnisnamen zu umgehen.

Besondere Aufmerksamkeit gilt auch im Umgang mit speziellen, meist älteren Compilern. Manche erlauben zwar Namen nahezu unbegrenzter Länge, aber nur eine gewisse Anzahl Zeichen davon ist signifikant. Unterscheiden sich die Bezeichner zweier Variablen nur auf den letzten Buchstaben, betrachtet der Compiler sie möglicherweise als identisch. Sicherheitshalber sollten

Namen niemals länger sein, als der Maximalzahl *signifikanter* Zeichen entspricht.

Von diesen technischen Problemen abgesehen leidet die *Übersichtlichkeit* von Programmen unter allzu langen Bezeichnungen. Zum einen sind sie selbst oft schlecht lesbar, zum anderen erschweren sie das horizontale Ausrichten einander entsprechender Anweisungsteile. Dadurch verringern sie indirekt die Lesbarkeit. Als Richtwert gilt deshalb, dass Bezeichner nicht länger als 16 Zeichen sein sollten. In der Praxis lassen sich jedoch auch doppelt so lange Namen nicht immer verhindern. In Hinblick auf die Leserlichkeit sollte man also keine „harten" Vorschriften machen, sondern sich auf Empfehlungen beschränken.

Regelungen bezüglich der maximal zulässigen Länge von Bezeichnern müssen also sowohl an technischen Beschränkungen als auch an der Lesbarkeit von Sourcen ausgerichtet werden. Brauchbare Vorgaben erfordern insbesondere die Kenntnis der Entwicklungsumgebung und sind deswegen projekt- oder unternehmensspezifisch festzulegen.

6.1.6 Abkürzungen

Zu Zeiten, als die Länge von Variablennamen noch bei den meisten Sprachen auf wenige Zeichen begrenzt war, mussten Abkürzungen in den Sourcen zwangsläufig in großem Umfang verwendet werden. Um allzu lange Bezeichner zu vermeiden, ist ihr Gebrauch auch heute noch in bestimmten Fällen angebracht. Dabei sollte jedoch weder die Verständlichkeit leiden, noch das Auffinden von Querbezügen zwischen Code und Dokumentation erschwert werden.

Um dieses Ziel zu erreichen, gibt es einige Regeln und Vorgehensweisen, die in jeder Programmierrichtlinie nachzulesen sein sollten, damit alle Entwickler sie kennen und korrekt anwenden:

1. Bevor sich ein Programmierer eine Abkürzung für einen bestimmten Zweck ausdenkt, sollte er überlegen, ob es vielleicht schon eine allgemein übliche dafür gibt. Wenn ja, ist diese selbstverständlich zu verwenden. In einigen Fällen sind Abkürzungen sogar so gebräuchlich, dass man sie den entsprechenden ausgeschriebenen Bezeichnungen vorziehen sollte (z.B. „IO" für „Input/Output" oder „DB" für „Datenbank").

2. Beim Abkürzen sollten die *Anfangsbuchstaben* von Wörtern *erhalten* bleiben. Beispielsweise eignet sich „idx" besser als Kurzform für „Index" als „ndx".

3. Vokale sind für die Verständlichkeit von Wörtern von untergeordneter Bedeutung. Dies gilt nicht nur europaweit, sondern beispielsweise auch für das Arabische. Beim Abkürzen sollte man deswegen *zunächst die Vokale streichen*. Dabei kann gegebenenfalls ein Dehnungs-h einbezogen werden. Beginnt ein Wort mit einem Doppellaut, sollte allerdings auch der zweite Vokal stehen bleiben („Ausgb" und nicht „Asgb" für „Ausgabe").

4. Enthält ein Wort verdoppelte Konsonanten, kann davon jeweils einer gestrichen werden, ohne dass die Lesbarkeit nennenswert leidet.

5. Nur wenn nach diesen Schritten das Wort noch zu lang ist, kürzt man durch „Abschneiden". Dies sollte frühestens hinter dem dritten Zeichen geschehen. Meist ist es aber besser, mindestens vier Buchstaben zu verwenden. Abkürzungen mit vier oder mehr Zeichen sind in aller Regel nicht nur verständlich, sondern auch eindeutig; für dreibuchstabige gilt dies häufig nicht. „CRT" steht beispielsweise für „Cathode Ray Tube" (Kathodenstrahlröhre, also Monitor), wird aber kleingeschrieben auch für „current" verwendet.

6. In einigen Fällen empfiehlt es sich, den letzten Buchstaben eines Wortes nicht mit abzuschneiden, sondern in die Abkürzung einzubeziehen. Dies dient teilweise der Lesbarkeit, teils aber auch der Eindeutigkeit.

7. Phonetische Abkürzungen, wie sie besonders die Amerikaner mögen („2fast4u"), sind sprach- oder sogar dialektabhängig und deshalb nicht zu verwenden.

8. Wird ein aus mehreren Wörtern zusammengesetzter Bezeichner abgekürzt, so wendet man die obigen Regeln zunächst auf jedes Wort einzeln an. Zusätzlich können Wörter ganz weggelassen werden, wenn sie für die Verständlichkeit ohne Bedeutung sind.

9. Abkürzungen, die nur ein oder zwei Buchstaben einsparen, sind oft sinnlos. An ihrer Stelle sollte man die ausgeschriebene Form des Bezeichners verwenden.

Die Vorgehensweise, Vokale außer dem Anfangsbuchstaben zu streichen und dann erst durch Abschneiden zu kürzen, sollte generell festgelegt sein. Der Hauptnachteil dieser Abkürzungstechnik besteht darin, dass manchmal schlecht auszusprechende Bezeichner entstehen. Wenn Namen aber einheitlich und eindeutig vergeben werden sollen, lässt sich dieser Schwachpunkt kaum vermeiden. Gute Alternativen gibt es nur in Ausnahmefällen, wie etwa bei „max" und „min".

Viele gängige Abkürzungen sind leider nicht nach dem angegebenen Schema gebildet. Dies kann je nach Kontext zu Mehrdeutigkeiten führen. „Var" bedeutet beispielsweise je nach Programmiersprache mal „Variable" (Pascal), mal statistische „Varianz" (TSQL). „Variante" käme zusätzlich noch in Frage. „Int" könnte auch für „intern", „Integral" oder „international" stehen und nicht ausschließlich für „Integer". Sind derartige Abkürzungen bereits als Standard etabliert, akzeptiert man sie aber am besten. Bildet man eigene Kurzformen über das „Vokale-Streichen", so ergeben sich nur selten Namenskollisionen.

Die einzige verbreitete Ausnahme hierzu findet sich bei Zeitangaben: Das Abkürzen von „Minute" zu „mnt" ist wegen möglicher Assoziationen zum „Mounten" von Dateisystemen ungünstig, „min" bedeutet in der EDV fast immer „Minimum" und andere Kurzformen mit mindestens drei Buchstaben lassen sich weder durch Abschneiden noch durch Vokale-Streichen bilden. Am akzeptabelsten ist deshalb wahrscheinlich noch das Ausweichen auf nur zwei Buchstaben, wie beispielsweise „mn" oder „mi".

Wenn man sich für eine dieser Möglichkeiten entscheidet, nimmt man allerdings eine Abweichung vom internationalen Standard für physikalische Einheiten (SI-System) in Kauf. Softwareentwickler müssen leider damit leben, dass die Beschäftigten von Standardisierungsorganisationen Schwierigkeiten haben, über die eigene Nasenspitze hinauszudenken. Denn dass die Abkürzung „min" sich nicht nur für „Minute", sondern auch für „Minimum" eignet, hätte diesen Leuten eigentlich auffallen können.

> Das Abkürzen durch Streichen von Endungen, wie es manchmal empfohlen wird, sollte ausdrücklich untersagt werden. Verkürzt man beispielsweise „Lieferung" auf „Liefer", so ist eine Unterscheidung von „Lieferant" nicht mehr möglich – und das, obwohl beide Begriffe mit hoher Wahrscheinlichkeit in denselben Programmen gebraucht werden. Allgemeiner gesagt: Die Bezeichnungen für eine Bewegung und den Handelnden lassen sich nach dem Streichen der Endungen meist nicht mehr auseinander halten.

Grundsätzlich empfiehlt es sich, über alle in einem Projekt verwendeten Abkürzungen von Anfang an eine Liste zu führen. Den Gebrauch der dort aufgeführten Abkürzungen sollte man vorschreiben, ebenso das Prozedere für Ergänzungen der Liste.

Generell sollten Abkürzungen nur noch bei besonders häufigen oder außergewöhnlich langen Bezeichnungen benutzt werden. Die zusätzliche Tipparbeit beim Schreiben des Codes spielt heutzutage keine Rolle mehr, weil selbst Public-Domain-Entwicklungsumgebungen hierbei ausreichende Unterstützung bieten. Will man einheitliche Abkürzungen haben, aber gibt es davon zu viele, hält dies die Entwickler beim Schreiben von Code sogar auf, weil sie über die jeweils passende erst einmal nachdenken oder diese nachschlagen müssen. Beim Lesen von Code sind Abkürzungen ohnehin ein Hindernis, weil in (fast) jedem Fall die Denkarbeit für die „Rückübersetzung" anfällt.

> Als allgemeine Regel empfiehlt sich deshalb, Abkürzungen grundsätzlich zu verbieten und nur in besonders begründeten Ausnahmefällen zuzulassen. Wenn Abkürzungen unumgänglich sind, sollten sie nach den oben angegebenen Regeln gebildet und *durchgängig* angewendet werden. Dies heißt auch, dass die ausgeschriebene Form des Bezeichners dann nicht mehr gebraucht werden sollte.

6.1.7 Prä- und Suffixe

Neben dem Gebrauch von Unterstrichen in Namen stellen Prä- und Suffixe ein beliebtes Feld für lange, aber wenig zielführende Diskussionen dar. Wenn sie verwendet werden, nimmt man sie zur

- Verdeutlichung des Daten- bzw. Objekttyps,
- Angabe physikalischer, typografischer und Geldeinheiten (z.B. „sec" für Sekunde, „px" und „pt" für Schriftgrößen in Pixel bzw. Punkt, „USD" für US-Dollar),
- Benennung von Zeitzonen, Ländern und Ähnlichem (z.B. „GMT" oder „DE"),
- Bezeichnung aggregierter Werte, wie beispielsweise Summen, Mittelwerte, Minima und Maxima,

- Unterscheidung, welche Datenelemente bei RDBMS-Applikationen der Client- und welche der Serverseite zuzuordnen sind (Hostvariablen gegenüber Spalten),
- Unterscheidung von Parametern, lokalen Variablen und Attributen bei objektorientierter Programmierung,
- Kennzeichnung der Zugehörigkeit zu einem Modul,
- Angabe des Gültigkeitsbereichs und
- Kennzeichnung der Änderbarkeit.

Benutzt werden sie überall, wo man in Softwareprojekten Bezeichner braucht: bei Variablen, Konstanten, Methoden, Attributen, Datenbanktabellen, Dateien usw.

Die Fragen lauten:

- Sollte man Bezeichner überhaupt mit derartigen Kennzeichnungen versehen?
- Wenn ja, wann sind hierfür Abkürzungen zu verwenden?
- Sind eher Präfixe oder eher Suffixe zu empfehlen?

Die Antworten hierauf hängen vom jeweiligen Zweck ab, dem ein Namenszusatz dienen soll und auch von einigen Rahmenbedingungen. Welche es im Einzelnen sind, und welche Schlussfolgerungen sich daraus ergeben, wird in den folgenden Abschnitten erläutert.

Datentyp

Die Information über den Datentyp einer Variablen an jeder Stelle zur Verfügung zu haben, wo sie verwendet wird, erleichtert in einigen Fällen das Verstehen von Code. Manchmal dient es aber auch dazu, mehrere Variablen ähnlichen Inhalts zu unterscheiden.

BEISPIEL:

Positionen auf dem Bildschirm werden oft in Pixeln, also ganzzahlig angegeben. Um den Verlauf einer Kurve auf dem Monitor möglichst gut darzustellen, ist Integer-Arithmetik aber ungeeignet, weil bei Divisionen der Rest einfach abgeschnitten und nicht gerundet wird. Also setzt man ganzzahlige Ausgangswerte in Fließkommazahlen um, führt die Berechnungen aus und rundet das Ergebnis wiederum auf ganze Zahlen. Dabei werden inhaltlich dieselben Daten einmal als Integer- und einmal als Float-Variablen benötigt. Der Datentyp ist also einziges Unterscheidungsmerkmal. Bezeichner wie „x_int" und „y_int" bzw. „x_float" und „y_float" machen in derartigen Fällen zweifelsohne Sinn. (Puristen könnten statt „x" und „y" natürlich auch Namen wie etwa „von_links" oder „von_oben" wählen, um damit auszudrücken, dass die Positionen als Abstand vom Koordinatenursprung links oben angegeben werden.)

Ähnliche Problemstellungen gibt es, wenn man Daten einerseits als Text und andererseits in einer internen Darstellung für Berechnungen benötigt. Den Namen der Variablen, die den Wert als String enthält, kann man in solchen Fällen beispielsweise durch Anhängen des Suffixes „_str" aus dem der anderen bilden.

Die entscheidende Frage besteht aber darin, ob man *durchgängig alle* Bezeichner von Variablen, Attributen und Funktionen mit einem Prä- oder Suffix versehen sollte, das den Datentyp ausdrückt. Dagegen sprechen eine Reihe von Argumenten:

- Der Typ von Variablen, Methoden und dergleichen ändert sich häufig im Verlauf eines Projektes. Die notwendige Aktualisierung des Bezeichners unterbleibt dabei aber meist. Die wichtigsten Gründe dafür sind Zeitdruck, Entwicklungsumgebungen ohne Refactoring-Unterstützung und die Verwendung des Namens in einer Schnittstelle. Vor allem der zuletzt genannte Punkt kann die Korrektur des Bezeichners sogar *unmöglich* machen.

- Bestimmte Programmiersprachen sind typenlos bzw. „dynamically typed". Da man Variablen dort einem Datentyp nicht eindeutig zuordnen kann, erscheint es eher riskant, ihre Namen mit einem diesbezüglichen Prä- oder Suffix zu versehen. Stimmt ein entsprechender Namenszusatz nach der Ausführung irgendwelcher Anweisungen nicht mehr, sind fehlerträchtige Missverständnisse beim Lesen des Codes zu erwarten.

- Benutzt man Prä- und Suffixe außer für den Datentyp noch für andere Zwecke, so werden Namen unnötig lang und schwer lesbar. Außerdem sind Kombinationen unterschiedlicher Namenszusätze oftmals nicht mehr eindeutig zu interpretieren.

- Je nach Programmiersprache gibt es eine sehr unterschiedliche Anzahl von Datentypen. Durch die große Anzahl ganzzahliger Typen und die freie

Kombinierbarkeit mit Array- und Pointer-Eigenschaften sind es in „C" bereits sehr viele. Bei objektorientierten Sprachen können sogar alle Klassen als Typ einer Variablen deklariert werden. Einheitliche und verständliche Abkürzungen lassen sich bei hunderten oder gar tausenden von Typen oder Klassen aber nicht mehr finden. Ausgeschriebene Prä- oder Suffixe führen andererseits zu viel zu langen Bezeichnern.

▶ Die Verwendung von Prä- und Suffixen erfordert von den Entwicklern, dass sie jedes Mal, wenn sie einen Namen gewählt haben, noch darüber nachdenken, mit welchen Prä- und Suffixen er zu versehen ist. Dies hält umso mehr auf, je größer die Anzahl festgelegter Namenszusätze ist.

▶ Überall, wo Anwender in irgendeiner Form direkten Zugriff auf ein System haben, stören Prä- und Suffixe eher. Dies gilt für APIs, aber speziell auch bei Datenbank-Anwendungen. Die Überschrift auf einem Bericht, der mit Hilfe eines Endanwender-Werkzeugs erzeugt wurde, sollte „Kundennummer" oder „Kundennr" lauten, aber nicht „Kundennummer_int" oder „nKundennr".

▶ Entscheidend ist aber: *Bei gut gewählten Bezeichnern ergibt sich der Datentyp meist ohne spezielle Zusätze.*

Die letzte Aussage soll noch einmal verdeutlicht werden. Bestes Beispiel für Namen, die sofort den Datentyp erschließen lassen, sind solche, die mit „ist", „hat", „enthaelt" oder Ähnlichem beginnen. Derartige Variablen oder Funktionen haben – sofern die verwendete Sprache dies unterstützt – den Typ „boolean". Entsprechend kennzeichnen Zusätze wie „anzahl", „count", „cnt", „index" oder „idx" ganzzahlige Werte, und „text", „name", „titel" oder „title" verweisen auf Strings.

Missverständnisse können hierbei nur dann auftreten, wenn zwischen einem Eingabefeld in einer Maske und seinem Inhalt unterschieden werden muss. Deswegen sollte der Typ „Eingabefeld" oder „Textfield" in irgendeiner Form im Bezeichner der betreffenden Variablen enthalten sein. Entsprechendes gilt für den zugehörigen Feldtitel („Label", „Caption").

Prä- oder Suffixe, die den Typ einer Variablen kennzeichnen, machen also in jedem Fall Sinn,

▶ wenn dadurch der Code verständlicher wird oder
▶ wenn der Datentyp ohnehin das einzige Unterscheidungsmerkmal zweier Variablen ist.

Namenszusätze zur Hervorhebung des Daten- oder Objekttyps lohnen sich deshalb insbesondere dann,

- wenn ansonsten nicht klar wäre, dass ein Bezeichner sich auf einen Pointer, eine Referenz oder ein Array bezieht,
- wenn zwischen Maskenfeldern, ihren Inhalten und den zugehörigen Überschriften zu unterscheiden ist oder
- wenn auch ein gut gewählter Bezeichner zu der Annahme eines anderen als des tatsächlichen Datentyps führen würde.

Eine *durchgängige* Kennzeichnung des Datentyps durch Namenszusätze sollte man im Übrigen *nicht* mehr neu einführen, sondern höchstens übernehmen, wenn es sich um einen ohnehin bereits eingebürgerten Standard handelt. Dort, wo Prä- oder Suffixe notwendig sind, empfiehlt sich aber in jedem Fall eine einheitliche Vorgehensweise. Deswegen verbleibt ein gewisser Regelungsaufwand an dieser Stelle.

> Wegen der Mehrdeutigkeit vieler Begriffe ist bei der Festlegung von Namenszusätzen besonders auf eindeutige und verständliche Zuordnungen zu achten. Das Wort „Feld" taucht beispielsweise als deutsche Übersetzung für „Array" auf, bezeichnet aber auch ein Eingabefeld in einer Maske. Außerdem haben die Entwickler von Java den Ausdruck „Field" anstelle von „Attribut" für die Eigenschaften von Objekten und Klassen verwendet.

Abkürzungen für Datentypen

Angesichts der Vielzahl möglicher Datentypen bzw. Klassen sollte man Abkürzungen bei Namenszusätzen nur für eine sehr beschränkte Anzahl besonders häufig benötigter Typen verwenden. Die Abkürzungen sollten zudem nicht aus einzelnen Buchstaben bestehen, sondern lesbar sein.

BEISPIEL:

Ein entsprechend der "Ungarischen Notation" gebildetes Präfix wie „pach" für „Pointer to Array of Characters" erfordert für einen durchschnittlichen Programmierer keine Lese-, sondern „Entschlüsselungskompetenz". Die Kurzform „ptr" ist als Namenszusatz für eine Zeigervariable wesentlich besser als nur ein „p", „Array" kann man auf „arr" abkürzen oder sogar ausschreiben. Um Missverständnisse aus-

zuschließen, setzt man diese Abkürzungen am besten zu „ptr_to_array" zusammen. Dadurch wird der Unterschied zu „array_of_ptr" verdeutlicht. Ist der Gebrauch von Unterstrichen zur Trennung von Namensbestandteilen untersagt, verwendet man entsprechend „ptrToArray" oder „arrayOfPtr". Dass die Arrayelemente vom Typ „char" sind, ergibt sich im Zweifel aus dem Kontext und bedarf deswegen keiner besonderen Kennzeichnung. Einen Sonderfall könnte es hier nur geben, wenn man etwa an einer einzelnen Stelle in einem Programm, in dem sonst nur mit „signed char" gearbeitet wird, ausnahmsweise „unsigned char" benötigt. In solchen Extremfällen empfiehlt sich tatsächlich ein Namenszusatz wie beispielsweise „ptrToArrOfUchar".

Von den vor allem im Bereich Visual Basic exzessiv verwendeten TLAs (Three Letter Abbreviations) für Dialogelemente wird hier auch ausdrücklich abgeraten. Das Gleiche gilt für die „Standards" bei ein- oder zweibuchstabigen Kürzeln für Datentypen. Man sollte davon nur Gebrauch machen, wenn eine entsprechende Konvention bereits eingeführt ist oder sie einem von der Entwicklungsumgebung quasi aufgezwungen wird. Die Gründe gegen die bei VB üblichen Abkürzungen sind:

▶ Entgegen anders lautenden Behauptungen werden nicht überall die gleichen Abkürzungen verwendet. Für „Variant" findet man beispielsweise sowohl „v" als auch „vnt", für Fließkommazahlen einfacher Genauigkeit „f" und „sng", für Datum „dt" und „dte" und je nach Version bezeichnet ein „b" tatsächlich eine boolsche Variable oder eine als Wahrheitswert missbrauchte Integer-Zahl.

▶ Die Kürzel sind teilweise in hohem Maße missverständlich. Ein „c" für „currency" (also Währung) oder etwa „out" für „outline control" lässt jeden Programmierer, der nicht ausschließlich mit VB arbeitet, an Konstanten oder Character bzw. an Ausgabe denken. Und „txt" erinnert weitaus eher an eine String-Variable als an das Dialogelement „Textbox".

▶ Die Abkürzungen bringen vielfach so gut wie nichts, weil die ausgeschriebenen Begriffe nur ein oder zwei Zeichen länger sind als die Kürzel. Beispiele hierfür sind etwa „lin" für „line", „spn" für „spin" oder „mnu" für „Menu".

▶ Um das Konzept durchzuhalten, benötigt man Dutzende von Abkürzungen. Ohne eine Liste hierzu griffbereit zu haben, lässt sich Code, der solchen Konventionen entspricht, weder schreiben noch lesen.

Der Wunsch, in Bezug auf die Länge von Abkürzungen Einheitlichkeit herzustellen, erweist sich also bei näherem Hinsehen als wenig hilfreich. Von den als „Standard" angepriesenen Kürzeln sollte man deshalb nur diejenigen verwenden, die wirklich notwendig sind und vor allem nicht missverstanden werden können.

Prä- oder Suffix

Wird der Datentyp als Bestandteil in einen Bezeichner aufgenommen, sollte man ihn anhängen und *nicht* als Präfix hinzufügen. Für die Verwendung von Suffixen gibt es drei Gründe:

1. Die Reihenfolge innerhalb des Namens entspricht meist der natürlichen Sprechweise.
2. Der in aller Regel signifikanteste Teil des Bezeichners steht am Anfang.
3. In vielen Bereichen hat sich diese Vorgehensweise bereits als Standard eingebürgert. Beispielsweise *enden* im Java-API die Namen von Methoden, die ein Object vom Typ „Icon" zurückliefern, auf „Icon".

Gegen den Gebrauch von Suffixen anstelle von Präfixen spricht hauptsächlich, dass Präfixe sich in einigen Bereichen bereits etabliert haben. Allerdings sollte man dies möglicherweise vor einem historischen Hintergrund sehen. Ist die Länge von Bezeichnern sehr beschränkt, so tendiert man eher dazu, Suffixe abzuschneiden, weil durch ihr Hinzufügen die zulässige Namenslänge überschritten wird. Schreibt man Namenszusätze als Präfix vor, so fallen eher andere Namensbestandteile dem Rotstift zu Opfer.

> Die Verwendung von Prä- und Suffixen hat auch Einfluss auf Sortierfolgen und auf das Formatieren von Code. Arbeitet man beispielsweise bei den Namen von Datenbank-Tabellen, von Klassen oder von Attributen mit Präfixen, so bestimmen bei einer alphabetischen Auflistung primär die Namenszusätze die Reihenfolge. Gebraucht man Suffixe, so wird die alphabetische Ordnung stattdessen durch die Namensbestandteile bestimmt, die den Verwendungszweck des Objektes bezeichnen. Dies ist in aller Regel günstiger. In den wenigsten Fällen macht es etwa Sinn, die Spalten einer Tabelle nach Datentyp geordnet angezeigt zu bekommen.

Beim Formatieren von Code erhöht es die Lesbarkeit, wenn gleichartige Teile von Anweisungen untereinander stehen. Dabei können je nach Kontext einmal Prä- und einmal Suffixe von Vorteil sein.

BEISPIEL:

```
/*      Skalierung eines Rechtecks -- Variante 1    */
breite_float = (float) breite_int;
breite_float = breite_float / verkleinerungsfaktor;
breite_int   = round(breite_float);

hoehe_float  = (float) hoehe_int;
hoehe_float  = hoehe_float / verkleinerungsfaktor;
hoehe_int    = round(hoehe_float);


/*      Skalierung eines Rechtecks -- Variante 2    */
float_breite = (float) int_breite;
float_hoehe  = (float) int_hoehe;

float_breite = float_breite / verkleinerungsfaktor;
float_hoehe  = float_hoehe  / verkleinerungsfaktor;

int_breite   = round(float_breite);
int_hoehe    = round(float_hoehe);
```

Fälle, die dem unteren der beiden Beispiele entsprechen, dürften in der Praxis aber eher selten sein. Sie ergeben sich nur, wenn analoge Abläufe auf typgleichen Datenobjekten implementiert werden. Insgesamt gesehen sprechen die Möglichkeiten, Code durch horizontales Ausrichten lesbarer zu machen, ebenfalls für die Verwendung von Suffixen.

Aggregate und Einheiten

Die Argumente, die bei Datentypen für Suffixe anstelle von Präfixen sprechen, treffen auch auf „Qualifier" zu, die zusammengefasste Werte, Einheiten und Ähnliches kennzeichnen. Benötigt man mehrere Namenszusätze, so ist folgende Reihenfolge empfehlenswert: Aggregate, dann Einheiten und – falls zur Unterscheidung erforderlich – am Ende den Datentyp. Beispiele für nach diesen Regeln gebildete Namen sind in Tabelle 6.1 aufgeführt.

Bezeichner	Bedeutung
bilanzSumme	Bilanzsumme
dauer_min	Mindestdauer
dauer_mittelwert_std	durchschnittliche Dauer, gemessen in Stunden Hinweis: Die international standardisierte Abkürzung für Stunden wäre „h" anstelle von „std".
entfernungMax	maximale Entfernung
amountTtl	Gesamtbetrag
wartezeit_s	Wartezeit in Sekunden Hinweis: „sec" ist zwar ein verständlicheres Kürzel für Sekunden, entspricht aber nicht dem internationalen Standard.
SchriftHoehePt	Schrifthöhe in typografischen Punkt
font_width_pixel	Schriftbreite in Pixel
amount_USD	Betrag in US-Dollar
get_datetime_GMT	Funktion oder Methode, die die Greenwich Mean Time liefert.
uhrzeit_MESZ	Uhrzeit angegeben als mitteleuropäische Sommerzeit.
temperatur_max_fld	Datenfeld zur Anzeige der maximalen Temperatur.
errorMessageTextDeLenAvgFloat	Durchschnitt der Länge der deutschen Fehlermeldungstexte als Fließkommazahl.

Tabelle 6.1: Bezeichner mit angehängten „Qualifiern"

Der Gebrauch von Suffixen für *Aggregate* (max, min, sum, avg, cnt) stimmt nicht immer mit den Gewohnheiten der Entwickler überein, zumal dies bei englischen Bezeichnern – bis auf die Ausnahme „cnt" – nicht der Reihenfolge der natürlichen Sprache entspricht. Auch bei Verwendung deutscher Namen findet man vielfach die Präfixnotation, wie etwa in „maxLaenge" oder „summeZeiten". Häufig wechseln Variablennamen wie „anzahl_kunden" und „kunden_anzahl" sogar innerhalb eines Programmes.

Eine einmal eingeführte Namenskonvention zu ändern, ist sicherlich in den wenigsten Fällen sinnvoll. Dies gilt insbesondere, falls die Standards bereits in Schnittstellen zu Kunden verwendet werden.

Wenn aber noch keine festgelegte Vorgehensweise existiert, zahlt sich eine Vereinheitlichung der Namensvergabe langfristig immer aus. Die Vorgabe, Namenszusätze für Datentypen, Aggregate, Einheiten und Ähnliches an die Bezeichner *anzuhängen*, macht in der bei weitem überwiegenden Zahl aller Fälle Sinn. Deswegen ist es bei Verwendung deutscher Bezeichner zumindest eine empfehlenswerte Option, diese Vorgabe allgemein festzuschreiben und die wenigen Ausnahmen, wo Präfixe angebrachter wären, in Kauf zu nehmen.

Bei englischer Namensvergabe ist es gegebenenfalls besser, in Bezug auf Aggregate eine Ausnahme zu machen und der natürlichen Sprechweise zu folgen, also nur „cnt" als Suffix zu verwenden. Allerdings wird selbst in der englischsprachigen Fachliteratur teilweise die durchgängige Verwendung von Suffixen empfohlen.

Die Entscheidung ist sicherlich im Einzelfall nicht immer einfach. In jedem Fall sollte man berücksichtigen, inwieweit Anforderungen von Kunden- bzw. Anwenderseite eine bestimmte Regelung erfordern. Allerdings spricht nichts dagegen, vom Kunden zumindest eine durchgängige Vorgehensweise zu verlangen und sich von diesem nicht ein völliges Chaos in die Namensvergabe hineintragen zu lassen.

Abschließend sei noch angemerkt, dass man bei der Wahl von Abkürzungen für Einheiten, Zeitzonen und Ähnliches am besten auf international gültige Standards zurückgreift. Bei Aggregaten bieten sich die Namen der entsprechenden SQL-Funktionen als Suffix an (sum, min, max, avg). Auf diese Weise kann man mit wenigen, knapp formulierten Regeln ebenso kurze wie allgemein verständliche Namenszusätze festlegen. Bei Bedarf fügt man einige wenige Ausnahmeregeln hinzu – wie beispielsweise die Verwendung von „cnt" anstelle der SQL-Funktion „count" oder „std/mi/sec" für „h/min/s". Zudem kann man Vorgaben für Eigenschaften wie „Länge", „Position" oder Ähnliches ergänzen.

Modulzugehörigkeit

Häufig werden Präfixe verwendet, um die Zugehörigkeit von

- Funktionen,
- Konstanten,
- Meldungstexten oder
- Header-Dateien

zu Modulen oder Bibliotheken auszudrücken.

Derartige Namenszusätze dienen einerseits der Eindeutigkeit. Wird beispielsweise allen Funktionsnamen einer Library ein Kürzel für den Hersteller vorangestellt, sind Kollisionen mit den Namen aus den Bibliotheken anderer Anbieter so gut wie ausgeschlossen. Modulkürzel erleichtern darüber hinaus innerhalb eines Programmsystems die Zuordnung, etwa von Fehlermeldungen zu einer Systemkomponente.

Präfixe zur Kennzeichnung des Herstellers oder zur Identifizierung von Modulen sind bei umfangreicheren Systemen oft unverzichtbar. Ob man sie benötigt, lässt sich meist anhand des Zwecks und der Größe des zu entwickelnden Systems relativ schnell abschätzen. Bei der Regelung derartiger Namenszusätze sollte man Folgendes beachten:

- Die *Länge* der Präfixe sollte nur ein oder zwei Zeichen betragen. Zwei Buchstaben reichen selbst bei größeren Systemen aus, um Module eindeutig und „mnemotechnisch brauchbar" zu bezeichnen.

- Es muss festgelegt werden, *wo* überall die Kürzel zu verwenden sind. Dabei sollte man nicht nur an Funktionsnamen denken, sondern auch an Dateien aller Art, Verzeichnisse, Tabellen, Fehlermeldungen, Umgebungsvariablen usw.

- Suffixe sind für die Kennzeichnung von Modulen weder üblich noch sinnvoll. Bei Strings, die Meldungen identifizieren, stehen Modulkürzel aber nicht unbedingt direkt an erster Stelle. Im Allgemeinen beginnt man hier mit einem Kennzeichen, das Fehler- und Warnmeldungen unterscheidet („E_", „W_" usw.), erst dann folgt das Modulkürzel. Wo genau ein Modulkürzel innerhalb eines Bezeichners stehen soll, muss also definiert werden.

▸ Systeme werden häufig erweitert. Bei der Festlegung verständlicher und eindeutiger Modulkürzel sollte man deshalb die spätere Ergänzung von Komponenten einkalkulieren.

▸ Meist verwendet man Großbuchstaben für Modul- bzw. Herstellerkürzel. Dementsprechend sollte man überlegen, das Kürzel durchgängig mithilfe eines Unterstriches mit dem Rest des Bezeichners zu verbinden, auch wenn ansonsten „mixed case" zur Trennung von Wortbestandteilen vorgeschrieben ist.

Hersteller- oder Modulpräfixe gehören eindeutig zu den sinnvollen Namenszusätzen. Für Variablen werden sie aber im Allgemeinen nicht benötigt. Diese Tatsache bedeutet, dass unschöne Präfix-Kombinationen meist vermieden werden können.

Hostvariablen und Spalten

In einigen Unternehmen ist es üblich, die Bezeichner von Spalten von Datenbanken-Tabellen mit einem einheitlichen Präfix zu versehen. Am gebräuchlichsten ist hierbei das Kürzel „col_" für „column". Durch diesen Namenszusatz kann man in den Sourcen die Spalten von den entsprechenden Variablen oder Maskenfeldern unterscheiden.

Allerdings werden in eingebetteten SQL-Statements die Variablen der betreffenden Programmiersprache („Hostvariablen") ohnehin durch einen vorangestellten Doppelpunkt, ein „@" oder Ähnliches gekennzeichnet. Sieht man von der Verwendung in Kommentaren einmal ab – wo kaum ein Programmierer einer Hostvariablen explizit einen „:" oder ein „@" voranstellen dürfte –, so kann man die Bezeichner von den Hostvariablen und den zugehörigen Spalten also sowieso unterscheiden. Die Namen der entsprechenden Felder in den Masken versieht man ohnedies am besten mit einem Suffix, das ihren Datentyp bzw. ihre Klasse kennzeichnet.

Es stellt sich also die Frage, ob es überhaupt einen Grund gibt, alle Spalten durch ein Namenspräfix als solche zu kennzeichnen. Unterstützt werden könnte:

- die Unterscheidung von Spaltennamen und reservierten Wörtern, insbesondere bei Verwendung englischer Bezeichner,
- die Lesbarkeit von Sourcen bzw. „manuelles Suchen",
- Suchen mit Hilfe von Utilities für die Textsuche,
- das Auffinden von Querbezügen mit Hilfe von professionellen X-Ref-Tools.

Hat man Englisch als Sprache für Namen festgelegt, so entstehen leicht Kollisionen zwischen Schlüsselwörtern und gewünschten Bezeichnern. Während „Benutzer" als Spaltenname unproblematisch ist, hat „user" in SQL eine spezielle Bedeutung. Wird generell jedem Spaltennamen ein Kürzel hinzugefügt, kommt es nicht zu einer Namenskollision. Ein Bezeichner wie „col_user" ergibt kein reserviertes Wort.

Sucht man in ausgedrucktem Quellcode nach Bezügen zu einer bestimmten Spalte, so kann ein Präfix wie „col" oder „sp_", das eher ins Auge fällt als ein (fehlender!) „:", hilfreich sein. Allerdings werden Referenzen auf Datenobjekte heutzutage fast immer mit den Suchfunktionen irgendwelcher Programme am Rechner ermittelt. Beim einfachen Lesen von Code – wie beispielsweise bei einer Review – stört ein häufiger und immer gleicher Namenszusatz eher.

Durchsucht man eine oder mehrere Source-Dateien oder Verzeichnisse mithilfe irgendwelcher Tools gezielt nach Referenzen auf eine Spalte, so müssen diese Utilitys in der Lage sein, Kombinationen aus Doppelpunkt und Spaltenname bzw. Spaltenname und Feld-Suffix auszufiltern. Entsprechende Werkzeuge gibt es auf vielen Plattformen, aber nicht jeder kennt sich mit ihnen hinreichend gut aus.

Dazu kommt, dass die führenden Doppelpunkte nicht direkt an den Spaltennamen angrenzen müssen. Der Grund liegt in den Bezeichnern von Structures, Records oder Klassen, die einem Spaltennamen vorangestellt sein können („:angestellter_struct.familienname"). Es erfordert schon einige Erfahrung, um etwa mithilfe von „grep" alle Stellen zu finden, an denen eine bestimmte Spalte referenziert wird, ohne dass die Ausgabe dabei „Pseudo-Treffer" enthält. Nahezu unmöglich wird es sogar, wenn kein Tool mit Unterstützung für so genannte „regular expressions" zur Verfügung steht.

Selbstverständlich gibt es professionelle Werkzeuge, die Quellcode vollständig parsen und dabei alle Querverweise auf eine spezielle Spalte ermitteln können. Diese Tools sind aber im Allgemeinen nicht billig. Außerdem haben sie Grenzen: Bezeichner finden sich nämlich nicht nur in Anweisungen, sondern auch in Kommentaren - da nützt das Parsen des Codes nichts. Innerhalb von Kommentaren ist immer nur eine einfache Textsuche möglich. Ein unterscheidendes Präfix hilft hier also unter Umständen.

Auf der anderen Seite sprechen die folgenden Argumente gegen die Verwendung eines Präfixes für Spalten:

- Das einheitliche Hinzufügen eines solchen Namenszusatzes bei hunderten oder tausenden von Spalten bedeutet einen vergleichsweise hohen Aufwand (es sei denn, das Präfix wird automatisch von einem Designtool ergänzt).

- In sämtlichen Auflistungen von Tabellendefinitionen erscheint überall dasselbe Präfix. Das empfinden die meisten Entwickler zu Recht als störend. Zudem kostet es Platz auf Ausdrucken und auf dem Bildschirm.

- Code-, Berichts- und Maskengeneratoren greifen auf die Tabellendefinitionen zu. Aus den Namen der Spalten generieren sie die Bezeichner für Variablen, Feldtitel, Überschriften und Ähnliches. Das Weglassen von Präfixen wird dabei meist nicht unterstützt. Manuelles Nacharbeiten ist aber zeit- und damit kostenintensiv.

Ein Namenszusatz, der Spalten von Hostvariablen unterscheidet, bietet allerdings noch einen nicht zu unterschätzenden Sicherheitsvorteil: Ein vergessener oder versehentlich gelöschter „:" wird leicht übersehen. Verwendet man kein Prä- oder Suffix für Spalten, so entstehen durch einen fehlenden Doppelpunkt möglicherweise Abfragen, die nicht nur unerwünschte Ergebnisse bringen, sondern unter bestimmten Bedingungen auch in extremen Maß Last ziehen.

BEISPIEL:

```
/*   Selektieren eines Kundensatzes ueber die Kunden_nr*/
SELECT   nachname INTO :nachname

FROM     kunde
WHERE    kunden_nr = :kunden_nr;
```

```
/*
    Fehlerhafte Variante: nur ein Doppelpunkt fehlt.
    Folge: Es werden ALLE Datensaetze selektiert!
*/
SELECT
        nachname INTO :nachname
FROM    kunde
WHERE   kunden_nr = kunden_nr;

/*
    Mit Praefix:
    Die Spalte kunden_nr (ohne sp_) existiert
    nicht, das DBMS meldet sofort einen Fehler.
*/
SELECT
        sp_nachname INTO :nachname
FROM    kunde
WHERE   sp_kunden_nr = kunden_nr;
```

Das Beispiel sollte nicht zu der Annahme verleiten, der angesprochene Fehlertyp würde grundsätzlich beim ersten Test schon auffallen, weil ja alle Datensätze anstelle von nur einem im Abfrageergebnis enthalten wären. Es gibt Abfragen mit wesentlich komplexeren Suchkritierien. Dabei kann ein fehlender Doppelpunkt lange unentdeckt bleiben und dementsprechend teuer werden!

Mangelnde Unterscheidbarkeit von Spalten und Hostvariablen ist also fehlerträchtig. Allerdings lässt sich dieses Problem auch dadurch lösen, dass man den *Hostvariablen* zusätzlich zum „:" oder „@" ein Präfix zuweist und nicht den Spalten. Eine Where-Klausel könnte dann beispielsweise lauten:

```
WHERE kunden_nr = :hv_kunden_nr;
```

Vergisst man hier den Doppelpunkt, liefert der Datenbank-Server (oder schon der Embedded-SQL-Präprozessor) eine Fehlermeldung, weil die Spalte mit dem Namen „hv_kunden_nr" nicht existiert. Das Risiko unerkannter Bugs ist – zumindest für diesen Fehlertyp – gebannt. Ist man das Präfix „hv" für Hostvariablen gewohnt, fällt zudem eine syntaktisch zulässige, aber unkorrekte Where-Klausel wie die Folgende beim Durchlesen des Codes sofort als fehlerhaft ins Auge:

```
WHERE kunden_nr = kunden_nr;
```

Anzumerken ist an dieser Stelle, dass sich die Situation beim Präfix „@" – wie es etwa für lokale Variablen in TSQL-Prozeduren verwendet wird – weniger problematisch darstellt. Der Doppelpunkt ist vergleichsweise leicht zu überlesen. Ob bei der Standardisierung von Embedded SQL Alternativen zur Definition des „:" als Kennzeichen für Hostvariablen bestanden hätten, mag dahingestellt sein. Die Fragen bleiben:

▷ Sollte man Spaltennamen mit einem Zusatz wie „col" oder „sp" versehen oder nicht?

▷ Ist ein generell zu verwendendes Präfix für Hostvariablen eine Alternative?

Viele Tools für Endanwender und Programmierer setzen auf die Definition einer Datenbank auf. Prä- oder Suffixe für Spaltennamen erscheinen deswegen eher als problematisch. Die zweite Alternative, wenn nötig Hostvariablen mit einem extra Kennzeichen (zusätzlich zum Doppelpunkt) zu versehen, erscheint deshalb vernünftiger. Die aus dieser Vorgehensweise resultierenden Nachteile sollte man in Kauf nehmen, und zwar aus den folgenden Gründen:

▷ Namenskollisionen zwischen Schlüsselwörtern und englischen Bezeichnern lassen sich durch eine geschickte Wahl von Spaltennamen vermeiden, wie etwa „name_of_user" oder „last_changed_by" anstelle von „user".

▶ Wirklich sicheres Auffinden von Referenzen auf Spalten ist ohnehin nur mithilfe ausgefeilter, professioneller Werkzeuge möglich. Dies gilt insbesondere bei Namensgleichheiten zwischen Spalten in verschiedenen Tabellen. Solche Namensgleichheiten sind aber bei Fremdschlüsseln, View-Definitionen und dergleichen häufig. Und mithilfe einfacher Textsuche kann einfach nicht ermittelt werden, ob eine Spalte aus der einen oder anderen Tabelle selektiert wird. Denn die From-Klausel steht selbst bei sehr kurzen (und überdies schlecht formatierten) Abfragen normalerweise nicht in derselben Zeile wie der Spaltenname. Und Spaltennamen überall dort, wo sie verwendet werden, den vollständigen Tabellennamen hinzuzufügen, ist erheblicher Aufwand und verschlechtert die Lesbarkeit.

▶ Verwendet man ein Präfix für Hostvariablen, findet man Referenzen auf Spalten in Kommentaren mithilfe eines „find as word". Je nachdem, welche Programme für die Textsuche verwendet werden, sollte man aber den Namenszusatz ohne „_" an den Spaltennamen anschließen. Der Unterstrich wird nämlich teilweise als Wortgrenze interpretiert. So findet `grep -w kundenNr` auch den String „`:hv_kundenNr`", aber nicht „`:hvkundenNr`".

Generell zu verwendende Präfixe wie „col" oder „sp_" sind für Spaltennamen also nicht zu empfehlen. Für Bezeichner von Hostvariablen bietet ein spezielles Kürzel hingegen einen Sicherheitsvorteil, der den zusätzlichen Schreibaufwand rechtfertigen sollte. Werden für alle „Select´s" grundsätzlich Structures oder Records deklariert, deren Namen – beispielsweise durch Suffixe wie „_struct" oder „_rec" – eindeutig von den entsprechenden Tabellennamen zu unterscheiden sind, kann auf einen Namenszusatz für Hostvariablen aber verzichtet werden.

Werden Parameterwerte ohne Umspeichern in Variablen direkt in Abfragen verwendet, so sollte man diesen besonders präzise Namen geben, wie beispielsweise „kundennummer_eingabe" statt einfach nur „kundennummer". Dadurch lassen sich Konflikte mit den Bezeichnern von Spalten in der Regel vermeiden, ohne dass man Parameter durchgängig mit einem speziellen Präfix versehen muss.

Parameter, Variablen und Attribute

Ähnliche Probleme wie bei der Unterscheidung der Namen von Hostvariablen und Spalten in Client-/Server-Anwendungen ergeben sich auch beim Bezeichnen von Parametern, Variablen und Attributen. Beispielsweise versehen C++-Programmierer Attribute oft mit einem vorangestellten „m" oder „m_" für „Member-Variable". Manchmal wird auch zu einem „v" als Präfix für lokale Variablen geraten oder zu „a" bzw. „an" („ein") für Parameter. Je nach Programmiersprache findet man zudem die Empfehlung, durch die Vorsilben „in", „out" und „inout" zu verdeutlichen, welche Parameter nach der Abarbeitung einer Prozedur möglicherweise geänderte Werte enthalten und welche nicht.

Parameter als solche besonders zu kennzeichnen, hat folgende Vorteile:

- Es erleichtert das Lesen und Kontrollieren von Code.
- Es unterscheidet bei Namenskonflikten Parameter von lokalen Variablen und – bei objektorientierten Sprachen – gegebenenfalls von Attributen.

Das Erste ist ein Vorteil für denjenigen, der ein Programm warten oder einer Review unterziehen muss. Die Auflösung von Namenskonflikten in irgendeiner Form ist darüber hinaus eine Notwendigkeit, um ein Stück Code überhaupt übersetzen bzw. ausführen zu können. Allerdings bietet sich hierbei die Festlegung von Präfixen für lokale Variablen oder Attribute als Alternative an. Diese Alternative könnte wiederum auch die Lesbarkeit ebenso gut fördern wie in ein Namenszusatz für Parameter. Nur die mangelnde Unterscheidung von In- und Out-Parametern erweist sich dabei als nicht zu vermeidender Schwachpunkt.

Namenszusätze für Parameter sind also zumindest nicht unbedingt erforderlich. Die Frage ist, wie dies bei Variablen und Attributen aussieht.

Präfixe für *Attribute* sind ein Thema, das über die Implementierungsphase hinaus von Bedeutung ist. Ein objektorientiertes Modell einer Applikation wird oftmals mithilfe von Design-Werkzeugen erstellt, der Code darauf aufbauend zum Teil generiert. Dient das Design der Kommunikation mit einem Kunden, so wirken sich Namenszusätze eher störend aus. Außerdem setzen auf das Design möglicherweise weitere Werkzeuge auf. Deren Output bedarf bei der Verwendung von Präfixen für Attribute möglicherweise manueller Nacharbeiten.

Notwendig sind Präfixe für Attribute ohnehin nicht. Sie können jederzeit durch das Voranstellen des „this"-Pointers von Parametern und lokalen Variablen unterschieden werden. Entsprechend gilt auch für Klassenattribute, dass ihre Bezeichner durch Voranstellen des Klassennamens zu einer eindeutigen Referenz werden (mit „."-Notation bei Java, mit „::" bei C++). Die Verwendung von „this" bzw. dem Klassennamen verdeutlicht zudem, welche „Member" statischer Natur sind und welche nicht. Deswegen wird das Präfix „m" bzw. „m_" – trotz des weit verbreiteten Gebrauchs innerhalb der C++-Gemeinde – von vielen auch als schlicht überflüssig angesehen.

Wirklich problematisch wird ein Namenszusatz für Member-Variablen dann, wenn aufbauend auf ein objektorientiertes Design von C++ zu einer anderen objektorientierten Sprache gewechselt werden soll. Unter Java-Programmierern etwa ist das Präfix „m" ebenso ungebräuchlich wie missverständlich. Denn dort spricht man von „fields" und nicht von „member variables". Auch die Vorsilbe „its" (englisch für seiner / seine / seines) eignet sich wohl eher für Anfängerlehrbücher als für den professionellen Einsatz.

 Im Ergebnis bietet sich wie beim Thema „Hostvariablen und Spalten" an, die *Variablen* mit einem Präfix zu versehen und sonst nichts. Hauptgrund: Bei Schnittstellen sowie bei Entwickler- und Endbenutzer-Werkzeugen stören Namenszusätze irgendwelcher Art. Ein kleines „v", das den Bezeichnern von lokalen Variablen vorangestellt wird, reicht sowohl für die Lesbarkeit des Codes als auch zur Vermeidung von Namenskonflikten völlig aus. Es hat aber keinen Einfluss auf die Einsatzmöglichkeiten irgendwelcher Entwicklungs- oder Endanwender-Tools.

Damit kann man das Thema „Präfixe für Spalten, Attribute, Variablen und Parameter" unter einer einheitlichen Regel zusammenfassen: *Namenszusätze sollten, wenn es irgendwie geht, nur auf lokaler Ebene genutzt werden.* Folgt man dieser Regel, hat auch das Vergessen der Präfixe meist keine gravierenden Auswirkungen. Besser ist es aber, auch in diesem Bereich Konventionen durchzuhalten. Damit vermeidet man „Fehltreffer" bei der Textsuche.

Die einheitliche Vorgabe, keine Präfixe für Spalten, Attribute, und Parameter zu verwenden, ist allerdings mit der Inkaufnahme einiger – allerdings geringer – Nachteile verbunden:

▶ Beim Kodieren müssen C++-Entwickler ein paar Zeichen mehr eintippen, weil „this->" länger ist als „m_".

▶ Die zusätzlichen Zeichen für „this->" und dergleichen erschweren bei längeren Ausdrücken unter Umständen eine übersichtliche Formatierung.

▷ Eine zusätzliche Unterscheidung von In- und Out-Parametern anhand eines Namenszusatzes findet nicht statt.

Diesen Nachteilen kann man aber Folgendes noch entgegenhalten:

▷ In der Designphase ist das Hinzufügen von Präfixen zu Attributnamen ausschließlich störend.

▷ In- und Out-Parameter können bei gut gewählten Bezeichnern praktisch immer auch ohne ein extra Prä- oder Suffix unterschieden werden. Beispielsweise bezeichnet man die Parameter von Kopier-Prozeduren als „Quelle" und „Ziel" oder als „von" und „nach". Bei „C" erscheinen Out-Parameter ohnehin grundsätzlich als Pointer und sollten – zumindest falls Missverständnisse möglich sind – mit einem dementsprechenden Suffix gekennzeichnet sein.

Sofern Präfixe für Attribute und Parameter nicht bereits als flächendeckender Standard eingeführt sind, sollte man sie also meiden. Für Variablen empfiehlt sich ein kleines „v" als Namenszusatz. Wenn man darüber hinaus den Gültigkeitsbereich kennzeichnen will, kommen auch „g" für „global", „m" zur Kennzeichnung der Modulebene und ein „l" für lokale Variablen in Frage. Beim „l" besteht allerdings Verwechslungsgefahr mit einem Präfix für den Datentyp „long", zudem ähnelt es oft einer „1". Deswegen erscheint das „v" günstiger, auch wenn man dabei einen mnemotechnischen Nachteil in Kauf nehmen muss. Im folgenden Abschnitt wird noch einmal etwas detaillierter auf Namenszusätze zur Charakterisierung des Gültigkeitsbereiches von Variablen eingegangen.

Offen bleibt noch die Frage, ob man die Präfixe für Variable in Verbindung mit einem Unterstrich gebrauchen sollte. Hierbei richtet man sich sinnvollerweise danach, ob generell Unterstriche zur Trennung von Namensbestandteilen verwendet werden. Damit wird auch dieser Punkt einheitlich und somit einfach geregelt.

Gültigkeitsbereich

Das Präfix „g" oder „g_" für globale Variable ist weit verbreitet, und für C- oder Modula-2/3-Programme wird häufig ein „m" zur Kennzeichnung modulweit sichtbarer Datenobjekte verwendet. Beim Lesen von Quellcode erweisen sich Präfixe, die den Gültigkeitsbereich von Variablen verdeutlichen, meist als hilfreich. Bei C++-Programmierern kann die Verwendung des Buchstabens „m" in diesem Zusammenhang allerdings zu Missverständnissen führen. Denn das „m" oder „m_" erinnert nicht nur an „Modul", sondern auch an „member variable" und „method". Und globale Variablen sollte man ohnehin so wenig wie möglich verwenden. Lohnen sich Präfixe zur Charakterisierung der Sichtbarkeit also?

Ein Argument spricht besonders dafür: Das „Verdecken" von Variablen mit einem anderen Gültigkeitsbereich entfällt, weil global bzw. modulweit sichtbare Variablen niemals den exakt gleichen Namen haben wie lokale. Nur bei geschachtelten Prozeduren, wie sie beispielsweise von Modula-2/3 unterstützt werden, ist das Verdecken von Bezeichnern mit einem allgemeineren Gültigkeitsbereich auch bei Verwendung entsprechender Präfixe nicht völlig auszuschließen.

Bevor man weitere Überlegungen zum diesem Thema anstellt, muss man allerdings erst einmal einige begriffliche Dinge präzisieren. Denn:

▶ Mit dem Schlüsselwort „global" deklariert man in Basic applikationsweit sichtbare Variablen, in Python hingegen greift man damit aus einer Funktion heraus auf eine Variable des Moduls zu, innerhalb dessen die Funktion deklariert ist.

▶ Bei der Programmiersprache Perl gibt es das Schlüsselwort „global" nicht. Allerdings sind dort alle Variablen applikationsweit zugreifbar, die nicht explizit mit Hilfe von „my" oder „local" als lokal deklariert wurden.

▶ Globale Variablen im Sinne von Basic oder Perl gibt es in vielen Programmiersprachen nicht. Stattdessen werden Variablen aus Modulen, Paketen oder Klassen heraus explizit oder implizit zugreifbar gemacht. Mit Anweisungen wie „extern", „import", „with" oder „use" wird dann an anderer Stelle auf die Variablen zugegriffen. Datenobjekte, die genau einmal je laufender Applikation benötigt werden, kapselt man bei diesen Programmiersprachen sinnvollerweise in einem bestimmten Modul (bzw. einem Paket oder einer Klasse).

In modernen Sprachen wie Ada, Modula-2 bzw. -3 oder Java wird entweder beim Import oder bei der Verwendung der Modul- bzw. Paketname mit angegeben. Dies gilt unabhängig davon, ob Variablen, Prozeduren, Konstante, Typdefinitionen oder Methoden importiert werden. Lediglich die „extern"-Anweisung bei „C" verhält sich demgegenüber etwas antiquiert. Hier empfiehlt sich gegebenenfalls ein Modulpräfix im Bezeichner einer „importierten"

Funktion oder Variablen. Ein führendes „g" oder „g_" macht auch hier wenig Sinn.

Folgt man der Devise, Präfixe von Spalten-, Attribut- und Parameternamen möglichst fern zu halten, bietet sich die Kennzeichnung von Variablen – zunächst einmal unabhängig davon, welchen Gültigkeitsbereich sie haben – aber an. Bei solchen Programmiersprachen, wo es globale oder auf Modul-Ebene sichtbare Variablen gibt, sollte man dann auch den Gültigkeitsbereich durch ein „g", „m" oder „v" verdeutlichen. Der Code wird dadurch lesbarer, ein ungewolltes Verdecken von Bezeichnern zudem ausgeschlossen.

Für objektorientierte Programmiersprachen stellt sich abschließend noch die Frage, ob man beispielsweise für private oder paketweit sichtbare Attribute ein Prä- oder Suffix definieren sollte. In der Praxis ginge es hier aber genau genommen nur um die Unterscheidung zwischen „private" und „protected", weil „public"-Attribute ohnehin möglichst nicht verwendet werden sollten. Da auch „protected"-Attribute eher die Ausnahme als die Regel darstellen, sind entsprechende Prä- oder Suffixe allerdings zu Recht unüblich.

Zusammenfassung

Das Thema „Prä- und Suffixe" lässt sich ebenso einfach wie vernünftig regeln, wenn man folgende Leitlinien beachtet:

▶ Präfixe verwendet man ausschließlich

  – für Modul- bzw. Herstellerkürzel und
  – zur Kennzeichnung des Gültigkeitsbereichs von Variablen.

▶ Suffixe nutzt man

  – für Datentypen (einschließlich Klassen), aber nur, soweit dies für die Verständlichkeit des Codes oder zur Vermeidung von Namenskollisionen erforderlich ist sowie
  – bei Bedarf zur Kennzeichnung von Aggregaten und Einheiten.

▶ Alle übrigen Probleme lassen sich durch gut gewählte, „sprechende" Namen vermeiden.

Nimmt man die für viele etwas ungewohnte Vorgehensweise in Kauf, Bezeichner von (lokalen) *Variablen* mit einem Präfix zu versehen, steht einer Namensvergabe, die lesbaren Code mit ungehindertem Tooleinsatz verbindet, also nichts im Wege.

Die Empfehlung bezüglich der Suffixe ist zugegebenermaßen in einigen Punkten etwas ungewohnt, weil etwa „max", „min" und „tmp" – im Gegensatz zu „cnt" oder „len" – häufig als Präfixe verwendet werden. Letztendlich sollte man sich innerhalb des betroffenen Teams darauf einigen, ob man

- eine durchgängige, aber manchmal etwas fremd klingende Bezeichnungsweise wählt, oder ob man
- einzeln festlegt, welcher Namenszusatz als Prä- und welcher als Suffix zu verwenden ist.

Die zweite Lösung stellt durchaus eine Alternative dar. Es jedem Entwickler einzeln zu überlassen, ob und wann er „max", „min", „tmp" und dergleichen als Prä- bzw. Suffix verwendet, ist allerdings der falsche Weg. Denn dann entstehen mit Sicherheit uneinheitliche Namen mit all ihren Nachteilen.

In Tabelle 6.2 sind noch einmal eine Reihe von gängigen Suffixen aufgeführt und mit Hinweisen bezüglich ihrer Verwendung versehen. Aufbauend auf diese Liste können Konventionen für den Gebrauch von Suffixen und auch Präfixen leicht festgelegt werden.

Suffix	Bedeutung	Bemerkungen
max	Maximum	*Häufig auch als Präfix verwendet.*
min	Minimum	*Häufig auch als Präfix verwendet.*
sum	Summe	
cnt	Anzahl	Englisch „count" ist weitaus gebräuchlicher als das deutsche Wort „Anzahl".
avg	Durchschnitt (arithmetischer Mittelwert)	Für „average" gibt es keine geeignete deutsche Abkürzung, weil im Deutschen ein Sonderzeichen verwendet wird. *Häufig auch als Präfix verwendet.*
agg	Aggregat(e), zusammengefasste(r) Wert(e)	Falls ein ganzer Record mit zusammengefassten Werten gebildet wird, bietet sich dieses Suffix im Namen an.
pos	Position	

Tabelle 6.2: Häufig verwendete Suffixe

Suffix	Bedeutung	Bemerkungen
loc	Koordinate, Stelle	Englisch „location" ist weitaus gebräuchlicher als die entsprechenden deutschen Ausdrücke.
cur	aktuell(er), laufend(er)	Englisch „current" ist weitaus gebräuchlicher als das deutsche Wort „aktuell" oder „laufend". Verwechslungsgefahr mit Abkürzung für „cursor" ist gegeben. „Cursor" kann aber sinnvoll mit „crsr" oder „crs" abgekürzt werden. *Häufig auch als Präfix verwendet.*
len	Länge	Englisch „length" ist weitaus gebräuchlicher als das deutsche Wort „Länge".
num	Nummer, Anzahl	Englisch „number" kann „Nummer", aber auch „Anzahl" bedeuten. Das Suffix „num" sollte man deshalb *nicht verwenden*.
no	Nummer	Englische Abkürzung für „number" im Sinne von „Nummer". Verwechslungsgefahr mit „no" für „nein. Das Suffix „no" sollte man deshalb zumindest bei grundsätzlich deutscher Namensvergabe *nicht verwenden*.
nr	Nummer	Im Gegensatz zum Begriff „Index" assoziiert man mit „Nummer" meist einen Startwert von 1, nicht 0. „Nummer" wird zudem im allgemeinen Sprachgebrauch für identifizierende *Zeichenketten* verwendet, die auch Buchstaben und Sonderzeichen enthalten können.
id	Identifikation	Für *identifizierende* Nummern oder Zeichenketten. Häufig für System-interne Nummern verwendet.
lfd	laufende Nummer	Über Hochzählen von einem Startwert aus vergebene Nummer. Manchmal auch als Teil einer Nummer, die klassifizierende Anteile enthält.
idx	Index	Zum einen für (Lauf-)Indizes bei Arrays, zum anderen auch für Index-Tabellen in Datenbanken. Der Startwert für Laufindizes ist *meistens, aber nicht immer* 0.

Tabelle 6.2: Häufig verwendete Suffixe (Forts.)

Suffix	Bedeutung	Bemerkungen
tbl	Tabelle	Für tabellarische Darstellungen („grids"), aber auch für physikalische Tabellen in Datenbanken. Greifen Anwender über entsprechende Werkzeuge direkt auf physikalische Tabellen zu, sollte man Tabellennamen ohne Prä- oder Suffixe verwenden.
t	Typ, Tabelle	Wird für Typ-Definitionen, aber auch für physikalische Tabellen in Datenbanken verwendet. Sollte so eingesetzt werden, dass keine Verwechslungsgefahr besteht.
typ	Typ	Sinnvolle Alternative zu "t" für Typ, da hinreichend kurz und keine Verwechslung mit „Tabelle" möglich.
v	View	Virtuelle Tabelle in Datenbanken. Falls Zugriff für Endbenutzer möglich, sollte man Viewnamen ohne Prä- oder Suffixe verwenden.
fld	Feld	Für Felder (mit veränderlichem Inhalt) in Benutzer-Schnittstellen. *Nicht* zu *verwenden* für Arrays oder für „Fields" bei Java-Klassen.
lbl	Label	Für Feldüberschriften in Benutzer-Schnittstellen. Auch alternative Bezeichnungen sind meist englisch („title", „trim" usw.).
btn	Schaltfläche	Englisch „button" ist weitaus gebräuchlicher und besser abzukürzen als das deutsche Wort „Schaltfläche".
msg	Meldung	Englisch „message" ist weitaus gebräuchlicher als das deutsche Wort „Meldung".
buf	Puffer (Zwischenspeicher)	Englisch „buffer" ist weitaus gebräuchlicher als das deutsche Wort „Puffer".
arr	Array	Englisch „array" ist weitaus gebräuchlicher als das deutsche Wort „Feld".
ptr	Zeigervariable	Englisch „pointer" ist weitaus gebräuchlicher als das deutsche Wort „Zeiger".
str	String	Englisch „string" ist weitaus gebräuchlicher als das deutsche Wort „Zeichenkette". Um Verwechslungen auszuschließen, sollte „str" nicht mit der Bedeutung „struct" oder „structure" verwendet werden.

Tabelle 6.2: Häufig verwendete Suffixe (Forts.)

Suffix	Bedeutung	Bemerkungen
rec	Datensatz	Englisch „record" ist weitaus gebräuchlicher als das deutsche Wort „Datensatz". Wegen der analogen Bedeutung bietet sich „rec" auch als Abkürzung für „structure" an.
row	Zeile	Englisch „row" ist weitaus gebräuchlicher als das deutsche Wort „Zeile".
col	Spalte	Englisch „column" ist weitaus gebräuchlicher als das deutsche Wort „Spalte". Spaltennamen in Datenbanken sollten aber grundsätzlich kein Prä- oder Suffix haben.
tmp	temporär	*Häufig auch als Präfix verwendet.*

Tabelle 6.2: Häufig verwendete Suffixe (Forts.)

6.1.8 Verwendung von Substantiven, Adjektiven und Verben

Der Wunsch nach „aussagekräftigen" oder „sprechenden" Bezeichnern findet sich in nahezu jeder Programmierrichtlinie. Wirklich hilfreich sind diesbezügliche Regelungen aber nur dann, wenn sie stärker ins Detail gehen.

Namen sollten zunächst einmal problem- und nicht implementierungsorientiert gewählt werden. Wird beispielsweise eine Matrizenoperation innerhalb zweier geschachtelter Schleifen ausgeführt, so nützt es wenig, für die Zählervariablen statt „i" und „j" Bezeichner wie „zaehler_innen" und „zaehler_aussen" zu wählen. Sinnvoller sind „zeilen_nr" und „spalten_nr" oder „rowIdx" und „colIdx".

Zum Zweiten gibt es Standards dafür, wie Bezeichner bestimmter Art aus Substantiven, Adjektiven und Verben zu bilden sind. Das Beachten dieser Konventionen ermöglicht es in den meisten Fällen, schnell einen treffenden Namen für ein Datenobjekt oder eine Prozedur zu finden. Dementsprechende Regelungen in eine Programmierrichtlinie aufzunehmen, ist also vor allem eine *Hilfestellung*. Sie sollten deshalb auch nicht allzu restriktiv gehandhabt werden, sondern eher als Empfehlung dienen.

Klassen und Module

Klassen und Module bezeichnen Kategorien von Dingen. Sie werden deswegen mit Substantiven bezeichnet. Bei Klassen gilt zudem die Regel, den Singular zu verwenden. Sonst leidet die Lesbarkeit bei Deklarationen, Konstruktoraufrufen und dergleichen. Ausnahmen hiervon gibt es nur in sehr seltenen Fällen, etwa bei Klassen, die lediglich als Sammlung statischer Methoden auf einem gewissen Gebiet dienen. Wenn ein Substantiv allein eine Klasse nicht hinreichend genau bezeichnet, wird der Name zur Präzisierung um ein Adjektiv ergänzt (z.B. „SortierteListe").

Attribute, Variablen und Parameter

Attribute benennen Eigenschaften von Objekten. Attributnamen sind deshalb genau wie Klassennamen meist Substantive im Singular, wie beispielsweise „einkaufspreis", „familienname" oder „street". Sind die Attribute selbst Mengen von Objekten, so werden sie mit Substantiven im Plural bezeichnet (z.B. ein Attribut „Teile" bei einer Klasse „Baugruppe").

Attribute, die Wahrheitswerte enthalten, bekommen Namen, die mit „ist", „hat", „erlaubt" oder dergleichen beginnen. Bei Datumswerten sind auch Bezeichner wie „erstellt_am" und Ähnliches üblich. Sinnvollerweise legt man fest, ob so gebildete Attributnamen verwendet werden dürfen, oder stattdessen „Erstelldatum" und dergleichen zu gebrauchen sind.

Für Variablen und Parameter gelten die gleichen Regeln wie für Attribute.

Konstanten und Ausnahmen

Konstanten bezeichnen im Allgemeinen Objekte, die sich durch eine bestimmte Eigenschaft aus einer Menge herausheben, wie beispielsweise eine Maximal- oder Minimalgröße, einen Ausgangs- oder Endwert usw. Konstantennamen bestehen deshalb meist aus der Kombination eines Substantives mit einem Adjektiv.

Ausnahmen (Exceptions) sind unzulässige Zustände innerhalb eines Programmablaufs. Ihr Name sollte deshalb wie der Bezeichner einer Konstanten aus einem Substantiv bestehen und einem Adjektiv. Das Adjektiv charakterisiert dabei, inwiefern der Zustand nicht erlaubt ist.

Kann der fehlerhafte Zustand nicht genau genug spezifiziert werden, benennt man die Ausnahme meist nach dem Vorgang, der fehlgeschlagen ist. Sind Ausnahmen als Klassen implementiert – wie dies bei objektorientierten Sprachen üblich ist – so werden in der Objekthierarchie höher gelegene Ausnahme-Klassen oftmals nur nach dem Bereich oder Systemteil benannt, dem sie zuzuordnen sind (z.B. „IOException").

Methoden, Prozeduren und Funktionen

Methoden, Prozeduren und Funktionen spezifizieren Abläufe. Der Name kann dementsprechend

- das Ereignis bezeichnen, das den Ablauf auslöst,
- die auszuführende Tätigkeit bezeichnen oder
- das Ergebnis des Ablaufs.

Methoden oder Prozeduren werden nach einem *Ereignis* benannt, wenn es sich um so genannte „Callbacks" handelt. Meist werden sie bei grafischen Benutzerschnittstellen verwendet, um beispielsweise die Reaktion auf das Auswählen eines Menüeintrags festzulegen. In nicht objektorientierten Sprachen benennt man Callbacks nach dem Objekt, auf dem das Ereignis stattgefunden hat, plus dem Ereignis (z.B. „Schaltflaeche_Click").

Bei Funktionsprozeduren bzw. Methoden, die einen Rückgabewert liefern, beschreibt der Name das *Ergebnis*. In der objektorientierten Programmierung bekommen Methoden, die einen Attributwert liefern, im Allgemeinen zusätzlich das Präfix „get".

Eine generelle Ausnahme davon bilden Methoden, die einen *boolschen Wert* zurückgeben, wie etwa „isVisible()". Auch bei *Umwandlungsfunktionen* und -methoden verzichtet man oft auf die Vorsilbe „get". Stattdessen beginnt der Name mit „to" oder „as" („toHex", „toupper", „asList" usw.). Manchmal besteht er auch einfach nur aus einer Bezeichnung des Umwandlungsergebnisses („hex", „upper" usw.).

In allen verbleibenden Fällen bezeichnet der Prozedur- oder Methodenname eine *Tätigkeit*. Hierbei kann man grundsätzlich entweder den Infinitiv oder den Imperativ zur Beschreibung der Aktion wählen, also beispielsweise „datei_loeschen" oder „loesche_datei".[1] In nicht objektorientierten Sprachen bevorzugen einige Entwickler die erste Form, weil dabei die Reihenfolge

---

1. Das Problem der Wahl zwischen Infinitiv und Imperativ wird bei englischsprachigen Bezeichnern durch die Tatsache verdeckt, dass Grund- und Befehlsform eines Verbs dort gleich lauten.

Objekt – Methode hergestellt werden kann. *Im professionellen Umfeld hat sich jedoch die zweite Form ganz klar durchgesetzt.*

Prozedurnamen bestehen also aus einem Verb in der Befehlsform und gegebenenfalls der Bezeichnung des Objektes, auf dem die Operation auszuführen ist. Dabei sollte die natürliche Wortfolge Verb – Objekt gewählt werden. Auch hier gilt allerdings:

> Wird bereits durchgängig mit der Form „Objekt + Infinitiv" gearbeitet, sollte man dies beibehalten. Ein Wechsel von Namenskonventionen bewirkt immer für eine relativ lange Übergangszeit uneinheitliche Bezeichner und damit genau das Gegenteil dessen, was die Standardisierung leisten soll.

Speziell bei Methodennamen trifft man noch auf die grundlegende Frage bezüglich der Verwendung englischer Präfixe bei ansonsten deutscher Namensvergabe. Sprachmischungen innerhalb von Bezeichnern gelten zu Recht als unschön. Allerdings sind sie gerade bei „getter"- und „setter"-Methoden kaum zu vermeiden. Der deutsche Ersatz „gib" oder „hole" für „get" (bzw. „setze" für „set") klingt nicht nur schlecht, sondern ist auch mit den Konventionen für Java-Beans und den Funktionalitäten gängiger Entwicklungswerkzeuge nicht verträglich. Da besonders bei Datenbank-Applikationen der Einsatz von Endanwender-Tools nicht durch eine Sprachbarriere behindert werden sollte, lassen sich also Bezeichner wie „getKundenNummer" oder „setFamilienName" nicht ohne weiteres vermeiden.

Wie mit dieser Problematik umgegangen werden soll, muss abhängig von den Rahmenbedingungen des Projektes entschieden werden. Wird beispielsweise eine IDE verwendet, bei der Präfixe für „getter"- und „setter"-Methoden frei definiert werden können, und sind zudem Java-Beans kein Thema, so bieten sich gegebenenfalls deutsche Präfixe an. Eine Alternative wäre ein zweisprachiges System: Englisch intern, an allen Schnittstellen zum Anwender Deutsch.

6.1.9 Reihenfolge

Bereits im Zusammenhang mit der Verwendung von Prä- und Suffixen wurden einige Aussagen darüber gemacht, in welcher Reihenfolge man Teile eines Bezeichners zusammensetzen sollte. Etwas verallgemeinert betrachtet ist auch dieses Thema Anlass zu etlichen Glaubenskriegen, denn es stehen sich zwei meist nicht zu vereinbarende Ansätze gegenüber:

▶ Der Erste besagt, man solle bei der Namensvergabe immer vom Allgemeinen zum Speziellen gehen.

▶ Der Zweite schreibt vor, Namen von Bezeichnern so zu wählen, dass man Anweisungen – soweit machbar – wie einen Satz in natürlicher Sprache lesen kann.

Sollte man also eine Variable besser „erstellDatum" oder eher „datumErstellt" nennen? Ist „anzahlKunden" oder „kundenAnzahl" zu bevorzugen? Nennen wir die Datei „tmpFile" oder „fileTmp"? Wählen wir „laenge_max" oder „max_laenge"?

In vielen Sourcen findet man – mangels entsprechender Regelungen – eine bunte Mischung dieser Möglichkeiten. Allerdings scheint sich die zweite Lösung im Großen und Ganzen durchzusetzen. Der Grund dafür liegt in der Tatsache, dass der zunächst recht überzeugend klingende erste Ansatz schlecht durchzuhalten ist.

> Der theoretisch gut begründete Wunsch, bei der Namensvergabe immer vom Allgemeinen zum Speziellen zu gehen, führt in der Praxis vielfach zu Bezeichnern, die schlicht unaussprechlich sind. Dies ist vor allem dann völlig inakzeptabel, wenn Prozedur- oder Methodennamen Teil eines zu veröffentlichenden APIs sind.

Ein Bezeichner wie „gib_naechste_Artikelnummer" klingt beispielsweise durchaus vernünftig, aber „gib_Artikelnummer_naechste" kann man einem Kunden einfach nicht zumuten. Wenn man derartige gut gemeinte Ratschläge in irgendwelchen „Style-Guides" oder „Coding Standards" im Internet findet, ignoriert man sie besser. Insbesondere kann man auch keinem Benutzer zumuten, beim Erstellen eines Berichts mithilfe eines Endanwender-Tools, Überschriften wie etwa „NameVor" oder „NameFamilie" generiert zu bekommen.[2]

---

2. Diese beiden Beispiele sind keineswegs frei erfunden, sondern analog zu ernst gemeinten Vorschlägen in einem im Internet veröffentlichten Style-Guide gebildet.

Die Regel, dass man sich bei der Reihenfolge von Wörtern innerhalb von Bezeichnern an einer natürlichen Sprechweise orientieren solle, löst aber noch nicht alle Probleme auf diesem Gebiet. Denn im Deutschen kann man nahezu ebenso gut von „Länge maximal" wie von „Maximallänge" oder „maximaler Länge" sprechen. Im Englischen gibt es diese Schwierigkeit nicht oder zumindest nur in geringerem Ausmaß. Dort muss es eindeutig „maximum length" heißen. Ähnliches gilt etwa für „Anzahl (der) Kunden" und „Kundenanzahl" – englisch lautet es „customer count".

Diese Beispiele zeigen die Vorteile der Freiheiten, die das Deutsche bei der Namensvergabe bietet. Das Problematische an der englischen Sprache besteht hier darin, dass Bezeichner für gerade in der EDV häufig benutzte Aggregate – wie Anzahl, Maximum und Minimum – nicht einheitlich gebildet werden. Im Deutschen kann man die Namensbestandteile, die die Aggregate bezeichnen, sowohl *durchgängig* an den Anfang wie auch generell an das Ende stellen:

- MindestDauer,
- anzahl_Kunden,
- maximal_Laenge und
- summeRechnungsPositionen

sind prinzipiell genauso akzeptabel wie

- dauerMinimal,
- kunden_Anzahl,
- laenge_maximal und
- rechnungsPositionsSumme.

Benutzt man deutsche Bezeichner, sollte man die Reihenfolge ihrer Bestandteile für die Fälle, wo es (sinnvolle) Wahlmöglichkeiten gibt, also ausdrücklich festlegen. Zweckmäßige Alternativen hierzu sind:

1. Orientierung am *Englischen* – die meisten Aggregatbezeichner werden vorangestellt, Anzahl („count") kommt ans Ende.

2. Die Bezeichnungen für zusammengefasste Werte werden durchgängig an den Namen *angehängt*.
3. Die Bezeichnungen für die Aggregate setzt man einheitlich an den *Anfang*.

Die erste Regel hat den Vorteil, dass sie zu den meist englischen Namen aus Standardbibliotheken und dergleichen passt. Die Zweite bietet im Allgemeinen Vorteile, wenn man

- Zusammenhänge im Code durch horizontale Ausrichtungen verdeutlichen will,
- bei einer alphabetischen Sortierung von Bezeichnern logisch zusammengehörende hintereinander sehen möchte oder
- eine Regelung bevorzugt, die sich weit gehend ohne Ausnahmen durchhalten lässt.

Die dritte Vorgehensweise wiederum ist durchgängig und stimmt bis auf Ausnahmen mit der englischen Bezeichnungsweise überein. Außerdem passt sie unter Beachtung der natürlichen Sprechweise auf Bezeichner, die mit „naechste", „erste", „letzte" oder dergleichen beginnen. Diesbezüglich ist sie der zweiten Regelungsalternative also sogar noch überlegen.

Ihre Nachteile in Bezug auf Ausrichtung und Sortierung kann man teilweise dadurch kompensieren, dass man durchgängig Präfixe gleicher Länge verwendet, also nicht nur „max" und „min", sondern beispielsweise auch „nxt" für „naechste". Allerdings nimmt man dabei „Sprachmischmasch" in Kauf, wenn man auf die wesentlich verbreiteteren und verständlicheren englischen Kürzel zurückgreift. So gebildete Bezeichner sind für externe Kunden oftmals nicht akzeptabel.

Entscheidet man sich für eine deutsche Namensvergabe, so lassen sich die daraus resultierenden Vorteile also nur begrenzt nutzen. Die Entscheidung muss gefällt werden zwischen:

- Kompatibilität mit dem Englischen,
- Vorteilen in Bezug auf Sortierung und Ausrichtung sowie
- nahezu vollständiger Durchgängigkeit der Regelung.

---

3. Man denke hier beispielsweise an Begriffe wie „Bilanz*summe*" und „*Mindest*dauer".

> Im Zweifel muss dabei zunächst von den Anforderungen an das zu entwickelnde System ausgegangen werden – der Sprachgebrauch bei den Kunden hat mit Sicherheit Priorität vor den Vorteilen, die eine Regelung für die Entwickler hat. Dies kann sogar dazu führen, dass man um Ausnahmen für eine Regelung, die sich theoretisch gut durchhalten ließe, nicht herumkommt.[1]

Die Grundregel, beim Zusammensetzen von Wörtern zu Bezeichnern die „natürliche" Reihenfolge zu verwenden, lässt sich also mit einem Zusatz für die Handhabung von „Qualifiern" für Aggregate gut durchhalten. Dennoch bleiben noch Details offen:

▷ Zum einen ist es vielfach üblich, bei Enumerationstypen den Bezeichnern für die Werte den Typnamen *voranzustellen*.

▷ Zum anderen gibt es – insbesondere für Datumswerte – teilweise unterschiedliche Bezeichnungsweisen, die auch eine andere Wortstellung implizieren.

Die Regel für Aufzählungstypen entspricht im Ergebnis der Schreibweise, die entsteht, wenn man die Enumwerte als statische Attribute einer Klasse definiert:

```
/* Beispiel in C */
typedef enum {status_error, status_ok, status_no_data} status;
status read_status = status_ok;
```

```
/* Analog in Java */
class status {
    public static final int error  = -1;
    public static final int ok     =  0;
```

```
    public static final int no_data = 1;
...
int lese_status = status.ok;
```

Auch wenn „ok_status" der natürlichen Sprechweise möglicherweise näher kommt, ist das Voranstellen des Typnamens bei den Enum-Werten offensichtlich eine durchaus akzeptable Alternative. Eine entsprechende Sonderregel kann oder sollte man sogar für Sprachen festlegen, die Aufzählungstypen unterstützen.

Bleibt als letzter Punkt die Bezeichnungsweise von Datumswerten und ähnlichen Problemfällen. Wählt man Variablennamen wie „erstellDatum" oder „aenderungsDatum" anstelle von „datumErstellt" bzw. „datumGeaendert", so hat dies den Vorteil, das die Bezeichnung des Datentyps („Datum") am Ende steht. Den Anwender, der einen Datensatz angelegt hat, kann man analog als „Ersteller" speichern. Allerdings gibt es weder im Deutschen einen „Aktualisierer" oder „Änderer", noch im Englischen einen „Updater". Deswegen bieten sich eher die folgenden Bezeichner an:

- angelegt_am
- angelegt_von
- geaendert_am
- geaendert_von

Entsprechende englische Variablennamen könnten etwa lauten:

- created_when
- created_by
- last_update_when
- last_update_by

Auch diese Bezeichnungen entsprechen einer natürlichsprachigen Wortfolge und können – wenn man den Unterstrich durch ein Leerzeichen ersetzt – direkt auch als Überschriften in Masken oder Reports verwendet werden.

6.1.10 Sonstige Regeln

Wer für alle Objekte eines Datenverarbeitungssystems

- Eindeutige,
- verständliche
- und nach einheitlichen Regeln gebildete

Bezeichner haben möchte, muss – wie die vorangehenden Kapitel gezeigt haben – eine ganze Reihe von Details bei der Namensvergabe festlegen. Neben diesen überwiegend sehr konkret formulierbaren Standards gibt es einige Grundregeln, die ebenso wichtig sind, deren Einhaltung aber nicht anhand einfacher syntaktischer Kriterien überprüft werden kann. Beispiele hierfür sind:

- Bezeichner, die mit anderen verwechselt werden können, weil sie diesen im Schriftbild ähneln oder – gesprochen – ähnlich klingen, sind zu vermeiden.
- Irreführende oder missverständlich Namen sollten nicht verwendet werden.
- Alle Bezeichnungen sollten problemorientiert und so präzise wie möglich gewählt sein.

Diese Regeln schließen selbstverständlich ein, dass Schlüsselwörter – falls die Sprache ihre Verwendung als Bezeichner zulässt – nicht als Variablen- oder Prozedurnamen gebraucht werden dürfen. Entsprechendes gilt auch für erst zukünftig reservierte Wörter, für Namen von Standardprozeduren usw.

> Weiterhin sollten Programmierrichtlinien immer an geeigneter Stelle einen Hinweis darauf enthalten, dass jede Deklaration mit einem Kommentar zu versehen ist, der den Verwendungszweck des deklarierten Objektes angibt. Jeder Entwickler sollte nach dem Niederschreiben dieses Kommentars noch einmal prüfen, ob der Bezeichner für das Objekt adäquat gewählt ist (und den Regelungen entspricht!). Eine schlechte oder gar regelwidrige Namensvergabe fällt bei einem solchen Check meist sofort auf.

6.2 Ablage

Oftmals werden Regeln in Bezug auf die Ablage von Dateien (und eventuell Hardcopys) in einen eigenen Zuständigkeitsbereich ausgegliedert, den man meist als „Konfigurationsmanagement" oder „Versions- und Konfigurationsmanagement" bezeichnet. Insoweit gehören Regelungen bezüglich der Ablage nur am Rande zu Programmierrichtlinien.

Allerdings ist nicht jedes Projekt so umfangreich und organisatorisch so stark gegliedert, dass es lohnt, Vorgaben bezüglich Speicherung bzw. Check-In von Dateien in ein eigenständiges Schriftstück auszulagern. Dies gilt umso mehr, als es enge Zusammenhänge zwischen dem Inhalt von Source-Dateien und ihrer Ablage gibt. Beispielsweise sollten File-Header – sofern man ein Versions-Management-System verwendet – die notwendigen Keywords enthalten, die beim Einchecken automatisch durch Angaben über den Programmautor, das letzte Änderungsdatum und dergleichen ersetzt werden.

Letztendlich muss jeder Entwickler wissen,

- welche Informationen – beispielsweise bezüglich Anforderungen – er wo findet,
- wo die von ihm produzierten Dateien und Schriftstücke abzulegen sind und
- wann und wie der Ablagevorgang im Einzelnen durchzuführen ist.

Der zuletzt genannte Punkt umfasst Fragen wie beispielsweise die Benachrichtigung von Testern, den Inhalt von Einträgen in das Änderungsprotokoll und Ähnliches. Anders ausgedrückt muss man also regeln,

- was,
- wann,
- wo und
- wie

abzulegen ist. Im Details bedeutet dies zu definieren,

- welche Arten von Dateien bzw. Schriftstücken
- bei welchem auslösenden Ereignis oder in welchem zeitlichen Rhythmus
- in welchem Verzeichnis oder Ordner

zu speichern bzw. zu archivieren sind und welche Vor- oder Nacharbeiten dabei ausgeführt werden müssen.

> Darüber hinaus müssen die mit diesen Vorgaben verbundenen Einstellparameter, Umgebungsvariablen, Flags und dergleichen für die verwendeten Entwicklungswerkzeuge festgelegt werden.

Wie man die Ablage am besten regelt, hängt in erster Linie davon ab,

- welche Operationen auf den abgelegten Dateien auszuführen sind und
- welche Tools dabei zum Einsatz kommen sollen.

Diese Rahmenbedingungen sollte man sich bei jedem Projekt unbedingt näher ansehen, denn es geht bei der Softwareentwicklung um weit mehr als nur darum, Quellcode zu erstellen und diesen zu Compilieren:

- Sourcen – und auch andere Dateien – müssen oftmals nach bestimmten Schlagwörtern durchsucht werden. Dies funktioniert normalerweise ausschließlich auf „plain text"-Files und selbst dann nur, wenn man sie nicht komprimiert speichert. Das Auffinden einer bestimmten Datei*version*, die einen gegebenen String enthält, ist überdies meist mit besonderen Problemen verbunden.

- Für Zwecke der Generierung von Dokumentation, IDL-Dateien und Ähnlichem sollte man die Ablage so organisieren, dass ältere Versionen – sofern sie nicht problemlos wiederherzustellen sind – nicht einfach überschrieben werden können. Gegebenenfalls sollten sie – automatisiert oder aufgrund einer organisatorischen Regelung – in ein Versions-Management-System eingecheckt oder auf ein anderes Medium gesichert werden.

- Was für generierte Dateien gilt, ist entsprechend auf Testprotokolle und gegebenenfalls die zugehörigen Testdaten anzuwenden.

- Verzeichnisse sollte man so wählen, dass Netzwerkfehler und -überlastungen alle Arbeiten möglichst wenig behindern können.

- Die letzte Aussage gilt selbstverständlich besonders im Zusammenhang mit Performance-Tests. Ausführbare Dateien, Testdaten und -ausgaben dürfen nicht so abgelegt werden, dass Netzwerkbelastungen zu unbrauchbaren Ergebnissen führen.

▶ Um Fehlverhalten, unnötige Warnungen und überflüssige Fehlermeldungen von „make", Versions-Management-Systemen und anderen Tools zu vermeiden, sollten Erstell- und Änderungsdatum von Dateien nicht von Rechnern mit abweichenden Zeiteinstellungen stammen. Deswegen legt man am besten entweder alle Daten auf einem zentralen Server ab (was mit Rücksicht auf mögliche Netzwerkprobleme nicht gut ist), oder stellt sicher, dass alle *Uhren* sich automatisch *synchronisieren*. Je nach Versions-Management-System sollten Clients und Server auch dieselbe Einstellung bezüglich der Zeitzone haben.

Letztendlich muss es also bei der Regelung der Ablage um zweierlei gehen:

▶ zum einen, die gegebenen Rahmenbedingungen zu *berücksichtigen*,

▶ zum anderen, soweit wie möglich Rahmenbedingungen zu *schaffen*, die mögliche Probleme weitestgehend ausschließen.

6.2.1 Verzeichnisstruktur

Sowohl Betriebs- als auch Versions-Management-Systeme speichern Dateien üblicherweise in *Verzeichnisbäumen* – also hierarchisch strukturiert. Dies erzeugt den Zwang, drei weit gehend voneinander unabhängige *Ordnungskriterien* einander über- oder unterzuordnen:

▶ Zugehörigkeit von Dateien zu bestimmten Projekten.

▶ Zuordnung von Files zu unterschiedlichen Tätigkeitsfeldern (Design, Implementierung, Test, Dokumentation usw.).

▶ Modul- oder Paketstruktur des zu erstellenden Systems.

Ob man auf oberster Ebene nach Projekten gliedert oder nach Aufgabengebieten und auf welcher Stufe man die Struktur des Systems berücksichtigt, muss auf Basis folgender Rahmenbedingungen entschieden werden:

▶ (Un-)Fähigkeiten der verwendeten Entwicklungswerkzeuge,

▶ Möglichkeiten von Utilitys im Bereiche Suche und X-Reference (Durchsuchen von Verzeichnisbäumen anstelle nur einzelner Dateien, korrektes Verarbeiten unterschiedlicher – auch komprimierter – Formate, Volltext-Retrieval usw.),

- Organisation und Tools im Bereich Datensicherung,
- Plattenplatzbedarf und -ressourcen,
- mögliche Probleme aufgrund heterogener Netzwerke,
- sonstige Engpässe im Bereich Hardware, Netzwerke und Betriebssysteme,
- Wiederverwendung von Sources sowie
- Änderbarkeit und Erweiterungsmöglichkeiten im Falle neuer Projekte, Tools, größeren Plattenplatzbedarfs usw.

Allgemeine Regeln lassen sich aufgrund der Vielfalt der Einflussfaktoren nur schwer aufstellen. Da sich die Informationen zu den gegebenen Rahmenbedingungen meist relativ einfach zusammentragen lassen, und zudem die Zahl der Alternativen gering ist, kann man aber mit vertretbarem Aufwand „maßgeschneiderte" Regelungen finden. Wichtig ist es vor allem, sich vorab darüber zu informieren,

- inwieweit Pfade bei den verwendeten Entwicklungstools konfiguriert werden können sowie
- wie viel Aufwand und wie viele mögliche Fehlerquellen zusätzlich es bedeutet, vom Standard abweichende Einstellungen vorzunehmen.

Außerdem sollte man zumindest versuchen, nicht nur den Status quo zu erfassen, sondern auch denkbare zukünftige Entwicklungen einzukalkulieren.

6.2.2 Regelung des Ablaufs

Die Festlegung der erforderlichen Verzeichnisstrukturen einschließlich der zugehörigen Vorgaben, was man wo speichern sollte, ist der eine wesentliche Punkt. Der Zweite betrifft die Frage, wie man im Einzelnen beim Ablegen bzw. Einchecken von Dateien vorzugehen hat.

Regeln sollte man als Erstes die gegebenenfalls notwendigen *Vorarbeiten*. Bei Änderungen am Quellcode kommen beispielsweise die Folgenden in Frage:

- Übersetzen, damit geplante Testläufe nicht bereits an Compile-Fehlern scheitern,
- auf Modulebene Testen, um zumindest Endlosschleifen und Abstürze bei nachfolgenden Integrationstests ausschließen zu können,

- Kommentieren,
- Aktualisieren der Dokumentation sowie
- Prüfen, welche Dateien gemeinsam einzuchecken sind.

Bei Einchecken von Dateien in ein Versions-Management-System ist dann üblicherweise ein Eintrag in das *Änderungsprotokoll* vorzunehmen. Dessen Inhalt sollte man vorschreiben, denn die Versuchung, sich diese Arbeit ganz zu sparen, ist groß. Ein gut geführtes Change-Log stellt aber bei der Suche nach Fehlerursachen oftmals eine wichtige Hilfe dar, weil eine Volltextsuche über alle Versionen einer Datei hinweg vielfach nicht unterstützt wird. Zudem kann ein Änderungsprotokoll automatisiert weiterverarbeitet oder zumindest weitergeleitet werden. Aus diesen Gründen sollte es etwa folgende Informationen enthalten:

- die Namen von geänderten Klassen, Methoden, Prozeduren oder Konstanten,
- eine stichwortartige Beschreibung ergänzter oder modifizierter Funktionalitäten,
- die Nummern oder Kurzbezeichnungen gefixter Bugs bzw. implementierter Anforderungen,
- unter Umständen eine Angabe, ob nur die Kommentierung geändert wurde,
- wenn nötig, Hinweise auf ergänzend erforderliche Arbeiten, wie etwa das Neugenerieren der Dokumentation nach Ergänzung eines Doclet-Kommentars oder die Anpassung anderer Sourcen aufgrund einer geänderten Schnittstelle,
- gegebenenfalls die Freigabe für Reviews, Tests oder Ähnliches.

Mögliche Nacharbeiten, die je nach Organisation des Projektteams, Automation bei der Verarbeitung des Change-Logs und dergleichen erforderlich sein können, sind:

- Benachrichtigung von Personen, die für nachfolgende Arbeiten, Projektorganisation oder Ähnliches zuständig sind (Tester, Projektleiter usw.),
- Durchführung von Tests,

- (Vor-)Generieren von Dokumentation,
- Einträge in Bug-Tracking- oder Anforderungs-Management-Systeme vornehmen.

Im Detail hängen die notwendigen Regelungen sehr stark von den verwendeten Tools, ihrer Konfiguration und den organisatorischen Rahmenbedingungen ab. Deswegen können hier nur grobe Leitlinien angegeben werden, auf denen aufbauend aber die für ein konkretes Unternehmen oder Projekt erforderlichen Standards schnell festzulegen sein sollten.

7 Sprachunabhängige Regeln für die Codierung

Sehr viele der Regeln, die man in Style-Guides für spezielle Programmiersprachen findet, haben in Wirklichkeit wenig mit der betreffenden Sprache zu tun. Der überwiegende Teil betrifft de facto ganz allgemein einen guten Programmierstil.

Da in den meisten Softwarehäusern und EDV-Abteilungen Programme nicht nur in einer Sprache geschrieben werden, lohnt es sich, derartige Standards systematisch zusammenzustellen und auszugliedern. Dadurch kann man auch bei Verwendung unterschiedlicher Sprachen den Sourcen eines Unternehmens ein weit gehend einheitliches Layout geben. Dies erleichtert Wartung und Pflege. Außerdem vereinfacht es die Aufnahme von Projekten mit neuen Programmiersprachen oder Entwicklungswerkzeugen.

Im Folgenden wird aus diesen Gründen ein Überblick über solche Regeln gegeben, die man für Sourcen nahezu aller Art in gleicher Weise festlegen kann. Dabei wird auch erläutert, welche Freiheitsgrade es bei der Vereinbarung der Standards noch gibt, und wie man diese abhängig von der jeweiligen Aufgabenstellung und Entwicklungsumgebung nutzen sollte.

7.1 Layout

Das optische Erscheinungsbild von Sourcen dient nicht allein ästhetischen Zwecken. Gut formatierter Code ist nicht nur angenehmer, sondern auch wesentlich leichter zu lesen und zu verstehen. Er hilft also, Fehlinterpretationen zu vermeiden, die sonst zu Bugs jeden Schweregrades führen können. Den ästhetischen Aspekt sollte man allerdings auch nicht einfach als Nebensache abtun, denn er hat Auswirkungen auf die Motivation derjenigen, die mit dem Code arbeiten. Wer – wie der Autor – schon des Öfteren gezwungen war, wirklich unleserliche Sourcen warten zu müssen, weiß, wovon die Rede ist.

Wenn hier von „Layout" gesprochen wird, so sind damit nur jene Aspekte gemeint, die die Formatierung betreffen, nicht, wie dies vielfach auch üblich ist, die Gliederung der Sourcen. Welche Codeteile in welcher Reihenfolge in einer Quelldatei enthalten sein sollten, ist ein eigenes Thema. Die Grenze wird hier zwischen Aspekten optischer und solchen inhaltlicher Natur gezogen. Eine gewisse Grauzone lässt sich dabei zwar nicht ganz vermeiden, erscheint aber immer noch unproblematischer, als zu viele Dinge in einen Topf zu werfen.

„Layout" betrifft im Wesentlichen solche Eigenschaften von Sourcen, die von Beautifier-Programmen geändert werden können. Hierzu gehören Dinge wie horizontale und vertikale Ausrichtung, der Gebrauch von Leerzeichen und Leerzeilen sowie die Länge von Codezeilen. Was Beautifier nicht beeinflussen können, aber dennoch hier dem Layout zugeordnet wird, ist beispielsweise ein sinnvolles Limit für den Umfang von Anweisungsblöcken.

7.1.1 Dateilänge

Allzu lange Source-Dateien sind unübersichtlich und können darüber hinaus zu schlechten Antwortzeiten beim Speichern, beim Kompilieren sowie bei Suchvorgängen führen. Quellcode-Dateien sollten deswegen im Allgemeinen nicht länger als 2000 Zeilen sein. Einige Autoren empfehlen sogar, das Limit bei nur 1000 Zeilen zu setzen

Bei Klassen oder Modulen, die sehr viel Funktionalität bieten, lässt sich diese Regel aber möglicherweise nicht durchhalten. Die Java-Klasse „Component" bietet beispielsweise allein 150 nicht-private Methoden. Zur Implementierung einer so umfangreichen Funktionalität ist eine Quellcode-Datei mit erheblich mehr als 2000 Zeilen unumgänglich.

Bezüglich der Länge von Source-Dateien belässt man es deswegen am besten bei einer Empfehlung. Der vorgegebene Wert sollte dabei so hoch bemessen werden, dass Entwickler nicht den Eindruck gewinnen, sie müssten Leerzeilen oder gar Kommentare aus ihrem Code entfernen, um nicht zu weit über der empfohlenen Grenze zu liegen. Denn je sauberer ein Programm geschrieben ist, desto länger ist es im Allgemeinen auch.

7.1.2 Länge von Blöcken und Prozeduren

Anweisungsblöcke, Prozeduren und dergleichen sollten, damit man sie als Ganzes überblicken kann, sowohl auf einer Bildschirm- als auch auf einer

Druckseite darstellbar sein. Diese Regel ergab in Zeiten, als Textterminals noch üblich waren, eine harte Grenze bei 24 Zeilen. Angesichts einstellbarer Bildschirm- und Drucker-Fonts, hochauflösender Monitore, Fenstertechnik und ähnlicher Fortschritte könnte man dieses Limit heutzutage auf 40 Zeilen erhöhen.

Allerdings gibt man für die Länge von Code-Blöcken auch deshalb eine Grenze vor, damit allzu komplexe Abläufe von den Entwicklern in verständlichere Einheiten aufgespalten werden. Behält man das Limit von 24 Zeilen bei oder erhöht man es nur geringfügig, passt zudem selbst beim Drucken im Querformat noch jede Prozedur bzw. jeder Anweisungsblock auf eine Seite, auch wenn man eine Schriftgröße von 12 Punkt wählt. Eine Empfehlung, den Umfang von Prozeduren und Blöcken auf 24 bis 27 Zeilen zu begrenzen, ist aus dieser Sicht weiterhin zweckmäßig.

Allerdings gibt es keinerlei wissenschaftliche Belege dafür, dass eine derartige Grenze zu weniger Bugs, billigerem Code oder dergleichen führt. Im Gegenteil: Die aus dieser Hinsicht optimale Größe von Prozeduren scheint eher im Bereich von 100 bis 200 non-empty, non-comment Lines of Code zu liegen. Demnach könnte eine Prozedur einschließlich Kommentaren und Leerzeilen ohne weiteres zehn oder mehr Druckseiten füllen, ohne dass man negative Auswirkungen hinsichtlich Kosten, Qualität oder Wartbarkeit zu befürchten hätte. Allerdings scheint für die *Verständlichkeit* von Prozeduren eine Länge von maximal zwei Druckseiten optimal zu sein – was vor allem für Code-Reviews sehr wichtig ist.

Insgesamt gesehen sollten man bezüglich der Länge von Blöcken oder Prozeduren lediglich eine Empfehlung in Programmierrichtlinien aufnehmen. Für einzelne Anweisungsblöcke, Kontrollstrukturen und dergleichen kann man sich dabei immer noch an Bildschirm- oder Druckseiten orientieren, Prozeduren dürfen jedoch durchaus länger sein.

7.1.3 Zeilenlänge

Codezeilen muss man sowohl am Bildschirm als auch in ausgedruckter Form als Ganzes überblicken können. Ihre maximale Länge sollte deshalb so bemessen werden, dass weder Texteditoren noch Drucker Zeilen abschneiden oder umbrechen. Gerade unerwünschte Umbrüche reduzieren die Lesbarkeit erheblich, weil dadurch logisch zusammenhängende Dinge optisch auf die

Ränder eines Blattes oder Bildschirmfensters verteilt werden. Brechen Drucker zu lange Zeilen automatisch um, tun sie dies meist sogar innerhalb von Wörtern. Abgesehen davon werden durch ungewollte Zeilenumbrüche oft auch Seitenvorschübe deplatziert.

Feinheiten ergeben sich in diesem Zusammenhang aufgrund folgender Tatsachen:

▶ Drucker-Fonts stimmen hinsichtlich ihrer Laufweite nicht immer hundertprozentig mit den entsprechenden Bildschirm-Zeichensätzen überein. Was auf dem Bildschirm gerade eben noch in eine Zeile passt, wird deshalb beim Ausdruck möglicherweise umgebrochen oder abgeschnitten.

▶ Für eine lesbare Bildschirmdarstellung benötigt man meist größere Fonts als bei Hardcopys. Für eine Schrift, die in 10 Punkt auf einem Ausdruck gut lesbar ist, benötigt man auf dem Monitor unter Umständen 12 Punkt. Nicht alle Editoren ermöglichen es aber, Bildschirm- und Druckerschriftart getrennt einzustellen, sodass sich die maximale Anzahl Zeichen eventuell nach der Länge einer Druckzeile bei einer eigentlich unnötig großen Schriftart richten muss.

▶ Bei Ausdrucken muss man Ränder berücksichtigen, beispielsweise für das Abheften. *Sollen Zeilennummern dargestellt werden, ist dafür noch einmal zusätzlicher Platz erforderlich.* Das wird bei Vorschlägen für eine maximale Zeilenlänge oft vergessen.

▶ Die meisten Drucker unterstützen heutzutage DIN-A4-Querformat. Auch Bildschirme und Editoren begrenzen nur noch in seltenen Fällen die Zeilenlänge auf 80 oder weniger Zeichen. Allerdings nimmt man bei Ausdrucken im „Landscape"-Format in Kauf, dass weniger Anweisungen auf eine Seite passen. Gängige Limits für den Umfang eines Codeblocks, wie etwa 20 bis 25 Zeilen, werden davon aber nicht tangiert. Bei normalen Rändern (je 2,5 cm links, rechts und oben, unten 2,0 cm) und einer 12 Punkt großen Schrift haben auch dann noch 25 Zeilen auf einer Seite Platz, wenn Seitennummern, Dateinamen und Ähnliches mit ausgedruckt werden sollen.

Kann man Querformat verwenden, passen unter Berücksichtigung aller dieser Tatsachen zwischen 95 und 120 Zeichen in eine Zeile. Beschränkt man sich auf Hochformat, sind es 60 bis 76.

Welche Zeilenlänge auf der anderen Seite benötigt wird, hängt von der Länge der Bezeichner und der Schachtelungstiefe von Anweisungsblöcken ab. Sprechende Namen erfordern oft wesentlich längere Zeilen als schlecht gewählte. Gut strukturierter Code zeichnet sich zum Ausgleich durch eine eher geringe Schachtelungstiefe aus. Mit jenen 80 Zeichen, die die theoretische Grenze beim Drucken auf DIN-A4-Hochformat darstellen, kommt man insgesamt gesehen oftmals nicht hin. Aus Gründen der Lesbarkeit am Bildschirm empfiehlt es sich aber auch nicht, nennenswert darüber hinauszugehen.

Gute Kompromisswerte liegen deshalb zwischen 90 und 100 Zeichen pro Zeile. Da sinnvolle Vorgaben im Detail von den Einstellungen beim Drucken abhängen, sollte man sie mit diesbezüglichen Regelungen verbinden.

7.1.4 Umbruch von Zeilen

Beschränkt man die Länge von Codezeilen auf nur wenig mehr als 80 Zeichen und verlangt man zudem „sprechende" Namen, sind Zeilenumbrüche zwangsläufig erforderlich. Betroffen sind meist arithmetische Ausdrücke, Bedingungen oder das Zusammenfügen mehrerer Strings zu einem längeren Text. Außerdem zwingen längere Parameterlisten bei Prozedur- oder Methodenaufrufen häufig zu Zeilenumbrüchen.

Geeignete Stellen für die Fortsetzung einer Anweisung auf der nächsten Zeile sind in aller Regel vor oder hinter Operatoren. Aus Gründen der Einheitlichkeit sollte man festschreiben, ob dabei der Operator grundsätzlich am Zeilenende stehen bleibt oder an den Anfang der Folgezeile übernommen wird.

Die Befürworter einer Standardisierung dieser Frage sind dabei in zwei Lager gespalten. Die einen argumentieren, dass der Operator am Zeilenende deutlich macht, dass sich die betreffende Anweisung auf der nächsten Zeile fortsetzt, die anderen betonen, dass der Operator am Anfang einer Zeile anzeigt, dass es sich bei der Zeile um die Fortsetzung einer Anweisung handelt.

Zu diesen Begründungen ist Folgendes zu sagen:

- Erfordert die Fortsetzung einer Anweisung auf einer weiteren Zeile bei einer Programmiersprache ohnehin einen „\" am Zeilenende, ist es sinnvoller, die Fortsetzungszeile durch den Operator am Anfang zu verdeutlichen. Denn auf diese Weise erkennt man an beiden fraglichen Stellen, dass sich das Statement über mehrere Zeilen erstreckt.

- Bei allen anderen Programmiersprachen fällt das fehlende Anweisungs- oder Ausdruckende allerdings meist auch ins Auge, weil es an einer schließenden Klammer, einem Semikolon oder Ähnlichem mangelt.
- Rückt man die Fortsetzungszeilen eines Befehls ordnungsgemäß ein, so ist der Operator am Zeilenanfang auch nicht unbedingt erforderlich.
- Bricht man eine Parameterliste oder dergleichen bei einem Komma oder Semikolon um, bleiben diese Zeichen selbstverständlich am Zeilenende. Eine möglichst allgemeine Regelung spricht deshalb gegen Operatoren am Zeilenanfang.
- Will man Operatoren der Lesbarkeit halber untereinander ausrichten, sind sie besser am Anfang der Zeilen aufgehoben. Dadurch entfallen Neu-Ausrichtungen, die sonst erforderlich werden können, wenn sich die Länge einer der Zeilen ändert.

Bei beiden möglichen Vorgehensweisen fällt es letztendlich hinreichend gut ins Auge, wenn sich eine Anweisung oder Bedingung über mehrere Zeilen erstreckt. Also folgt man am besten dem zuletzt genannten Argument und setzt *Operatoren an den Anfang der Folgezeile*. Auf Trennsymbole wie Kommata und Strichpunkte wendet man diese Regel aber nicht an. Auch wenn eine Stringkonstante deklariert wird, die einen sehr langen Text enthält, bricht man *hinter* dem Zuweisungsoperator („=" oder „:=") um:

```
public static final LANGTEXT =
    "Diese Konstante enthält einen langen String.";
```

Hat sich die Vorgehensweise, Operatoren am Zeilenende zu belassen, innerhalb eines Projektes oder Unternehmens bereits eingebürgert, sollte man sie allerdings beibehalten. Damit folgt man erstens einem weit verbreiteten – wenn auch nirgends offiziell niedergelegtem – Standard, zweitens sind die Vorteile der anderen Konvention nicht so gravierend, dass sie die Nachteile eines Wechsels aufwiegen würden.

7.1.5 Anzahl Anweisungen je Zeile

Grundsätzlich sollte man in Programmierrichtlinien auch solche Regelungen aufnehmen, die eigentlich selbstverständlich sind. Angesichts dessen, was man in der EDV-Branche an Code zu sehen bekommt, erscheint dies leider erforderlich.

Während man das Deklarieren mehrerer Variablen innerhalb eines Statements bedauerlicherweise auch in professionellem Umfeld relativ häufig findet, kommen Codezeilen wie

```
level := 1; j := 1; a[N] := 0; d[N] := 0; StartRead(f0);
```

glücklicherweise meist nur in akademischen Lehrbüchern vor. Dennoch sollte man die Vorschrift „jede Anweisung gehört auf eine eigene Zeile" sicherheitshalber in jede Programmierrichtlinie mit hinein nehmen. Die Begründungen dafür lauten:

- Mehrere Statements auf einer Zeile sind zu unübersichtlich.
- Entwickler, die Programmiersprachen gewohnt sind, die mehrere Anweisungen auf einer Zeile ohnehin nicht zulassen, werden zu Missverständnissen verleitet.

7.1.6 Anzahl Variablen innerhalb einer Deklaration

Moderne Programmiersprachen, wie beispielsweise Ada, lassen es nicht zu, mehrere Variablen innerhalb einer einzigen Anweisung zu deklarieren. Veraltete Sprachen, allen voran C, gestatten Derartiges jedoch. Bei C kommt erschwerend hinzu, dass mit einer einzigen Anweisung nicht nur Variablen eines Typs, sondern gleichzeitig auch Pointer auf diesen Typ, entsprechende Arrays und dergleichen mehr deklariert werden können.

Der Gebrauch solcher Möglichkeiten hat sich bedauerlicherweise bisher allen Ausrottungsversuchen widersetzt. Bestehen die Namen von Variablen nur aus einem einzelnen Zeichen und wird ihr Verwendungszweck ohnehin nicht kommentiert, kann man sie schließlich im Dutzend auf nur einer Zeile deklarieren – und darüber hinaus noch initialisieren. In einem professionellen Umfeld, wo die Verständlichkeit und Korrektheit von Code eine andere

Rolle spielen als beispielsweise an Hochschulen, darf so etwas jedoch nicht vorkommen. Eine Regel, die Derartiges unmissverständlich untersagt, sollte deswegen in jeder Programmierrichtlinie stehen.

7.1.7 Einrückungen

Anweisungsblöcke, die dem umschließenden gegenüber untergeordnet sind, sollten um eine Ebene eingerückt werden. Entsprechendes gilt für die Folgezeilen von Statements, die über mehrere Zeilen gehen. Verstöße gegen diese Regeln findet man selbst in ansonsten eher kryptischem Code selten. Über Details werden allerdings immer wieder Glaubenskriege geführt.

Die Einrückung um 4 Leerzeichen hat sich in entsprechenden Untersuchungen als bester Kompromiss zwischen Lesbarkeit und Beschränkung der Zeilenlänge herausgestellt. Eine Einrückungstiefe von 4 ist deswegen Standard und bei fast allen Entwicklungstools der Default.

Der Gebrauch von nur 2 Leerzeichen ist zwar weit verbreitet, führt aber zu vermeidbarer Unübersichtlichkeit. Wer für eine Einrückungstiefe von nur 2 Zeichen plädiert, sollte die Schachtelungstiefe seiner Programme einer Überprüfung unterziehen. Sofern sich eine Einrückung mit nur 2 oder 3 Zeichen bereits eingebürgert hat, behält man dies aber am besten bei. Die Vorteile einer Änderung sind zu gering. Ein entsprechendes Nacharbeiten von Sourcen ist zudem aufwändig, denn meist müssen horizontale Ausrichtungen manuell korrigiert werden.

Gibt es noch keine einheitliche Einrückungstiefe, sollte man den professionellen Standard von 4 Zeichen nehmen. Zweifler überzeugt man am besten, indem man ihnen einige der zahlreichen Entwicklungsumgebungen oder Editoren zeigt, bei denen dieser Wert voreingestellt ist.

Von der Verwendung von Tabulatorzeichen zum Einrücken wird allgemein abgeraten. Einige simple, aber des Öfteren benötigte Tools ermöglichen es nämlich nicht, die Tabulatorschrittweite einzustellen. Hat der Autor eines Programmes seine horizontalen Ausrichtungen bei einer Tabweite von 4 oder weniger Zeichen vorgenommen, wird der Code bei der für einfache Texte üblichen Schrittweite von 8 aber nahezu unleserlich.

Der Grund liegt in der mangelnden Fähigkeit von Code-Editoren, Tabulatorpositionen anstelle einer Schrittweite festzulegen. Arbeitet man mit einer Tabweite von 4, benötigt man beispielsweise zum Anspringen von Spalte 8 hinter einem kurzen Schlüsselwort wie „int" zwei Tabulatorzeichen. Eine Zeile darunter steht stattdessen vielleicht „short". Dahinter folgt nur ein Tab. Verdoppelt man jetzt die Schrittweite, so werden die beiden Tabulatorzeichen der ersten Zeile bis zur Spalte 16 hin expandiert, während die Darstellung der Zeile darunter unverändert bleibt:

```
// Tabweite 4:
int     laenge = 1;
short   breite = 1;


// Tabweite auf 8 erhoeht:
int             laenge = 1;
short   breite = 1;
```

Tabulatoren können sich noch an anderer Stelle als problematisch erweisen. So etwa, wenn ein Entwickler gleichzeitig Änderungen an mehreren Programmen vornehmen muss, die von Autoren mit unterschiedlichen Vorstellungen hinsichtlich der Einrückungstiefe stammen. Manche Editoren bzw. IDEs gestatten es nämlich nicht, die Tabweite auf Dateiebene festzulegen. Wer für unterschiedliche Sources hierbei verschiedene Einstellungen benötigt, muss diese Sources also mit jeweils einer eigenen Instanz des betreffenden Tools öffnen oder aber unschöne Effekte in Kauf nehmen.

Wenn möglich, sollte man also die *Einrückung mit 4 Leerzeichen* als Standard festlegen. Editoren und Entwicklungsumgebungen, die dies unterstützen, sind meist sogar als Public-Domain-Tools zu haben.

Die auf einigen Web-Sites geäußerte Behauptung, es wäre am besten, einfach immer mit einem Tab einzurücken, gilt ausschließlich, wenn wirklich *alle* verwendeten Editoren und Utilitys sich auf die gleiche Tabulatorschrittweite einstellen lassen. Dabei sollte man insbesondere auch an Tools zur Textsuche denken. Nicht auf jedem Betriebssystem gibt es Filterprogramme, um die Tabulatoren in deren Output zu expandieren.

Bei *Kommentaren*, die auf eigenen Zeilen stehen (im Gegensatz zu den „endline comments"), taucht manchmal die Frage auf, ob sie grundsätzlich in der ersten Spalte beginnen sollten. Die Regel hierzu lautet: Sie sind gleich weit einzurücken, wie der Anweisungsblock, zu dem sie gehören. Dadurch wird die Zugehörigkeit des Kommentars zu dem Block verdeutlicht. Zudem erschweren Kommentare, die in der ersten Spalte beginnen, das Erkennen von Schachtelungsebenen.

Die für einen Kommentar verfügbare Zeilenlänge verringert sich durch diese Vorgehensweise natürlich. Diesen Nachteil sollte man aber in Kauf nehmen. Ob in eine Kommentarzeile nur 60 statt 80 Zeichen passen, ist vergleichsweise belanglos. Der Verlust an Übersichtlichkeit, der durch häufige Unterbrechungen jener Linien entsteht, die unsere Wahrnehmung die Struktur eines Programmes erkennen lassen, wird nicht dadurch wettgemacht, dass man hier oder da eine Zeile für einen Kommentar einsparen kann. Die Regelung, Kommentare mit einzurücken, ist deshalb in der Literatur auch unumstritten.

7.1.8 Leerzeichen bei Klammern und Operatoren

Die mit am häufigsten missachteten Regeln in Bezug auf Code-Layout betreffen die richtige Verwendung von Leerzeichen. Dabei gibt es in Bezug auf die Standards selbst eigentlich wenig zu diskutieren. Sie orientieren sich überwiegend an denen für das Maschineschreiben, wie man sie in jedem Rechtschreibelexikon findet. Zudem berücksichtigen sie die Prinzipien, nach denen bei gängigen Programmiersprachen der Vorrang von Operatoren geregelt ist. Operatoren mit starker Bindungswirkung werden also direkt an die Operanden geschrieben, bei schwacher Bindungswirkung wird zwischen Operator und Operand ein Leerzeichen eingefügt. Die Grundregeln lauten:

1. Zwischen Klammern und den Zeichen, die von ihnen eingeschlossen werden, steht *kein* Leerraum.
2. Binäre Operatoren – also beispielsweise arithmetische, aber auch solche für Zuweisungen und Vergleiche – werden durch Leerzeichen von den Operanden getrennt.
3. Unäre Operatoren, wie etwa Vorzeichen, schreibt man direkt an den Operanden.
4. *Hinter*, aber nicht vor Satzzeichen steht ein Leerzeichen.

Die erste dieser vier Grundregeln ist die einzige, von der zur Verbesserung der Lesbarkeit schon einmal Ausnahmen empfohlen werden. Die Zweite wird oftmals missachtet, was die Wartung von Sourcen zur Qual werden lassen kann. Leerzeichen *vor* Kommata oder Semikola findet man auch zuweilen. Sie stellen einen Verstoß gegen geltende Standards dar, beeinträchtigen im Allgemeinen jedoch nicht die Verständlichkeit eines Programmes.

Die wenigen generellen Ausnahmen von den genannten Grundregeln sind den meisten Programmierern so geläufig, dass sie kaum der Erwähnung bedürfen:

▶ Symbole wie „." und „->", die den Zugriff auf Elemente von Records, Structures und Ähnlichem anzeigen, werden ohne führende oder folgende Leerzeichen geschrieben, obwohl man sie als binäre Operatoren interpretieren kann.

▶ Dezimalpunkte bzw. -kommata dürfen nicht durch Leerzeichen von den Ziffern getrennt werden, auch wenn sie formal gesehen Satzzeichen ähneln.

▶ Zwischen *Cast-Operatoren* und dem zugehörigen Operanden schreibt man – abweichend von der Regel für unäre Operatoren – ein *Leerzeichen*.

Zudem gilt selbstverständlich Folgendes:

▶ Wenn durch horizontale Ausrichtung Zusammenhänge verdeutlicht werden sollen, dürfen anstelle eines einzelnen Leerzeichen auch mehrere stehen.

▶ Zeilenschaltungen können Leerzeichen ersetzen, wenn Codezeilen umgebrochen werden müssen. Auf das Semikolon am Ende eines Statements folgt ohnehin ein Zeilenvorschub.

▶ Kommentarsymbole („#", „//", „/*", „*/" usw.) verhalten sich wie in Bezug auf Leerzeichen wie binäre Operatoren, die Anweisung und Kommentar trennen. Sie werden also in Leerzeichen bzw. Zeilenschaltungen eingeschlossen.

Die Regelung für Symbole, die dem Zugriff auf Elemente von Records und dergleichen dienen, ist auch auf Folgendes anzuwenden:

▶ das Anfügen der Attribut- oder Methodennamen an die Bezeichner von Klassen oder Instanzvariablen mit Hilfe von „.", „->" und „::",

▶ die Punkte zur Trennung von Schema-, Tabellen- und Spaltennamen in SQL sowie

> zur Abgrenzung von Paketnamen untereinander und gegenüber Prozedur- oder Klassennamen.

Die Syntax der meisten Sprachen *erlaubt* allerdings bei derartigen Trennsymbolen sowohl davor als auch dahinter Leerraum. Es ist durchaus zulässig – und manchmal sogar notwendig – diese Möglichkeit für Zeilenumbrüche und horizontale Ausrichtung zu nutzen. Das folgende Beispiel zeigt, wie solche Ausrichtungen Fehler – entstanden durch Copy&Paste oder Ähnliches – leichter erkennbar machen:

```
firstNameTextfield.setFont(TIMES);
lastNameTextfield .setFont(TEMPUS);
addressTextfield  .setFont(TIMES);
```

Bei der Regelung bezüglich *Klammern* sollte man nicht nur an runde Klammern denken, sondern auch an

> die eckigen Klammern zum Zugriff auf Elemente eines Arrays,

> die Verwendung von geschweiften Klammern bei Listen und

> den Gebrauch von Größer- und Kleiner-Zeichen als spitze Klammern, wie etwa bei HTML-Tags.

Die öffnende Klammer einer Parameterliste schreibt man direkt an den Prozedur- oder Methodennamen. Entsprechendes gilt bei Arrays. Zwischen Schlüsselwörter und öffnende Klammer gehört im Gegensatz dazu ein Leerzeichen, wie etwa bei „`if (bedingung)`".

Von den „Satzzeichen" werden im Allgemeinen nur Komma und Semikolon bei der Programmierung als solche (oder zumindest in vergleichbarer Weise) gebraucht, bei Pascal, Python und Modula-2/-3 auch der Doppelpunkt. Das Ausrufezeichen hingegen bezeichnet beispielsweise in vielen Programmiersprachen eine logische Negation. Dementsprechend wird es als unärer Operator direkt an den Operanden geschrieben. Fragezeichen und Doppelpunkt schließt man bei „Bedingungsausdrücken" aus analogen Gründen in Leerzeichen ein:

```
format = (hoehe < breite) ? QUERFORMAT : HOCHFORMAT;
```

Generell gilt, dass es nicht auf das Symbol, sondern auf seine Verwendung ankommt: Der Multiplikations-Operator „*" wird in Leerzeichen eingeschlossen, das Indirektions- oder Dereferenzierungssymbol „*" schreibt man dagegen direkt an den Bezeichner der Zeigervariablen. Entsprechend sind „.", „&", „&&", „+" und „||" als binäre Operatoren aufzufassen, wenn sie das Verketten von Strings symbolisieren. Auch Ein-/Ausgabeoperatoren, das Pipe-Symbol und Ähnliches sollte man ganz analog in Leerzeichen einschließen. Dadurch werden Shell- und Perl-Skripten, C++-Programme, Batchdateien und andere vergleichbare Sources lesbarer.

In einem Punkt gibt es eine Abweichung zwischen den Gepflogenheiten in der Softwareentwicklung und dem allgemeinen Schriftsatz. Verwendet man in der Dokumentation einen Schrägstrich als Bruchstrich, so wird er – im Gegensatz zu „+", „-" und „*" – nicht in Leerzeichen eingeschlossen. Der Divisionsoperator in Programmen wird aber wie alle anderen arithmetischen Symbole durch Leerzeichen von den Operanden getrennt. Einer Ausnahmeregelung bedarf es hier also nicht.

Insgesamt gesehen lässt sich die korrekte Verwendung von Leerzeichen mit den vier oben angegebenen Grundregeln mit einigen wenigen Ausnahmen zusammenfassen. Der einzige Punkt, der ernsthafte Diskussionen wert ist, betrifft die Frage, ob man bei Klammern nicht doch Leerzeichen setzen sollte. Die Lesbarkeit wird dadurch eindeutig verbessert:

```
strcpy(von, nach);
strcpy( von, nach );
```

Allerdings widerspricht die untere Schreibweise ebenso eindeutig den geltenden Standards. Kein Beispielprogramm eines namhaften Herstellers verwendet diesen Stil, und von Beautifiern wird er auch nicht unterstützt.

Die Entscheidung muss wohl letztendlich jedes Entwicklerteam für sich treffen. Dabei betrachtet man sinnvollerweise zunächst Rahmenbedingungen, die vielleicht ohnehin sehr schnell eine der beiden Lösungen ausschließen. Vielleicht hat sich ja ein Stil innerhalb eines Unternehmens schon so weit eingebürgert, dass eine Änderung sowieso nur Uneinheitlichkeit bringen würde. Oder es entsteht ein Zwang aufgrund von bestehenden Regelungen bei Kunden, vor allem, wenn man als Subunternehmer für ein größeres Softwarehaus tätig ist.

> In jedem Fall sollte man innerhalb eines Projektes einem gemeinsamen Stil folgen und die Entscheidung nicht jedem Programmierer einzeln überlassen. Sonst verliert man den Vorteil, einen allgemeinen Standard einzuhalten, ohne dass man dafür durchgängig leserlichere Sources erhalten würde. Zudem opfert man in einem wichtigen Punkt die Einheitlichkeit des Layouts, denn Klammern werden sehr häufig benötigt.

7.1.9 Leerzeilen

Leerzeilen dienen dazu, logisch zusammengehörende Code-Abschnitte optisch voneinander abzugrenzen. Dass man Leerzeilen verwenden sollte, um Sources lesbarer zu machen, darüber herrscht generelle Einigkeit. Im Detail gibt es aber unterschiedliche Vorstellungen darüber, ob

- immer nur eine Leerzeile zur Trennung verwendet werden sollte und
- welche Code-Teile überhaupt gegeneinander abzugrenzen sind und welche nicht.

Das zuerst genannte Problem ergibt sich aus den Schachtelungsebenen von Code:

- auf oberster Ebene gibt es beispielsweise Abschnitte mit Importen und solche mit Klassendefinitionen,
- innerhalb der Klassendefinitionen stehen Methoden und
- diese umfassen wiederum Deklarationen sowie ein oder mehrere Ebenen von Kontrollstrukturen.

Bei Dritt-Generations-Sprachen sind die Source-Dateien im Detail zwar anders aufgebaut, aber auch dort findet man im Allgemeinen über mehrere Ebenen hinweg geschachtelte Konstrukte. Trennt man nun Blöcke auf den untersten Ebenen durch jeweils eine Leerzeile, so erscheint es logisch, Strukturen auf den höheren Ebenen durch zwei oder mehr Zeilenschaltungen gegeneinander abzugrenzen. Die Meinungen gehen in diesem Punkt aber weit auseinander: auf der einen Seite heißt es, mehr als nur eine Leerzeile würde die Lesbarkeit eher verschlechtern, andere empfehlen dagegen, das Ende einer Funktion durch *mindestens* zwei zu verdeutlichen.

Die Regelung, niemals mehr als eine Leerzeile zu verwenden, hat den Vorteil der Einfachheit für sich. Die Frage ist aber, ob einzelne Leerzeilen ausreichen, um die Struktur des Quellcodes auf den höheren Ebenen ausreichend zu verdeutlichen.

Diese Frage könnte man bejahen, wenn man Kontrollstrukturen sowie Deklarations- und Ablaufteil innerhalb von Prozeduren nicht durch Leerzeilen gegeneinander abgrenzen würde. Allerdings erscheint dies wenig sinnvoll. Auch innerhalb von Prozeduren müssen zusammengehörige Anweisungen durch Leerzeilen gegenüber anderen abgegrenzt sein, damit die Struktur des Ablaufs erkennbar wird.

Als beste Lösung erscheint daher Folgendes:

- Innerhalb von Prozeduren bzw. Methoden werden logisch zusammengehörende Anweisungen und insbesondere Kontrollstrukturen jeweils durch Leerzeilen gegeneinander abgegrenzt. Auch vor Blockkommentaren wird eine Leerzeile eingefügt.
- Zur optischen Trennung auf den übergeordneten Ebenen nimmt man Kommentarzeilen, die den Eindruck einer Linie vermitteln („line comments"). Hierbei eignen sich Bindestriche besonders gut, weil sie dezenter sind als beispielsweise Sternchen. Bei Ada hat man aus diesem Grunde als Kommentarsymbol auch „--" anstelle von „#", „'" oder „//" gewählt. Dadurch kann eine durchgängige Linie in den Code eingefügt werden, ohne dass diese als Kommentarzeile ins Auge fällt.
- Aufeinander folgende Leerzeilen werden nicht verwendet.

Diese Regelungen sind eine Empfehlung, die sich nicht auf einen generellen Standard oder eine wissenschaftliche Untersuchung stützen kann. Ihr Vorteil ist einerseits die Einfachheit und andererseits die „optische Zurückhaltung". Sind andere Vorgehensweisen bereits innerhalb eines Unternehmens oder Projektes üblich, sollte man sie im Zweifel beibehalten.

7.1.10 Horizontale Ausrichtung

Horizontales Ausrichten von Anweisungen, Kommentaren oder Teilen davon kann Zusammenhänge verdeutlichen und Unterschiede hervorheben. Gerade Letzteres kann manch einen Fehler sichtbar machen. Denn wenn einander entsprechende Teile von Anweisungen untereinander stehen, fallen selbst so geringfügige Ungleichheiten auf, wie sie beispielsweise durch Tippfehler entstehen können.

Allerdings müssen für das Ausrichten manuell Leerzeichen und manchmal auch Leerzeilen eingefügt werden. Diese werden noch dazu von Beautifiern oder Code-Formattern meist wieder entfernt.

So gut horizontale Ausrichtungen für die Lesbarkeit von Sourcen sein können, so aufwändig ist es also, sie in den Code einzufügen und vor allem, sie zu warten. Dies wird oft auch als allgemeiner Grund gegen Zeilenende-Kommentare angesehen. Werden diese nicht sauber untereinander ausgerichtet, stören sie die Wahrnehmung der Blöcke, aus denen ein Code-Abschnitt aufgebaut ist. Das Ausrichten ist aber eine eher nervtötende und oft auch zu wiederholende Tätigkeit.

Ob man horizontales Ausrichten von Deklarationen, Zuweisungen und dergleichen in einer Programmierrichtlinie regeln sollte, ist schwer zu entscheiden. Vor- und Nachteile stehen sich hier nahezu gleichwertig gegenüber. Da es auf diesem Gebiet keine Standards gibt, überlässt man es am besten jedem Team oder sogar jedem einzelnen Teammitglied, wie weit es von dieser Möglichkeit Gebrauch macht. Kann sich ein Team nicht einigen, bietet sich als Kompromisslösung gegebenenfalls an, horizontale Ausrichtungen nur bei der *Deklaration von Variablen und Parametern* vorzuschreiben und es in allen anderen Fällen jedem einzelnen Programmierer zu überlassen.

7.1.11 Klammerung zusammengesetzter Ausdrücke

Die Vorrangregelungen für Operatoren sind in vielen Programmiersprachen sehr komplex. In Perl gibt es beispielsweise über 20(!) Vorrangstufen, in C sind es immerhin noch 15. *Zudem gibt es in diesem Bereich teilweise sehr subtile Unterschiede zwischen verschiedenen Sprachen.* Nur hochspezialisierte Programmierer sind deswegen in der Lage, komplexe Ausdrücke auch ohne verdeutlichende Klammern korrekt zu interpretieren.

Ist bei einem zusammengesetzten Ausdruck die Auswertungsreihenfolge nicht offensichtlich, sollte man sie deshalb durch Klammerung verdeutlichen. Dadurch wird der Code leichter lesbar. Vor allem aber verhindert man auf diese Weise fehlerträchtige Missverständnisse in Bezug auf die Auswertungsreihenfolge. Dies gilt insbesondere, wenn in einem Ausdruck

▶ unterschiedliche Arten von Operatoren verwendet werden (beispielsweise eine Kombination aus arithmetischen, logischen, Bit- und Vergleichsoperatoren),
▶ Bit- und/oder logische Operatoren enthalten sind oder
▶ Operatoren verwendet werden, die für eine Programmiersprache spezifisch sind, wie z.B. „DIV" in Modula-2, „sizeof" in C oder Pattern-Matching-Operatoren in Perl.

Eine entsprechende Regelung lässt sich leider kaum so exakt fassen, dass man sie zu einer eindeutigen und überprüfbaren Vorschrift machen könnte. Man sollte aber in Programmierrichtlinien immer zumindest eine diesbezügliche Empfehlung aufnehmen.

7.1.12 Formatierung von Kontrollstrukturen

Bereits im zweiten Kapitel – beim Thema „Gestaltgesetze und Lesbarkeit" – wurden zwei unterschiedliche Möglichkeiten gezeigt, einen „if"-Block zu formatieren (vgl. Abb. 2.1 und 2.2):

▶ das „Kernighan&Ritchie"-Layout mit der geschweiften Klammer auf derselben Zeile wie die Bedingung und
▶ die Alternative, die Klammer auf die Folgezeile zu setzen.

Diskussionen darüber, welche dieser Alternativen – oder ob vielleicht eine ganz andere – die beste sei, arten häufig in Glaubenskriege aus. Auch der Autor hat auf diesem Gebiet seine eigene, allerdings von vielen Style-Guides abweichende Meinung. Die folgenden Regeln bieten sehr gute Übersichtlichkeit, kosten aber zweifelsohne Platz auf dem Bildschirm und auf Ausdrucken:

▶ Bedingungs- und Anweisungsblock von Verzweigungen und Schleifen werden durch *Leerraum* optisch voneinander getrennt. Hierzu werden Symbole wie „then", „{", „begin" etc. *ohne zusätzliche Einrückung auf eine eigene Zeile* gesetzt. Dies gilt analog für andere Konstrukte aus semantisch unterschiedlichen Blöcken, beispielsweise ein „try-catch-finally".

▶ Paarweise zusammengehörende Symbole wie „begin" und „end" oder „{" und „}" sollte man im Zweifel *untereinander ausrichten*. Entsprechendes gilt für „if", „elseif" und „end if", „loop" und „end loop" usw.

▶ Bei Sprachen, die das Ende einer Kontrollstruktur nur durch „end" oder „}" anzeigen, sollte man die *Art* des Blockes durch einen entsprechenden „Ende-Kommentar" kennzeichnen („} // end if").

▶ Wird der Anweisungsblock durch ein Label eingeleitet, kann man dieses in dem Ende-Kommentar wiederholen.

▶ Auch das Andeuten der Bedingung im Ende-Kommentar zu einer Verzweigung oder Schleife ist eine sinnvolle Option, sofern mehrere gleichartige Kontrollstrukturen ineinander geschachtelt sind.

Nach diesen Regeln formatierte Kontrollstrukturen sehen beispielsweise so aus:

```
(* Modula-2 *)
WHILE (irgendeine_bedingung)
DO
    erste_anweisung;
    zweite_anweisung();
    letzte_anweisung;
END; (* WHILE *)

REPEAT
    erste_anweisung;
    zweite_anweisung();
    letzte_anweisung;
UNTIL
    eine_bedingung;
```

```
{ Pascal }
While (irgendeine_bedingung) Do
Begin
    erste_anweisung;
    zweite_anweisung();
    letzte_anweisung;
End; { While }
```

```
-- Ada
if (irgendeine_bedingung)
then
    erste_anweisung;
    zweite_anweisung();
    letzte_anweisung;
    -- vor einem elsif ein kurzer "line comment"
elsif (eine_andere_bedingung)
then
    weitere_anweisungen;
else
    noch_eine_anweisung;
end if;

case ein_ausdruck
is
    when ein_wert       =>
        anweisungen;
    when noch_ein_wert =>
        anweisungen;
    when others         =>
        fehlermeldung_z_B;
end case;   -- ein_ausdruck (falls geschachtelte "cases")
```

```
label_fuer_schleife:
while (irgendeine_bedingung)
loop
    erste_anweisung;
    zweite_anweisung();
    letzte_anweisung;
end loop label_fuer_schleife;
```

```
// C, C++ oder Java
if (irgendeine_bedingung)
{
    erste_anweisung;
    zweite_anweisung();
    letzte_anweisung;
}
else if (eine_andere_bedingung)
{
    weitere_anweisungen;
}
else
{
    noch_eine_anweisung;
} // end if

switch (enum_oder_int_var)
{
    case erster_Wert:
        tue_etwas();
        break;
    case zweiter_Wert:
        tue_etwas_anderes();
        break;
```

```
        default:
            gib_Fehlermeldung_aus();
} // end switch


try
{
    anweisungen;
}
catch(Exception ausnahme)
{
    ausnahme.printStackTrace();
}
finally
{
    dateien_schliessen();
    netzwerk_verbindungen_schliessen();
} // end try
```

```
' Visual Basic - Konzept nur teilweise umsetzbar
If (irgendeine_bedingung) _
Then
    erste_anweisung
    zweite_anweisung()
End If

For nPosition = 1 To MAX_POS
    Anweisungen
Next nPosition
```

```
/* SQL: Analoge Vorgehensweise bei einem DML-Befehl
 * Schluesselwort und Tabellenname aber auf einer Zeile,
 * um schreibende Zugriffe auf "eine_tabelle" mit
 * einfachem "grep" oder "find" ermitteln zu koennen.
 */
Update eine_tabelle
Set
    eine_spalte   = ein_wert,
    andere_spalte = ein_anderer_wert
Where
    eine_bedingung;
```

Es gibt weit verbreitete Alternativen zu diesen Layout-Prinzipien. Vor allem wird häufig auf den Leerraum zwischen Bedingung und Anweisungsblock verzichtet. Dadurch wird in vertikaler Richtung Platz eingespart. Dies ermöglicht es, eine größere Anzahl Anweisungen auf einer Bildschirm- oder Druckseite darzustellen. Ob dieses Argument angesichts großer, hochauflösender Monitore noch Gewicht hat, ist allerdings fraglich.

Manche halten auch den Ende-Kommentar für überflüssig, und zwar selbst in den Fällen, wo drei oder mehr Kontrollstrukturen ineinander geschachtelt sind. Wenn man gefährliche Missverständnisse vermeiden will, sollte man jedoch nur dann darauf verzichten, wenn Blöcke gar nicht oder nur einfach geschachtelt sind.

Um die Resultate unterschiedlicher Regelungen beim Layout von Kontrollstrukturen vergleichbar zu machen, sind im Folgenden Beispiele für ein kompakteres Layout dargestellt.

```
(* Modula-2 *)
WHILE (irgendeine_bedingung) DO
    erste_anweisung;
    zweite_anweisung();
    letzte_anweisung;
END;
```

```
REPEAT
    erste_anweisung;
    zweite_anweisung();
    letzte_anweisung;
UNTIL eine_bedingung;
```

```
{ Pascal }
While (irgendeine_bedingung) Do Begin
    erste_anweisung;
    zweite_anweisung();
    letzte_anweisung;
End;
```

```
-- Ada
if (irgendeine_bedingung) then
    erste_anweisung;
    zweite_anweisung();
    letzte_anweisung;
elsif (eine_andere_bedingung) then
    weitere_anweisungen;
else
    noch_eine_anweisung;
end if;

case ein_ausdruck is
    when ein_wert      =>
        anweisungen;
    when noch_ein_wert =>
        anweisungen;
    when others        =>
        fehlermeldung_z_B;
end case;
```

```
label_fuer_schleife:
while (irgendeine_bedingung) loop
    erste_anweisung;
    zweite_anweisung();
    letzte_anweisung;
end loop;
```

```
// C, C++ oder Java
if (irgendeine_bedingung) {
    erste_anweisung;
    zweite_anweisung();
    letzte_anweisung;
} else if (eine_andere_bedingung) {
    weitere_anweisungen;
} else {
    noch_eine_anweisung;
}

switch (enum_oder_int_var) {
    case erster_Wert:
        tue_etwas();
        break;
    case zweiter_Wert:
        tue_etwas_anderes();
        break;
    default:
        gib_Fehlermeldung_aus();
}
```

```
try {
    anweisungen;
} catch(Exception ausnahme) {
    ausnahme.printStackTrace();
} finally {
    dateien_schliessen();
    netzwerk_verbindungen_schliessen();
}
```

```
' Visual Basic
If (irgendeine_bedingung) Then
    erste_anweisung
    zweite_anweisung()
End If


For nPosition = 1 To MAX_POS
    Anweisungen
Next nPosition
```

```
/* SQL: Analoge Vorgehensweise bei einem DML-Befehl */
Update eine_tabelle
Set eine_spalte   = ein_wert,
    andere_spalte = ein_anderer_wert
Where eine_bedingung;
```

Ein Punkt, der im Zusammenhang mit dem Layout von Blöcken auch immer wieder für Diskussionsstoff sorgt, ist die Frage des Mit-Einrückens von „begin" und „end" bzw. „{" und „}". Anstelle der in den bisherigen Darstellungen gewählten Vorgehensweise wird manchmal eine der Folgenden gebraucht:

```
(* Beispiele anhand von Modula-2 *)
WHILE (irgendeine_bedingung)
  DO
    erste_anweisung;
    zweite_anweisung();
    letzte_anweisung;
  END;

WHILE (irgendeine_bedingung)
    DO
    erste_anweisung;
    zweite_anweisung();
    letzte_anweisung;
    END;
```

Beides ist jedoch weit gehend unüblich und unterstützt zudem nicht das Erkennen der Blockstrukturen. In Bezug auf das Layout von Kontrollstrukturen gilt allerdings wie so oft: Ist eine Vorgehensweise bereits als Standard eingebürgert, sollte man sie im Zweifel nicht ändern.

In jedem Fall sollte man ein einheitliches Layout von Kontrollstrukturen festschreiben. Welches dies ist, muss anhand der Präferenzen der Entwickler und manchmal auch aufgrund von Sachzwängen (Vorgaben eines Kunden o.Ä.) entschieden werden.

Bei Programmiersprachen, deren Syntax hinter den Bedingungen von Verzweigungen und Schleifen nicht notwendigerweise einen Anweisungsblock fordert, sollte man dies in den Programmierrichtlinien tun. Das Risiko, bei Wartungsarbeiten ein Statement zu ergänzen, von dem man *glaubt*, es würde nur bedingt bzw. innerhalb einer Schleife ausgeführt, ist sehr hoch. Auf derartigen Irrtümern basierende Fehler werden oftmals erst nach längerer Zeit festgestellt und können somit viel Schaden anrichten. Betroffen sind die Sprachen C, C++, Java, Perl, Pascal und andere.

7.1.13 Formatierung von Parameterlisten

Auch bei Prozedurdeklarationen und -aufrufen gibt es immer wieder Diskussionen über das Layout, oder genauer gesagt: darüber, wie man die Parameterlisten am besten formatieren sollte. Neben einem einzeiligen Layout – das je nach Zahl und Art der Parameter irgendwo eine Grenze hat – gibt es zwei verbreitete Möglichkeiten:

- den ersten Parameter mit dem Prozedurnamen auf eine Zeile setzen, weitere Parameter – je einen auf eine Zeile – darunter anordnen,
- bei mehr als nur einem Parameter oder wenn aus anderen Gründe eine Zeile nicht ausreicht, *alle* Parameter eine Stufe eingerückt unterhalb des Prozedurnamens aufführen.

Die zweite Option

- ist leichter zu formatieren,
- ermöglicht längere Parameternamen bzw. –werte,
- ist aber schlechter lesbar.

Die folgenden Beispiele sollen dies verdeutlichen:

```
(* Modula-2 Prozedur-Deklaration *)

PROCEDURE showMessage(severity   : severityType;
                     messageText: Text);

PROCEDURE showMessage(
    severity   : severityType;
    messageText: Text);
```

```
// Java-Methoden-Deklaration

public static JTree myTree(DefaultMutableTreeNode root,
                           String                 title)
```

```
{
    /* Deklarationen und Anweisungen */
}

public static JTree myTree(
    DefaultMutableTreeNode root,
    String                 title)
{
    /* Deklarationen und Anweisungen */
}

/* Beispiele fuer Aufruf */

button_id = zeige_Meldung(WARNUNG,
                         "Datei existiert nicht" +
                         " - fortsetzen?");

button_id = zeige_Meldung(
    WARNUNG,
    "Datei existiert nicht - fortsetzen?");
```

Welche Layout-Variante am sinnvollsten ist, hängt von folgenden Faktoren ab:

▷ Wird mit einer eher geringen Anzahl von Zeichen je Zeile gearbeitet (z.B. DIN-A4-Hochformat) oder ist in horizontaler Richtung ausreichend Platz (95 Zeichen / Zeile oder mehr)?

▷ Sind die Bezeichner von Datentypen, Variablen und Prozeduren meist kurz oder häufig mehr als zwanzig Zeichen lang?

▷ Werden bei Prozedur- oder Methodendeklarationen oftmals mehrer Modifier (wie „protected", „static", „const" oder „final") benötigt?

Sollen Sources auf DIN-A4-Hochformat ausgedruckt werden und legt man Wert auf sprechende Bezeichner, so ist es in jedem Fall sinnvoll, die gesamte Parameterliste auf einer neuen Zeile zu beginnen, auch wenn dadurch die optische Trennung der Parameterliste vom Prozedur- bzw. Methodennamen entfällt.

Hat man sich dafür entschieden, längere Zeilen zuzulassen und ist man bereit, etwas zusätzlichen Aufwand beim Formatieren der Prozedurdeklarationen und -aufrufe in Kauf zu nehmen, bietet sich das „endline Layout" an.

Sinnvollerweise formatiert man die Prozeduraufrufe entsprechend den Deklarationen. Dadurch vereinfachen sich die Regeln und das Layout ist konsistent.

7.2 Gliederung

Gängige Praxis ist es, für Sources einen möglichst einheitlichen Aufbau festzulegen. Dies gilt sowohl für Implementierungsdateien als auch für Header-Files, Definitionsmodule und dergleichen.

Eine standardisierte Gliederung vereinfacht nicht nur beim Debugging die Suche nach bestimmten Programmteilen, sondern hilft auch ganz allgemein, schnell einen Überblick über den Code zu gewinnen. Die Übersichtlichkeit erleichtert somit das Einlesen in eine Quelldatei und spart dadurch Zeit bei Code-Reviews und Wartungsarbeiten.

Ohne eine einheitliche Gliederung kann man zudem nur schwer kontrollieren, ob nicht irgendwelche Teile fehlen oder sogar zu viel sind – beispielsweise, weil nach einer Änderung etwas zu löschen vergessen wurde. Gute Entwicklungsumgebungen helfen hierbei heutzutage zwar, indem sie bis auf eine gewisse Ebene die hierarchische Struktur einer Quelldatei anzeigen können. Das nützt aber nichts bei ausgedruckten Sources, die für manche Tätigkeiten auch heute noch bevorzugt werden, wie etwa bei der Vorbereitung oder Durchführung einer Review.

In einigen Programmiersprachen ist die Reihenfolge bestimmter Anweisungen ohnehin festgelegt. Beispielsweise muss in Java ein „package"-Statement der erste ausführbare Befehl sein, und „import"-Anweisungen müssen vor allen Klassendefinitionen kommen. In Visual Basic gehört ein „Option Explicit" im jeweiligen Modul immer vor die erste Prozedur. Je nach Sprache wird der Aufbau der Sourcen stärker vom Compiler erzwungen oder er folgt lediglich mehr oder weniger gebräuchlichen Konventionen.

Dementsprechend hängen sinnvolle Regelungen im Einzelnen von der verwendeten Programmiersprache ab. Dies bedeutet auch, dass man bestimmte Dinge *nicht* zu regeln braucht. Alles, was ein Compiler erzwingt, sollte man in Programmierrichtlinien nur dann erwähnen, wenn es der Kontext erfordert. Style-Guides sind nicht dazu da, den Inhalt von Handbüchern zu wiederholen.

Verwendet man CASE-Werkzeuge, Code-Generatoren und Ähnliches, beeinflussen auch diese oftmals die Gliederung von Sourcen. Soweit die eingesetzten Tools nicht entsprechend konfiguriert werden können, versucht man am besten, die Regelungen den vorhandenen Möglichkeiten anzupassen. Nur wenn dies zu wirklich inakzeptablen Ergebnissen führt, sollte man Vorgaben machen, die manuelle Nacharbeiten an generiertem Code erfordern.

Ferner muss man sich darüber einigen, *wie detailliert* man bei der Gliederung von Sourcen Vorgaben macht. Häufig wird nur die oberste Ebene festgelegt, also beispielsweise erst Dateikopf, dann Includes bzw. Importe, daran anschließend Deklaration von modulweit sichtbaren Variablen bzw. statischen Attributen usw. Manchmal ist es aber darüber hinaus zweckmäßig, wenn Prozeduren bzw. Methoden in jeder Source in gleicher oder zumindest analoger Reihenfolge stehen.

> Wird beispielsweise aus dem Quellcode automatisch eine API-Dokumentation generiert, sollten zumindest die in der Schnittstelle enthaltenen Methoden usw. einheitlich und sinnvoll gruppiert in den Sourcen stehen.

Entwicklungsumgebungen sind oft in der Lage, die Methoden einer Klasse sowohl in der Reihenfolge aufzulisten, in der sie im Code stehen, als auch alphabetisch. Deshalb sollte man nach Möglichkeit in den Sourcen eine Gruppierung nach funktionaler Zusammengehörigkeit anstreben. Die einfache Regel, Prozeduren und dergleichen alphabetisch zu ordnen, macht im Allgemeinen wenig Sinn. Auch eine Ordnung von Methoden nach ihrer Sichtbarkeit ist meist nicht optimal. Allerdings kann es zweckmäßig sein, Hilfsprozeduren bzw. private Methoden an das Ende einer Source-Datei zu stellen.

Wird eine spätere Portierung eines Systems angestrebt, prüft man am besten im Vorhinein, ob Plattform-abhängiger Code von Anfang an in eigene Dateien ausgegliedert werden sollte. Als Alternative dazu kann auch bedingte Compilierung das Mittel der Wahl sein. Je früher die Entscheidung fällt und die Programmierer eine klare Vorgabe haben, desto besser.

Unabhängig vom Einfluss der genannten Rahmenbedingungen gibt es einige Grundregeln für eine sinnvolle Strukturierung von Sourcen, die allerdings eher als Empfehlungen zu sehen sind:

▶ Die Gliederung des Quellcodes sollte die Struktur bzw. die Ablauflogik des Programmes widerspiegeln. Das statische Hintereinander in den Sourcen entspricht also nach Möglichkeit dem dynamischen Nacheinander beim Programmablauf.

▶ Kontrollstrukturen sollten maximal fünf Ebenen tief ineinander geschachtelt sein. Besser ist es jedoch, wenn die Schachtelungstiefe insgesamt – also unter Berücksichtigung von Modulen und Prozeduren (bzw. Klassen und Methoden) – diesen Wert nicht überschreitet.

Für die Gliederung von Prozeduren empfiehlt sich im Allgemeinen das folgende Schema:

▶ Zunächst Parameter und andere Vorbedingungen prüfen („defensive Programmierung").

▶ Wenn alle Vorbedingungen erfüllt sind, den gewünschten Ablauf durchführen.

▶ Falls nötig, Nachbedingungen testen.

Zudem sollten Variablen – auch bei Programmiersprachen, die andere Vorgehensweisen erlauben – en bloc am Anfang der Prozedur oder Kontrollstruktur deklariert werden, innerhalb derer sie gültig sind. Die Initialisierung kann bei der Deklaration oder getrennt davon kurz vor der ersten Verwendung erfolgen. *Deklariert* man Variablen nach Belieben immer erst direkt vor ihrem Gebrauch, so werden Zusammenhänge zwischen ihnen nicht sichtbar. Außerdem ist dies für alle Entwickler ungewohnt, die überwiegend mit Sprachen vertraut sind, die Derartiges nicht zulassen.

7.3 Kommentierung

Ähnlich wie bei der Namensvergabe müssen auch bei der Kommentierung zunächst die Punkte Sprache und Zeichensatz geklärt werden. Ob Kommentare in Englisch oder in Deutsch gehalten werden, dürfte sich im Zweifel an der Regelung für die Namensvergabe orientieren. Auf jeden Fall sollte man eine dieser Möglichkeiten von Anfang an festschreiben.

Für den Zeichensatz gilt bei der Kommentierung Ähnliches wie bei der Namensvergabe: Umlaute, Sonderzeichen und dergleichen sollte man vermeiden. Dies gilt erst recht in internationalen Projekten. Mit einem „ß" kann selbst heute noch kaum ein PC oder Drucker in den USA etwas anfangen. Aber auch wenn die Kommentierung in Deutsch erfolgt, sollte man nur die Zeichen aus dem 7-Bit ASCII-Zeichensatz zulassen. Ausnahmen:

- Kommentare, die bei der Generierung einer API-Dokumentation verwendet werden, müssen unter Umständen Zeichen enthalten, die nicht zum Standard-ASCII-Zeichensatz gehören.

- Lässt man ohnehin im Bereich Namensvergabe alle Unicode-Buchstaben zu, spricht selbstverständlich nichts dagegen, dies entsprechend auf Kommentare auszudehnen.

Neben einer einheitlichen Sprache und einem definierten Zeichensatz sind weitere allgemeine Anforderungen an Kommentare festzulegen. Grundsätzlich sind dies die Folgenden:

- Kommentare sollten so *kurz* wie möglich sein, um die Sourcen nicht unnötig aufzublähen.

- Die Erläuterungen zum Code müssen trotz dieser ersten Regel in jedem Fall *verständlich* bleiben. Deswegen gilt hier genauso wie bei der Namensvergabe: möglichst keine Abkürzungen verwenden!

- Wie immer in der EDV sollte man *Redundanzen vermeiden*. Jede Information gehört nur an eine Stelle, weil sonst leicht Inkonsistenzen und erhöhte Änderungsaufwände entstehen. Deswegen sollte der Inhalt von Anweisungen auch – von Ausnahmen abgesehen – durch Kommentare nicht wiederholt, sondern um *Hintergrundinformationen*, also das „warum" anstelle des „was", ergänzt werden.

▶ Kommentare müssen *aktuell* gehalten werden. Sie sind unter anderem deswegen so nah wie möglich beim Kommentierten zu platzieren. Überdies sollte ihr Layout aus diesem Grund änderungsfreundlich sein.

Um Kommentierungen im richtigen Maß und unter Beachtung dieser Grundregeln zu erreichen, müssen – so konkret wie möglich – Vorgaben gemacht werden, *welche Stellen* im Code *wie* zu kommentieren sind. Die Einhaltung der Regeln sollte durch Code-Reviews oder ähnliche Schritte sichergestellt werden. Vor allem die Verständlichkeit von Kommentaren lässt sich nur dadurch „testen", dass eine andere Person als der Programmautor versucht, sich über ihre Bedeutung klar zu werden.

Will man die Kommentierung hinreichend konkret regeln, so muss man berücksichtigen, welchen Zwecken die Kommentare im Einzelnen dienen. Neben reinen „Layout-Kommentaren" – wie Trennlinien als Ersatz für Leerzeilen oder „`// end if`" und Ähnlichem bei Kontrollstrukturen – sind die folgenden Arten zu unterscheiden:

▶ Datei- und Prozedurheader,
▶ Erläuterungen zu Variablen, Parametern und Attributen,
▶ Blockkommentare,
▶ Zeilenende-Kommentare (engl. „endline comments"),
▶ Verweise,
▶ Änderungskommentare sowie
▶ To-do-Hinweise und „marker comments".

Dazu kommt als Sonderfall das Auskommentieren von Code. Im Folgenden werden die genannten Arten von Kommentaren detaillierter besprochen.

7.3.1 File- und Prozedur-Header

Datei- und Prozedurkopf enthalten zum einen „Verwaltungsdaten", wie beispielsweise Autor und Datum der letzten Änderung, und zum anderen grundlegende Informationen für Wartung und Verwendung des Codes. Zumindest für File-Header greift man in der Regel auf ein einheitlich festgelegtes Muster zurück, das in einer für alle Entwickler zugreifbaren Datei abgelegt ist. Programmierrichtlinien enthalten entweder das Muster selbst oder aber eine Angabe, wo die betreffende Datei zu finden ist. Dazu sollten in jedem Fall *Hinweise für die in das Template einzufügenden Informationen* kommen.

Dateikopf

Der Inhalt eines Dateikopfes hängt im Detail von den Anforderungen des Unternehmens – manchmal auch des einzelnen Projektes – und vor allem von der Programmiersprache ab. Während beispielsweise ein Java-Source-File mehrere Klassendefinitionen enthalten kann, gibt es bei vielen Dritt-Generations-Sprachen eine Eins-zu-eins-Zuordnung zwischen Datei und Modul. Unter diesen Umständen entfällt die Trennung zwischen den entsprechenden Headern.

Bei der Festlegung des File-Headers sind außerdem Randbedingungen zu beachten, die aus der Entwicklungsumgebung und insbesondere dem verwendeten Versions-Management-System resultieren. Als minimaler Inhalt eines Dateikopfes gelten im Allgemeinen die folgenden Informationen:

- Dateiname
- Version
- Projektname
- Copyright-Vermerk
- Erstelldatum
- Autor
- Zweck

Die Reihenfolge dieser Angaben kann von der hier verwendeten abweichen, sollte aber in jedem Fall unternehmens- oder zumindest projektweit einheitlich sein. Außerdem müssen nicht alle geforderten Angaben von Hand eingetragen werden. Autor, Dateiname, Erstelldatum und Version kann beispielsweise auch ein Versions-Management-System einfügen. Allerdings gibt es dann möglicherweise Abweichungen bezüglich manuell eingetragener Werte: als „Erstelldatum" erscheint üblicherweise der Zeitpunkt des ersten Check-Ins und auch der Dateiname kann sich unterscheiden, insbesondere falls der volle Pfad anzugeben ist.[1] Deswegen sollte man klar regeln, was von Hand

---

1. Versions-Management-Systeme fügen in der Regel nicht den Pfad zur ausgecheckten „working copy" ein, sondern den zur zentral abgelegten Datei.

einzugeben und inwieweit „Keyword-Expansion" zu nutzen ist. Die genannten Informationen haben im Einzelnen folgenden Zweck:

- Der Dateiname hilft vor allem bei Ausdrucken auf Anhieb zu erkennen, um welches File es sich handelt. Da die meisten, selbst primitive Editoren heutzutage die Möglichkeit bieten, den Namen einer Datei im Kopf- oder Fußteil einer Seite mit auszugeben, wäre diese Angabe eigentlich nicht mehr nötig. Werden Dateien allerdings aus irgendwelchen Gründen temporär umgespeichert oder etwa als Attachment einer E-Mail versandt, ist dieser Eintrag nach wie vor sehr hilfreich.
- Dass die Dateiversion angegeben werden sollte, versteht sich eigentlich von selbst. Diese Information wird zum einen bei Entwicklungs- und Wartungarbeiten immer wieder benötigt, zum anderen fehlt sie sonst vor allem auf Ausdrucken.
- Der Projektname ist als Zuordnungskriterium wichtig.
- Das Urheberrecht an – gegebenenfalls mit viel Aufwand erstellten Sourcen – sollte auch im deutschen Rechtsraum deutlich gemacht werden. Bei uns hat diese Angabe allerdings nicht dieselbe juristische Bedeutung wie in den USA.[2]
- Das Erstelldatum im Dateikopf ist – sofern die Information korrekt gepflegt wird – ein verlässlicherer Wert als der vom Betriebssystem im Verzeichniseintrag gespeicherte. Er stimmt beispielsweise auch dann noch, wenn ein File unter einem anderen Namen gesichert wurde, etwa im Rahmen der Umbenennung eines Moduls oder einer Klasse. Automatisierte Einträge mit Hilfe von Keyword-Expansion sind aus diesem Grund für das Erstelldatum nicht unbedingt sinnvoll. Denn das Versions-Management-System ersetzt sie beim Einchecken einer Datei unter einem neuen Namen durch den aktuellen Check-In-Zeitpunkt.
- Desgleichen weicht der Name des Autors gegebenenfalls von der Angabe auf Betriebssystemebene ab. Vor allem kann man hier problemlos einen wirklich informativen, ausgeschriebenen Namen eintragen anstelle des oftmals kryptischen „username". Dies ist vor allem für neue Mitarbeiter eine Hilfe, da sie meist weder mit Initialien noch mit Angaben wie „msch-

---

2. Das Urheberrecht an einer Source entsteht in Deutschland unabhängig von einem derartigen Eintrag.

mi" für „Michael Schmitz" oder dergleichen etwas anfangen können. Auch *mehrere Autoren* kann man in der Regel nur manuell auflisten.

- Zu welchem Zweck ein File erstellt wurde, ist eine vor allem für Wartungsarbeiten wichtige Information. Sie sollte nach Änderungen auf Aktualität geprüft werden, denn Ergänzungen an dieser Stelle sind des Öfteren notwendig. Ein diesbezüglicher Hinweis in den Programmierrichtlinien kann nicht schaden.

Je nach den Eigenheiten des Projektes fügt man in den Dateikopf zusätzlich die folgenden Angaben ein:

- einen Modul- oder Paketnamen,
- die Angabe der Programmiersprache,
- Referenzen auf Anforderungsdokumente, Fachliteratur oder Bug-Nummern,
- besondere Hinweise,
- eine Änderungshistorie sowie
- einen ID-String für die Versionskontrolle.

Für die Änderungshistorie greift man sinnvollerweise auf das entsprechende Schlüsselwort des Versions-Management-Systems zurück. Die Angabe, wann welche Erweiterungen oder Modifikationen durchgeführt wurden, kann vor allem auf Ausdrucken zweckmäßig sein oder aber, wenn aus irgendwelchen Gründen kein permanenter Zugriff auf die entsprechenden Daten aus dem Versionsmanagement möglich ist.

Modul- und Paketnamen gibt man nur dann gesondert an, wenn diese nicht mit dem Dateinamen übereinstimmen oder aus einem Statement kurz hinter dem Dateikopf hervorgehen. Wird in einem Projekt nur eine Programmiersprache verwendet, kann man im File-Header auch auf diesen Eintrag verzichten. Das Gleiche gilt, falls die Sprache sich eindeutig aus der Dateinamenerweiterung ableiten lässt.

Verweise auf die zugrunde liegenden Anforderungen sind eigentlich immer sinnvoll. Oftmals können die Entwickler sie aber nicht referenzieren, weil sie nicht sorgfältig genug dokumentiert wurden.

Ob und welche Besonderheiten anzugeben sind, hängt von der einzelnen Datei ab. Infrage kommen beispielsweise:

- Hintergrundinformationen, die zum Verständnis der Implementierung oder zur korrekten Verwendung der implementierten Funktionalitäten erforderlich sind,
- Zusammenhänge, die über mehrere Source-Files hinweg eine Rolle spielen,
- ausdrückliche Hinweise darauf, was *nicht Zweck* des betreffenden Moduls (bzw. der Klasse) ist, was es *nicht leistet* oder welche Erweiterungen *nicht möglich* sind,
- Angaben über verwendete Fehlerbehandlungsstrategien,
- in jedem Fall deutliche Hinweise, falls irgendwo innerhalb der Datei nicht oder nur eingeschränkt portabler Code steht, also solcher, der Besonderheiten eines Compilers, eines Betriebssystems oder einer speziellen Library ausnutzt.

Auch wenn derartige Informationen bei einer Datei aktuell keine Rolle spielen, kann ein Eintrag „Besonderheiten" – gegebenenfalls mit dem expliziten Hinweis „keine" – zweckmäßig sein. Deswegen ist es eine durchaus sinnvolle Option, diesen Punkt standardmäßig in den Dateikopf aufzunehmen.

Prozedurkopf

Der Kopfkommentar zu einer Prozedur, Funktion oder Methode sollte etwa die folgenden Informationen enthalten:

- den Prozedurnamen (damit dieser sofort sichtbar ist und nicht erst hinter dem Header),
- welche Aktion(en) sie ausführt,
- zu welchem Zweck sie dies tut (gegebenenfalls unter Verweis auf eine bestimmte Anforderung, eine Bug-Meldung oder dergleichen),
- welche Parameter sie hat und was diese bedeuten,
- welchen Rückgabewert sie liefert und wie dieser zu verwenden ist,
- welche Exceptions möglicherweise geworfen werden und was sie bedeuten bzw. wie darauf zu reagieren ist,

- notwendige Vorbedingungen, die erfüllt sein müssen, damit die Prozedur korrekt arbeitet,
- Nachbedingungen, die im Anschluss an die Abarbeitung der Prozedur erfüllt sind,
- gegebenenfalls Hinweise auf Threadsicherheit, Concurrency-Probleme, Transaktionshandling usw.,
- ein Beispiel für den Aufruf der Prozedur/Funktion/Methode, falls dies zur Verdeutlichung ihrer Verwendung erforderlich ist
- bekannte Fehler („known bugs") oder Schwachstellen, wie beispielsweise schlechte Performance bei bestimmten Bedingungen o.Ä.,
- bei Bedarf eine Begründung bezüglich der Sichtbarkeit (warum „public", warum nur Modul-intern),
- unter Umständen ein Punkt „Besonderheiten", der sowohl Hinweise bezüglich der Implementierung als auch in Bezug auf die Verwendung der Prozedur enthalten kann.

Die Informationen sind bis auf die folgenden Ausnahmen für die Verwendung einer Prozedur oder Methode notwendig:

- Zweck,
- Begründung der Sichtbarkeit und
- Besonderheiten.

Diese drei Angaben helfen jedoch insbesondere bei Wartung und Pflege. Die Liste ist damit insgesamt sehr lang und deswegen sicherlich eine Diskussion wert. Denn allzu ausgedehnte Kommentare machen Code unübersichtlich und werden deshalb zu recht als störend empfunden. Andererseits enthält die Liste – von einigen optionalen Punkten wie „Besonderheiten" abgesehen – nichts Überflüssiges. Im Gegenteil: Eigentlich wäre es sinnvoll, Informationen über *Art, Datum und Autor der letzten Änderungen* nicht auf Datei-, sondern auf einer detaillierteren Ebene zur Verfügung zu haben. Denn aus dem Change-Log eines Files herauszufiltern, welche Modifikationen an einer bestimmten Funktion zuletzt vorgenommen wurden, bedeutet ein eher mühsames Geschäft. Bei der Suche nach Fehlerursachen ist dies aber oftmals notwendig.

Insgesamt gesehen scheint es bei Verwendung der heutzutage üblichen Code-Editoren – von denen nur wenige ein temporäres Ausblenden von Kommentaren unterstützen[3] – keine Alternative dazu zu geben, die durch längere Kommentare bedingten Nachteile für die Übersichtlichkeit der Sourcen in Kauf zu nehmen.

7.3.2 Erläuterungen zu Variablen, Parametern und Attributen

In vielen Fällen ist es unumgänglich, auch

- Variablen,
- Parameter,
- Eigenschaften von Objekten

und dergleichen mit mehr als nur ein, zwei Stichworten zu kommentieren. Neben dem Verwendungszweck müssen – je nach Problemstellung – die folgenden Informationen angegeben werden:

- zulässige oder unzulässige Werte bzw. Wertebereiche,
- sonstige Invarianten,
- Hinweise bezüglich Threadsicherheit, Serialisierung, Persistenz usw.,
- Gründe für eine Entscheidung bzgl. der Sichtbarkeit eines Attributes oder des Gültigkeitsbereichs einer Variablen sowie
- je nach Programmiersprache bei Parametern, ob es sich um In-, Out- oder Inout-Parameter handelt.

Wie weit derartige Angaben im Code erforderlich sind, hängt im Detail von den verwendeten Sprachen, den Entwicklungstools und anderen Rahmenbedingungen ab. Sind beispielsweise Informationen über Sichtbarkeit und Persistenz von Attributen bereits in Design-Dokumenten enthalten, müssen sie nicht notwendigerweise zusätzlich in den Sourcen stehen. Regelungen bezüglich der Kommentierung von Variablen, Attributen usw. sollten deshalb auf Projektebene festgelegt werden.

---

3. Eine Ausnahme bilden so genannte „folding editors". Der Autor wurde erst während der Arbeit an diesem Buch von einem Bekannten auf diese Tools aufmerksam gemacht. Ein Public-Domain-Editor, der das Ausblenden von Kommentaren unterstützt, kann über http://www.scintilla.org heruntergeladen werden. Auch für den GNU Emacs sind entsprechende Erweiterungen zu haben.

7.3.3 Block- und Zeilenende-Kommentare

Blockkommentare sind mehrzeilige Kommentare, die einem Anweisungsblock *vorangestellt* werden und diesen erläutern. Sie geben Informationen über den Zweck der folgenden Statements, und erklären – falls nötig – Hintergründe der Implementierung oder „tricky code". Man verwendet sie insbesondere bei Kontrollstrukturen, sofern diese nicht bloß aus wenigen Anweisungen bestehen.

Zeilenende-Kommentare benutzt man vor allem bei der Deklaration von Variablen, um ihren Verwendungszweck anzugeben. Inwieweit sie sich auch zur Erläuterung der Abläufe eignen, ist umstritten. Viele bevorzugen es, Kommentare den Anweisungen in jedem Fall voranzustellen. Der Grund: Wenn man „endline comments" nicht relativ weit ausrückt und zudem untereinander ausrichtet, wird der Code unübersichtlich und schlecht lesbar. Zeilenende-Kommentare sind deshalb schlecht zu warten. In jedem Fall dürfen sie sich nur auf die Zeile beziehen, auf der sie stehen. Ihre Verwendung zur Kommentierung ganzer Anweisungsblöcke oder Kontrollstrukturen sollte man generell untersagen.

Block- und Zeilenende-Kommentare dürfen nicht bloß mit anderen Worten wiedergeben, was sich ohnehin aus den Statements ergibt. Von dieser Regel sollte man aber zwei Ausnahmen grundsätzlich zulassen:

▶ Zusammengefasste Beschreibungen, die einem Anweisungsblock vorangehen und das Verstehen des darin enthaltenen Ablaufs erleichtern und

▶ Kommentare, die bestimmte Dinge betonen, die sonst übersehen werden könnten.

Entsprechend gilt für komplexe Bedingungen sogar, dass diese durch einen vorangehenden Kommentar erläutert werden *sollen*. Grundsätzlich ist jedoch in derartigen Fällen zu prüfen, ob nicht eine bessere Namensvergabe oder eine geschicktere Strukturierung des Codes den Kommentar überflüssig machen.

Sinnvolle – und für Wartungszwecke oftmals unerlässliche – Inhalte von Kommentaren sind die Folgenden:

▶ Implementierungsansätze,

- Erläuterungen, *warum* bestimmte Anweisungen erforderlich sind (sofern dies nicht offensichtlich ist),
- gegebenenfalls Hinweise darauf, dass eine bestimmte *Reihenfolge* von Befehlen notwendig ist (einschließlich Erläuterung des Grundes),
- implizite Voraussetzungen, insbesondere, wenn Dinge fehlen, die auf den ersten Blick notwendig erscheinen,
- Erwähnung und Erklärung nicht-trivialer Irrwege.[4]

Leider lassen sich gerade Regeln bezüglich der *notwendigen* Inhalte von Kommentaren nur sehr schwer in eine eindeutig überprüfbare Form bringen. Deswegen gibt man ihnen oft nur den Charakter von Empfehlungen – mit der Folge, dass Programmierer unter Zeitdruck ihren Code manchmal überhaupt nicht kommentieren. Um derartigen Entwicklungen gegenzusteuern, ist es unerlässlich, die Einhaltung von Programmierrichtlinien durchgängig mit Hilfe von *Code-Reviews* zu überprüfen. Auch das häufige Problem, dass Kommentare nicht aktuell gehalten werden, lässt sich nur durch entsprechende Kontrollen in den Griff bekommen.

7.3.4 Verweise

Häufig werden Kommentare benutzt, um auf irgendwelche Schriftstücke oder Dateien außerhalb eines Source-Files zu verweisen. Sinnvoll ist dies beispielsweise, um

- anzugeben, wo die Anforderungen definiert sind, die bei der Implementierung eines bestimmten Codeabschnittes zu berücksichtigen waren,
- ein Stück Code oder eine Änderung daran einem gemeldeten Bug zuzuordnen oder
- auf ein Fachbuch hinzuweisen, dem ein Algorithmus entnommen wurde.

Manchmal enthalten Blockkommentare solche Querverweise, zuweilen stehen sie auch auf einer extra Zeile oder als Stichwort hinter einem Statement, also in Form eines „endline comments". Unabhängig davon ist es sinnvoll, für diese Art von Kommentaren eine „Syntax" festzulegen, die sie leicht auf-

---

4. Nicht-triviale Irrwege sind Implementierungsansätze, die auf den ersten Blick Erfolg versprechend erscheinen, sich aber nachträglich als nicht durchführbar oder zumindest nicht sinnvoll erweisen.

findbar machen. Dazu genügt es sicherzustellen, dass sie im Code vollständig auf einer Zeile stehen und durch eine festgelegte Zeichenkombination identifiziert werden können.

7.3.5 Änderungskommentare

Änderungskommentare erläutern wann, von wem und aus welchem Grund ein Stück Code modifiziert wurde. Wie weit sie notwendig sind, hängt vor allem davon ab, ob ein Versions-Management-System verwendet wird und wie häufig die Sourcen darin eingecheckt werden.

Wird das Änderungsprotokoll beim Einchecken von Dateien sorgfältig geführt, kann man die betreffenden Stellen im Code dennoch zusätzlich mit einem Kommentar versehen, der sie den im Change-Log aufgeführten einzelnen Modifikationen zuordnet. Dadurch lassen sie sich – beispielsweise bei der Suche nach einer Bug-Ursache – schneller auffinden.

Werden Sourcen sehr häufig eingecheckt, genügt jedoch im Allgemeinen das Änderungsprotokoll in Verbindung mit der Differences-Funktionalität des Versions-Management-Systems. Auf zusätzliche Änderungskommentare im Code kann dann verzichtet werden.

7.3.6 To-do-Hinweise

To-do-Hinweise markieren Bugs, Schwachpunkte bei der Implementierung oder notwendige Verbesserungen, die an einer Stelle durchzuführen sind.

Eine deutliche Mahnung, dass bekannte Fehler im Code nicht verschwiegen, sondern im Gegenteil klar gekennzeichnet werden sollten, kann in Programmierrichtlinien nicht schaden. Zudem ist auch hier eine einheitliche, mit Such-Utilitys leicht zu findende Markierung sinnvoll.

7.3.7 Auskommentieren von Code

Durch Einfügen von Kommentarzeichen kann man Code-Abschnitte deaktivieren. Davon wird im Zusammenhang mit Test und Debugging Gebrauch gemacht, aber auch, wenn Anforderungen – wie so oft – bei der Implementierung noch nicht eindeutig feststehen. Wenn Anweisungen auskommentiert werden, sollte man einen Hinweis einfügen, der folgende Informationen enthält:

- wer den Code auskommentiert hat,
- wann er das tat,
- warum das geschah,
- gegebenenfalls wo der Code steht, der den auskommentierten ersetzt hat,
- wann bzw. unter welchen Bedingungen die Anweisungen reaktiviert werden sollten,
- wann bzw. unter welchen Bedingungen die Anweisungen endgültig zu entfernen sind.

Bei Programmiersprachen, die unterschiedliche Kommentarsymbole für ein- und mehrzeilige Kommentare zur Verfügung stellen, sollte man außer dem Inhalt eines solchen Hinweises auch regeln, wie der Code auszukommentieren ist. Bei Java und C++ bieten sich beispielsweise die folgenden Möglichkeiten an:

```
/* Auskommentiert am 27.07.02 von H. Kellerwessel, weil
Anforderung 4711 nach neusten Informationen doch
nicht notwendig. Kann geloescht werden, wenn
Anforderung 4711 endgueltig vom Tisch ist.
anweisung_1;
anweisung_2;
anweisung_3;
*/


// Auskommentiert am 27.07.02 von H. Kellerwessel, weil
// Anforderung 4711 nach neusten Informationen doch
// nicht notwendig. Kann geloescht werden, wenn
// Anforderung 4711 endgueltig vom Tisch ist.
// anweisung_1;
// anweisung_2;
// anweisung_3;
```

Die erste Variante hat den Vorteil, dass der gesamte Kommentarblock von einem „folding Editor" ausgeblendet werden kann. Die zweite Alternative lässt sich einfacher mit einer Markierung verbinden, die zeigt, dass es sich nicht um einen „normalen" Kommentar handelt. Beispielsweise kann man festlegen, dass beim Auskommentieren von Code die Kommentarzeichen zu verdoppeln sind:

```
// // Auskommentiert am 27.07.02 von H. Kellerwessel,
// // weil Anforderung 4711 nach neusten Informationen
// // doch nicht notwendig. Kann geloescht werden, wenn
// // Anforderung 4711 endgueltig vom Tisch ist.
// // anweisung_1;
// // anweisung_2;
// // anweisung_3;
```

Bei Verwendung der heute üblichen Entwicklungsumgebungen stellen alle drei genannten Varianten in etwa den gleichen Aufwand für den Entwickler dar. Denn das Einrücken eines Blocks mit Kommentar- anstelle von Leerzeichen wird meist unterstützt. Innerhalb eines Projektes sollte man sich in jedem Fall für eine einheitliche Vorgehensweise entscheiden, damit alle Entwickler eines Teams auskommentierten Code intuitiv von wirklichen Kommentaren unterscheiden können.

7.3.8 Vorgehensweisen beim Kommentieren

Nicht nur, was zu kommentieren ist und welche Inhalte die Kommentare haben sollten, sondern auch bestimmte Vorgehensweisen beim Kommentieren regelt man am besten in einer Programmierrichtlinie. Dabei geht es darum, diesen beiden Problemen vorzubeugen:

- *mangelnder* Kommentierung und
- *veralteten* Kommentaren.

Die Grundregel in diesem Zusammenhang lautet:

- *erst kommentieren*, dann implementieren oder zumindest
- kommentieren *während* des Implementierens.

Schreibt man zuerst einen Kommentar zu dem, was man im Folgenden implementieren möchte, so zwingt einen dies, die geplanten Schritte noch einmal zu durchdenken. Dies erweist sich oftmals als produktivitätsfördernd, weil dabei Denkfehler oder auch Verbesserungsmöglichkeiten frühzeitig bemerkt werden.

Selbst unter hohem Zeitdruck sollte man Kommentare niemals ganz weglassen. Notfalls kommentiert man zuerst nur stichwortartig und formuliert die Kommentare am nächsten Arbeitstag aus. Kommentare nach mehr als auch nur einem einzigen Tag nachträglich zu ergänzen oder zu korrigieren, gelingt meist nur lückenhaft und mit übermäßigem Aufwand. Eine entsprechende Empfehlung – oder besser noch: Vorschrift – sollte deshalb in Programmierrichtlinien immer enthalten sein.

Außerdem müssen Kommentare bei jeder Änderung am Code aktuell gehalten werden. Kommentare, die nicht zu den Anweisungen passen, sind irritierend und dadurch oftmals noch schlimmer als fehlende. Um Kommentare überhaupt aktuell halten zu können, müssen aber die sich auf eine gegebene Stelle im Code beziehenden Erläuterungen auffindbar sein. Deswegen sollten

- Kommentare und Kommentiertes immer möglichst nah beieinander stehen,
- die mit den Wartungsarbeiten an einem Code-Abschnitt beauftragten Entwickler immer auch die Kommentare zu umschließenden Blöcken auf möglicherweise veraltete Informationen hin überprüfen.

Letzteres bedeutet im Extremfall ein „Hochhangeln" über eine Reihe von Schachtelungsebenen hinweg bis hin zum Klassen-, Modul- oder File-Header.

7.3.9 Layout von Kommentaren

Einige Regeln für das Formatieren von Kommentaren wurden bereits genannt:

- Kommentare, die Anweisungen vorangestellt werden, rückt man genauso weit ein wie diese.
- „Endline comments" sollten – sofern man sie überhaupt nutzt – deutlichen Abstand vom zugehörigen Statement haben und untereinander ausgerichtet werden.

▶ Verwendet man Kommentare als Linien, nimmt man hierfür bevorzugt eine Kette von Bindestrichen und nicht Sternchen oder andere Symbole, die zu einer übermäßigen „Strichstärke" führen.

Um Aufwand und Nutzen der Kommentierung in einem vernünftigen Verhältnis zu halten, sollte man aber auch noch das Folgende beachten.

Blockkommentare mit einem schönen Rahmen aus Strichen oder Sternchen zu versehen, ist zwar ästhetisch, verursacht jedoch ein Übermaß an Wartungsaufwand. Um sie deutlich als Einheit von den Anweisungen zu unterscheiden, genügt eine senkrechte Linie aus Kommentarsymbolen oder Sternchen am linken Rand. Dies reicht auch, um Kommentare mit Hilfe von Such-Utilitys aus den Sources ausfiltern zu können.

Waagerechte Linien kann man bei File-, Modul- oder Prozedur-Headern zur Abgrenzung gegenüber den folgenden Code-Abschnitten ergänzend nutzen. Beispiele für ein derartiges Layout von Blockkommentaren sehen etwa so aus:

```
// C++
// ------------------------------------------------------------
// Copyright 2002 by H. Kellerwessel, Aachen
//
// Projekt:        Programmier-Richtlinien-Buch/MITP
// Dateiname:      Anwendungs_Bereich.cpp
// Zweck:          Verwaltet Infos zu einer Prog.-Sprache
// Zweck:          oder einer spezielleren Art von Code
// Angelegt am:    08.03.2002
// Angelegt von:   H. Kellerwessel
//
// $Id$
//
// $Log$
// ------------------------------------------------------------

/* C, C++, Java, SQL-Skripten */
```

```
/*
 * Copyright 2002 by H. Kellerwessel, Aachen
 *
 * Project:        Programmier-Richtlinien-Buch/MITP
 * File:           Anwendungs_Bereich.java
 * Purpose:        Stores Information about a prog.
 * Purpose:        language or special kind of code
 * Created when:   03/08/2002
 * Created by:     H. Kellerwessel
 *
 * $Id$
 *
 * $Log$
 */

-- Ada
-------------------------------------------------------------
-- Copyright 2002 by H. Kellerwessel, Aachen
--
-- Projekt:       Programmier-Richtlinien-Buch/MITP
-- Dateiname:     Anwendungs_Bereich.adb
-- Zweck:         Verwaltet Infos zu einer Prog.-Sprache
-- Zweck:         oder einer spezielleren Art von Code
-- Angelegt am:   08.03.2002
-- Angelegt von:  H. Kellerwessel
--
-- $Id$
--
-- $Log$
-------------------------------------------------------------
```

KAPITEL 7 – SPRACHUNABHÄNGIGE REGELN FÜR DIE CODIERUNG

```
' Visual Basic
' ---------------------------------------------------
' Projekt:        Programmier-Richtlinien-Buch/MITP
' Dateiname:      Anwendungs_Bereich.vb
' Zweck:          Verwaltet Infos zu einer Prog.-Sprache
' Zweck:          oder einer spezielleren Art von Code
' Angelegt am:    08.03.2002
' Angelegt von:   H. Kellerwessel
' ---------------------------------------------------
```

```
/* Gegenbeispiel: sehr schlecht zu warten, weil der
 * rechte Rand bei Aenderungen neu ausgerichtet werden
 * muss. Die Linien sind zu dick. Automatisiertes
 * Einfuegen der Aenderungshistorie mit korrekt
 * ausgerichtetem rechten Rand unmoeglich.
 */
/***********************************************************
 *                                                         *
 * Copyright 2002 by H. Kellerwessel, Aachen               *
 *                                                         *
 * Project:       Programmier-Richtlinien-Buch/MITP        *
 * File:          Anwendungs_Bereich.java                  *
 * Purpose:       Stores Information about a prog.         *
 * Purpose:       language or special kind of code         *
 * Created when:  03/08/2002                               *
 * Created by:    H. Kellerwessel                          *
 *                                                         *
 ***********************************************************/
```

Die hier gezeigten Beispiele lassen sich problemlos auf andere Sprachen – wie Perl, Kommandosprachen von Betriebssystemen oder 4GLs – übertragen.

Formatiert man in der dargestellten Weise Blockkommentare, die Kontrollstrukturen vorangestellt werden, rückt man sie einschließlich der Kommentarsymbole bzw. der Sternchen am linken Rand ein.

Die genannten Regeln kann man mit wenigen Sätzen in jede Programmierrichtlinie aufnehmen. Unterschiede gibt es lediglich zwischen den Sprachen, die nur „geklammerte" Kommentare kennen (Pascal, SQL usw.) und denjenigen, bei denen das entsprechende Symbol einen Kommentar kennzeichnet, der bis zum Ende der Zeile geht (VB, Perl, Ada etc.). Bei Sprachen wie C++ oder Java, die beide Möglichkeiten bieten, sollte man die Vorgehensweise von den Fähigkeiten der zur Verfügung stehenden Entwicklungswerkzeuge („folding editors" usw.) abhängig machen.

7.4 Verwendung bestimmter Konstrukte

Mit zunehmender Entwicklung in der EDV verschwimmen die Unterschiede zwischen Programmiersprachen immer mehr. Schwachpunkte bestimmter Sprachen versucht man dadurch zu beseitigen, dass gute Konzepte aus anderen integriert werden. Durch diese „Konvergenz der Programmiersprachen" entsteht ein ständig wachsender Anteil an Regeln, die nicht nur bei ein oder zwei, sondern bei einer relativ großen Anzahl von Sprachen zu beachten sind. Eine Reihe derartiger Regeln wird im Folgenden dargestellt.

In diesem Zusammenhang wird auch auf einige Details eingegangen. In vielen Fällen stehen sehr allgemeinen Regeln nämlich Ausnahmen gegenüber, die nur bei der Verwendung bestimmter Sprachen notwendig sind. Diese Tatsache macht das Festlegen von Standards nicht unbedingt einfacher. Wer auf sinnvolle Programmierrichtlinien Wert legt, kommt jedoch um die Beschäftigung mit solchen Feinheiten nicht drumherum.

7.4.1 Schleifen

For-Schleifen

Die Änderung von Zählervariablen innerhalb von For-Schleifen ist für alle Programmierer, die Sprachen gewohnt sind, die dies nicht zulassen, überraschend und somit missverständlich. Außerdem führen derartige Konstruktionen zu Abläufen, deren Korrektheit und insbesondere deren Terminieren schwer zu prüfen ist.

Bei bestimmten Sprachen gibt es sogar Compiler-abhängige Unterschiede im Programmverhalten, wenn auf Zählervariablen innerhalb von For-Schleifen schreibend zugegriffen wird. Deswegen sollte man das Ändern von Loop-Countern strikt untersagen, auch wenn die aktuell verwendete Programmiersprache dies zulässt.

Do-While und Repeat-Until

Die am häufigsten verwendeten Schleifenkonstrukte sind For- und While-Schleifen. Alternativ kann man aber Schleifen mit einem Test der Bedingung am Schleifenende verwenden, wenn ein bestimmter Anweisungsblock mindestens einmal durchlaufen werden muss. Dadurch werden Code-Redundanzen vermieden, die Sourcen ansonsten unnötig aufblasen und zudem zu Fehlern führen können.

Problematisch sind aber die diffizilen semantischen Unterschiede zwischen diversen Programmiersprachen bei dieser Art von Schleifen. Sie führen leicht zu Fehlern und Missverständnissen. Deswegen kann es sich als sinnvoll erweisen, den Gebrauch von Schleifen mit Bedingungstest am Ende grundsätzlich zu untersagen.

Sicherheitszähler

Bei While- und Repeat-Schleifen, deren Ende-Bedingung nicht mit dem Erreichen eines Maximalwertes einer Zählervariablen zusammenhängt, kann man dennoch einen Sicherheitszähler einbauen, um das Aufhängen eines Programmes in einer Endlosschleife zu verhindern.

Die Vorgehensweise ist einfach, ein Template, um ein solches Vorgehen zum Standard zu machen schnell erstellt. Der Performance-Verlust stellt bei den meisten Anwendungen auch kein Hindernis für eine solche Maßnahme dar. Ob und gegebenenfalls für welche Fälle sie vorgeschrieben wird, sollte man abhängig von den Rahmenbedingungen des jeweiligen Projektes entscheiden.

7.4.2 Sprunganweisungen

„Goto-Programmierung" ist schon lange verpönt und von daher wäre ein grundsätzliches Verbot dieses Statements in Programmierrichtlinien keine Frage. Bei bestimmten Sprachen sind „Goto´s" jedoch für die Fehlerbehandlung – einschließlich der zugehörigen Clean-Up-Operationen – erforderlich.

Bevor man also voreilig jede Form unbedingter Sprünge aus Programmen verbannt, sollte man prüfen, ob diesbezügliche Ausnahmen zugelassen werden müssen. Bekannt für diese Problematik sind Visual Basic, Embedded SQL und die Kommandosprachen bestimmter Betriebssysteme.

Außerdem gibt es in einigen Sprachen Anweisungen, die einem „goto" sehr ähneln – wie etwa „setjmp" in C++. Ein Verbot der „Goto-Programmierung" sollte derartige Statements einschließen – aber natürlich auf der anderen Seite das „Goto" in den Sprachen zulassen, bei denen es nicht einen Sprung innerhalb eines Programmes, sondern beispielsweise das Auswählen eines Datensatzes bewirkt.

7.4.3 Bedingungen und Verzweigungen

Positiv-Formulierungen sind im Allgemeinen leichter zu verstehen, weil das Negieren – zumindest bei komplexen Aussagen – keine einfache Operation darstellt. Bedingungen, also logische Ausdrücke, sollten deshalb nach Möglichkeit positiv formuliert werden, also ohne Verwendung von Negations-Operatoren wie „NOT" oder „!".

Man sollte allerdings keine zusätzlichen Variablen oder Prozeduren einführen, nur um logische Ausdrücke ohne Negationen formulieren zu können. Deswegen gibt man einer entsprechenden Regelung am besten den Charakter einer Empfehlung.

> Weiterhin muss für die Formulierung von Bedingungen ein Verbot gelten, *Fließkommazahlen* auf Gleichheit zu prüfen. Stattdessen sind derartige Abfragen so zu gestalten, dass der Betrag der Differenz der gegebenen Werte kleiner als ein – sinnvoll festzulegender – Schwellenwert sein muss.

Bei Fließkommaoperationen können immer geringfügige Rundungsdifferenzen entstehen, die bei der Auswertung eines Vergleichs fälschlicherweise zum Ergebnis „ungleich" führen. Dadurch können selten auftretende und damit äußerst schwer festzustellende Fehler verursacht werden. Dies gilt völlig unabhängig von der verwendeten Programmier- oder Datenbankabfragesprache. Zur Verdeutlichung hier ein Beispiel, das die Syntax C-ähnlicher Sprachen verwendet:

```
float anteil_schwarz = 1.0 / 3.0;
float anteil_rot     = 1.0 / 3.0;
float anteil_gold;
anteil_gold = 1.0 - anteil_schwarz - anteil_rot;
/* falsch: if (anteil_gold == anteil_schwarz) ... */
/* richtig: */
if ((anteil_gold - anteil_schwarz) < 1.0 / 100000.0) ...
```

7.4.4 Prozeduren und Funktionen

Return

Prozeduren mit mehreren Ausgängen widersprechen dem One-Entry-One-Exit-Prinzip der strukturierten Programmierung. Die Beachtung dieses Prinzips macht Algorithmen überschaubarer und kontrollierbarer, weil das Hintereinander im Quellcode dem Nacheinander beim Programmablauf entspricht. Deswegen sollten alle Prozeduren, Funktionen und Methoden maximal ein „Return" enthalten. Präziser formuliert heißt dies:

▶ Prozeduren („functions") bzw. Methoden, die einen Wert zurückliefern, sollten nur *ein* Return-Statement enthalten.

▶ Prozeduren (im engeren Sinn) bzw. Methoden, die *keinen* Wert zurückliefern, (bzw. deren Return-Type „void" ist) sollten *kein* Return-Statement enthalten.

Die zweite Regel liegt darin begründet, dass eine Prozedur, die keinen Rückgabe-Wert liefert, automatisch nach dem letzten auszuführenden Statement endet. Eine zusätzliche Return-Anweisung wäre redundant und könnte bei Erweiterungen des Codes zu Fehlern führen.

Die wesentliche Frage besteht darin, ob man Ausnahmen von der Regel „nur ein Return" zulassen sollte. Werden beispielsweise am Anfang einer Prozedur die Werte von Parametern auf Zulässigkeit geprüft, so ist ein „Return" im Fehlerfall je nach Programmiersprache sinnvoll. Im Detail hängt dies jedoch davon ab, ob die Sprache Exceptions oder andere spezielle Formen der Fehlerbehandlung unterstützt. Außerdem darf ein vorzeitiges „Return" natürlich dann nicht verwendet werden, wenn Clean-Up-Operationen erforderlich sind.

Seiteneffekte

Funktionsprozeduren bzw. -methoden sollten keine Seiteneffekte haben, wie etwa die Änderung einer (Modul-)globalen Variablen. Allerdings gibt es Ausnahmen, wo sich diese Regel nicht durchhalten lässt. Für diese Fälle müssen Vorgaben gemacht werden, wie solche unvermeidlichen Seiteneffekte zu dokumentieren sind.

Denn diejenigen, die die betreffenden Funktionsprozeduren verwenden, müssen durch die Form der Dokumentation über Art und Auswirkung der Seiteneffekte hinreichend informiert werden. Das heißt insbesondere, dass die Informationen in der API-Dokumentation zu der Funktionsprozedur vorhanden sein müssen und nicht bloß im Code, falls es eine getrennte API-Dokumentation gibt.

7.4.5 Variablen, Konstanten, Literale

Globale Variablen

Globale Variablen sind fast schon so verpönt wie „Goto´s". Allerdings hat man bei den meisten Anwendungen einige Variablen, die nur einmal je gestarteter Instanz der Applikation vorhanden sein dürfen. Deshalb kann man auf den Gebrauch von globalen Variablen nicht unbedingt verzichten. Soweit das die verwendete Programmiersprache zulässt, sollte man den Zugriff auf die „globals" jedoch über Getter und Setter kapseln.

Die Übergabe von Werten an Prozeduren über globale Variable sollte man indes strikt untersagen; stattdessen sind immer Parameter zu verwenden. Wenn Parameterlisten dadurch übermäßig lang werden, hilft es meistens, Structures, Records oder dergleichen zu definieren, in denen man die Parameter zusammenfasst. Diese Ausweichmöglichkeit fügt man einer entsprechenden Regelung sinnvollerweise als Tipp hinzu.

Literale

Die Verwendung von Literalen im Code sollte unabhängig vom ihrem Datentyp vermieden werden, es sei denn, es handelt sich um die Zahlen 0 oder 1, um eine leere Zeichenkette, „empty date" oder Ähnliches. Die Gründe hierfür sind:

▸ Literale sagen meist nichts über ihre Bedeutung aus. Der Code wird durch Literale also schwer verständlich.

▶ Literale verursachen häufig Redundanzen. Existiert dasselbe Literal an mehreren Stellen in den Sources, ist bei Wartungsarbeiten oftmals kaum zu entscheiden, wo eine Änderung durchgeführt werden muss und wo nicht.

Wer den Gebrauch von Literalen – außer selbstverständlich bei der Definition von Konstanten – einfach kategorisch untersagt, macht es sich aber zu einfach. Denn zum einen gibt es nicht nur die Möglichkeit, sie durch Konstanten zu ersetzen, sondern man kann hierfür auch Getter-Methoden (bzw. -Funktionen) verwenden. Das vereinfacht Programmänderungen, wenn sich – wie so oft – ein Wert eben doch als „nicht so konstant" herausstellt, wie man dies erwartet hatte. Durch diese Vorgehensweise verursachte Performance-Probleme sind angesichts optimierender Compiler heutzutage kaum zu befürchten.

Zum anderen erscheint es bei hohem Zeitdruck oder prototypischem Programmieren fraglich, ob das (sofortige) systematische Ersetzen von Literalen durch Konstanten oder Getter effizient ist. Denn dies zwingt den Programmierer, sich immer direkt aussagekräftige Bezeichner zu überlegen. Beim schnellen Niederschreiben einer Implementierungsidee oder eines Prototyps erweist sich die Suche nach „sprechenden" Namen aber oft als Zeit raubend und somit hinderlich. Allerdings sollten Literale, deren Inhalt nicht zweifelsfrei ihren Zweck verrät, sofort zumindest mit einem stichwortartigen Kommentar versehen werden. Ein solcher Kommentar ist meist schnell geschrieben und macht eine spätere Umwandlung des Literals in eine Konstante zu einem problemlosen Unterfangen.

Gegebenenfalls kann man den Gebrauch von Literalen auch in solchen Fällen zulassen, wo

▶ sie definitiv nur an einer Stelle im Code benötigt werden und

▶ zudem ihr Zweck aus dem Kontext zweifelsfrei hervorgeht oder in einem Kommentar beschrieben ist.

Dies ist beispielsweise dann der Fall, wenn das Literal ausschließlich für eine ohnehin in einer kleinen Prozedur oder Methode gekapselte Funktionalität verwendet wird. Eine entsprechende Regelung setzt allerdings ein Entwicklerteam voraus, dass bei solchen Vorgaben nicht zu leichtfertigen Interpretationen neigt.

7.4.6 Datentypen

Bei der Auswahl von Datentypen bieten sich grundsätzlich zwei Strategien an:

▶ entweder man wählt sie so spezifisch wie möglich oder

▶ man verwendet mit Rücksicht auf zu erwartende Probleme bezüglich der Portabilität oder der Kompatibilität von Systemen nur allgemein gebräuchliche.

Letzteres bedeutet beispielsweise den Verzicht auf „unsigned"-Typen bei C oder auf Bereichstypen bei Ada und Modula-2. Welche dieser Strategien die richtige ist, hängt von den Bedingungen des jeweiligen Projektes ab und muss deshalb auf dieser Ebene geregelt werden.

Viele Sprachen ermöglichen es, bei der Deklaration von Variablen implizit einen Datentyp zu definieren. Dies gilt beispielsweise bei Ada und Modula-2 für Bereichstypen und bei C für „struct´s". Die Nutzung dieser Option sollte aber dem „Rapid Prototyping" vorbehalten sein. Ansonsten gilt die Regel, keine „anonymen Typen" zu verwenden. Stattdessen ist von „typedef´s" bzw. den entsprechenden Konstrukten der anderen Sprachen Gebrauch zu machen.

7.4.7 Type-Casting

Unabhängig davon, ob eine Programmier- oder Abfragesprache implizite Casts unterstützt, sollten alle Typumwandlungen explizit sichtbar gemacht werden. Dies schützt allerdings nur teilweise vor Fehlern, die durch unbeabsichtigte Typumwandlungen entstehen können. Bei Sprachen, zur deren Definition implizite Casts gehören, kann das Vergessen eines expliziten Casts – oder der Tatsache, dass eine impliziter an einer „verdeckten" Stelle durchgeführt wird – in einem Programm zu kaum zu verhindernden Fehlern führen.

Sprachen, die durchgängig explizite Casts erfordern, werden zwar von Entwicklern manchmal als unangenehm empfunden, sind aber im Endeffekt sicherer. Allerdings erfordert die Programmierung mehr Tipparbeit, und die Sourcen werden durch die vielen Cast-Operationen unübersichtlicher.

8 Sprachspezifische Regelungen

Neben einer ganzen Reihe sinnvoller Regeln, die die Programmierung allgemein betreffen, gibt es eine Vielzahl, die in den besonderen Stärken und vor allem Schwächen bestimmter Sprachen begründet sind. Im Folgenden werden deshalb – bevor zumindest die jeweils wichtigsten Regelungen im Einzelnen aufgeführt werden[1] – die Programmiersprachen kurz „vorgestellt" und ihre Feinheiten beschrieben.

Dabei war es natürlich nicht möglich, alle Sprachen zu berücksichtigen, denn es gibt hiervon eine dreistellige Anzahl. Die Auswahl orientiert sich an dem, was häufig genutzt wird. Zudem deckt sie einerseits sowohl Compiler- als auch Skriptsprachen, andererseits Dritt-Generations- und objektorientierte Sprachen ab. SQL wurde als Beispiel für eine Datenbankabfragesprache hinzugenommen.

Viele im professionellen Umfeld übliche Sprachen dürften aufgrund dieser Zusammenstellung zu wenigstens einer der hier aufgeführten ähnlich sein. Somit können aufbauend auf dieses Kapitel relativ schnell Programmierrichtlinien erstellt werden, die andere Anwendungsgebiete umfassen – wie etwa PHP, Javascript oder Kommandosprachen irgendwelcher Betriebssysteme.

Die Anzahl der Regeln, die jeweils genannt werden, ist sehr unterschiedlich. Bei einigen Sprachen kommt man mit wenigen Empfehlungen – zusätzlich zu den allgemeinen Standards – aus, andere erfordern eine ganze Reihe ergänzender Ver- oder Gebote. Die Länge der nun folgenden Kapitel variiert infolgedessen beträchtlich.

Diskutiert man Regelungen für einzelne Sprachen, so kommt man nicht umhin, Stärken und Schwächen eben dieser Sprachen zu nennen. Das ist selbstverständlich immer auch subjektiv, zumal jeder Entwickler seinen eigenen Erfahrungshorizont hat. Jeder nutzt die eine Sprache mehr und die andere

---

[1]. Im Anhang sind weitere Regeln aufgeführt.

weniger und lernt vielleicht je nach Aufgabenstellung bei der einen mehr die guten und der anderen mehr die schlechten Seiten kennen.

Die folgenden Ausführungen sollen von daher keinen Absolutheitscharakter haben. Stattdessen mögen sie als Anregung dienen, innerhalb eines Projektes die Plus- und Minuspunkte der verwendeten – oder vielleicht bisher nur eingeplanten – Sprachen realistisch zu sehen und durch angemessene Regeln ihre Stärken zu nutzen und ihre Schwächen möglichst auszugleichen.

8.1 C-ähnliche Sprachen

„C" wurde 1972 von Dennis Ritchie bei den Bell Laboratories entwickelt. Ziel war es dabei, größere Teile des Betriebssystems UNIX nicht in Assembler oder Maschinensprache programmieren zu müssen. Stattdessen wollte man hierfür eine weit gehend portable Compilersprache verwenden. In der Folge wurde C in sehr vielen Bereichen eingesetzt, auch in weniger systemnahen, obwohl es hierfür bereits vorher besser konzipierte Hochsprachen – wie etwa Pascal – gab.

Anfang der Achtzigerjahre entwickelte Bjarne Stroustrup C++ als objektorientierte Erweiterung von C, darauf aufbauend wurde von Sun Microsystems Java auf den Markt gebracht. Aus der Sicht von Programmierrichtlinien stellt sich Java als die unproblematischste dieser drei Sprachen dar, obwohl auch sie noch einige der – teilweise recht überflüssigen – Schwachpunkte von C bzw. C++ enthält.

BEISPIEL:

Ein Beispiel für einen solchen Schwachpunkt ist die Verwechslungsgefahr zwischen dem Zuweisungsoperator „=" und dem Vergleichsoperator „==". Ausgerechnet dieses Problem wurde aus kaum nachvollziehbaren Gründen auch in einige viel später entwickelte Skriptsprachen – wie etwa Perl und Python – übernommen. Das überrascht vor allem deswegen, weil Perl und Python im Übrigen sehr anwendungsnah, in vielerlei Hinsicht anders konzipiert und dadurch im Großen und Ganzen sicherer sind als C.

Im Folgenden soll im Detail auf die Besonderheiten von C, C++ und Java eingegangen werden. Dabei stehen – wie nicht anders zu erwarten – die Schwächen dieser Sprachen und die deshalb notwendigen Standards für die Programmierung im Mittelpunkt.

8.1.1 C

C ist eine sehr alte Sprache und wenig auf Sicherheit hin ausgelegt. Ihre Schwachpunkte inspirierten schon vor Jahrzehnten Entwickler dazu, Wettbewerbe im Schreiben möglichst *un*leserlicher C-Programme auszutragen.

Selbst ein nur grober Überblick über die Schwächen von C muss eine ganze Reihe von Punkten enthalten. Dabei stellen einzelne Eigenschaften dieser Sprache oftmals kein oder ein vergleichsweise geringes Problem dar. Erst ihr Zusammenspiel ermöglicht vielfach jenen

- syntaktisch korrekten,
- lauffähigen,
- aber hinsichtlich des Programmverhaltens alles andere als gewollten Code.

C bietet sich heutzutage nur noch an, um anders nicht lösbare Einzelprobleme innerhalb eines Projektes anzugehen. Fast alle höheren Programmiersprachen haben mittlerweile Schnittstellen, um C-Routinen einzubinden. Man kann deshalb meist große Teile eines Projektes in einer dieser Sprachen implementieren und muss nicht wegen einzelner systemnaher oder Performance-kritischer Problemstellungen eine ganze Applikation in C schreiben.

> Gerade für unerfahrene Entwickler – und auch für solche, die längere Zeit mit anderen Sprachen gearbeitet haben – hält C eine ganze Reihe von Fallstricken bereit, die zu äußerst schwer feststellbaren Fehlern führen können. Deswegen sollte keinesfalls ein junges Team Systeme oder Systemteile in C implementieren, ohne dass entsprechende Programmierrichtlinien vorhanden sind und ihre Einhaltung *strikt* kontrolliert wird.

Ohne hier auf Einzelheiten näher eingehen zu können, seien im Folgenden die wesentlichsten Schwachpunkte von C genannt.

- Trotz der Einführung von ANSI-C ist diese Sprache keineswegs in allen Details standardisiert. So fehlt etwa eine Festlegung für die Auswertungsreihenfolge von Parametern in einem Funktionsaufruf. Dies kann zum Problem werden, wenn als Parameter nicht einfach Variablen oder Konstanten, sondern beispielsweise Ausdrücke übergeben werden, die Prä- oder Postinkrementoperatoren enthalten.

- Obwohl C gerade mit Rücksicht auf Portabilitätsaspekte entwickelt wurde, zählt es heutzutage zu den weniger portablen Sprachen. Die Größe der meisten Datentypen ist ebenso maschinenabhängig wie Details von arithmetischen und Pointer-Operationen. *Vor den teilweise äußerst tückischen Feinheiten in diesem Bereich kann gar nicht genug gewarnt werden.* Günstiger sind hier solche Programmiersprachen, die interpretiert oder in einen Zwischencode (Byte-Code) übersetzt werden.

- C ist nicht streng typisiert, sondern ermöglicht ein nahezu beliebiges Hin- und Her-Casten. Die Ergebnisse sind dabei oft maschinenabhängig.

- In C gibt es bei Deklarationen einen Default-Datentyp. Beispielsweise liefern Funktionen, wenn nichts anderes definiert ist, einen „`int`"-Wert zurück. Wird die Angabe eines Datentyps vergessen, kommt es dementsprechend nicht zu einer Fehlermeldung des Compilers. Dies kann zu äußerst schwer lokalisierbaren Bugs führen.

- In C ist der Anweisungsteil einer Schleife oder Verzweigung nicht unbedingt ein Block, sondern kann auch aus einer (nicht geklammerten) einzelnen Anweisung bestehen. Wird nachträglich ein Statement hinzugefügt, dann sieht es oftmals so aus, als würde es zum Anweisungsteil der betreffenden Kontrollstruktur gehören, obwohl dies nicht der Fall ist.

- Blöcke werden nur über geschweifte Klammern markiert – ohne zusätzliche Kommentare kann man bei ineinander geschachtelten Konstrukten meist nicht erkennen, welche „Ende-Klammer" zu welchem if-, while-, for- oder switch-Statement gehört.

- C ermöglicht mehrere Variablendeklarationen innerhalb einer Anweisung, dies zudem mit unterschiedlichen Datentypen. Mit „`char * vorname, familienname`" wird beispielsweise „familienname" nicht etwa als String, sondern als einzelnes Zeichen deklariert. Dieser Fallstrick hängt auch mit den für C geltenden Vorrangregelungen für Operatoren zusammen.

- C kennt keinen boolean Datentyp – NULL-Pointer und die Zahl „0" werden als „`false`" interpretiert, alles andere als „`true`". Dies ermöglicht es, Bedingungen in einer Weise zu formulieren, die für Entwickler ohne Routine im Umgang mit C kaum zu interpretieren ist. Zudem wird oftmals nicht zwischen „0" im Sinne der gängigerweise für „kein Fehler" verwendeten

Fehlernummer und im Sinne des Wahrheitswertes „`false`" unterschieden. Dies reduziert die Verständlichkeit des Codes zusätzlich.

▹ In C stellt jede Zuweisung zugleich einen Ausdruck dar („expression language"). Der Wert dieses Ausdrucks ist mit dem zugewiesenen Wert identisch. In Verbindung mit den Besonderheiten bei den Wahrheitswerten sowie der Ähnlichkeit von Zuweisungs- und Gleichheitsoperator führt dies zu tückischen Fehlern beim Formulieren von Bedingungen. Die Abfrage „`if (zahl = 1)`" bewirkt beispielsweise, dass der zum „`if`" gehörende Anweisungsblock *immer* ausgeführt wird und „`zahl`" dabei *immer* den Wert „1" hat. Entsprechende Fehler bemerkt man oft erst nach längerer Zeit.

▹ C unterstützt implizites Casten bei Zuweisungen und bei arithmetischen Ausdrücken. Fehlt ein „function prototype" für eine mathematische Funktion, so wird ein von ihr zurückgegebener Fließkommawert unter Umständen automatisch in einen „int" verwandelt, weil dies der Standardtyp für einen Return-Wert ist. Weitere Berechnungen erfolgen in einem solchen Fall mit völlig unsinnigen Werten. Das fällt bei Tests aber nicht notwendigerweise auf.

▹ Insbesondere wenn Expressions Prä- oder Postinkrementoperatoren enthalten, erschließt sich deren Auswertungsreihenfolge – und damit ihre Bedeutung – selbst erfahrenen Programmierern kaum noch. Teilweise ist sie sogar Compiler-abhängig, wie etwa bei „`a[i] = b[i++];`".

▹ Die Ausrichtung der Elemente von Structures („byte-alignment") im Hauptspeicher ist Compiler-abhängig.

▹ C bietet keine automatische Speicherverwaltung. Dies erhöht den Programmieraufwand und kann zu Memory Leaks führen.

▹ Strings können nicht wie ein elementarer Datentyp behandelt werden, sondern sind Pointer. Während in vielen Sprachen ohne weiteres eine Funktion einen lokal deklarierten String zurückliefern kann, führt dies in C zu Zeigern auf Speicherbereiche, die nach Abarbeitung der Funktion freigegeben werden.[2] Der Inhalt dieser Speicherbereiche kann zum Zeit-

---

2. Dies gilt selbstverständlich nicht, wenn man die betreffende Variable als „static" deklariert hat. Aber dann muss für diese Variable im Normalfall bei jedem Aufruf neuer Speicher allokiert – und irgendwann auch explizit wieder freigegeben – werden.

punkt der Weiterverarbeitung noch der gewünschte sein, muss es aber nicht. Entsprechende Fehler werden oftmals nicht im Test-, sondern erst im Wirkbetrieb festgestellt.

▶ C bietet keine Prüfung bei Bereichsüberschreitungen. Fehlt einem String beispielsweise das „\0" zur Markierung des Endes, kann sich eine Suchoperation über – je nach Betriebssystem – beliebige Hauptspeicherbereiche ausdehnen. Von daraus resultieren Performance-Problemen abgesehen, werden hierauf basierende Fehler nur durch Zufälle festgestellt oder äußern sich in unerklärlichen Programmabstürzen (anstelle einer aussagekräftigen Fehlermeldung).

▶ Werden boolsche Expressions mit einem logischen Und bzw. Oder verknüpft („&&" bzw. „||"), so verwendet C die so genannte Kurzauswertung. Während „fopen(...) && intVar" in jedem Fall zum Öffnen der betreffenden Datei führt, ist dies also bei „intVar && fopen(...)" nicht der Fall.

Diese Liste erhebt – leider – keineswegs Anspruch auf Vollständigkeit. Zum Umgang mit diesen Problemen gibt es einige Optionen:

▶ Beim Compilieren arbeitet man mit einem vergleichsweise hohen Warning-Level.

▶ Man nutzt eines jener zahlreichen Werkzeuge, mit deren Hilfe man C-Sourcen diversen Prüfungen unterziehen kann, wie beispielsweise „lint".

▶ Unter Verwendung eines Include-Files, das eine Reihe von „#define"-Makros enthält, wird C in eine wesentlich besser strukturierte Sprache verwandelt. Ein Beispiel für ein solches Makro ist „EQUALS(a, b)" als Ersatz für „a == b".

Keine dieser Vorgehensweisen löst alle Probleme im Umgang mit C und obendrein haben sie weitere Nachteile. Die zuletzt genannte Alternative führt zu C-Programmen, die für wirkliche C-Programmierer nicht mehr verständlich sind. Bei automatisierten Prüfungen – sei es durch den Compiler, sei es durch spezielle Tools – werden meist so viele Warnungen ausgeworfen, dass die wirklich wichtigen Informationen untergehen. Obendrein gibt es riskante oder sogar fehlerhafte Konstrukte, die nicht automatisiert gefunden werden können.

Entgegen dem, was in der Praxis leider üblich ist, sollten C-Sourcen zunächst einmal ganz allgemeinen Regeln guten Programmierstils entsprechen. Hierzu sei auf die vorhergehenden Kapitel verwiesen. Eine Auswahl von Regeln, die man speziell bei C – *zusätzlich* zu den allgemeinen – beachten sollte, sieht etwa so aus:

▶ Die Präprozessor-Direktive „#define" sollte so wenig wie möglich verwendet werden. Für Konstanten nimmt man stattdessen „const", anstelle von Makros – soweit machbar – entsprechende Funktionen. Ist ein „#define" unumgänglich, sollte der definierte Ausdruck – um Fehler zu vermeiden – unbedingt *geklammert* werden.

▶ Die Präprozessor-Direktive „#pragma" ist nicht standardisiert. Wird eine Source-Datei, die „#pragma"-Anweisungen enthält, mit unterschiedlichen Compilern oder auf unterschiedlichen Plattformen übersetzt, kann dies zu völlig unerwarteten Ergebnissen führen. Auf den Gebrauch von „#pragma"-Anweisungen sollte deshalb verzichtet werden. Um Mehrfach-Includes zu verhindern, greift man statt auf „#pragma once" auf so genannte „Header-Guards" – auch als „multiple inclusion guards" bezeichnet – zurück.

▶ Header-Files includiert man nicht nur in jenen Dateien, welche die dort deklarierten Funktionen verwenden, sondern auch in der Datei, wo sie implementiert werden. Das ermöglicht dem Compiler Typprüfungen.

▶ Das Schachteln von Header-Files in der Weise, dass diese selbst „#include"-Befehle enthalten, ist untersagt. Müssen in Verbindung mit einer Header-Datei immer auch weitere includiert werden, so ist die Datei mit einem entsprechend Hinweis im Dateikopf zu versehen.

▶ Header-Files sollten keine Variablen-*Definitionen* enthalten, höchstens extern-*Deklarationen*.

▶ Werden TRUE und FALSE als Konstanten mit den Werten 1 bzw. 0 definiert, so darf in einer Bedingungen niemals auf „== TRUE" abgefragt werden, sondern immer nur auf „!= FALSE".

▶ Das Symbol „*" zur Deklaration bzw. zum Dereferenzieren eines Pointers schreibt man direkt an den Bezeichner der betreffenden Variablen.

▶ Auf keinen Fall dürfen Funktionen Zeiger auf (nicht statische) lokale Variable zurückgeben.

- Zeiger sollten möglichst nur auf Gleichheit bzw. Ungleichheit geprüft werden. Vergleichs- und arithmetische Operationen von Pointern, die in *dasselbe* Array hineinweisen, sind allerdings portabel. Insoweit kann man hier eine Ausnahme zulassen.

- Die Umwandlung eines Pointers in einen, der auf einen „kleineren" Datentyp – z.B. „`short`" statt „`long`" – zeigt, ist möglich. Jede andere Operation als die zugehörige Rückumwandlung führt allerdings zu maschinenabhängigen Ergebnissen und sollte deswegen vermieden werden.

- Zeigervariablen sollten vor ihrer Verwendung initialisiert oder auf einen sinnvollen Wert hin geprüft werden.

- Um zu prüfen, ob ein Zeiger einen gültigen Wert hat, vergleicht man ihn mit NULL und nicht mit der Konstanten „0". NULL ist üblicherweise in der `<stdio.h>` oder der `<stdlib.h>` definiert. Auf keinen Fall darf anstelle des Vergleichs mit NULL gegen eine *Variable* geprüft werden, deren Wert 0 ist. Dies kann zu fehlerhaften Ergebnissen führen.

- ANSI-C unterstützt zwar die Übergabe von Structures, ohne dass – wie vor der Standardisierung – jedes Element einzeln übergeben werden muss. Compiler verhalten sich jedoch auf diesem Gebiet im Detail unterschiedlich. Deswegen ist es portabler – und vor allem auch performanter – Parameter und Return-Werte als entsprechende Pointer zu vereinbaren.

- Beim Allokieren von Speicherplatz ist stets der „`sizeof`"-Operator zu verwenden. Der Return-Wert von „`malloc`" oder „`alloc`" ist explizit auf den gewünschten Pointer-Typ zu casten.

- Auch sonst benutzt man, um den Speicherplatz zu ermitteln, den eine Variable belegt, *immer* den „`sizeof`"-Operator. Selbst Pointer können unterschiedlich groß sein.[3]

- In C gilt die Konvention, Out-Parameter zuerst – also links – aufzuführen. Die häufig gebrauchte Funktion „`strcpy`" bekommt beispielsweise auch die Parameter in der Reihenfolge „nach, von" übergeben.

- Funktionen mit einer variablen Anzahl von Parametern sind zu vermeiden, weil „varargs" bei Portierungen Probleme aufwerfen können.

---

3. Außerdem können Zeigervariablen gleicher Größe auch noch ein unterschiedliches Format haben.

▶ Liefert eine Funktion eine Fehlernummer zurück, so symbolisiert „0" per Konvention „es ist *kein* Fehler aufgetreten". Diesem Standard sollte man folgen. Variablen, die Fehlernummern aufnehmen, initialisiert man deshalb aber nicht mit „0", sondern explizit mit einem anderen Wert.[4]

Insbesondere, wenn maschinen- oder betriebssystemabhängige Dinge zu implementieren sind, sollte man sich genauestens über die verwendeten Compiler und die Zielplattformen informieren, um darauf aufbauend gegebenenfalls spezielle Regelungen zu ergänzen.

8.1.2 C++

C++ ist eine objektorientierte Erweiterung von C, die im Laufe der Zeit auch immer stärker standardisiert und um zusätzliche Konstrukte – wie etwa Exceptions – erweitert wurde. C++ unterstützt im Gegensatz zu Java und Skriptsprachen jedoch keine „Garbage Collection", sodass Memory Leaks bei C++-Programmen durchaus ein Thema sein können.[5] C++ bietet unter anderem

▶ Template-Klassen,
▶ Mehrfach-Vererbung,
▶ das Überladen von Operatoren,
▶ die direkte Einbettung von C-Code,
▶ Referenzen und darüber hinaus
▶ als konstant deklarierte Pointer.

Außerdem gibt es eine Standard-Library (STL), die unter anderem eine Klasse für Strings enthält. Allerdings haben alle diese Möglichkeiten von C++ auch ihre Nachteile:

---

4. Ausnahmen von der Regel, dass „0" ein „Ok" signalisiert, macht man teilweise bei Stored Procedures im Bereich relationale Datenbanken, weil der Return-Wert „0" dort in seltenen Fällen aufgrund von Fehlern zurückgegeben werden kann.
5. In speziellen Ausnahmefällen schlägt auch die Garbage Collection fehl, sodass auch bei Sprachen wie Java oder Python Memory Leaks zumindest theoretisch auftreten können. Bei C++ kann man so genannte „smart Pointer" oder „auto_ptr" verwenden, um Speicherplatz automatisch wieder freizugeben. Allerdings ist dies auch nicht frei von Problemen.

- Template-Klassen sind unzureichend standardisiert, es gibt Compiler-abhängige Unterschiede.
- Mehrfach-Vererbung bietet für viele Problemstellungen adäquate Lösungen, hat aber aus Gründen – die nicht speziell mit C++ zu tun haben – immer auch seine fragwürdigen Seiten.
- Mit dem Überladen von Operatoren sollte man sehr vorsichtig sein, weil Ausdrücke sonst möglicherweise ein Verhalten zeigen, dass derjenige, der eine Klasse verwendet, so nicht erwartet. Zudem können zwar die Operatoren überladen, aber nicht ihre Vorrangregelungen geändert werden.
- Die direkte Einbettung von C-Code bietet natürlich unter anderem die Möglichkeit zu unsauberen, nicht objektorientierten Vorgehensweisen.
- C++-Strings lassen sich – „abwärtskompatibel" – in C-Strings verwandeln. Für Zwecke der Internationalisierung von Anwendungen sind Java-Strings mit ihrer durchgängigen Unicode-Unterstützung aber sicherlich geeigneter.

Grundlegende Dinge, die den Entwicklern für den Umgang mit C++ vorgegeben werden sollten, sind die Folgenden:

- Die Vorteile, die C++ gegenüber C bietet, sind zu nutzen, indem beispielsweise von den Klassen der STL Gebrauch gemacht und `iostream` anstelle von `stdio.h` eingesetzt wird. In diesen Bereich gehört auch die Verwendung
    - von `new` und `delete` anstelle von `malloc` und `free`,
    - des C++-Datentyps „`bool`" für Wahrheitswerte,
    - von C++-Casts anstelle von C-Casts.
- Die Präprozessor-Direktive „`#define`" wird in C++-Sourcen noch weniger benötigt als in C-Programmen. Makros können hier beispielsweise auch durch Funktionen der STL oder durch Inline-Functions ersetzt werden.
- Inline-Functions dürfen nicht in öffentlichen Schnittstellen enthalten sein, denn dadurch würden Änderungen der Implementierung nahezu unmöglich gemacht.[6]

---

6. Der Code der Inline-Functions wird in das Programm hineinkompiliert, das die Inline-Functions verwendet.

- Da C++ mittlerweile Exceptions unterstützt, besteht kein Hinderungsgrund mehr für `goto`-freie Programmierung. Auch „`setjmp`" und „`longjmp`" sollten nicht verwendet werden.

- Anstelle einfacher Pointer sind „`auto_ptr`" zu gebrauchen, um Memory Leaks zu verhindern. Im Übrigen sollte man nach Möglichkeit Referenzen anstelle von Pointern nutzen.

- Die Operatoren „`||`", „`&&`" und der Komma-Operator dürfen nicht überladen werden, weil bei diesen Operatoren der C- bzw. C++-Standard eine bestimmte Form (Kurzauswertung) bzw. Reihenfolge der Auswertung der Operanden vorsieht, die beim Überladen nicht nachgeahmt werden kann.

- Beim Überladen des Zuweisungsoperators sind gewisse Regeln einzuhalten. Beispielsweise muss das übergebene Objekt darauf überprüft werden, dass es nicht mit „`this`" identisch ist.

- In Konstruktoren ist die Initialisierung gegenüber Zuweisungen zu bevorzugen. Die Initialisiererliste muss die Elemente in der Reihenfolge ihrer Deklaration enthalten.

- Konstruktoren mit genau einem Parameter können vom Compiler für implizites Casten „missbraucht" werden. Deshalb definiert man Konstruktoren grundsätzlich entweder ohne oder mit mindestens zwei Parametern. Bei bestimmten Compilern ist es auch möglich, das unerwünschte Verhalten durch Verwendung von „`explicit`" zu unterbinden.

- Ressourcenlecks in Konstruktoren sollten vermieden werden. Fehlallokierungen sind im Konstruktor selbst zu behandeln.

- Um Memory Leaks zu verhindern, müssen Destruktoren definiert werden. Für jedes Zeiger-Element wird darin „`delete`" aufgerufen. Für einander entsprechende new- und delete-Aufrufe verwendet man dabei die gleiche Form, d.h. jeweils mit bzw. ohne „`[]`".

- Destruktoren in Basisklassen müssen virtuell sein.

- Wenn eine Methode eine Exception wirft, wird der Speicherplatz für lokale Objekte automatisch freigegeben. Dies gilt jedoch nicht bei Pointern. Werden keine „`auto_ptr`" verwendet, muss vor dem „`throw`"-Statement explizit „`delete`" für die referenzierten Objekte aufgerufen werden.

- Exceptions müssen per Referenz gefangen werden. Die Gründe dafür sind relativ komplex und sollen deswegen hier nicht erörtert werden.

▶ Arrays von Objekten dürfen nicht polymorph behandelt werden, d.h. bei Zuweisungen an Arrays oder bei entsprechender Parameterübergabe müssen die Objektklassen identisch sein. Wird stattdessen ein Array von Objekten einer Subklasse übergeben, kann es zu Fehladressierungen mit nicht vorhersehbaren Folgen kommen.

▶ Geerbte nicht virtuelle Funktionen sollten nicht überschrieben werden.

Neben diesen Grundregeln gibt es noch etliche weitere, die aber überwiegend mit sehr speziellen Aufgabenstellungen zu tun haben. Die umfangreichen Möglichkeiten, die C++ bietet, haben ihre Schattenseite darin, dass die Entwicklung von C++-Programmen sehr viel Sorgfalt und sehr umfangreiches Hintergrundwissen erfordert. Keinesfalls sollten professionell Anwendungen in C++ implementiert werden, ohne dass entsprechende Programmierrichtlinien vorliegen und auch strikt beachtet werden.

8.1.3 Java

Bei der Entwicklung von Java wurde gezielt daran gearbeitet, die zahlreichen Fallstricke von C und C++ zu beseitigen. Java

▶ überlässt die Freigabe von nicht mehr verwendetem Hauptspeicher einem Garbage Collector,

▶ ist streng typisiert,

▶ ist strikt standardisiert, sodass insbesondere arithmetische Operationen keine maschinenabhängigen Ergebnisse liefern,

▶ wird in einen Byte-Code übersetzt, sodass – soweit die Inkompatibilitäten der Betriebssysteme dies ermöglichen – Java-Programme mit Hilfe eines Interpreters (der JVM) auf nahezu jeder Hardware – einschließlich embedded Systemen, Palm Tops usw. – und in jedem Browser ablauffähig sind,

▶ verwendet für Strings und auch für Sourcen durchgängig Unicode und unterstützt zudem durch spezielle Klassen und Methoden die Internationalisierung von Programmen,

▶ stellt ein Standardwerkzeug zum Generieren von Dokumentation aus Sourcen zur Verfügung und legt – erweiterbare – Regeln für den Inhalt der zugehörigen „Doclet"-Kommentare fest,

- umgeht die Probleme der Mehrfachvererbung durch ein spezielles Interface-Konzept,
- verzichtet – zumindest derzeit noch – auf Template-Klassen.

Einschränkend ist allerdings zu sagen, dass

- auf Kleinstcomputern nicht die gesamte Java-Funktionalität zur Verfügung steht,
- bedingt durch subtile Unterschiede in der Bedeutung zwischen Java-Konstrukten und ihren Pendants in C++ Fallstricke für Entwickler entstehen, die überwiegend mit der zuletzt genannten Sprache arbeiten; dies betrifft insbesondere „`final`" und „`const`",
- der Ersatz von Mehrfachvererbung und Template-Klassen durch das Interface-Konzept zu Schwierigkeiten führt, beispielsweise durch
  - nicht zu vermeidende Code-Redundanzen,
  - häufig notwendiges Casten oder auch
  - beim Implementieren einer Objektverwaltung.

Zudem zeigt Java in einigen Punkten überraschendes Verhalten:

- Kommt es bei Integer-Operationen zu einem Overflow, wird *keine* Exception geworfen. Ähnliches gilt für Fließkommazahlen. Anstatt arithmetische Ausnahmen – beispielsweise bei Division durch 0 – auszulösen, wird das Ergebnis auf „NaN" („Not a Number") gesetzt.
- Der Shift-Operator ermöglicht nur das Verschieben von Bits um maximal ein Bit weniger als der Länge des Datentyps entspricht; ein „`int`" kann also beispielsweise nicht dadurch auf 0 gesetzt werden, dass sein Inhalt um 32 Stellen verschoben wird. Dies kann zum Fallstrick werden, wenn die Anzahl der zu shiftenden Bits erst zur Laufzeit berechnet wird.
- Fügt man Unicode-Zeichen mit der Syntax „\unnnn" in Sourcen ein, so werden diese in einem Präprozessor-Lauf vor der eigentlichen Übersetzung expandiert. Dies verursacht Probleme, wenn man *Steuerzeichen* mit der Unicode-Notation innerhalb des Codes verwendet.[7]

---

7. Die Frage ist allerdings, ob man dies tun sollte. Für Zeilenschaltungen greift man am besten ohnehin auf das entsprechende System-Property zurück und für Tabulatoren und Ähnliches gibt es spezielle Escape-Codes.

Praktische Probleme von Java liegen allerdings eher in einem hohen Lernaufwand sowie teilweise in der durch häufig erforderliche Casts verursachten Unübersichtlichkeit des Codes. Die Zahl der speziell für Java notwendigen Regelungen in Programmierrichtlinien ist dagegen ausgesprochen niedrig:

- Arithmetische Operationen mit ganzzahligen und Fließkomma-Variablen sind so zu implementieren, dass arithmetische Ausnahmen entweder im Vorhinein ausgeschlossen oder im Nachhinein – beispielsweise durch Test auf „NaN" – übergeprüft werden.

- Die "Verdeutlichung" eines Bedingungsausdrucks durch Vergleich mit "`true`" oder "`false`" ist untersagt. Auf diese Weise werden versehentliche Zuweisungen durch Verwechslung mit dem Operator "=" vermieden, die sonst zu schwer zu lokalisierenden Fehlern führen können.

- Beim Vergleich von Strings darf der Gleichheits-Operator nicht verwendet werden, auch wenn dies aufgrund der speziellen Konzepte von Java bei dieser Klasse manchmal korrekte Ergebnisse bringt. Statt "==" ist unbedingt die equals-Methode zu verwenden.

- Alle (Instanz-)Methoden einer Klasse, die innerhalb eines ihrer Konstruktoren aufgerufen werden, müssen als „`final`" deklariert sein.

- Zudem dürfen in besonderen Fällen – wie etwa bei Applets, die auch auf älteren Browsern laufen sollen – nicht alle Klassen und Methoden verwendet werden. Hierzu muss man gegebenenfalls projektspezifische Regelungen vorgeben.

Darüber hinaus sollten im Allgemeinen die von Sun vorgegebenen Konventionen – beispielsweise für die Namen von Getter- und Setter-Methoden – beachtet werden. Dies muss sich allerdings nicht auf offensichtlich Schlechtes erstrecken, wie etwa einbuchstabige Standard-Variablennamen für Objekte bestimmter Klassen.

8.2 Modula-2/-3

Modula-2 wurde aufbauend auf Pascal entwickelt und zählt somit zu jenen Sprachen, die strukturierte Programmierung unterstützen. Im Bereich der professionellen Softwareentwicklung sind vor allem Varianten von Modula-2 im Einsatz, wie etwa Turbo Pascal oder Delphi.

Im Detail kann hier leider nicht auf diese Sprachen eingegangen werden, weil es den Rahmen dieses Buches gesprengt hätte. Allerdings sollte die Festlegung von Namenskonventionen und die Beachtung allgemeiner Regeln bezüglich Layout und Kommentierung weitestgehend ausreichen, um wartbaren Code in einer dieser Sprachen zu erzeugen.

8.3 Ada

Im Hinblick auf die Sicherung der Korrektheit von Programmen steht Ada fast konkurrenzlos da. Der Grund liegt in einem definierten Test-Set für Ada-Compiler und in der konsequenten Umsetzung von Konzepten der strukturierten Programmierung.

Dennoch wird Ada in der Praxis wenig verwendet, wenn man einmal davon absieht, dass Oracles PL/SQL im Grunde genommen eine Variante dieser Sprache darstellt. Seit einigen Jahren gibt es objektorientierte Erweiterungen für Ada, deren Hauptnachteil die *Fülle* an Möglichkeiten ist, die sie bieten. Allein im Bereich Mehrfachvererbung gibt es eine ganze Reihe von Mechanismen, zwischen denen der Entwickler wählen kann.

Dieser große Funktionsumfang und der relativ seltene praktische Einsatz sind auch der Grund, warum auf Ada in diesem Buch nicht näher eingegangen werden soll. Die Verwendung der in den vorhergehenden Kapiteln besprochenen allgemeinen Standards dürfte jedoch bereits weit gehend ausreichen, um guten Ada-Code zu erzeugen. Im Übrigen sei hier auf das Internet verwiesen. Beispielsweise findet man auf den Seiten der Universität Stuttgart einen „Ada 95 Quality and Style Guide".[8]

8.4 Visual Basic

Visual Basic (VB) ist eine der auf Windows-PCs am häufigsten verwendeten Sprachen, insbesondere dort, wo es um Anwendungs- und nicht um systemnahe Programmierung geht. VB bietet weder Objektorientierung noch die Möglichkeit einer Portierung auf Unix-Plattformen.[9] Gegenüber dem ur-

---

8. Die URL lautet „http://www.informatik.uni-stuttgart.de/ifi/ps/ada-doc/style_guide/contents.html"
9. Macintosh wird unterstützt.

sprünglichen Basic wurde es um eine Reihe von Konstrukten erweitert, sodass beispielsweise auch GUI-Programmierung unterstützt wird, was normalerweise objektorientierten Sprachen vorbehalten ist. Als „Visual Basic for Applications" (VBA) bietet es die Möglichkeit, Abläufe im Bereich Textverarbeitung und anderer Office-Anwendungen zu automatisieren.

Aus der Sicht von Programmierrichtlinien gehört VB zu den eher unkritischen Sprachen:

- Strings stehen als elementare Datentypen zur Verfügung.
- Das Arbeiten mit Pointern beschränkt sich auf Fälle, in denen dies nicht zu versteckten Fehlern führen kann wie bei C.
- Kontrollstrukturen klammern die auszuführenden Anweisungen so, dass spätere Ergänzungen nicht versehentlich einem falschen Zweig des Programmablaufs zugeordnet werden können.
- Dass es – trotz der Übernahme einiger objektorientierter Konzepte – keine Vererbung gibt, hat zwar selbstverständlich auch Nachteile, erspart andererseits aber auch Probleme, wie etwa die bezüglich des Überladens von Methoden.
- Das implizite Deklarieren von Variablen – ursprünglich eines der Kernmerkmale von Basic – kann durch Angabe von „`Option Explicit`" verhindert werden. Tippfehler in Bezeichnern führen dann nicht mehr zu obskuren Fehlern.

Die wichtigsten Punkte beim Aufstellen spezieller Regeln für das Programmieren mit VB sind:

- „Option Explicit" muss am Anfang jeden Moduls stehen.
- Die Verwendung von `Goto` zur Fehlerbehandlung bzw. zum „Cleanup" am Ende von Prozeduren ist zuzulassen.
- Bezüglich der Namenskonventionen muss man klären, ob von Präfixen gemäß ungarischer Notation Gebrauch gemacht werden soll.

Von den allgemeinen Regeln eines guten Programmierstils sind vor allem die in Bezug auf Namensvergabe und Kommentierung wichtig. Ein leserliches Layout wird durch die jeweils mitgelieferten Editoren weitestgehend sichergestellt.

8.5 Skriptsprachen

Skriptsprachen werden häufig eingesetzt, um schnell kleine Hilfsprogramme für Bereiche wie Systemadministration, Installation oder Ähnliches zu entwickeln. Einige dieser Sprachen werden jedoch mittlerweile auch zur Entwicklung größerer Anwendungen eingesetzt. Hierzu stehen insbesondere bei Perl und Python objektorientierte Erweiterungen, Schnittstellen zu C und umfangreiche Bibliotheken – beispielsweise zur Gestaltung von Benutzeroberflächen – zur Verfügung.

Im Gegensatz zu den Kommandosprachen diverser Betriebssysteme bieten Perl und Python ein hohes Maß an Portabilität. Die erforderlichen Interpreter stehen als Public-Domain-Software für viele Plattformen zur Verfügung. Die wesentlichen Merkmale dieser Sprachen sind aus der Sicht von Programmierrichtlinien:

- Es gibt keine strenge Typisierung, insbesondere nicht im Bereich elementarer Datentypen wie Ganz- und Fließkommazahlen oder beispielsweise Strings.
- Pointer werden nicht verwendet, allenfalls Referenzen.
- Die Hauptspeicherverwaltung übernimmt der Interpreter bzw. der Garbage Collector.
- Integrierte Dokumentation wird unterstützt.
- Konstrukte zur strukturierten Programmierung stehen zur Verfügung. Darüber hinaus gibt es eine Reihe weiterer, die beispielsweise aus der funktionalen Programmierung übernommen wurden. Die meisten davon erlauben es, eine Reihe von Problemen schneller und auch sauberer zu implementieren, als dies mit anderen Sprachen möglich ist. Einige können jedoch bei falscher Handhabung auch zu schwer lokalisierbaren Bugs oder unverständlichem Code führen.

Insgesamt gesehen erfordern Skriptsprachen eine geringere Anzahl spezieller Regelungen als beispielsweise C oder C++. Die Beachtung allgemeiner Standards in Bezug auf Namensvergabe, Layout sowie vor allem *Kommentierung* und *Sichtbarkeit* von Variablen ist allerdings dringend angeraten. Die wirklich außergewöhnlichen Fähigkeiten von Perl im Bereich String-Vergleich dürfen beispielsweise nicht dazu führen, dass die Bedeutung einer Bedingung wie „$type =~ /^\w+(?:::\w+)*$/" im Falle notwendiger Wartungsarbeiten erraten werden muss.[10]

Bei der Ausführung von Skripten sollten im Zweifel immer Flags mitgegeben werden, die den Interpreter zu Prüfungen auf möglicherweise fehlerhafte Anweisungen veranlassen. Hierdurch können Fehler wie etwa das Verdecken von Variablen erkannt werden.

8.5.1 Perl

In Perl werden Variablen durch Zuweisung eines Wertes implizit deklariert. Dabei kommt es auf den zugewiesenen Wert an, ob die Variable als ganzzahlig, als Fließkommazahl oder als String angesehen wird. Eine solchermaßen definierte Variable ist global. Mit Hilfe von „my" oder „local" kann die Sichtbarkeit von Variablen aber auch eingeschränkt werden. Im Zweifel sind Variablen immer mit „my" zu deklarieren, weil dadurch der Gültigkeitsbereich am stärksten eingeschränkt wird. Dies ergibt sich direkt aus allgemeinen Programmierstandards, erfordert also keine spezielle Regelung.

Neben der impliziten Deklaration von Variablen fallen bei Perl eine Reihe von Besonderheiten im Bereich der Ablaufsteuerung auf. Diese beginnen mit der Möglichkeit, bei Verzweigungen und While-Schleifen die Bedingung hinter dem zugehörigen Anweisungsblock zu platzieren und gehen über geradezu obskure Varianten von „goto" bis hin zu speziellen Konzepten bei der Schleifensteuerung („continue", „redo", „next", „reset" usw.).

Während das Hintenanstellen der Bedingungen lediglich die Lesbarkeit der Programme betrifft, wird von der Verwendung von Konstrukten wie „goto" oder „reset" teilweise mehr als deutlich abgeraten. In Programmierrichtlinien sollte ihr Gebrauch grundsätzlich untersagt werden. Im Übrigen ist es eine Frage der Rahmenbedingungen eines Unternehmens oder eines einzelnen Projektes, inwieweit man eher „konventionell" programmiert oder die Möglichkeiten, die Perl bietet, nutzt. Die Festlegung zumindest projektweit einheitlicher Vorgehensweisen erscheint hier in jedem Fall angeraten. Wesentliche Regeln für Perl sind zudem die Folgenden:

---

10. Das Beispiel wurde einem nur hinsichtlich seiner Verwendung kommentierten Standard-Modul von Perl entnommen.

- Das Perl-Pragma „use English" sollte nicht verwendet werden. Es führt zu Portabilitätsproblemen zwischen unterschiedlichen Perl-Versionen sowie zu Effizienzproblemen beim Pattern-Matching.
- Das Pragma „use integer" verhält sich in einigen Punkten wenig intuitiv. Man benutzt es deswegen nur, wenn dies unbedingt erforderlich ist.
- Arithmetische Operatoren wendet man nie auf Variablen an, deren Inhalt nicht numerisch ist, weil die Ergebnisse dabei kaum vorhersehbar sind.
- Die Funktion „each(HASH)" darf nicht in einem skalaren Kontext benutzt werden und auch nicht, wenn innerhalb der betreffenden Schleife Elemente zu dem assoziativen Array hinzugefügt werden oder eine der Funktionen „keys" oder „values" darauf aufgerufen wird.
- Die Verwendung von Variablen für Suchmuster kann – wenn diese einen Null-String enthalten – zu unvorhersehbarem Programmverhalten führen und ist deshalb zu vermeiden.
- Perl-Subroutinen müssen immer mit einem Return-Statement enden. Perl liefert als Return-Wert zwar sonst den Wert der letzten Anweisung. Dieses Verhalten ist jedoch für alle Entwickler, die keine Perl-Spezialisten sind, sehr ungewohnt und kann deswegen leicht zur Fehlinterpretation des Codes führen.
- Auch wenn das „&" ab Perl 5 nicht mehr erforderlich ist, hilft es, den Aufruf einer Unterroutine von dem einer eingebauten Funktion zu unterscheiden. Man benutzt es deshalb am besten weiterhin. Zudem sollte man bei Prozeduraufrufen Klammern setzen, auch wenn die Perl-Syntax dies nicht erfordert.
- Wird eine Datei mit „read" binär gelesen, wendet man auf die betreffende Filehandle immer „binmode" an, auch wenn es beim aktuell verwendeten Betriebssystem nicht notwendig ist. Dadurch werden Portierungen erleichtert.

Den meisten dieser Regeln liegen Feinheiten der Sprache Perl zugrunde, die in Ausnahmefällen zum Fehlverhalten von Programmen führen können. Einige weitere dienen ausschließlich der Lesbarkeit. Insgesamt gesehen kann man sich bei Perl durch einen guten Programmierstil relativ sicher vor versteckten Fehlern schützen.

8.5.2 Python

Es gibt sicherlich kaum eine Programmiersprache, die so viele Möglichkeiten bietet wie Python: Objektorientierung einschließlich Mehrfachvererbung, Ansätze aus der funktionalen Programmierung und komplexe Zahlen sind nur einige Beispiele. Um die Performance zu verbessern und Programme auch ohne die Sourcen weitergeben zu können, arbeitet Python – ähnlich wie Java – mit Byte-Code.

Am meisten fällt jedoch bei Python auf, dass Blöcke allein durch Einrückungen und nicht durch Klammerung mit „`begin - end`" oder „`{`" und „`}`" definiert werden. Diskussionen über das Layout von Kontrollstrukturen werden dadurch auf die Frage der Einrückungstiefe und gegebenenfalls die Wahl zwischen Tabulatoren und Leerzeichen reduziert.

Um Problemen vorzubeugen, die durch eine Mischung von Tabulatoren und Leerzeichen bei der Einrückung entstehen können, sollte der Python-Interpreter immer mit einem der Flags „-t" oder „-tt" gestartet werden. Da Python die Standard-Tabulator-Schrittweite von 8 verwendet, empfiehlt es sich aber ohnehin – wie bei anderen Sprachen auch – zur Einrückung ausschließlich Leerzeichen zu verwenden.

Wer von C++ oder Java zu Python kommt, dem werden einige Besonderheiten auffallen:

- In Python gibt es kein „`switch`"-Statement.
- Vergleichsoperatoren dürfen verkettet werden („`a < b < c`").
- „`while`"-Schleifen können einen „`else`"-Ast haben.
- Der Modulo-Operator ist auch auf Fließkomma- oder komplexe Zahlen anwendbar.
- Die Identität zweier Objekte wird über den Operator „`is`" geprüft, „`==`" testet im Gegensatz dazu Wertgleichheit.

Insbesondere die Bedeutung eines „`else`"-Astes bei einer Schleife dürfte denjenigen, die keine Python-Experten sind, nicht ohne weiteres klar sein. Die Verwendung dieses Konstruktes sollte deshalb gegebenenfalls untersagt, oder zumindest eine „allgemein verständliche" Kommentierung gefordert werden. Entsprechendes gilt in Bezug auf den Modulo-Operator.

Weiterhin unterstützt Python „keyword arguments", also Funktionsaufrufe in der Form

```
funktionsName(parameterName = parameterWert, ...)
```

Dadurch können zum einen Parameter in beliebiger Reihenfolge an eine Prozedur übergeben werden. Zum anderen wird infolgedessen der Code aber auch *wesentlich* lesbarer. Leider *erzwingt* Python die Verwendung von „keyword arguments" nicht, und es ist fraglich, ob man alle Entwickler eines Teams ohne weiteres zum durchgängigen Gebrauch dieser Möglichkeit bewegen kann. Es ist aber sicherlich zumindest einen Versuch Wert, Funktionsaufrufe mit „keyword arguments" vorzuschreiben.

Im Übrigen erfordert Python nur eine sehr geringe Anzahl spezieller Regelungen. Die Wichtigsten sind:

▷ Vergleiche zwischen nicht kompatiblen Typen sind zwar syntaktisch zulässig, führen aber zu undefinierten Ergebnissen und sind deswegen zu untersagen.

▷ Zuweisungen dürfen auf der linken Seite keine Ausdrücke der Form „Instanz.Attributname" enthalten. Anders ausgedrückt: Direkte Zuweisung von Werten an Attribute eines Objektes sind unzulässig. Die Gefahr, dass durch einen Tippfehler ein Attribut hinzugefügt statt der Wert eines anderen gesetzt wird, ist zu groß. Ausnahme: Innerhalb von Klassendefinitionen sind Zuweisungen an die Attribute des „self"-Objektes erforderlich und deshalb selbstverständlich zulässig.

▷ Nach Möglichkeit sollten explizite Importe, also solche in der Form „`from MODULE import FUNCTION`", verwendet werden. Dies verbessert die Performance und unterstützt selbstdokumentierende Programmierung.

Diese wenigen Regeln – zusammen mit einer guten Namensvergabe und Kommentierung – sollten bei Python bereits ausreichen, um die Qualität der Implementierung im Wesentlichen zu sichern.

8.6 SQL

SQL hat sich zum Standard für Datenbank-Abfrage-Sprachen entwickelt, ohne jedoch dabei selbst in ausreichendem Maße standardisiert zu werden. Die Unterschiede zwischen den relationalen Datenbanken verschiedener Hersteller sind immer noch groß. Dennoch gibt es eine allgemeine Regel in Bezug auf SQL, die stets beachtet werden sollte.

> Die Ausführung jedes SQL-Befehls kann aufgrund von Syntax-, Kommunikations-, Festplatten- oder anderen Fehlern abgebrochen werden. *Deswegen muss jedem SQL-Statement eine Fehlerbehandlung folgen.* Dies gilt insbesondere auch für die COMMIT-Anweisung. In welcher Form die Fehlerbehandlung zu implementieren ist, hängt vom Kontext ab. Bei SQL-Skripten müssen unter Umständen bestimmte Schalter gesetzt werden, bei embedded SQL wird ein SQLCA-Code abgefragt, JDBC wirft Exceptions, die abzufangen sind.

Alle weiteren Regelungen im Zusammenhang mit SQL sind entweder Datenbank-spezifisch oder von weitaus geringerer Bedeutung:

- Nutzt man Server-seitig auszuführende Datenbank-Prozeduren („Stored Procedures"), die eine Fehlernummer zurückliefern, sollte eventuell nicht 0, sondern ein anderer Wert als OK-Status definiert werden. Der Grund: Numerische Variablen werden meist mit 0 vorbelegt. Diese Initialisierung kann in seltenen Fällen ein „OK" trotz eines schwer wiegenden Fehlers vortäuschen.

- "Nullable" Datatypes sollten ausschließlich dort verwendet werden, wo es unbedingt notwendig ist. Spalten, deren Werte NULL sein können, verkomplizieren Bedingungen in Abfragen. Der Grund liegt darin, dass in WHERE-Klauseln für solche Spalten anstelle einer zweiwertigen Logik eine dreiwertige (wahr/falsch/null) berücksichtigt werden muss.

- Anweisungen zur Datenmanipulation sollen nach Möglichkeit keine Funktionen – außer „Sum", „Max" und dergleichen – enthalten. Funktionen im Client auszuwerten ist oftmals performanter. Zudem erleichtert es, Systeme zwischen verschiedenen Datenbanken zu portieren, denn nur Aggregat-Funktionen sind standardisiert.

▶ Die Namen von Tabellen stehen sinnvollerweise immer auf der gleichen Zeile mit einem Schlüsselwort, durch das sich die Art des Statements identifizieren lässt. Das heißt, zwischen „`Insert`", „`Update`", „`Delete`" und „`From`" sowie dem bzw. den jeweiligen Tabellennamen darf sich keine Zeilenschaltung befinden. Die Beachtung dieser Regel ermöglicht es, Zugriffe auf Tabellen - einschließlich der Art des Zugriffs - mit Hilfe einfacher Such-Utilitys zu ermitteln.

Im Zusammenhang mit der Entwicklung von Datenbank-Applikationen sind außerdem immer einige Festlegungen zu treffen, die im Grenzbereich zwischen Design und Programmierrichtlinien liegen:

▶ Sollen „quoted identifiers" genutzt werden?

▶ Wie ist die Groß- und Kleinschreibung von Schlüsselwörtern zu regeln?

▶ Sind Prä- oder besser Suffixe zur Kennzeichnung des Typs von Datenbankobjekten (Tabellen, Views, Primär- und Fremdschlüssel, Constraints, Trigger usw.) zu verwenden und wenn ja, welche?

Regelungen hierzu sind jedoch von den Rahmenbedingungen eines Projektes abhängig und sollten deswegen zu Beginn eines solchen innerhalb des Teams abgestimmt werden.

9 Das Programmierrichtlinien-Management-System

9.1 Ziel

Zu diesem Buch gehört ein *Programmierrichtlinien-Management-System*, das Ihnen das Erstellen, Ändern und Ergänzen von Style Guides in einer strukturierten Form ermöglicht. Es wurde entwickelt, um einfach und schnell Programmierrichtlinien aufstellen zu können, die praktischen Anforderungen wirklich gerecht werden. Folgende Bedingungen sollte es erfüllen:

- Portabel über alle gängigen Betriebssysteme hinweg
- Speicherung von Stamm- und Bewegungsdaten unabhängig von der Verwendung eines Datenbanksystems, möglichst in einem Format, das notfalls auch mit einem einfachen Texteditor bearbeitet werden kann
- an gängige Versions-Management-Systeme koppelbar, so dass Änderungen sowohl an den Stamm- als auch an den Bewegungsdaten – falls erforderlich – zurückverfolgt werden können
- einfache Modifikation von Programmierrichtlinien, beispielsweise für den Fall, dass Rahmenbedingungen sich im Verlauf eines Projektes ändern
- volle Erweiterbarkeit hinsichtlich weiterer Programmier- oder auch Datenbankabfragesprachen, Rahmenbedingungen usw.
- Möglichkeit zur Änderung der Strukturierung/Gliederung der Regelungen, falls jemand eine andere als die vorgegebene Ordnung für sinnvoller hält
- Speicherung mehrerer Programmierrichtlinien in einer Baumstruktur, so dass Gültigkeitsbereichs-Hierarchien – wie etwa Unternehmen, Abteilung, Projekt – abgebildet werden können
- Ausgabe der fertigen Style Guides in einem portablen Format, das effektives Suchen und problemloses Drucken unterstützt
- Einfachheit bei der Bedienung, aber auch hinsichtlich der Entwicklung.

Ein weiteres wichtiges Kriterium betraf den Inhalt und die Strukturierung der generierten Programmierrichtlinien. Sie sollten eine Art „single pass code review" unterstützen, also das Kontrollieren einer Source-Datei möglichst in einem Durchgang. Die enthaltenen Regelungen wurden deswegen an „Prüfobjekten" festgemacht, die man beim Durchlesen einer Source vor Augen hat. Diese Prüfobjekte sind in erster Linie die Elemente der jeweiligen Programmiersprache: Deklarationen, Kontrollstrukturen, Operatoren, Kommentare usw.

> Im Detail ist dabei natürlich offen, an *welchem* Prüfobjekt genau eine Regelung festgemacht werden sollte. Denn oftmals kommen hierfür mehrere in Frage. Die Kunst besteht also darin, beim Durchlesen einer Quelldatei an den richtigen Stellen die Assoziation mit der zu beachtenden Regel auszulösen.

Das heißt zunächst, dass Objekte, deren *Fehlen* einen Mangel darstellt, als Aufhänger für die entsprechende Regelung *ungeeignet* sind. Eine Regelung, die besagt „Komplexe Bedingungen bei Schleifen oder Verzweigungen sind zu kommentieren", gehört also nicht unter die Überschrift „Kommentare", sondern unter „Bedingungen".[1] Schwieriger wird die Entscheidung über den „Aufhänger" einer Regel in anderen Fällen.

BEISPIEL

Fließkommazahlen dürfen bekanntlich nicht auf Gleichheit geprüft werden, weil Rundungsdifferenzen, die von arithmetischen Operationen herrühren können, sonst zu sehr tückischen Fehlern führen können. Woran aber macht man diese Regelung fest? Der Datentyp „float" scheint hier zunächst die richtige Wahl zu sein. Beim Durchlesen von Sourcen würde dies aber die Assoziation bei der Deklaration einer Fließkomma-Variablen auslösen – und nicht an der Stelle, wo die Abfrage auf Gleichheit steht! Also ist ein anderer Betrachtungswinkel geeigneter: Die Operanden des Gleichheitsoperators dürfen keine Fließkommazahlen sein. Dementsprechend ordnet man die Regel unter „Gleichheitsoperator" ein. Ist ein Reviewer bei einem

---

[1]. Diese Aussage betrifft hier ausdrücklich den Inhalt von Programmierrichtlinien. In einem Lehrbuch kann eine andere Ordnung aus didaktischen Gründen sinnvoll sein. Gedächtnispsychologisch gesehen ist eine Mischung unterschiedlicher Blickwinkel das Optimum.

bool´schen Ausdruck im Zweifel, ob die betreffenden Variablen als „float" oder „double" deklariert sind, kann er immer noch zurückblättern, um nachzusehen. Entscheidend ist, dass er beim Anblick des Gleichheitszeichens an die betreffende Regelung erinnert wird – die Deklaration einer Variablen als Fließkommazahl birgt schließlich noch nicht das Fehlerrisiko!

Verallgemeinert ergibt sich für das Programmierrichtlinien-Management-System daraus, dass es eine entsprechende Strukturierung der Regelungen so weit wie möglich unterstützen muss. Mit dieser Anforderung sind die wesentlichen Entwicklungsziele des Systems genannt. Im Folgenden werden einige Rahmenbedingungen des „Projektes" betrachtet.

9.2 Rahmenbedingungen

Gerade der Wunsch bezüglich der Strukturierung der Regelungen steht in einem gewissen Konflikt mit einigen anderen Aspekten der Aufgabenstellung. Zu nennen sind etwa:

▶ Programmierrichtlinien sollen als ein Dokument ausgegeben werden. Dessen Inhalt muss notwendigerweise linearisierbar sein. Die Daten zu den Regeln müssen also in einer hierarchischen Ordnung vorliegen, beliebige Querbezüge dürfen – weil sie zu Zyklen führen könnten – höchstens ergänzend genutzt werden.

▶ Um Redundanzen zu vermeiden, sollten Regelungen, die für alle oder zumindest fast alle Sprachen gleichermaßen gelten, ausgegliedert werden können. In diesem Bereich ist der Zwang zu einer Baumstruktur problematisch, weil die Elemente unterschiedlicher Programmiersprachen sich nicht ohne weiteres in eine gemeinsame Hierarchie einordnen lassen. Nicht überall sind beispielsweise Anweisungen gleichzeitig Expressions.

▶ Bestimmte Regelungen müssen an einer unterschiedlichen Sicht auf die Konstrukte der Sprachen festgemacht werden. Für das Layout ist der Gleichheitsoperator ein binärer, aus Sicht korrekter Verzweigungen im Programm gehört er unter die Überschrift „Vergleichsoperatoren".

Die Lösung der daraus resultierenden Probleme besteht letztlich darin, gewisse Redundanzen und theoretische Ungereimtheiten bei der Strukturierung der Daten bzw. der Gliederung der Ausgabe einfach in Kauf zu nehmen. Das Erreichen des oben erwähnten Ziels, Programmierrichtlinien in einer Form zu erhalten, die eine schnelle und sichere Kontrolle von Sources ermöglicht, wird dadurch nicht gefährdet.

Neben dieser Problematik standen vor allem – wie in den meisten Softwareprojekten – die knappen Entwicklungsressourcen im Vordergrund. Allerdings ist davon auszugehen, dass ein Programmierrichtlinien-Management-System nicht auf täglichen Einsatz hin ausgelegt sein muss und zudem die Anwender keine EDV-Laien sind. Bei der Bedienung des Systems wurde deshalb ein Minimal-Ansatz verfolgt:

▶ Anstelle Menüs, Tastatur-Short-Cuts, Drag´n´Drop und dergleichen zu implementieren, wurde auf eine Bedienung ausschließlich mit Hilfe von Buttons und einiger weniger anderer Dialogelemente gesetzt. Damit sind automatisch auch alle in einer Maske verfügbaren Befehle jederzeit sichtbar, es gibt keine versteckten Funktionalitäten.

▶ Die Hilfefunktion beschränkt sich auf die Verwendung von Tooltips. Um dabei auch längere Texte anzeigen zu können, wird die Anzeigezeit abhängig von der Textlänge gesteuert. Bei Eingabefeldern sind die Tooltips den Labels zugeordnet, um störende Effekte zu vermeiden.

▶ Soweit die Fachklassen wie „Prüfobjekt", „Programmierrichtlinie", „Rahmenbedingung" usw. dies ermöglichten, wurden einheitliche Dialoge verwendet.

Zudem wurde kein Mehrbenutzerbetrieb implementiert. Dies erscheint angesichts der Aufgabenstellung allerdings auch nicht erforderlich.

9.3 Implementierungskonzept

Als Programmiersprache wurde Java gewählt, um die Portabilität des Programms zu sichern und eine spätere Internationalisierung zu erleichtern.[2] Weil eine Suchfunktion mit „regular expressions" sinnvoll schien, kam nur die derzeit aktuellste Version (JRE 1.4) in Frage.

Die Daten werden in Dateien mit der Erweiterung „.txt" gespeichert, das interne Format entspricht aber Java-Properties. Damit steht der gesamte Unicode-Zeichensatz zur Verfügung. Nachteil ist allerdings, dass Umlaute und

---

2. Python oder Perl wären sicherlich Alternativen gewesen.

Ähnliches in den Dateien als Escape-Codes der Form „\unnnn" erscheinen. Manuelle Korrekturen sind aber dennoch möglich, auch unter Verwendung von Zeichen, die nicht im 7-bit-ASCII enthalten sind. Allerdings sollte man nur in Notfällen die Daten mit Hilfe eines normalen Texteditors ändern.

Die Dateien lassen sich problemlos in ein Versions-Management-System einchecken. Um die Ausgabe von „cvs diff" oder vergleichbaren Kommandos möglichst lesbar zu halten, wird jede *Eigenschaft* eines Objektes als ein eigener Property-Eintrag (sprich: eine logische[3] Zeile) gespeichert. Eine direktere Integration eines Versions-Management-Systems erschien nicht notwendig.

Die Programmierrichtlinien werden als HTML-Dateien ausgegeben. Dadurch kann man sie auf praktisch jeder Plattform anzeigen, durchsuchen und drucken. Nachbearbeitungen mit einem HTML-Editor – beispielsweise um das Layout den Firmenkonventionen anzupassen – sind ebenfalls möglich. Jede Programmierrichtlinie hat zudem am Ende einen ausführlichen Index.

Der Vorteil des HTML-Formates besteht auch darin, dass Tags für Hervorhebungen und Ähnliches genutzt werden können. Die Code-Beispiele zu den vordefinierten Regelungen sind beispielsweise in „<PRE><CODE>" und „</CODE></PRE>" eingeschlossen. Allerdings sollten Größer- und Kleinerzeichen dementsprechend sicherheitshalber als „<" bzw. „>" eingegeben werden.

9.4 Funktionalität

Programmierrichtlinien, Rahmenbedingungen, Prüfobjekte, Programmiersprachen („Anwendungsbereiche") und die zu prüfenden Eigenschaften („Prüfkategorien") werden jeweils in einer Baumstruktur dargestellt. Nach Auswahl eines Knotens einer solchen Hierarchie kann man über einen „Details"-Button ein Dialogfenster öffnen, das die Anzeige und Änderung der Eigenschaften des zugehörigen Objektes ermöglicht. Die Struktur eines Baumes kann durch Neuanlage und Löschen von Knoten, aber auch durch Ausschneiden und Wieder-Einfügen ganzer Teilbäume geändert werden.

---

3. Sehr lange Einträge werden unter Verwendung von „\" auf mehrere „physikalische" Zeilen verteilt.

Bei den Programmierrichtlinien enthält der Details-Dialog unter anderem auch Funktionen

- zur Auswahl von Rahmenbedingungen
- zur Festlegung, welche Programmiersprachen bzw. Anwendungsbereiche berücksichtigt werden sollen
- für das manuelle Ausschließen einzelner Regelungsalternativen und schließlich
- für die Generierung der HTML-Datei.

Die Benutzerführung zum Ändern oder Ergänzen von Regelungsalternativen weist demgegenüber einige Besonderheiten auf. Zunächst muss ein Prüfobjekt, ein Anwendungsbereich und eine Prüfkategorie in der jeweiligen Baumstruktur ausgewählt werden. Eine Auswahlliste zeigt daraufhin die bereits vorhandenen Einträge an. Wortlaut, Begründung, Beispiele usw. können dann auch hier über einen „Details"-Button angezeigt und geändert werden.

9.5 Benutzungsoberfläche

Das Programmierrichtlinien-Management-System kann wie jede Java-Applikation mit Hilfe des Java-Interpreters und des entsprechenden Klassennamens gestartet werden („java Ja_pri_ma"). Nach einer kurzen Copyright-Meldung erscheint die Hauptmaske.

Sie ist in sechs Felder unterteilt, von denen die vier *rechts* der Ergänzung und Änderung einzelner Regelungen dienen. *Oben links* können Richtlinien angelegt und – falls dies im Rahmen der Einführung von Programmierstandards oder im Laufe eines Projektes notwendig ist – modifiziert werden.

Das Feld *unten links* ermöglicht das Hinzufügen von Rahmenbedingungen für den Fall, dass zusätzliche Regelungen dies erfordern. Werden beispielsweise in einem Unternehmen je nach Projekt verschiedene Entwicklungsumgebungen eingesetzt und müssen dementsprechend unterschiedliche Regeln in die jeweiligen Programmierrichtlinien aufgenommen werden, so kann man hier die dafür notwendigen Stammdaten eingeben.

BENUTZUNGSOBERFLÄCHE

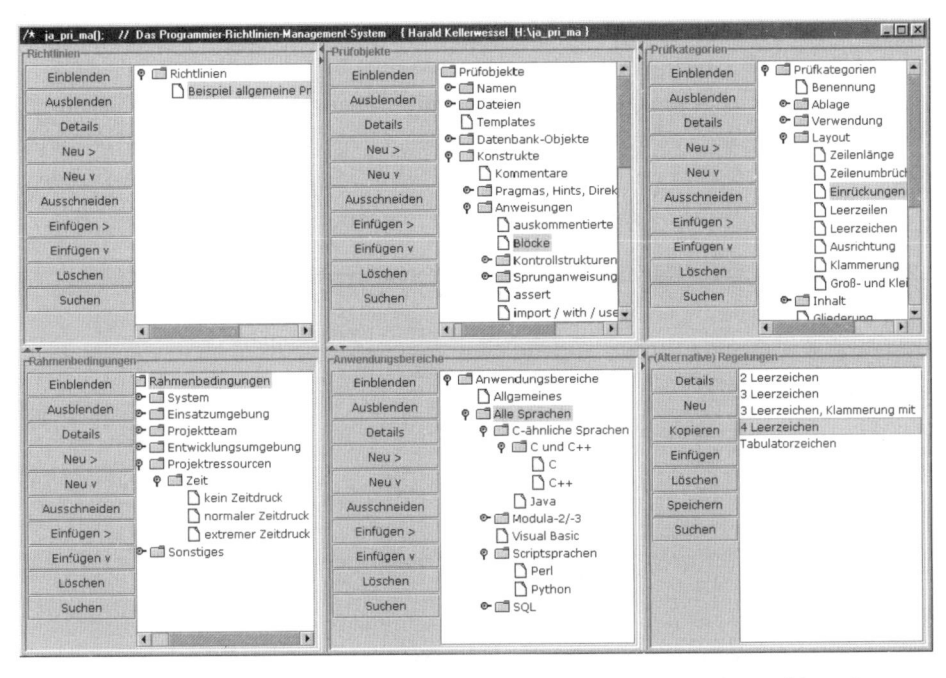

Abbildung 9.1: Hauptmaske von Ja_pri_ma im Java-(Metal-)Look&Feel

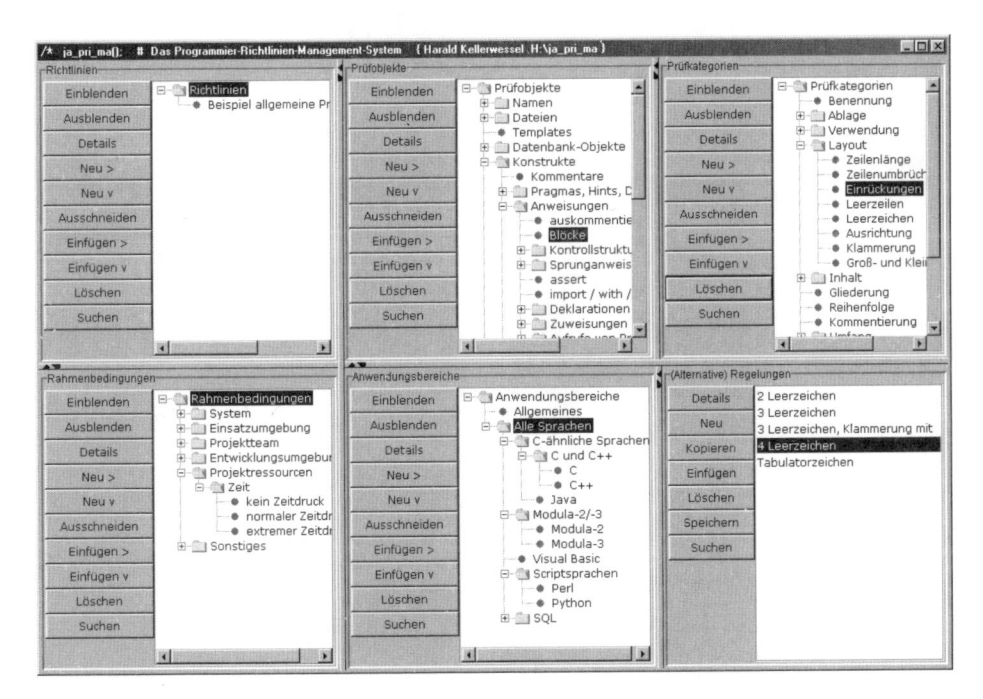

Abbildung 9.2: Hauptmaske von Ja_pri_ma im Windows-Look&Feel

Die einzelnen Felder sind derart in sogenannte „Splitpanes" eingeschachtelt, dass jedes durch Anklicken der entsprechenden Pfeile auf den Begrenzungen auch einzeln oder in sinnvoller Verbindung mit wenigen anderen sichtbar gemacht werden kann. Ergänzt man etwa Regelungen, bevor ein neuer Style Guide erstellt wird, so genügt ein Klick auf den Pfeil links neben „Prüfobjekte", um die dafür nicht notwendigen Teile der Hauptmaske auszublenden.

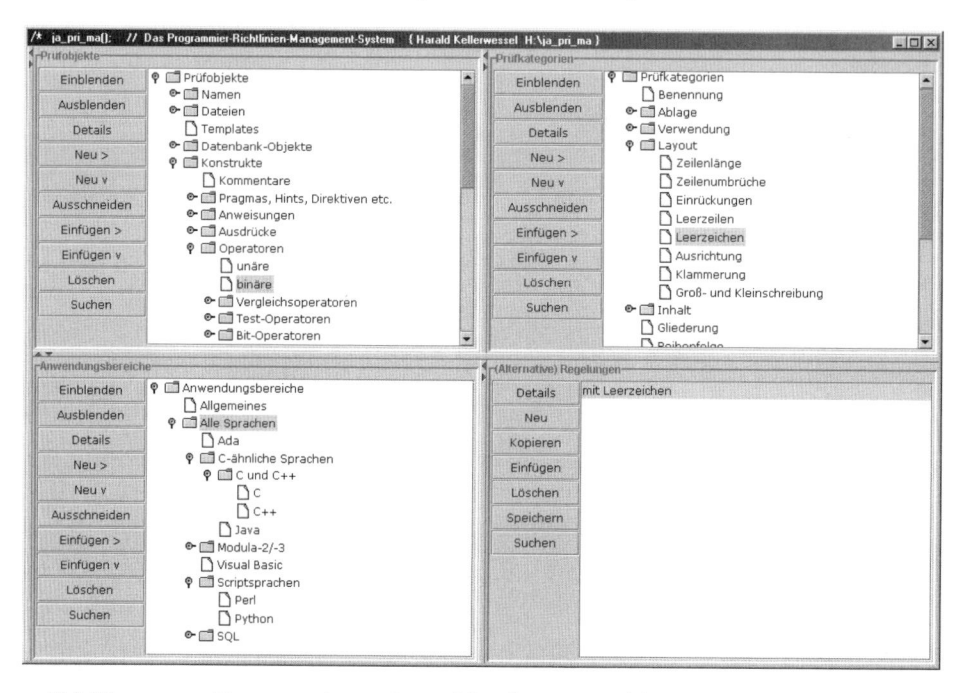

Abbildung 9.3: Hauptmaske nach Ausblenden von Feldern im Metal-Look&Feel

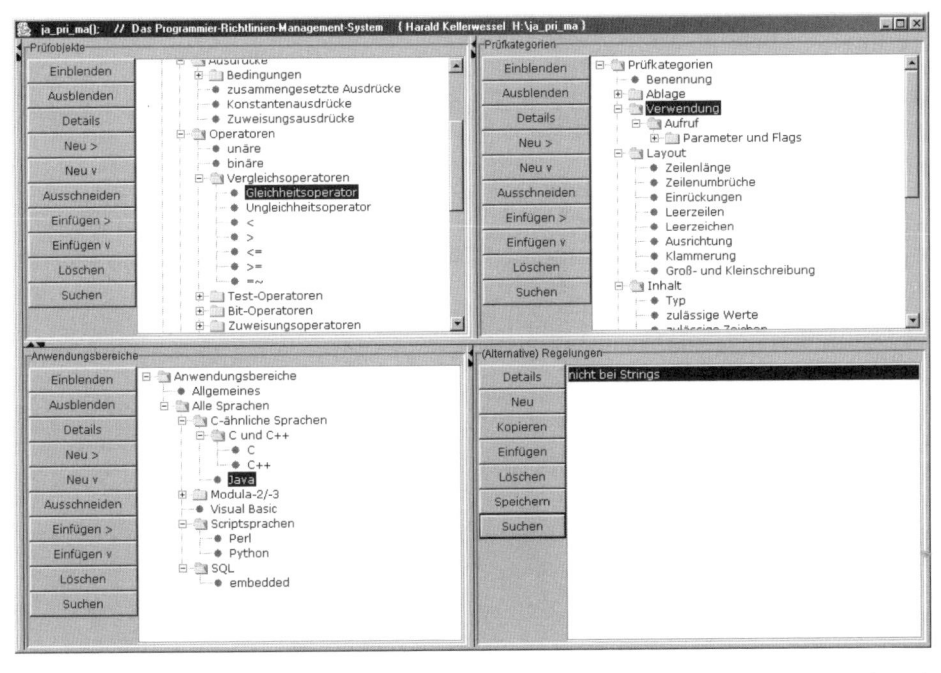

Abbildung 9.4: Hauptmaske nach Ausblenden von Feldern im Windows-Look&Feel

Die Prüfobjekte, Anwendungsbereiche usw. sind als Hierarchien dargestellt. Das Anklicken der entsprechenden Buttons ermöglicht die folgenden Operationen auf dem aktuell selektierten Eintrag:

▷ Einblenden *aller* untergeordneten Einträge (also bis auf die unterste Ebene hinab)

▷ Ausblenden *aller* untergeordneten Einträge, so dass beim nächsten „Öffnen" (Doppelklick auf den Eintrag) nur die erste Ebene von Unter-Einträgen eingeblendet wird (und nicht alle zuletzt sichtbaren)

▷ Anzeige und Änderung seiner Eigenschaften (Details)

▷ Einfügen eines neuen Eintrags als erstem Unter-Eintrag zu dem ausgewählten

▷ Einfügen eines neuen Eintrags auf der gleichen Ebene hinter dem ausgewählten

▷ Ausschneiden des selektierten Eintrags einschließlich aller Unter-Einträge

- Wieder-Einfügen der ausgeschnittenen Einträge in umgekehrter Reihenfolge jeweils als erster Unter-Eintrag zu dem ausgewählten[4]
- dasselbe, aber auf der gleichen Ebene hinter dem ausgewählten Eintrag und schließlich
- Löschen des selektierten Eintrags einschließlich aller Unter-Einträge.

Zusätzlich gibt es die Möglichkeit, auf den angezeigten Objekten zu suchen. Dabei werden alle Eigenschaften gegen den vorgegebenen Suchstring geprüft. Anschließend werden alle Fundstellen in tabellarischer Form angezeigt.

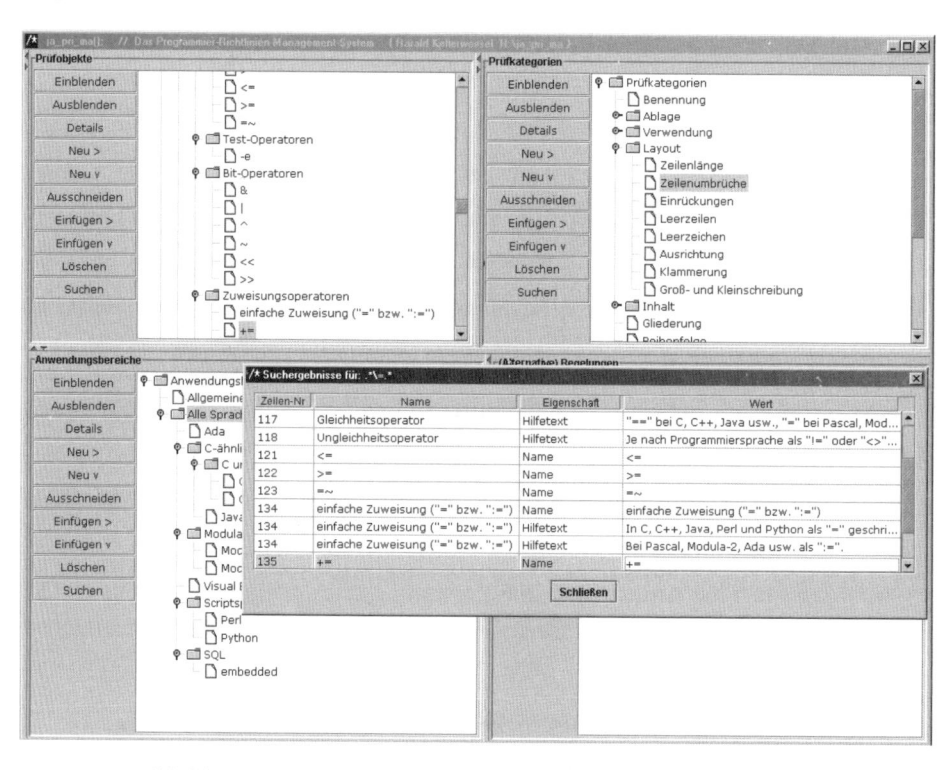

Abbildung 9.5: Anzeige von Suchergebnissen für Prüfobjekte

---

4. Der Cut´n´Past-Buffer ist also als Stack organisiert.

Auf eine Kopierfunktion wurde bei den hierarchisch geordneten Objekten bewusst verzichtet, weil die Baumstrukturen – soweit dies möglich ist – redundanzfrei bleiben sollen. Zudem sind beim Wiedereinfügen von Teilbäumen vergleichsweise umfangreiche Prüfungen erforderlich, um die internen Namen der Einträge eindeutig zu halten.

Das Ausschneiden und Wieder-Einfügen erlaubt es, die Reihenfolge der Einträge und auch die Über- und Unterordnungsbeziehungen zu modifizieren. Damit lässt sich die Gliederung der Programmierrichtlinien falls nötig anpassen.

Eine Undo-Funktion wurde nicht implementiert, allerdings kann das Programm ohne zu sichern verlassen werden. Das Einchecken der Datendateien in ein Versions-Management-System schafft zusätzliche Sicherheit vor den Folgen unbeabsichtigter Änderungen und ist deswegen dringend empfohlen.

Die Regelungsalternativen werden als einfache Liste dargestellt. Es muss jeweils ein Prüfobjekt, eine Prüfkategorie und ein Anwendungsbereich ausgewählt sein, um die dazu gespeicherten Regelungsalternativen anzuzeigen. Neben der Möglichkeit, einen Eigenschaftendialog zu öffnen, gibt es hier eine Neuanlage, eine Kopier- sowie eine Suchfunktion.

In der Buttonleiste für die Regelungen wurde auch eine Schaltfläche zum Speichern aller Daten eingefügt. Zusätzlich wird beim Schließen des Fensters – beispielsweise über [Alt]+[F4] – gegebenenfalls nachgefragt, ob Änderungen gesichert werden sollen.

KAPITEL 9 – DAS PROGRAMMIERRICHTLINIEN-MANAGEMENT-SYSTEM

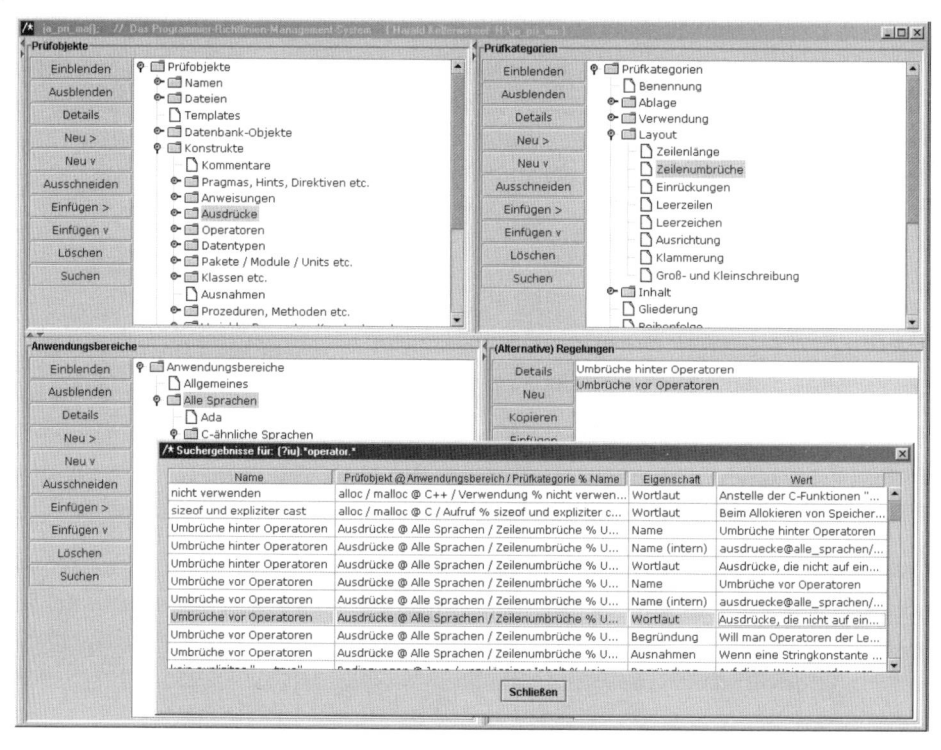

Abbildung 9.6: Anzeige von Suchergebnissen für Regeln

Der Dialog zur Neuanlage bzw. Änderung von Prüfobjekten, Prüfkategorien, Anwendungsbereichen und Rahmenbedingungen enthält jeweils nur wenige Felder:

- einen Titel oder „externen" Namen, der immer angezeigt wird
- einen „internen", identifizierenden Namen, der für die Speicherung der Daten erforderlich ist
- einen Hilfetext, der als Tooltip angezeigt, aber nicht mit in die HTML-Dateien für die fertigen Programmierrichtlinien aufgenommen wird
- Hinweise, die bei der Generierung der HTML-Dateien im Gegensatz zu den „Hilfetexten" mit ausgegeben werden.

Diese Felder werden auch bei den einzelnen Regelungen und bei den Richtlinien benutzt, allerdings kommen dort noch weitere hinzu. Bei der Eingabe sind nur wenige Besonderheiten zu beachten. Die internen Namen werden auf Eindeutigkeit geprüft, um Fehler bei der Speicherung bzw. beim Wieder-Einlesen der Daten zu verhindern. Zudem dürfen sie keine Sonderzeichen enthalten. In die Tooltip-Texte sollten „harte" Zeilenschaltungen eingegeben werden, um überlange Zeilen in der Bildschirmdarstellung zu vermeiden. Dies ist beim Feld „Hinweise" nicht erforderlich.

Bei allen Eingaben sollte man „<" und „>" sicherheitshalber durch „<" bzw. „>" ersetzen, weil es sonst bei der HTML-Generierung zu Problemen kommen kann. Dieses Problem wurde in Kauf genommen, um HTML-Tags in die Felder einfügen zu können, wie beispielsweise „<B>", um mit Hilfe von Fettdruck ein Wort zu betonen.

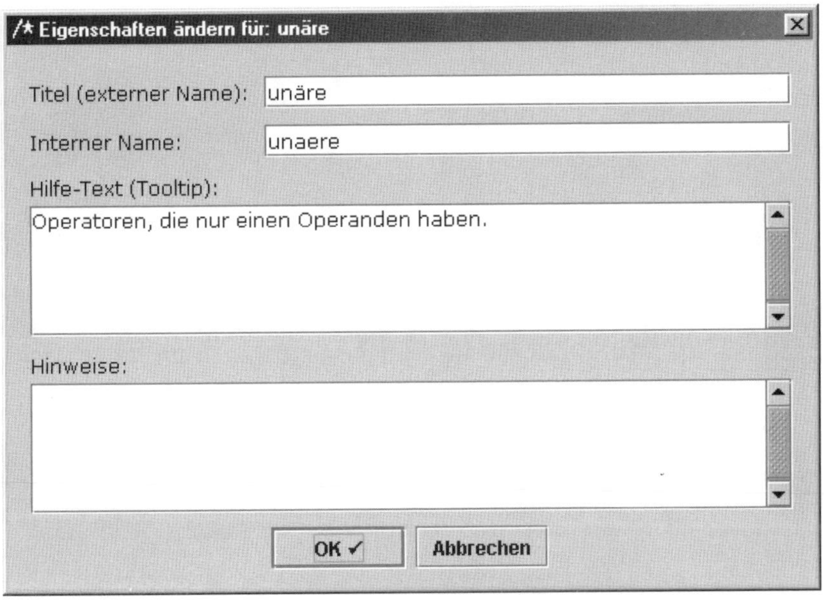

Abbildung 9.7: Einfacher Dialog

Der Dialog für Regelungen ermöglicht die Eingabe von Wortlaut, Begründung, Ausnahmen und Beispielen. Zudem können die Rahmenbedingungen festgelegt werden, unter denen eine Regelungsalternative zu bevorzugen ist. Wird die gleiche Rahmenbedingung dann auch einer Richtlinie zugeordnet, werden andere Regelungsalternativen zum fraglichen Punkt bei dieser nicht mehr berücksichtigt.

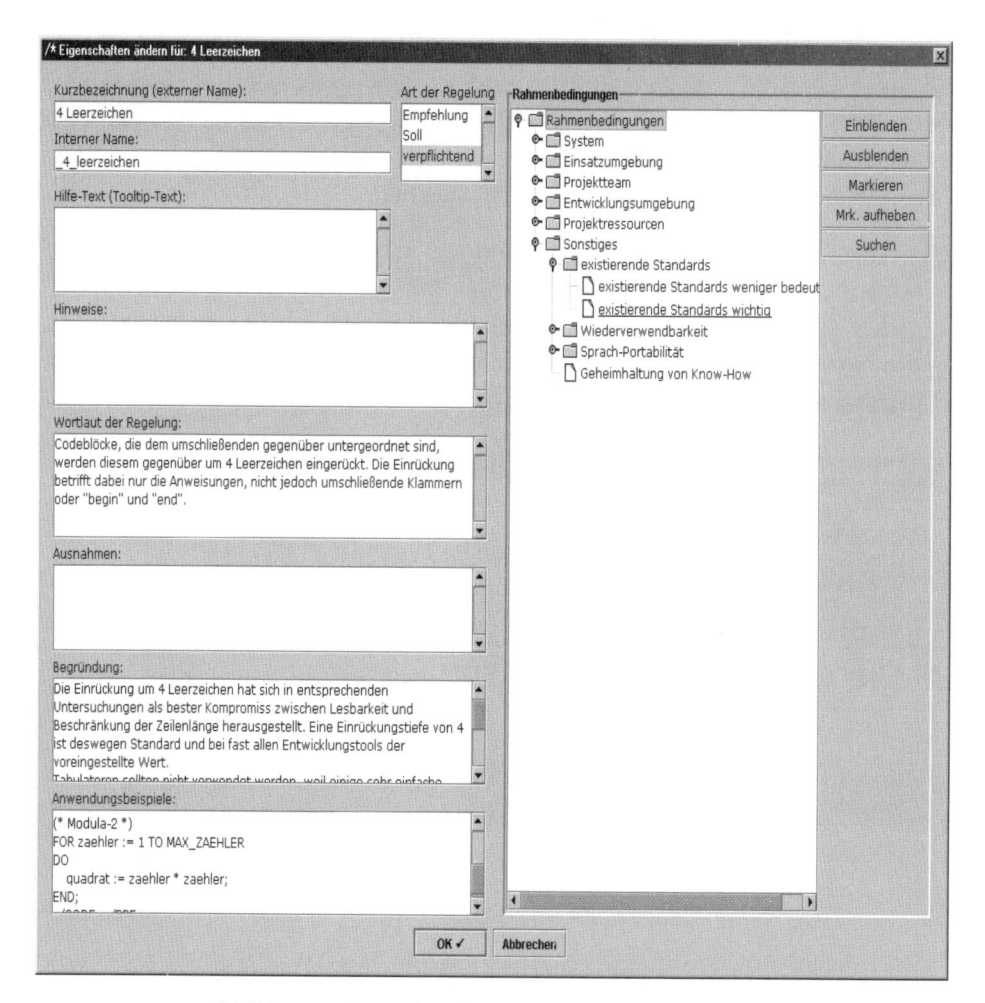

Abbildung 9.8: Dialog für eine Regelungsalternative

Im Dialog für die Regelungsalternativen können mehrere Rahmenbedingungen gleichzeitig selektiert werden. Um die Auswahl permanent zu machen, wird danach der Button „Markieren" angeklickt. Damit bleiben diese Rahmenbedingungen der Regelung zugeordnet, auch wenn sie ausgeblendet oder aus anderen Gründen nicht selektiert sind. Zur Verdeutlichung werden sie – im eingeblendeten Zustand – unterstrichen dargestellt.

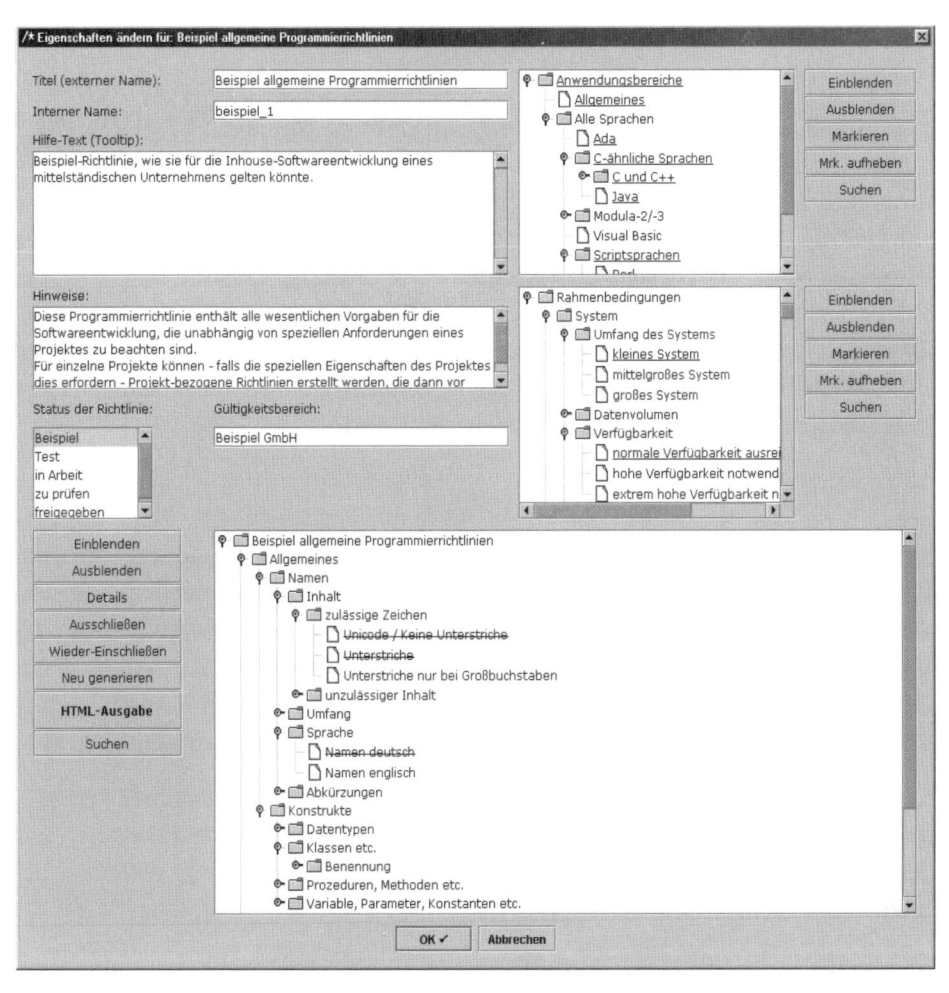

Abbildung 9.9: Dialog für Programmierrichtlinie

Nach dem gleichen Schema ist der Dialog für die Programmierrichtlinien aufgebaut. Neben allgemeinen Daten – wie Name, Status und Gültigkeitsbereich – werden auch hier die Rahmenbedingungen sowie die Anwendungsbereiche ausgewählt.

Nach Anklicken von „Neu generieren" erstellt das Programmierrichtlinien-Management-System den Style Guide zunächst auch als Baum. Mit Hilfe der gleichen Vorgehensweise wie beim Markieren der Rahmenbedingungen können hier Regelungsalternativen *ausgeschlossen* werden. Dem entspricht das

Schriftattribut „durchgestrichen" anstelle von „unterstrichen". Bei der HTML-Ausgabe werden diese Regeln nicht mitgeneriert.

Im letzten Schritt wird die Programmierrichtlinie in einer HTML-Datei gespeichert. Standardmäßig wird dabei ihr interner Name als Dateiname vorgeschlagen. Verbleiben an einzelnen Stellen noch Alternativen, so werden diese im HTML-File mit einem entsprechenden Hinweis versehen. Es macht also durchaus Sinn, eine erste Version einer Programmierrichtlinie zu erzeugen, in der noch Diskussionspunkte offen sind. Wird der Programmierrichtlinien-Dialog mit „Ok" geschlossen und anschließend gespeichert, so können nach dem nächsten Programmstart weitere Regelungsalternativen eliminiert werden, bis schließlich alle Standards festgelegt sind.

Der folgende Anhang A wurde – von Details abgesehen – mit Hilfe von „ja_pri_ma" generiert. Er ist nach Anwendungsbereichen, Prüfobjekten, Prüfkategorien und Regelungsalternativen gegliedert. Zu jedem Anwendungsbereich werden die Prüfobjekte gelistet und darunter jeweils alle Eigenschaften oder Arten von Vorgängen, zu denen für diese Prüfobjekte eine Regelung existiert oder sogar mehrere Regelungsalternativen vorhanden sind. Anwendungsbereiche, Prüfobjekte und Prüfkategorien erscheinen also nur dort, wo ihnen mindestens eine Regelungsalternative untergeordnet ist.

Die Nummerierung der Einträge orientiert sich an der Gliederung. Das vorangestellte „A" kennzeichnet die Nummer eines „Anwendungsbereichs", das „O" die eines „PrüfObjektes" und das „K" die einer „PrüfKategorie". Das „R" steht schließlich für „Regelungsalternative".

Die Festlegung, dass Perl-Subroutinen aus speziellen Gründen immer ein Return-Statement enthalten sollten, wird beispielsweise durch „A 2.4.1 O 2.5 K 2 R 1" identifiziert. Der Anwendungsbereich hat die Nummer „2.4.1" (Alle Sprachen/Scriptsprachen/Perl), das Prüfobjekt ist „2.5" (Konstrukte/Prozeduren, Methoden etc.) und die Prüfkategorie hat die Nummer „2", weil es davor noch eine Anweisung bezüglich des Aufrufs von Perl-Subroutinen gibt. Da die Regelung hier feststeht, wird sie – mangels Alternativen – durch „R 1" identifiziert.

Diese Vorgehensweise vermeidet zum einen unstrukturierte Ziffernketten wie „2.4.1.2.5.2.1". Zum anderen wurde sie verwendet, um innerhalb einer als HTML-Datei generierten Programmierrichtlinie jeden einzelnen Eintrag eindeutig identifizieren und somit auch über einen Link referenzieren zu können.

Auf der CD zu diesem Buch befindet sich die zum Zeitpunkt der Drucklegung des Buchs aktuellste Version des Programms "ja_pri_ma". Es kann daher sein, daß das Ergebnis einer Generierung der Programmierrichtlinien vom Inhalt des Anhangs A in diesem Buch etwas abweicht. Das Programm funktioniert dennoch korrekt.

A Checkliste möglicher Regelungen einschließlich Alternativen

A 1 Allgemeines

Hinweise:
Unter diesen Punkt fallen Regelungen, die bei der Programmierung zu beachten sind, aber nicht (bzw. nicht ausschließlich oder nur indirekt) den Quellcode betreffen.

Hierzu gehören beispielsweise grundlegende Regeln über die Wahl von Namen, über den Umgang mit Dateien (wo abzulegen / einzuchecken?) usw.

Hintergrund ist, dass beispielsweise Regelungen bzgl. der Namensvergabe bereits in der Analyse- und Designphase von Bedeutung sind.

A 1 O 1 Namen

A 1 O 1 K 1 Inhalt

A 1 O 1 K 1.1 zulässige Zeichen

--- 4 Regelungsalternativen ---

A 1 O 1 K 1.1 R 1 Keine Unterstriche

Alle Namen dürfen nur die Buchstaben von A bis Z und in Ausnahmefällen Ziffern enthalten.

Der Gebrauch von Unterstrichen („_") zur Trennung von Wortbestandteilen ist für alle Arten von Bezeichnern untersagt. Dies gilt gleichermaßen für Klassen-, Variablen-, Prozedur- und Dateinamen.

Um Wortbestandteile sichtbar zu machen, ist GrossKleinSchreibung („Intercaps", „mixed case") zu verwenden. Bestandteile von Namen, die normalerweise ausschließlich aus Großbuchstaben bestehen - wie beispielsweise viele Abkürzungen - werden nur mit einem großen Anfangsbuchstaben geschrieben.

Die Regelung ist *verpflichtend*.

Begründung:
Die Verwendung von GrossKleinSchreibung entspricht gängigen Standards (Beispiel: sämtliche Klassen des Java-APIs).

Der Nachteil der schlechteren Lesbarkeit gegenüber der Verwendung von Unterstrichen (gross_klein_schreibung) wird in Kauf genommen, auch unter Berücksichtigung der Probleme, die dadurch im Zusammenhang mit Systemen (Betriebssysteme, SQL-Datenbanken usw.) auftreten können, die bei Bezeichnern nicht zwischen Groß- und Kleinschreibung unterscheiden.

Beispiel(e):

```
DbmsConnect, getLength, UrlReader
```

Rahmenbedingung(en): existierende Standards wichtig

A 1 O 1 K 1.1 R 2 Unicode / Keine Unterstriche

Alle Namen dürfen Buchstaben und Ziffern im Sinne der betreffenden Unicode-Klassen enthalten, auch solche mit diakritischen Zeichen (Akzente, Cedille usw.).

Der Gebrauch von Unterstrichen („_") zur Trennung von Wortbestandteilen ist für alle Arten von Bezeichnern untersagt. Dies gilt gleichermaßen für Klassen-, Variablen-, Prozedur- und Dateinamen.

Um Wortbestandteile sichtbar zu machen, ist GrossKleinSchreibung („Intercaps", „mixed case") zu verwenden. Bestandteile von Namen, die normalerweise ausschließlich aus Großbuchstaben bestehen - wie beispielsweise viele Abkürzungen - werden nur mit einem großen Anfangsbuchstaben geschrieben.

Die Regelung ist *verpflichtend*.

Begründung:
Durch die Zulassung aller Unicode-Buchstaben und -Ziffern ist eine Bezeichnungsweise in „natürlicher Sprache" möglich. Für Bezeichner in Programmen kann dieselbe Schreibweise wie in der gesamten Dokumentation verwendet werden.

Die Verwendung von GrossKleinSchreibung entspricht gängigen Standards (Beispiel: sämtliche Klassen des Java-APIs).

Der Nachteil der schlechteren Lesbarkeit gegenüber der Verwendung von Unterstrichen (gross_klein_schreibung) wird in Kauf genommen, auch unter Berücksichtigung der Probleme, die dadurch im Zusammenhang mit Systemen (Betriebssysteme, SQL-Datenbanken usw.) auftreten können, die bei Bezeichnern nicht zwischen Groß- und Kleinschreibung unterscheiden.

Beispiel(e):

```
DbmsConnect, gibLänge, UrlReader, istLokal
```

Rahmenbedingung(en): existierende Standards weniger bedeutend

A 1 O 1 K 1.1 R 3 Unterstriche

Alle Namen dürfen nur die Buchstaben von A bis Z, Unterstriche und in Ausnahmefällen Ziffern enthalten.

Zur Trennung von Bestandteilen von Bezeichnern werden Unterstriche („_") verwendet. Innerhalb eines Bezeichners kann zusätzlich Groß- und Kleinschreibung verwendet werden, soweit dies das betreffende System (Betriebssystem, Datenbank, Programmiersprache) zulässt und keine zwei Namen entstehen, die sich nur hinsichtlich der Groß-/Kleinschreibung unterscheiden.

Die Regelung ist *verpflichtend*.

Begründung:
Die Verwendung von Groß-/Kleinschreibung zur Trennung von Wortbestandteilen in Variablennamen und dergleichen entspricht zwar weit verbreiteten Standards, lässt sich aber vielfach nicht durchhalten, weil bei vielen Systemen Namen von Objekten (Dateien, Tabellen usw.) automatisch in Groß- oder Kleinbuchstaben umgewandelt werden.

Es macht wenig Sinn, wenn eine Klasse den Namen „GrossUndKlein" erhält, aber ein „create table GrossUndKlein ..." für eine zugehörige Tabelle in einer Datenbank je nach Hersteller zu einer Tabelle mit dem Namen „GROSSUNDKLEIN" oder „grossundklein" führt.

Hinweise:
Diese Regelung betrifft nur Unterstriche innerhalb von Namen, nicht ihre Verwendung am Anfang oder Ende eines Bezeichners. Unterstriche am Anfang oder Ende von Variablennamen oder Ähnlichem sind bei vielen Programmiersprachen für spezielle Zwecke reserviert und deswegen in allen anderen Fällen untersagt.

Beispiel(e):

```
DBMS_Connect, get_Length, URL_Reader, is_local
```

Rahmenbedingung(en): existierende Standards weniger bedeutend

A I O I K I.I R 4 Unterstriche nur bei Großbuchstaben

Alle Namen dürfen nur die Buchstaben von A bis Z und in Ausnahmefällen Ziffern enthalten.

Um Wortbestandteile sichtbar zu machen, ist GrossKleinSchreibung („Intercaps", „mixed case") anstelle von Unterstrichen zu verwenden.

Die Regelung ist *verpflichtend*.

Ausnahmen:
Wenn Großbuchstaben an der Grenze von Wörtern oder Abkürzungen innerhalb eines Namens aufeinander treffen, werden sie durch einen Unterstrich anstelle von „Intercaps" getrennt.

Begründung:
Die Verwendung von GrossKleinSchreibung entspricht gängigen Standards (Beispiel: sämtliche Klassen des Java-APIs).

Der Nachteil der schlechteren Lesbarkeit gegenüber der Verwendung von Unterstrichen (gross_klein_schreibung) wird in Kauf genommen, auch unter Berücksichtigung der Probleme, die dadurch im Zusammenhang mit Systemen (Betriebssysteme, SQL-Datenbanken usw.) auftreten können, die bei Bezeichnern nicht zwischen Groß- und Kleinschreibung unterscheiden.

Beispiel(e):

```
DBMS_Connect, getLength, URL_Reader
```

Rahmenbedingung(en): existierende Standards weniger bedeutend

A 1 O 1 K 1.2 unzulässiger Inhalt

A 1 O 1 K 1.2 R 1 fehlende Eindeutigkeit

Namen sollten in einem - soweit sinnvoll - möglichst weiten Kontext eindeutig sein.

Auf keinen Fall dürfen für unterschiedliche Objekte Bezeichnungen verwendet werden, die gleich sind oder sich nur hinsichtlich der Groß- und Kleinschreibung unterscheiden. Auch Namen, die aus anderen Gründen als diesem Missverständnisse oder Verwechslungsgefahr in sich bergen, sind zu vermeiden. Dies schließt insbesondere auch die „Wiederverwendung" von Namen aus Systembibliotheken und dergleichen ein.

Bezeichner für Objekte, die einen Daten- oder Objekttyp haben, dürfen den ausgeschriebenen Objekttyp als Suffix enthalten, falls dies zur Unterscheidung von ähnlichen Bezeichnern erforderlich ist.

Objekte, die gleichen Inhalt, gleiche Funktion oder gleichen Zweck haben, müssen aus den dementsprechend gleichen Namensbestandteilen aufgebaut sein, damit nicht andererseits mehrere Bezeichnungen für dieselbe Sache verwendet werden.

Die Regelung ist *verpflichtend.*

Begründung:
Je eindeutiger ein Name gewählt ist, desto

▶ höher ist im Allgemeinen die Verständlichkeit.

▶ geringer sind Risiken durch das „Verdecken" von Bezeichnern.

▶ weniger Probleme entstehen im Allgemeinen bei Kopier- und Verschiebeoperationen, wie beispielsweise der Neuorganisation eines Verzeichnisbaums oder bei Umstellung von Code innerhalb einer Sourcedatei.

Hinweise:
Diese Regelung gilt insbesondere auch für Bezeichner von Typen und den entsprechenden Variablen. Sie sollten keinesfalls identisch sein.

Selbst für einfache lokale Variablen empfiehlt es sich häufig, diese nicht wiederzuverwenden, sondern gegebenenfalls eine neue Variable mit einem anderen Namen zu deklarieren. Dadurch wird das statische Tracen der Variablen mit Hilfe einfacher Suchfunktionen erleichtert. Außerdem werden Optimierungen durch Compiler unterstützt.

Um Namensgleichheiten mit Bezeichnern aus Systembibliotheken usw. zu vermeiden, verwendet man am besten ein Modul- oder Unternehmenspräfix.

Beispiel(e):

```
class Kunde {...
Kunde vKunde = new Kunde();
Create Table kunde_tbl ...
```

A 1 O 1 K 2 Umfang

A 1 O 1 K 2.1 minimale Anzahl Zeichen

A 1 O 1 K 2.1 R 1 min. 4 Zeichen

Bezeichner sollten mindestens 4 Zeichen lang sein.

Die Regelung ist eine *Empfehlung*.

Ausnahmen:
Allgemein übliche Abkürzungen, die nur zwei oder drei Zeichen lang sind, dürfen verwendet werden.

Begründung:
Namen, die aus weniger als 4 Zeichen bestehen, sind fast immer unverständlich oder nicht eindeutig. Außerdem werden zu kurze Bezeichnungen beim Lesen von Code leicht übersehen, weil sie mit den umgebenden Zeichen zu einer Einheit verschwimmen.

A 1 O 1 K 2.2 maximale Anzahl Zeichen

A 1 O 1 K 2.2 R 1 max. 15 Zeichen

Namen sollten möglichst nicht länger als 15 Zeichen sein.

Die Regelung ist eine *Empfehlung*.

Begründung:
Zu lange Bezeichner erschweren eine übersichtliche Formatierung von Programmcode.

A 1 O 1 K 3 Sprache

--- 3 Regelungsalternativen ---

A 1 O 1 K 3 R 1 extern deutsch, intern englisch

Es werden grundsätzlich englische Ausdrücke gebraucht. Für alle Objekte, auf die Anwender oder Bediener des Systems zugreifen müssen, gibt es zusätzlich deutsche Bezeichnungen.

Die Regelung ist *verpflichtend*.

Begründung:
Durch die Verwendung englischer Bezeichner wird „Sprachmischmasch" vermieden. Den Belangen der Anwender des Systems wird durch deutsche Namen an allen entsprechenden Schnittstellen Rechnung getragen.

A 1 O 1 K 3 R 2 Namen deutsch

Es sind nach Möglichkeit deutsche Bezeichnungen zu verwenden.

Die Regelung ist ein *Soll*.

Ausnahmen:
Begriffe, für die es keine adäquaten deutschen Bezeichnungen gibt, dürfen englische Benennungen tragen. Sprachmischungen innerhalb eines Namens sind dabei aber zu vermeiden.

Begründung:
Die Verwendung der eigenen Muttersprache ermöglicht es den Entwicklern immer noch am besten, schnell hinreichend präzise Bezeichner zu finden. An allen Schnittstellen zu Kunden ist ohnehin Deutsch erforderlich.

Beispiel(e):
Statt „Exception" kann man die Bezeichnung „Ausnahme" verwenden, aber für „Socket" eignet sich der deutsche Ausdruck „Anschluss" nicht, weil er im Kontext von TCP-Verbindungen völlig ungebräuchlich und damit unverständlich ist.

Um Sprachmischungen zu vermeiden sollte man Ausnahmen bei der Handhabung von Sockets besser als „Socket_Exception" bezeichnen und nicht als „Socket_Ausnahme".

Rahmenbedingung(en): nationales Team, normaler Zeitdruck, extremer Zeitdruck, nur Muttersprache

A 1 O 1 K 3 R 3 Namen englisch

Sämtliche Bezeichner sind in englischer Sprache zu vergeben. In Zweifelsfällen ist dabei auf die Schreib- bzw. Ausdrucksweise des US-amerikanischen und nicht des britischen Englisch zurückzugreifen.

Die Regelung ist *verpflichtend*.

Begründung:
Der Code muss auch für Entwickler verständlich sein, die kein Deutsch können.

Rahmenbedingung(en): multi-nationales Team, kein Zeitdruck, normaler Zeitdruck, Grundkenntnisse Englisch

A 1 O 1.1 Abkürzungen

A 1 O 1.1 K 1 Verwendung

A 1 O 1.1 K 1 R 1 vermeiden

Der Gebrauch von Abkürzungen ist soweit wie möglich zu vermeiden. Grundsätzlich dürfen nur solche Bezeichnungen abgekürzt werden, die im offiziellen Abkürzungsverzeichnis enthalten sind.

Das Abkürzungsverzeichnis steht in der Datei ... (Pfadname hier ergänzen!).

Die Regelung ist ein *Soll*.

A 1 O 1.1 K 2 Inhalt

A 1 O 1.1 K 2 R 1 Standard-Schema

1. Beim Abkürzen sollten die Anfangsbuchstaben von Wörtern erhalten bleiben.
2. Beim Abkürzen streicht man zunächst die Vokale. Dabei kann gegebenenfalls ein Dehnungs-h einbezogen werden. Beginnt ein Wort mit einem Doppellaut, sollte allerdings auch der zweite Vokal stehenbleiben („Ausgb" und nicht „Asgb" für „Ausgabe").
3. Enthält ein Wort verdoppelte Konsonanten, kann davon jeweils einer gestrichen werden.
4. Nur, wenn nach diesen Schritten das Wort noch zu lang ist, kürzt man durch „Abschneiden". Dies sollte frühestens hinter dem dritten Zeichen geschehen. Wenn möglich, sind vier oder mehr Buchstaben zu verwenden.
5. In einigen Fällen empfiehlt es sich, den letzten Buchstaben eines Wortes nicht mit abzuschneiden, sondern mit in die Abkürzung einzubeziehen.
6. Wird ein aus mehreren Wörtern zusammengesetzter Bezeichner abgekürzt, so wendet man die obigen Regeln zunächst auf jedes Wort einzeln an. Zusätzlich können Wörter ganz weggelassen werden, wenn sie für die Verständlichkeit ohne Bedeutung sind.
7. Anstelle von Abkürzungen, die nur ein oder zwei Buchstaben einsparen, ist die ausgeschriebene Form des Bezeichners zu verwenden.
8. Phonetische Abkürzungen, wie beispielsweise „t42" („tee for two") sind untersagt.

Die Regelung ist ein *Soll*.

Hinweise:
Bevor eine neue Abkürzung für einen bestimmten Zweck definiert wird, ist selbstverständlich zu prüfen, ob es schon eine allgemein übliche dafür gibt. Wenn ja, ist diese zu verwenden.

A 1 O 2 Konstrukte

A 1 O 2.1 Datentypen

A 1 O 2.1 K 1 Verwendung

A 1 O 2.1 K 1 R 1 Sonderfälle berücksichtigen

Anhang A – Checkliste möglicher Regelungen einschließlich Alternativen

Überall, wo Datenobjekten - Variablen, Attributen, Funktionen, Methoden, Parametern usw. - Datentypen zugewiesen werden, ist zu prüfen, ob Sonderfälle zu berücksichtigen sind und ob diese mit dem gewählten Datentyp abgedeckt werden können. Derartige Sonderfälle umfassen vor allem Fehlerfälle und fehlende Werte. Dabei ist insbesondere darauf zu achten, ob „Fehler" bzw. „fehlend" jeweils nur einen Wert darstellt, oder ob ganz oder teilweise - oder aus einem oder mehreren Gründen - fehlende Werte getrennt darstellbar sein müssen.

Die Regelung ist ein *Soll*.

A 1 O 2.2 Klassen etc.

A 1 O 2.2 K 1 Benennung

A 1 O 2.2 K 1 R 1 Standard

Klassen werden mit einem Substantiv im Singular bezeichnet.

Der erste Buchstabe des Bezeichners wird dabei großgeschrieben.

Die Regelung ist *verpflichtend*.

Begründung:
Die Bezeichnungsweise entspricht einem Standard, der sich sehr gut durchgesetzt hat. Zudem wird der Klassenname üblicherweise für Deklarationen und als Bezeichner des Konstruktors verwendet. Anweisungen zum Deklarieren bzw. Erzeugen einer neuen Instanz würden bei Verwendung des Plurals im Klassennamen deshalb zu missverständlichem Code führen.

Beispiel(e):
Korrekt (Beispiel in Anlehnung an Java-Syntax):

```
class Kunde extends Person ...
```

Unkorrekt:

```
class kunden extends personen ...
```

würde zu folgendem, missverständlichen Code führen:

```
kunden ein_Kunde = new kunden(...);
```

A 1 O 2.3 Prozeduren, Methoden etc.

A 1 O 2.3 K 1 Benennung

A 1 O 2.3 K 1 R 1 Standard

Prozedur- und Methodennamen beginnen mit einem Kleinbuchstaben.

Die Regelung ist *verpflichtend*.

A 1 O 2.3.1 Prozeduren

A 1 O 2.3.1 K 1 Benennung

--- 2 Regelungsalternativen ---

A 1 O 2.3.1 K 1 R 1 Objekt zuerst

Prozedurnamen bestehen aus der Bezeichnung des Objektes, auf dem die Operation auszuführen ist, und einem Verb im Infinitiv.

Die Regelung ist *verpflichtend*.

Ausnahmen:
Prozeduren werden nach dem auslösenden Ereignis benannt, wenn es sich um so genannte „Callbacks" handelt. Gegebenenfalls wird dabei der Name des Objektes, auf dem das Ereignis stattgefunden hat, der Bezeichnung des Ereignisses vorangestellt.

Beispiel(e):

```
BenutzerLoeschen
okButton_DoubleClick
```

Rahmenbedingung(en): existierende Standards weniger bedeutend

A 1 O 2.3.1 K 1 R 2 Standard

Prozedurnamen bestehen aus einem Verb in der Befehlsform und gegebenenfalls der Bezeichnung des Objektes, auf dem die Operation auszuführen ist.

Anhang A – Checkliste möglicher Regelungen einschließlich Alternativen

Die Regelung ist *verpflichtend*.

Ausnahmen:
Prozeduren werden nach dem auslösenden Ereignis benannt, wenn es sich um so genannte „Callbacks" handelt.

Hinweise:
Prozedurnamen sollte gegebenenfalls ein Modulpräfix vorangestellt werden.

Beispiel(e):

```
RE_loeschePosition(int nummer)
valueHasChanged()
```

A 1 O 2.3.2 Funktionen

A 1 O 2.3.2 K 1 Benennung

A 1 O 2.3.2 K 1 R 1 Rückgabewert

Bei Funktionsprozeduren (einschließlich Methoden, die einen Rückgabewert liefern) beschreibt der Name das Ergebnis. Auf die Bezeichner sind dabei im Zweifel die gleichen Konventionen anzuwenden, die auch für Variablennamen gelten (z.B. Suffix für physikalische Einheiten).

Gibt die Function einen Wahrheitswert zurück, beginnt ihr Name mit „is", „has" oder einer vergleichbaren Vorsilbe.

Funktionen, die einen Wert umwandeln, erhalten die Vorsilbe „to".

Die Regelung ist ein *Soll*.

Begründung:
Gängige Konvention.

Beispiel(e):

```
float quartalsDurchschnittEUR(int jahr);
boolean hasMoreMoney();
toHexString();
```

A 1 O 2.3.3 Methoden

A 1 O 2.3.3 K 1 Benennung

A 1 O 2.3.3 K 1 R 1 Standard

Methodennamen bestehen aus einem Verb in der Befehlsform und gegebenenfalls der Bezeichnung des Objektes, auf dem die Operation auszuführen ist.

Die Regelung ist *verpflichtend*.

Ausnahmen:
Methoden werden nach dem auslösenden Ereignis benannt, wenn es sich um so genannte „Callbacks" handelt.

Beispiel(e):

```
Angebot.loeschePosition(int nummer)
valueHasChanged()
```

A 1 O 2.3 Variable, Parameter, Konstanten etc.

A 1 O 2.3 K 1 Benennung

A 1 O 2.3 K 1 R 1 Einheit als Suffix

Enthält eine Variable, ein Attribut, ein Parameter oder eine Konstante physikalische, typografische, finanzielle oder sonstige Größen, so ist dem Bezeichner ein Suffix anzuhängen, das die Einheit bezeichnet, in der die Größe gemessen wird.

Bei der Wahl des Suffixes ist im Zweifel ein international genormtes Kürzel - beispielsweise aus dem SI-System - zu verwenden.

Die Regelung ist ein *Soll*.

Begründung:
Ohne Angabe der Einheit kann es zu gefährlichen Missverständnissen bei Reviews oder Wartung kommen. Ein auf falschen Einheiten basierender Fehler brachte beispielsweise eine der Mars-Missionen der NASA zum Scheitern.

Anhang A – Checkliste möglicher Regelungen einschließlich Alternativen

Beispiel(e):

```
bruttoGewichtKg
schrifthoehePt
summeUsd
rechnungs_Betrag_EUR
```

A 1 O 2.4.1 Variable und Attribute

A 1 O 2.4.1 K 1 Benennung

A 1 O 2.4.1 K 1 R 1 kleiner Anfangsbuchstabe trotz Substantiv

Variablen- und Attributnamen beginnen mit einem Kleinbuchstaben.

Die Regelung ist *verpflichtend*.

Hinweise:
Variablen und Attribute benennen meist Eigenschaften von Objekten. Sie werden in diesem Fall mit Substantiven im Singular bezeichnet. Enthalten sie Mengen von Objekten, so werden sie mit Substantiven im Plural bezeichnet (z.B. ein Attribut „Teile" bei einer Klasse „Baugruppe").

A 1 O 2.4.2 Konstante

A 1 O 2.4.2 K 1 Benennung

--- 2 Regelungsalternativen ---

A 1 O 2.4.2 K 1 R 1 GROSSSCHREIBUNG

Die Namen von Konstanten müssen GROSS geschrieben werden.

Die Regelung ist *verpflichtend*.

Begründung:
Weltweit verbreitete Konvention, insbesondere im Bereich C und der daraus abgeleiteten Sprachen.

Hinweise:
Konstanten bezeichnen im Allgemeinen Objekte, die sich durch eine bestimmte Eigenschaft aus einer Menge herausheben, wie beispielsweise eine

Maximal- oder Minimalgröße, einen Ausgangs- oder Endwert usw. Konstantennamen bestehen deshalb meist aus der Kombination eines Substantives mit einem Adjektiv.

Beispiel(e):

```
MAX_LENGTH
```

A 1 O 2.4.2 K 1 R 2 Präfix „c"

Die Namen von Konstanten erhalten das Präfix „c".

Die Regelung ist *verpflichtend*.

Hinweise:
Konstanten bezeichnen im Allgemeinen Objekte, die sich durch eine bestimmte Eigenschaft aus einer Menge herausheben, wie beispielsweise eine Maximal- oder Minimalgröße, einen Ausgangs- oder Endwert usw. Konstantennamen bestehen deshalb meist aus der Kombination eines Substantives mit einem Adjektiv.

Beispiel(e):

```
cMaxLength
```

Rahmenbedingung(en): existierende Standards weniger bedeutend

A 2 Alle Sprachen

Hinweise:
Zu diesem Anwendungsbereich gehören alle Regelungen, die unabhängig von der verwendeten Programmier- oder Datenbank-Abfragesprache zu beachten sind

Beispiele sind prinzipielle Regeln zur Kommentierung, das Verbot, Fließkommazahlen auf Gleichheit zu prüfen (anstatt auf „Betrag der Differenz kleiner als Schwellenwert") und dergleichen.

A 2 O 1 Dateien

A 2 O 1.1 Quellcode-Dateien und Ähnliches

A 2 O 1.1 K 1 Ablage

A 2 O 1.1 K 1.1 Ablagezeitpunkt

A 2 O 1.1 K 1.1 R 1 frei von Syntaxfehlern

Quellcode-Dateien dürfen nur eingecheckt werden, wenn sie ohne Fehlermeldungen übersetzt werden können (bzw. ein Testlauf oder eine Syntax-Prüfung erfolgreich waren) und der erzeugte Code nicht zu Abstürzen oder Hängern führt.

Die Regelung ist *verpflichtend*.

Begründung:
Zu frühes Einchecken kann die Teamkollegen an Builds hindern, die für Testzwecke erforderlich sind.

A 2 O 1.1 K 1.2 Vorarbeiten

A 2 O 1.1 K 1.2 R 1 Vergleich mit Vorgänger-Version

Bevor Quellcode-Dateien eingecheckt werden, sollten sie zur Kontrolle mit der entsprechenden Vorgänger-Version verglichen werden.

Die Regelung ist ein *Soll*.

Begründung:
Dadurch werden zum einen oftmals noch Fehler aufgedeckt, zum anderen lässt sich daraus ableiten, welche Informationen man in das Änderungsprotokoll eintragen sollte.

A 2 O 1.1 K 2 Layout

A 2 O 1.1 K 2.1 Zeilenlänge

--- 4 Regelungsalternativen ---

A 2 O 1.1 K 2.1 R 1 max. 95 Zeichen

Zeilen dürfen nicht länger als 95 Zeichen sein.

Die Regelung ist *verpflichtend*.

Begründung:
Die Beschränkung auf 95 Zeichen ermöglicht es, Dateien auf DIN-A4-Querformat auszudrucken, und dabei sowohl Platz für Zeilennummern als auch für einen normal breiten Rand zu lassen.

Eine korrekte Darstellung des Textes auf Terminals ist möglich, sofern diese auf 132 Zeichen / Zeile eingestellt werden können.

A 2 O 1.1 K 2.1 R 2 max. 120 Zeichen

Zeilen dürfen nicht länger als 120 Zeichen sein.

Die Regelung ist *verpflichtend*.

Begründung:
Die Beschränkung auf 120 Zeichen ermöglicht es, Dateien auf DIN-A4- Querformat auszudrucken, und dabei ein Minimum an Rand zu lassen.

Eine korrekte Darstellung des Textes auf Terminals ist möglich, sofern diese auf 132 Zeichen / Zeile eingestellt werden können.

Hinweise:
Auch wenn diese Regelung Zeilen mit einer Länge von 120 Zeichen gestattet, sollte bereits ab ca. 80 Zeichen in einer Zeile geprüft werden, ob nicht eine zu hohe Schachtelungstiefe von Kontrollstrukturen oder ähnliche Schwachpunkte vorliegen.

Rahmenbedingung(en): Druck max. DIN-A4-Querformat

A 2 O 1.1 K 2.1 R 3 max. 72 Zeichen

Zeilen dürfen nicht länger als 72 Zeichen sein.

Die Regelung ist *verpflichtend*.

Begründung:
Die Beschränkung auf 72 Zeichen ermöglicht es, Dateien auf DIN-A4- Hochformat auszudrucken, und dabei einen ausreichenden Rand zu lassen.

A 2 O 1.1 K 2.1 R 4 max. 79 Zeichen

Zeilen dürfen nicht länger als 79 Zeichen sein.

Die Regelung ist *verpflichtend*.

Begründung:
Auf einer DIN-A4-Seite (Hochformat) können maximal Zeilen von 80 Zeichen Breite ausgedruckt werden.

Da bestimmte Terminals oder Editoren bei Zeilen von mehr als 80 Zeichen Länge das 80. Zeichen nutzen, um die Fortsetzung der Zeile anzuzeigen oder aus anderen Gründen Zeilen mit 80 oder mehr Zeichen nicht korrekt darstellen, sollte man das Limit direkt auf 79 statt auf 80 Zeichen setzen.

Rahmenbedingung(en): Druck nur DIN-A4-Hochformat, Druck max. DIN-A4-Querformat

A 2 O 1.1 K 2.2 Leerzeilen

A 2 O 1.1 K 2.2 R 1 Hauptabschnitte abgrenzen

Die Hauptabschnitte von Source-Files sind durch Leerzeilen gegeneinander abzugrenzen.

Die Regelung ist *verpflichtend*.

Begründung:
Die Zusammengehörigkeit logischer Einheiten innerhalb von Sourcen soll verdeutlicht werden, weil dies die Lesbarkeit und die Verständlichkeit erhöht.

Hinweise:
Als Hauptabschnitte zählen beispielsweise solche mit

- Präprozessor- und Compiler-Direktiven, Pragmas und Ähnlichem, also insbesondere auch „#include"-Sections bei C oder C++ oder
- Import-Anweisungen („with", „use", „import" usw.) oder
- Variablen-Deklarationen oder
- einem längeren Kommentar (insbesondere auch dem Dateikopf) oder
- einer Klassendeklaration (bei objektorientierten Programmiersprachen).

A 2 O 1.1 K 3 Inhalt

A 2 O 1.1 K 3.1 unzulässiger Inhalt

A 2 O 1.1 K 3.1 R 1 nicht-portabler Code

Portabler und nicht-portabler Code sind nach Möglichkeit auf unterschiedliche Dateien zu verteilen.

Die Regelung ist ein *Soll*.

Rahmenbedingung(en): Multi-Plattform

A 2 O 1.1 K 4 Umfang

A 2 O 1.1 K 4.1 maximale Anzahl Zeilen

--- 2 Regelungsalternativen ---

A 2 O 1.1 K 4.1 R 1 max. ca. 1000 Zeilen

Quellcode-Dateien sollten im Allgemeinen nicht länger als 1000 Zeilen sein.

Die Regelung ist eine *Empfehlung*.

Ausnahmen:
Bei Klassen oder Modulen, die sehr viel Funktionalität bieten, lässt sich diese Regel möglicherweise nicht durchhalten. Beispiel:

Die Java-Klasse „Component" bietet ca. 150 nicht-private Methoden. Zur Implementierung einer so umfangreichen Klasse ist eine Quellcode-Datei mit erheblich mehr als 1000 Zeilen unumgänglich.

Begründung:
Allzu lange Source-Dateien sind unübersichtlich und führen möglicherweise zu unnötig langen Zeiten beim Öffnen, Speichern und Kompilieren.

A 2 O 1.1 K 4.1 R 2 max. ca. 2000 Zeilen

Quellcode-Dateien sollten im Allgemeinen nicht länger als 2000 Zeilen sein.

Die Regelung ist eine *Empfehlung*.

Ausnahmen:
Bei Klassen oder Modulen, die sehr viel Funktionalität bieten, lässt sich diese Regel möglicherweise nicht durchhalten. Beispiel:

Die Java-Klasse „Component" bietet ca. 150 nicht-private Methoden. Zur Implementierung einer so umfangreichen Klasse ist eine Quellcode-Datei mit erheblich mehr als 2000 Zeilen unumgänglich.

Begründung:
Allzu lange Source-Dateien sind unübersichtlich und führen möglicherweise zu unnötig langen Zeiten beim Öffnen, Speichern und Kompilieren.

A 2 O 2 Templates

A 2 O 2 K 1 Ablage

A 2 O 2 K 1 R 1 Je Template eine eigene Datei

Jedes Template ist in einer eigenen Datei abzulegen.

Die Regelung ist *verpflichtend*.

Begründung:
Wenn mehrere Templates in einer Datei enthalten sind, können Versionsnummern nicht mehr den einzelnen Templates zugeordnet werden. Bei Änderungen müssten dann auch Stellen im Code geprüft werden, die von der Modifikation des Templates nicht betroffen sind.

Rahmenbedingung(en): RCS, CVS, VSS

A 2 O 2 K 2 Inhalt

A 2 O 2 K 2 R 1 Versionskommentar

Templates sind mit Kommentaren zu versehen, die Name und Versionsnummer des Templates und – soweit erforderlich – weitere Informationen enthalten.

Die Regelung ist *verpflichtend*.

Begründung:
Müssen Templates geändert werden, ermöglichen es die Kommentare, im Code alle Stellen zu identifizieren, die eventuell aktualisiert werden müssen.

Beispiel(e):

```
/* Template "Datei-Oeffnen mit Fehlerbehandlung" v1.3
${date} ${time} */
```

hier stehen die Anweisungen ...

```
/* Ende Template "Datei-Oeffnen mit Fehlerbehandlung" v1.3
*/
```

Rahmenbedingung(en): RCS, CVS, VSS

A 2 O 3 Konstrukte

A 2 O 3.1 Kommentare

A 2 O 3.1 K 1 Layout

A 2 O 3.1 K 1 R 1 Sternchen in 2. Spalte

Mehrzeilige Kommentare, die je nach Programmiersprache mit „/*" und „*/" oder ähnlichen Symbolen „geklammert" werden, versieht man auf allen Zeilen dazwischen mit einem Sternchen in der 2. Spalte (bezogen auf den linken Rand des - gegebenenfalls eingerückten - Kommentars).

Die Regelung ist *verpflichtend*.

Beispiel(e):

```
/*
 * Die folgenden Anweisungen sind erforderlich, um
 * Anforderung nnn erfuellen zu koennen.
 * Zunaechst wird der Wert x berechnet, darauf
 * aufbauend ...
 */
```

(Das Beispiel verwendet die Kommentarsymbole von C, C++, Java und SQL.)

A 2 O 3.1 K 1.1 Einrückungen

A 2 O 3.1 K 1.1 R 1 Einrückung wie zugehöriger Codeblock

Kommentare werden so weit eingerückt, wie der Codeblock, zu dem sie gehören.

Die Regelung ist *verpflichtend*.

Begründung:
Durch diese Vorgehensweise wird die Zugehörigkeit des Kommentars zum jeweiligen Codeblock verdeutlicht. Zudem erschweren Kommentare, die in der ersten Spalte beginnen, das Erkennen von Schachtelungsebenen.

A 2 O 3.1 K 1.2 Leerzeilen

A 2 O 3.1 K 1.2 R 1 Leerzeile vor Blockkommentaren

Vor mehrzeiligen Kommentaren wird eine Leerzeile eingefügt.

Die Regelung ist *Soll*.

A 2 O 3.1 K 2 Inhalt

A 2 O 3.1 K 2.1 zulässige Zeichen

--- 2 Regelungsalternativen ---

A 2 O 3.1 K 2.1 R 1 7-Bit-ASCII

Für die Kommentierung dürfen nur die druckbaren Zeichen aus dem Standard-ASCII-Zeichensatz verwendet werden. Umlaute, ß, Euro- und Paragrafenzeichen sowie entsprechende Symbole aus anderen Sprachen sind zu vermeiden.

Die Regelung ist *verpflichtend*.

Ausnahmen:
Kommentare, die bei der Generierung einer API-Dokumentation verwendet werden, müssen unter Umständen Zeichen enthalten, die nicht zum Standard-ASCII-Zeichensatz gehören.

Begründung:
Bei allen Zeichen, die außerhalb des 7-Bit-ASCII-Codes liegen, kann es zu Problemen beim Drucken, bei der Bildschirmdarstellung und vor allem bei Suchoperationen kommen. Nicht jedes Tool, das in der Softwareentwicklung verwendet wird, ist auf internationale Zeichensätze ausgerichtet.

A 2 O 3.1 K 2.1 R 2 Unicode soweit darstellbar

Kommentare dürfen alle im Unicode definierten Symbole enthalten, also auch Buchstaben mit diakritischen Zeichen (Akzente, Çedille usw.). Allerdings sollten nur solche Zeichen verwendet werden, die von gängigen Bildschirm- *und* Drucker-Schriftarten unterstützt werden.

Die Regelung ist ein *Soll*.

Begründung:
Durch die Zulassung aller Unicode-Buchstaben und -Ziffern ist die Verwendung „natürlicher Sprache" möglich, was unter anderem für die Generierung von Dokumentationen Vorteile bringt.

(Nachteile können sich jedoch beim Gebrauch von Tools ergeben, die Unicode nicht unterstützen, wie z.B. bestimmte Editoren oder Such-Utilitys.)

Rahmenbedingung(en): existierende Standards weniger bedeutend

A 2 O 3.1 K 2.2 unzulässiger Inhalt

A 2 O 3.1 K 2.2 R 1 Anweisungen nicht wiederholen

Kommentare dürfen nicht bloß mit anderen Worten wiedergeben, was sich ohnehin aus den Statements ergibt.

Die Regelung ist ein *Soll*.

Ausnahmen:
Zusammengefasste Beschreibungen, die einem Anweisungsblock vorangehen und das Verstehen des darin enthaltenen Ablaufs erleichtern, sind zulässig. Entsprechendes gilt für komplexe Bedingungen.

Grundsätzlich ist jedoch in derartigen Fällen zu prüfen, ob nicht eine bessere Namensvergabe und/oder eine geschicktere Strukturierung des Codes den Kommentar überflüssig machen.

Außerdem dürfen Kommentare Inhalte von Anweisungen wiederholen, um Dinge zu betonen, die eigentlich aus den Anweisungen hervorgehen, aber leicht übersehen werden können.

A 2 O 3.1 K 3 Sprache

--- 3 Regelungsalternativen ---

A 2 O 3.1 K 3 R 1 deutsch

Alle Kommentare werden in Deutsch formuliert.

Die Regelung ist *verpflichtend*.

A 2 O 3.1 K 3 R 2 englisch

Alle Kommentare sind in Englisch abzufassen. In Zweifelsfällen ist dabei auf die Schreib- bzw. Ausdrucksweise des US-amerikanischen und nicht des britischen Englisch zurückzugreifen.

Die Regelung ist *verpflichtend*.

A 2 O 3.1 K 3 R 3 erst deutsch, dann englisch

Alle Kommentare werden zunächst in Deutsch formuliert, um Zeit zu gewinnen. Wenn das System weit gehend fertig gestellt ist, werden sie - vor einem Regressionstest - ins Englische übersetzt.

Die Regelung ist *verpflichtend*.

Rahmenbedingung(en): extremer Zeitdruck

A 2 O 3.1 K 4 Aktualisierungszeitpunkt

A 2 O 3.1 K 4 R 1 selber Tag

Kommentare, die sich auf Code beziehen, der geändert oder ergänzt wurde, müssen am Tag der Änderung aktualisiert (bzw. hinzugefügt) werden.

Die Regelung ist ein *Soll*.

Begründung:
Kommentare nach mehr als auch nur einem einzigen Tag nachträglich zu ergänzen oder zu korrigieren, gelingt meist nur lückenhaft und mit übermäßigem Aufwand.

Hinweise:
Selbst unter hohem Zeitdruck sollte man Kommentare niemals ganz weglassen. Notfalls kommentiert man zuerst nur stichwortartig und formuliert die Kommentare am nächsten Arbeitstag aus.

A 2 O 3.2 Anweisungen

A 2 O 3.2 K 1 Layout

A 2 O 3.2 K 1 R 1 max. 1 je Zeile

Jede Zeile Quellcode darf maximal 1 Anweisung enthalten.

Die Regelung ist *verpflichtend*.

Begründung:
Mehrere Anweisungen auf einer Zeile sind unübersichtlich.

Entwickler, die Programmiersprachen gewohnt sind, die mehrere Anweisungen auf einer Zeile ohnehin nicht zulassen, werden zu Missverständnissen verleitet.

A 2 O 3.2 K 2 Kommentierung

A 2 O 3.2 K 2 R 1 Standard

Anweisungen sollten mit Kommentaren des folgenden Inhalts versehen werden, soweit diese Informationen nicht bereits an anderer Stelle im Code enthalten sind:

▶ Implementierungsansätze,

▶ Erläuterungen, warum bestimmte Anweisungen erforderlich sind (sofern dies nicht offensichtlich ist),

▶ gegebenenfalls Hinweise darauf, dass eine bestimmte Reihenfolge von Befehlen notwendig ist (einschließlich Erläuterung des Grundes),

▶ implizite Voraussetzungen, insbesondere, wenn Dinge fehlen, die auf den ersten Blick notwendig erscheinen,

▶ Nennung und Erklärung nicht-trivialer Irrwege.

Die Regelung ist eine *Empfehlung*.

Begründung:
Die genannten Informationen erleichtern das Verstehen der Sourcen bei Reviews und bei Wartungsarbeiten.

Hinweise:
Selbstverständlich bietet es sich meist an, nicht einzelne Statements, sondern eine Abfolge von Anweisungen mit einem Kommentar zu versehen.

A 2 O 3.2.1 auskommentierte Anweisungen

A 2 O 3.2.1 K 1 Kommentierung

A 2 O 3.2.1 K 1 R 1 wer, wann, warum

Wenn Anweisungen auskommentiert werden, sollte man einen Hinweis einfügen, der folgende Informationen enthält:

- wer den Code auskommentiert hat,
- wann er das tat,
- warum das geschah,
- gegebenenfalls wo der Code steht, der den auskommentierten ersetzt hat,
- wann bzw. unter welchen Bedingungen die Anweisungen reaktiviert werden sollten,
- wann bzw. unter welchen Bedingungen die Anweisungen endgültig zu entfernen sind.

Die Regelung ist ein *Soll*.

Begründung:
Die Informationen erleichtern Wartung und Pflege.

Beispiel(e):

```
/* Auskommentiert am 27.07.02 von H. Kellerwessel, weil
Anforderung 4711 nach neuesten Informationen doch
nicht notwendig. Kann geloescht werden, wenn
Anforderung 4711 endgueltig vom Tisch ist.
anweisung_1;
anweisung_2;
anweisung_3;
*/
```

A 2 O 3.2.2 Blöcke

A 2 O 3.2.2 K 1 Layout

A 2 O 3.2.2 K 1.1 Einrückungen

--- 5 Regelungsalternativen ---

A 2 O 3.2.2 K 1.1 R 1 2 Leerzeichen

Codeblöcke, die dem umschließenden gegenüber untergeordnet sind, werden diesem gegenüber um 2 Leerzeichen eingerückt. Die Einrückung betrifft dabei nur die Anweisungen, nicht jedoch umschließende Klammern oder „begin" und „end".

Die Regelung ist *verpflichtend*.

Begründung:
Eine „Minimal-Einrückung" von nur zwei Zeichen spart Platz in Bezug auf die Länge von Codezeilen.

Tabulatoren sollten nicht verwendet werden, weil einige sehr einfache Tools es nicht ermöglichen, die Tabulator-Schrittweite einzustellen. Hat der Autor eines Programmes aber seine horizontalen Ausrichtungen bei einer Tabweite von 4 oder weniger Zeichen vorgenommen, wird der Code bei der üblichen Schrittweite von 8 unleserlich. Der Grund liegt letztlich in der mangelnden Fähigkeit von Code-Editoren, Tabulator-Positionen anstelle einer Schrittweite festzulegen.

Beispiel(e):

```
// C, C++, Java:
if (datei_geschlossen)
{
  datei_oeffnen(datei_name);
}
```

```
(* Modula-2 *)
FOR zaehler := 1 TO MAX_ZAEHLER
DO
   quadrat := zaehler * zaehler;
END;
```

A 2 O 3.2.2 K 1.1 R 2 3 Leerzeichen

Codeblöcke, die dem umschließenden gegenüber untergeordnet sind, werden diesem gegenüber um 3 Leerzeichen eingerückt. Die Einrückung betrifft dabei nur die Anweisungen, nicht jedoch umschließende Klammern oder „begin" und „end".

Die Regelung ist *verpflichtend*.

Begründung:
Eine Einrückungstiefe von 3 ist ausreichend, mehr kostet verfügbare Zeilenlänge.

Tabulatoren sollten nicht verwendet werden, weil einige sehr einfache Tools es nicht ermöglichen, die Tabulator-Schrittweite einzustellen. Hat der Autor eines Programmes aber seine horizontalen Ausrichtungen bei einer Tabweite von 4 oder weniger Zeichen vorgenommen, wird der Code bei der üblichen Schrittweite von 8 unleserlich. Der Grund liegt letztlich in der mangelnden Fähigkeit von Code-Editoren, Tabulator-Positionen anstelle einer Schrittweite festzulegen.

Beispiel(e):

```
// C, C++, Java:
if (datei_geschlossen)
{
   datei_oeffnen(datei_name);
}
```

```
(* Modula-2 *)
FOR zaehler := 1 TO MAX_ZAEHLER
DO
   quadrat := zaehler * zaehler;
END;
```

A 2 O 3.2.2 K 1.1 R 3 3 Leerzeichen, Klammerung mit

Codeblöcke, die dem umschließenden gegenüber untergeordnet sind, werden diesem gegenüber um 3 Leerzeichen eingerückt. Die Einrückung betrifft dabei auch die umschließenden Klammern oder „begin" und „end".

Die Regelung ist *verpflichtend*.

Begründung:
Eine Einrückungstiefe von 3 ist ausreichend, mehr kostet verfügbare Zeilenlänge.

Tabulatoren sollten nicht verwendet werden, weil einige sehr einfache Tools es nicht ermöglichen, die Tabulator-Schrittweite einzustellen. Hat der Autor eines Programmes aber seine horizontalen Ausrichtungen bei einer Tabweite von 4 oder weniger Zeichen vorgenommen, wird der Code bei der üblichen Schrittweite von 8 unleserlich. Der Grund liegt letztlich in der mangelnden Fähigkeit von Code-Editoren, Tabulator-Positionen anstelle einer Schrittweite festzulegen.

Beispiel(e):

```
// C, C++, Java:
if (datei_geschlossen)
   {
   datei_oeffnen(datei_name);
   }
```

```
(* Modula-2 *)
FOR zaehler := 1 TO MAX_ZAEHLER
   DO
      quadrat := zaehler * zaehler;
   END;
```

A 2 O 3.2.2   K 1.1   R 4   4 Leerzeichen

Codeblöcke, die dem umschließenden gegenüber untergeordnet sind, werden diesem gegenüber um 4 Leerzeichen eingerückt. Die Einrückung betrifft dabei nur die Anweisungen, nicht jedoch umschließende Klammern oder „begin" und „end".

Die Regelung ist *verpflichtend*.

Begründung:
Die Einrückung um 4 Leerzeichen hat sich in entsprechenden Untersuchungen als bester Kompromiss zwischen Lesbarkeit und Beschränkung der Zeilenlänge herausgestellt. Eine Einrückungstiefe von 4 ist deswegen Standard und bei fast allen Entwicklungstools der voreingestellte Wert.

Tabulatoren sollten nicht verwendet werden, weil einige sehr einfache Tools es nicht ermöglichen, die Tabulator-Schrittweite einzustellen. Hat der Autor eines Programmes aber seine horizontalen Ausrichtungen bei einer Tabweite von 4 oder weniger Zeichen vorgenommen, wird der Code bei der üblichen Schrittweite von 8 unleserlich. Der Grund liegt letztlich in der mangelnden Fähigkeit von Code-Editoren, Tabulator-Positionen anstelle einer Schrittweite festzulegen.

Beispiel(e):

```
// C, C++, Java:
if (datei_geschlossen)
{
    datei_oeffnen(datei_name);
}
```

```
(* Modula-2 *)
FOR zaehler := 1 TO MAX_ZAEHLER
DO
    quadrat := zaehler * zaehler;
END;
```

Rahmenbedingung(en): existierende Standards wichtig

A 2 O 3.2.2 K 1.1 R 5 Tabulatorzeichen

Codeblöcke, die dem umschließenden gegenüber untergeordnet sind, werden diesem gegenüber mit einem Tabulatorzeichen eingerückt.

Die Regelung ist *verpflichtend*.

A 2 O 3.2.2 K 2 Umfang

A 2 O 3.2.2 K 2.1 maximale Anzahl Zeilen

A 2 O 3.2.2 K 2.1 R 1 Bildschirmseite

Die maximale Anzahl Zeilen in einem Codeblock sollte 24 nicht überschreiten.

Die Regelung ist *Empfehlung*.

Begründung:
Code-Blöcke sollen, damit man sie als Ganzes überblicken kann, auf einer Bildschirmseite darstellbar sein und möglichst auch auf eine Seite DIN-A4-quer gedruckt werden können.

Hinweise:
Kommentar- und Leerzeilen sind hierbei mitzuzählen!

A 2 O 3.2.2 K 3 Schachtelung

A 2 O 3.2.2 K 3 R 1 max. 5 Ebenen

Anweisungsblöcke sollten nicht mehr als 5 Ebenen tief geschachtelt werden.

Die Regelung ist ein *Soll*.

Begründung:
Die Übersichtlichkeit und Verständlichkeit nimmt deutlich ab, wenn die Programmstruktur zu tief geschachtelt ist.

Hinweise:
Es gibt verschiedene Techniken, wie man zu tief geschachtelte Strukturen vereinfachen kann.

Zum einen kann man Anweisungsblöcke in Prozeduren bzw. Methoden auslagern.

Zum anderen hilft es manchmal, die Formulierung von Bedingungen oder die Reihenfolge ihrer Abarbeitung zu modifizieren.

A 2 O 3.2.3 Kontrollstrukturen

A 2 O 3.2.3 K 1 Layout

--- 2 Regelungsalternativen ---

A 2 O 3.2.3 K 1 R 1 mit Zeilenschaltung

Kontrollstrukturen werden nach folgendem Schema formatiert:

- Bedingungs- und Anweisungsblock von Verzweigungen und Schleifen werden durch Leerraum optisch voneinander getrennt. Hierzu werden Symbole wie „then", „{", „begin" etc. ohne zusätzliche Einrückung auf eine eigene Zeile gesetzt. Dies gilt analog für andere Konstrukte aus semantisch unterschiedlichen Blöcken, beispielsweise ein „try-catch-finally".

- Paarweise zusammengehörende Symbole wie „begin" und „end" oder „{" und „}" werden untereinander ausgerichtet. Entsprechendes gilt für „if", „elseif" und „end if", „loop" und „end loop" usw. Gegebenenfalls wird hierzu das einleitende Schlüsselwort einer Kontrollstruktur - wie etwa „try" - auf eine eigene Zeile gesetzt.

- Bei Sprachen, die das Ende einer Kontrollstruktur nur durch „end" oder „}" anzeigen, wird die Art des Blockes durch einen entsprechenden „Ende-Kommentar" gekennzeichnet, wie etwa „} // end if" als letzte Zeile eines „if" bei C++ oder Java.

- Wird der Anweisungsblock durch ein Label eingeleitet, sollte man dieses in dem Ende-Kommentar wiederholen.

Die Regelung ist *verpflichtend*.

Begründung:
Diese Anordnung bietet die beste Lesbarkeit (allerdings auf Kosten zusätzlichen Platzbedarfs für den Leerraum).

Beispiel(e):

```
(* Modula-2 *)
WHILE (irgendeine_bedingung)
DO
    erste_anweisung;
    zweite_anweisung();
    letzte_anweisung;
END; (* WHILE *)


REPEAT
    erste_anweisung;
    zweite_anweisung();
    letzte_anweisung;
UNTIL
    eine_bedingung;


{ Pascal }
While (irgendeine_bedingung) Do
Begin
    erste_anweisung;
    zweite_anweisung();
    letzte_anweisung;
End; { While }
```

```
// C, C++ oder Java
if (irgendeine_bedingung)
{
    erste_anweisung;
    zweite_anweisung();
    letzte_anweisung;
}
else if (eine_andere_bedingung)
{
    weitere_anweisungen;
}
else
{
    noch_eine_anweisung;
} // end if


switch (enum_oder_int_var)
{
    case erster_Wert:
        tue_etwas();
        break;
    case zweiter_Wert:
        tue_etwas_anderes();
        break;
    default:
        gib_Fehlermeldung_aus();
} // end switch
```

```
// Java
try
{
    anweisungen;
}
catch(Exception ausnahme)
{
    ausnahme.printStackTrace();
}
finally
{
    dateien_schliessen();
    netzwerk_verbindungen_schliessen();
} // end try


' Visual Basic - Konzept nur teilweise umsetzbar
If (irgendeine_bedingung) _
Then
    erste_anweisung
    zweite_anweisung()
End If


For nPosition = 1 To MAX_POS
    Anweisungen
Next nPosition
```

A 2 O 3.2.3 K 1 R 2 ohne Zeilenschaltung

Kontrollstrukturen werden nach dem Kernighan&Ritchie-Schema formatiert, Bedingungs- und Anweisungsblock von Verzweigungen und Schleifen werden also *nicht* durch Leerraum optisch voneinander getrennt. Symbole wie „then", „{", „begin" etc. stehen auf derselben Zeile wie das einleitende Schlüsselwort.

Bei Sprachen, die das Ende einer Kontrollstruktur nur durch „end" oder „}" anzeigen, kann die Art des Blockes durch einen entsprechenden „Ende-Kommentar" gekennzeichnet werden. Wird der Anweisungsblock durch ein Label eingeleitet, darf man dieses in dem Ende-Kommentar wiederholen.

Die Regelung ist *verpflichtend*.

Begründung:
Diese Anordnung entspricht einem weit verbreiteten Standard und spart Platz bei Ausdrucken und auf dem Bildschirm.

Beispiel(e):

```
(* Modula-2 *)
WHILE (irgendeine_bedingung) DO
    erste_anweisung;
    zweite_anweisung();
    letzte_anweisung;
END;


REPEAT
    erste_anweisung;
    zweite_anweisung();
    letzte_anweisung;
UNTIL eine_bedingung;
```

```
{ Pascal }
While (irgendeine_bedingung) Do Begin
    erste_anweisung;
    zweite_anweisung();
    letzte_anweisung;
End;



-- Ada
if (irgendeine_bedingung) then
    erste_anweisung;
    zweite_anweisung();
    letzte_anweisung;
elsif (eine_andere_bedingung) then
    weitere_anweisungen;
else
    noch_eine_anweisung;
end if;


case ein_ausdruck is
    when ein_wert      =>
        anweisungen;
    when noch_ein_wert =>
        anweisungen;
    when others        =>
        fehlermeldung_z_B;
end case;
```

```
label_fuer_schleife:
while (irgendeine_bedingung) loop
    erste_anweisung;
    zweite_anweisung();
    letzte_anweisung;
end loop;



// C, C++ oder Java
if (irgendeine_bedingung) {
    erste_anweisung;
    zweite_anweisung();
    letzte_anweisung;
} else if (eine_andere_bedingung) {
    weitere_anweisungen;
} else {
    noch_eine_anweisung;
}



switch (enum_oder_int_var) {
    case erster_Wert:
        tue_etwas();
        break;
    case zweiter_Wert:
        tue_etwas_anderes();
        break;
    default:
        gib_Fehlermeldung_aus();
}
```

```
try {
    anweisungen;
} catch(Exception ausnahme) {
    ausnahme.printStackTrace();
} finally {
    dateien_schliessen();
    netzwerk_verbindungen_schliessen();
}


' Visual Basic
If (irgendeine_bedingung) Then
    erste_anweisung
    zweite_anweisung()
End If
```

A 2 O 3.2.3 K 1.3 Leerzeilen

A 2 O 3.2.3 K 1.3 R 1 Leerzeilen davor und dahinter

Vor und hinter Kontrollstrukturen (Schleifen, Verzweigungen, Try-Catch-Blöcken) sollte jeweils eine Leerzeile stehen.

Die Regelung ist ein *Soll*.

Ausnahmen:
Stehen vor einer Kontrollstruktur Deklarationen, Kommentarzeilen oder Label, die dazugehören, setzt man die Leerzeile nicht direkt vor die Kontrollstruktur, sondern so, dass der logisch dazugehörende Code optisch eingebunden wird.

A 2 O 3.2.3.1 Schleifen

A 2 O 3.2.3.1.1 for

A 2 O 3.2.3.1.1 K 1 Inhalt

A 2 O 3.2.3.1.1 K 1.1 unzulässiger Inhalt

A 2 O 3.2.3.1.1 K 1.1 R 1 Zähler-Variable nicht ändern

Zähler-Variablen dürfen innerhalb von for-Schleifen nur abgefragt, aber nicht geändert werden, auch wenn die verwendete Programmiersprache dies zulässt.

Die Regelung ist *verpflichtend*.

Begründung:
Die Änderung von Zähler-Variablen innerhalb von for-Schleifen ist für alle Programmierer, die Sprachen gewohnt sind, die dies nicht zulassen, überraschend und somit missverständlich.

Außerdem führen derartige Konstruktionen zu Abläufen, deren Korrektheit und insbesondere deren Terminieren schwer zu prüfen ist.

Bei bestimmten Programmiersprachen kann es sogar zu Compiler-abhängigen Unterschieden im Verhalten kommen.

A 2 O 3.2.3.1.2 do / repeat

A 2 O 3.2.3.1.2 K 1 Verwendung

--- 2 Regelungsalternativen ---

A 2 O 3.2.3.1.2 K 1 R 1 nicht verwenden

Schleifen mit Bedingungstest am Ende sollten nicht verwendet werden.

Die Regelung ist eine *Empfehlung*.

Begründung:
Es gibt diffizile semantische Unterschiede zwischen diversen Programmiersprachen bei dieser Art von Schleifen. Diese Unterschiede können zu Fehlern und Missverständnissen führen.

A 2 O 3.2.3.1.2 K 1 R 2 verwenden

Schleifen mit Test der Bedingung am Schleifenende sind zu verwenden, wenn ein bestimmter Anweisungsblock mindestens einmal durchlaufen werden muss.

Die Regelung ist eine *Empfehlung*.

Begründung:
Alternative Konstruktionen führen zu Coderedundanzen und sind somit fehlerträchtig.

A 2 O 3.2.3.1.3 loop-with-exit

A 2 O 3.2.3.1.3 K 1 Inhalt

A 2 O 3.2.3.1.3 K 1.1 unzulässiger Inhalt

A 2 O 3.2.3.1.3 K 1.1 R 1 ein Ausgang

Endlos-Schleifen, die bei Erreichen einer Bedingung *innerhalb* ihres Anweisungsblockes verlassen werden sollen, dürfen nach Möglichkeit nur eine derartige exit-, last- oder break-Anweisung enthalten.

Die Regelung ist ein *Soll*.

Ausnahmen:
Werden innerhalb einer Schleife Fehlerfälle abgefangen, so sind dafür zusätzliche exit-, last- oder break-Befehle erlaubt. Darauf ist aber *vor* dem Loop in einem entsprechenden Kommentar hinzuweisen.

Begründung:
Schleifen mit mehreren Ausgängen widersprechen dem One-Entry-One-Exit-Prinzip der strukturierten Programmierung. Die Beachtung dieses Prinzips macht Algorithmen überschaubarer und kontrollierbarer, weil das Hintereinander im Quellcode dem Nacheinander beim Programmablauf entspricht.

Hinweise:
Diese Regelung gilt auch für Programmiersprachen, die Endlos-Schleifen nicht als eigenes Konstrukt, sondern nur als Variante von for- oder while-Schleifen bieten, wie etwa ein „for(;;)" in C.

A 2 O 3.2.3.3 Verzweigungen

A 2 O 3.2.3.3.1 Mehrfachauswahl

A 2 O 3.2.3.3.1 K 1 Inhalt

A 2 O 3.2.3.3.1 K 1 R 1 mit Default

Mehrfachauswahl-Konstrukte sollten immer einen Default- oder Else-Ast haben. Dieser enthält entweder die Anweisungen für den oder die Standardfälle oder aber eine Fehlermeldung, die auf den nicht vorgesehenen Wert hinweist. Falls der Default-Ast tatsächlich keinerlei Aktivität erfordert, sollte man ihn - in Verbindung mit einer leeren Anweisung - trotzdem verwenden.

Die Regelung ist ein *Soll*.

Begründung:
Bei Wartungs- oder Pflegearbeiten kann es immer passieren, dass der Wertebereich der abgefragten Variablen erweitert wird und entsprechende Anpassungen an anderen Stellen unterbleiben. Durch einen Default-Ast wird daraus möglicherweise resultierenden Fehlern vorgebeugt.

A 2 O 3.2.4 Sprunganweisungen

A 2 O 3.2.4.1 goto

A 2 O 3.2.4.1 K 1 Verwendung

--- 2 Regelungsalternativen ---

A 2 O 3.2.4.1 K 1 R 1 nicht verwenden

Die goto-Anweisung wird nicht verwendet.

Die Regelung ist *verpflichtend*.

A 2 O 3.2.4.1 K 1 R 2 nur Fehlerfälle

Die Anweisung „goto" darf nur verwendet werden, um im Falle eines festgestellten Fehlers zu einer Stelle im Code zu verzweigen, die der Fehlerbehandlung dient.

Die Regelung ist *verpflichtend*.

A 2 O 3.2.5 import / with / use

A 2 O 3.2.5 K 1 Inhalt

A 2 O 3.2.5 K 1.1 unzulässiger Inhalt

A 2 O 3.2.5 K 1.1 R 1 nur wirklich Verwendetes

Es dürfen nur solche Klassen, Module, Headerfiles usw. importiert werden, die auch tatsächlich nötig sind.

Die Regelung ist *verpflichtend*.

Begründung:
Das Risiko von Namenskonflikten, Missinterpretationen des Codes und ähnlichen Problemen wird verringert.

Hinweise:
Bei nachträglichen Änderungen an Programmen ist darauf zu achten, dass eventuell überflüssig gewordene Importe entfernt werden.

A 2 O 3.2.6 Deklarationen

A 2 O 3.2.6 K 1 Layout

A 2 O 3.2.6 K 1.1 Ausrichtung

A 2 O 3.2.6 K 1.1 R 1 ausrichten

Aufeinander folgende Deklarationen sind so auszurichten, dass einander entsprechende Teile untereinander stehen.

Die Regelung ist ein *Soll*.

Beispiel(e):

```
public    static final String   RCS_ID    = "@(#) $Id: $";
protected              Object[] parameter = null;
private   static final Vector   instanzen = new Vector();
```

A 2 O 3.2.6 K 2 Inhalt

A 2 O 3.2.6 K 2 R 1 Datentyp angeben

Bei jeder Deklaration ist der Datentyp anzugeben.

Die Regelung ist *verpflichtend*.

Ausnahmen:
Die Regelung bezieht sich nicht auf Sprachen, die „dynamically typed" oder typenlos sind.

Hinweise:
Diese Regelung bezieht sich nur auf Programmiersprachen, die die explizite Angabe eines Datentyps in einer Deklaration nicht ohnehin erzwingen. Zu diesen gehören insbesondere C und Visual Basic.

In C muss entsprechend dieser Regel auch beim Return-Typ von Funktionen „int" gegebenenfalls explizit angegeben werden. Funktionen, die keinen Wert zurückliefern („Prozeduren" im engeren Sinn), sind ausdrücklich als „void" zu deklarieren.

Am Rande: Gerade die voreingestellten Datentypen sollten eher mit Vorsicht verwendet werden, wie etwa „variant" in VB und das maschinenabhängige „int" bei C und C++.

A 2　O 3.2.6　K 3　Kommentierung

A 2　O 3.2.6　K 3　R 1　Zweck angeben

Jede Deklaration sollte mit einem Kommentar verbunden sein, in dem zumindest der Verwendungszweck des deklarierten Objektes (Variable, Prozedur, Klasse usw.) genannt wird.

Nach dem Niederschreiben des Kommentars ist nochmals zu prüfen, ob der Bezeichner für das Objekt adäquat gewählt ist.

Die Regelung ist ein *Soll*.

Ausnahmen:
Wenn der Name eines Objektes für sich allein genommen zweifelsfrei seinen Zweck verrät, kann auf einen entsprechenden Kommentar verzichtet werden.

A 2　O 3.2.6　K 4　Sichtbarkeit

A 2　O 3.2.6　K 4　R 1　so eingeschränkt wie möglich

Die Sichtbarkeit von Datenobjekten aller Art, insbesondere aber von Variablen und Attributen (Membern, Fields), ist so weit wie möglich einzuschränken.

Im Zweifel sind Variablen *nicht* zu exportieren bzw. Attribute als „private" zu deklarieren. Attribute erhalten nur dann den Modifier „protected", falls ein Zugriff aus Unterklassen heraus notwendig ist oder dies mit einiger Wahrscheinlichkeit wird. Paketweite Sichtbarkeit von Fields, „public member variables" und dergleichen ist untersagt. Anstelle einer Erweiterung der Sichtbarkeit von Variablen sind - soweit dies notwendig ist und die verwendete Sprache es zulässt - Getter- und Setter-Methoden (bzw. -Funktionen) zur Verfügung zu stellen.

Die Regelung ist *verpflichtend*.

Begründung:
Die Sichtbarkeit bei Deklarationen aller Art so weit wie möglich einzuschränken, verringert das Risiko einer unzulässigen oder fehlerhaften Verwendung der deklarierten Objekte. Dies gilt insbesondere, wenn der direkte Zugriff auf Variablen, Attribute und dergleichen unterbunden wird und man stattdessen Accessor-Methoden oder Entsprechendes zur Verfügung stellt. Performance-Aspekte spielen dabei dank optimierenden Compilern praktisch keine Rolle mehr. Die zusätzliche Tipparbeit beim Programmieren wird durch den Sicherheitsgewinn und die leichtere Wartung wettgemacht.

A 2 O 3.2.6.1 Variablen-Deklarationen

A 2 O 3.2.6.1 K 1 Layout

A 2 O 3.2.6.1 K 1 R 1 jede Deklaration auf eigene Zeile

Die Deklaration mehrerer Variablen auf einer Codezeile ist untersagt, und zwar auch dann, wenn es sich um mehrere Variablen desselben Typs handelt.

Die Regelung ist *verpflichtend*.

Begründung:
Die Deklaration mehrerer Variablen auf einer Codezeile verführt zu kryptischen (zu stark abgekürzten) Variablennamen.

Außerdem sollte die Deklaration jeder Variablen mit einem Kommentar verbunden sein, in der ihr Verwendungszweck angegeben wird. Werden mehrere Variablen auf einer Zeile deklariert, so unterbleibt meist auch diese Kommentierung.

A 2 O 3.2.6.1 K 2 Inhalt

A 2 O 3.2.6.1 K 2 R 1 mit Initialisierung

Die Deklaration von Variablen sollte im Zweifel mit ihrer Initialisierung verbunden werden.

Die Regelung ist ein *Soll*.

Ausnahmen:
Wenn die erste Verwendung einer Variablen mehrere Seiten Code von ihrer Deklaration entfernt steht, ist eine Initialisierung bei (bzw. kurz vor) ihrer ersten Verwendung sinnvoller.

A 2 O 3.2.6.2 Typdefinitionen

A 2 O 3.2.6.2 K 1 Layout

A 2 O 3.2.6.2 K 1.1 Einrückungen

A 2 O 3.2.6.2 K 1.1 R 1 wie Blöcke

Bei Typdefinitionen sind untergeordnete Elemente so einzurücken wie untergeordnete Anweisungsblöcke bei Kontrollstrukturen oder Ähnlichem.

Die Regelung ist *verpflichtend*.

Beispiel(e):

```
struct myRec
{
    int myRecId;
    int feldX;
}
```

(Beispiel für Standard-Einrückung mit 4 Leerzeichen unter Verwendung der Syntax von C)

A 2 O 3.2.7 Aufrufe von Prozeduren etc.

A 2 O 3.2.7 K 1 Layout

--- 3 Regelungsalternativen ---

A 2 O 3.2.7 K 1 R 1 Klammern auf eigene Zeilen

Jeder Parameter und auch die Klammern werden auf jeweils eine eigene Zeile gesetzt.

Die Regelung ist eine *Empfehlung*.

Begründung:
Einzelne Parameter oder sogar größere Teile von Parameterlisten lassen sich bei dieser Formatierung besonders leicht mit Cut&Paste kopieren.

Hinweise:
Die Regelung kann analog auf Deklarationen angewandt werden.

Beispiel(e):

```
button_id = zeige_Meldung
(
    WARNUNG,
    "Datei existiert nicht - fortsetzen?"
);
```

A 2 O 3.2.7 K 1 R 2 Zeilenende

Die Parameterliste wird bei einem Prozedur- oder Methodenaufruf folgendermaßen ausgerichtet:

Der erste Parameter steht mit dem Prozedurnamen auf einer Zeile, weitere Parameter werden - je einer auf einer Zeile - darunter angeordnet.

Die Regelung ist *verpflichtend*.

Begründung:
Die Formatierung entspricht einem gängigen Standard und spart überflüssige Zeilen.

Hinweise:
Die Regelung kann analog auf Deklarationen angewandt werden.

Beispiel(e):

```
button_id = zeige_Meldung(WARNUNG,
                         "Datei existiert nicht" +
                         " - fortsetzen?");
```

Rahmenbedingung(en): existierende Standards wichtig

A 2 O 3.2.7 K 1 R 3 Zeilenschaltung vor erstem Parameter

Bei mehr als nur einem Parameter oder wenn aus anderen Gründen eine Zeile nicht ausreicht, werden alle Parameter eine Stufe eingerückt unterhalb des Prozedurnamens aufgeführt.

Die Regelung ist *verpflichtend*.

Begründung:
Das horizontale Ausrichten von Parametern ist bei dieser Vorgehensweise vergleichsweise einfach.

Hinweise:
Die Regelung kann analog auf Deklarationen angewandt werden.

Beispiel(e):

```
button_id = zeige_Meldung(
    WARNUNG,
    "Datei existiert nicht - fortsetzen?");
```

A 2 O 3.3 Ausdrücke

A 2 O 3.3 K 1 Layout

A 2 O 3.3 K 1.1 Zeilenumbrüche

--- 2 Regelungsalternativen ---

A 2 O 3.3 K 1.1 R 1 Umbrüche hinter Operatoren

Ausdrücke, die nicht auf eine Zeile passen, werden hinter einem Operator umgebrochen.

Die Regelung ist ein *Soll*.

Begründung:
Diese Vorgehensweise ist am weitesten verbreitet.

Beispiel(e):

```
public static String html_Datei_Kopf(String par_Title)
{
    final String NEWLINE =
        System.getProperty("line.separator");

    return  "<HTML>"                               + NEWLINE +
            "<HEAD>"                               + NEWLINE +
            "<TITLE>" + par_Title + "</TITLE>"     + NEWLINE +
            "</HEAD>"                              + NEWLINE +
            "<BODY>"                               + NEWLINE;
}
```

(Das Beispiel verwendet die Syntax von Java.)

Rahmenbedingung(en): existierende Standards wichtig

A 2 O 3.3 K 1.1 R 2 Umbrüche vor Operatoren

Ausdrücke, die nicht auf eine Zeile passen, werden vor einem Operator umgebrochen.

Die Regelung ist ein *Soll*.

Ausnahmen:
Diese Regel gilt nicht für Kommata bei Parameter- und sonstigen Listen.

Zudem gilt:
Wenn eine Stringkonstante deklariert wird, die einen sehr langen Text enthält, bricht man hinter dem Zuweisungsoperator („=" oder „:=") um.

Begründung:
Will man Operatoren der Lesbarkeit halber untereinander ausrichten, sind sie besser am Zeilenanfang aufgehoben. Dadurch entfallen Neu-Ausrichtungen, die sonst erforderlich werden können, wenn sich die Länge einer der Zeilen ändert.

Beispiel(e):

```
public static String html_Datei_Kopf(String par_Title)
{
    final String NEWLINE =
        System.getProperty("line.separator");

    return  "<HTML>"                                          + NEWLINE
          + "<HEAD>"                                          + NEWLINE
          + "<TITLE>" + par_Title + "</TITLE>"                + NEWLINE
          + "</HEAD>"                                         + NEWLINE
          + "<BODY>"                                          + NEWLINE;
}
```

(Das Beispiel verwendet die Syntax von Java.)

A 2 O 3.3.1 zusammengesetzte Ausdrücke

A 2 O 3.3.1 K 1 Layout

A 2 O 3.3.1 K 1.1 Klammerung

A 2 O 3.3.1 K 1.1 R 1 wenn Auswertungsreihenfolge nicht offensichtlich

Ist bei einem zusammengesetzten Ausdruck die Auswertungsreihenfolge nicht offensichtlich, ist diese durch Klammerung zu verdeutlichen.

Dies gilt im Zweifel immer, wenn in einem Ausdruck

- unterschiedliche Arten von Operatoren verwendet werden (beispielsweise eine Kombination aus arithmetischen, logischen, Bit- und Vergleichs-Operatoren) oder
- Bit- oder logische Operatoren enthalten sind oder
- Operatoren verwendet werden, die für eine Programmiersprache spezifisch sind (z.B. „DIV" in Modula-2, „sizeof" in C oder Pattern-Matching-Operatoren in Perl).

Die Regelung ist ein *Soll*.

Begründung:
Die Vorrang-Regelungen für Operatoren sind in vielen Programmiersprachen sehr komplex. In Perl gibt es beispielsweise über 20(!) Vorrang-Stufen, in C sind es immerhin noch 15. Zudem gibt es in diesem Bereich teilweise sehr subtile Unterschiede zwischen verschiedenen Sprachen.

Nur hoch spezialisierte Programmierer sind deswegen in der Lage, komplexe Ausdrücke auch ohne verdeutlichende Klammern korrekt zu interpretieren.

A 2 O 3.4 Operatoren

A 2 O 3.4.1 unäre

A 2 O 3.4.1 K 1 Layout

A 2 O 3.4.1 K 1.1 Leerzeichen

A 2 O 3.4.1 K 1.1 R 1 kein Leerzeichen

Zwischen unären Operatoren und dem zugehörigen Operanden steht kein Leerzeichen.

Die Regelung ist *verpflichtend*.

Ausnahmen:
Cast-Operatoren werden durch ein Leerzeichen vom Operanden getrennt.

Begründung:
Unäre Operatoren haben – von Klammern und Elementzugriffs-Operatoren abgesehen – die stärkste Bindungswirkung.

Beispiel(e):

```
Logische Negation:            !isdigit(...)
Bitweise Negation:            ~bitMuster
Increment:                    spaltenIdx++
Vorzeichen:                   -zahl
Derefenzieren eines Pointers: *element_ptr
Adressoperator:               &element
Cast:                         (float) kundenAnzahl
```

(Die Beispiele verwenden die Syntax von C)

A 2 O 3.4.2 binäre

A 2 O 3.4.2 K 1 Layout

A 2 O 3.4.2 K 1.1 Leerzeichen

A 2 O 3.4.2 K 1.1 R 1 mit Leerzeichen

Binäre Operatoren werden durch Leerzeichen von den Operanden getrennt.

Die Regelung ist *verpflichtend*.

Ausnahmen:
Symbole wie „." und „->", die den Zugriff auf Elemente von Records, Structures und Ähnlichem anzeigen, werden ohne führende oder folgende Leerzeichen geschrieben, obwohl man sie als binäre Operatoren interpretieren könnte.

Dies gilt auch für den „.", wenn er zur Trennung von Schema-, Tabellen- und Spaltennamen in SQL oder zur Abgrenzung von Paketnamen untereinander bzw. gegenüber Methoden oder Klassennamen gebraucht wird.

Leerzeichen *dürfen* allerdings vor oder hinter dem „." oder „->" eingefügt werden, soweit dies die verwendete Sprache erlaubt und dadurch eine übersichtlichere Ausrichtung des Codes erreicht wird.

Begründung:
Dies entspricht gängigen Standards, erhöht die Lesbarkeit von Code erheblich und verhindert in Einzelfällen sogar sehr subtile Bugs.

Beispiel(e):

Korrekt:
```
ergebnis = *zaehler_ptr / *nenner_ptr; /* ein kommentar */
```

Unkorrekt:
```
ergebnis = *zaehler_ptr/*nenner_ptr; /* mehr kommentar */
```

(Das Beispiel verwendet die Syntax von C)

A 2 O 3.4.3 Vergleichsoperatoren

A 2 O 3.4.3.1 Gleichheitsoperator

A 2 O 3.4.3.1 K 1 Verwendung

A 2 O 3.4.3.1 K 1 R 1 nicht bei Fließkommazahlen

Fließkommazahlen dürfen nicht auf Gleichheit geprüft werden. Stattdessen sind derartige Abfragen so zu gestalten, dass der Betrag der Differenz der gegebenen Werte kleiner als ein – sinnvoll festzulegender – Schwellenwert sein muss.

Die Regelung ist *verpflichtend*.

Begründung:
Bei Fließkommaoperationen können immer geringfügige Rundungsdifferenzen entstehen, die bei der Auswertung eines Vergleichs fälschlicherweise zum Ergebnis „ungleich" führen. Dadurch können selten auftretende und damit äußerst schwer festzustellende Fehler verursacht werden. Dies gilt völlig unabhängig von der verwendeten Programmier- oder Datenbankabfragesprache.

Beispiel(e):

```
float anteil_schwarz = 1.0 / 3.0;
float anteil_rot     = 1.0 / 3.0;
float anteil_gold;
anteil_gold = 1.0 - anteil_schwarz - anteil_rot;
/* falsch: if (anteil_gold == anteil_schwarz) ... */
/* richtig: */
if ((anteil_gold - anteil_schwarz) < 1.0 / 100000.0) ...
```

A 2 O 3.4.4 Operatoren, logische

A 2 O 3.4.4.1 Logische Negation

A 2 O 3.4.4.1 K 1 Verwendung

A 2 O 3.4.4.1 K 1 R 1 vermeiden

Logische Ausdrücke, Bedingungen und dergleichen sollten so weit wie möglich in der positiven Form formuliert werden, also ohne Verwendung von „NOT" oder „!".

Die Regelung ist ein *Soll*.

Ausnahmen:
Es ist nicht sinnvoll, allein um diese Regel einzuhalten, zusätzliche Variablen (oder gar Prozeduren) einzuführen. Sollte dies zur Einhaltung dieser Regel unumgänglich sein, ist es günstiger, den Negationsoperator zu verwenden. Oft genügt es aber, eine Variable umzudefinieren bzw. umzubenennen.

Begründung:
Negationen sind oft schlecht lesbar und/oder schwer verständlich. Positiv-Formulierungen sind im Allgemeinen leichter zu verstehen, weil das Negieren zumindest bei komplexen Aussagen oftmals eine schwierige Operation darstellt.

Beispiel(e):

Korrekt:

```
if (datei_geschlossen)
{
    datei_oeffnen(datei_name);
}
```

Unkorrekt:

```
if (!datei_offen)
{
    datei_oeffnen(datei_name);
}
```

Zweites Beispiel:

Unschön:

```
if (! (wert >= untere_Schranke && wert <= obere_Schranke))
{
    return WERT_UNZULAESSIG;
}
```

Besser:

```
if (wert < untere_Schranke || wert > obere_Schranke)
{
    return WERT_UNZULAESSIG;
}
```

Noch besser:

```
if (wert < untere_Schranke)
{
    return WERT_ZU_KLEIN;
}
else if (wert > obere_Schranke)
{
    return WERT_ZU_GROSS;
}
```

A 2 O 3.4.4.2 Bedingungs-Operator (? :)

A 2 O 3.4.4.2 K 1 Layout

A 2 O 3.4.4.2 K 1.1 Klammerung

A 2 O 3.4.4.2 K 1.1 R 1 Bedingung klammern

Der vor dem „?" stehende Teil des Ausdrucks ist immer in Klammern einzuschließen.

Die Regelung ist *verpflichtend*.

Beispiel(e):

```
ergebnis = (anzahl == 0) ? -1 : anzahl;
```

A 2 O 3.4.5 Inkrement und Dekrement

A 2 O 3.4.5 K 1 Verwendung

A 2 O 3.4.5 K 1 R 1 kein Prä- oder Postinkrement

Statt des vor- oder nachgestellten „++"- bzw. „--"-Operators ist jeweils eine eigene Anweisung mit dem Zuweisungs-Operator „+=" bzw. „-=" zu verwenden.

Die Regelung ist ein *Soll*.

Begründung:
Geringere Fehleranfälligkeit, da Missinterpretationen bezüglich der Reihenfolge, in der bestimmte Anweisungen bzw. Operationen ausgeführt werden, vermieden werden.

Hinweise:
Die Operatoren „++" und „--" gibt es nicht nur in C, C++ und Java, sondern auch in Scriptsprachen, wie beispielsweise Perl.

A 2 O 3.4.6 Sonstige

A 2 O 3.4.6.1 Cast-Operatoren

A 2 O 3.4.6.1 K 1 Verwendung

A 2 O 3.4.6.1 K 1 R 1 verwenden

Implizite Casts sind so weit wie möglich zu vermeiden. Stattdessen sind explizite Typumwandlungen mit Hilfe der jeweiligen Cast-Operatoren zu verwenden.

Die Regelung ist *verpflichtend*.

Begründung:
Explizites Casting verhindert oftmals Fehler, die dadurch entstehen, dass implizite Typumwandlungen nicht in der erwarteten Art und Weise ablaufen.

A 2 O 3.5 Datentypen

A 2 O 3.5 K 1 Verwendung

--- 2 Regelungsalternativen ---

A 2 O 3.5 K 1 R 1 portabel

Es dürfen nur Datentypen verwendet werden, die durchgängig in den meisten Programmiersprachen zur Verfügung stehen.

Die Regelung ist *verpflichtend*.

Rahmenbedingung(en): Sprach-Portabilität erforderlich

A 2 O 3.5 K 1 R 2 so spezifisch wie möglich

Datentypen sollten so spezifisch wie möglich gewählt werden.

Anders ausgedrückt: Sie sollten dem Einsatzzweck so gut es geht angepasst sein.

Die Regelung ist ein *Soll*.

Begründung:
Dies verringert die Wahrscheinlichkeit unzulässiger Operationen.

Rahmenbedingung(en): Sprach-Portabilität nicht erforderlich

A 2 O 3.5.1 anonyme Typen

A 2 O 3.5.1 K 1 Verwendung

A 2 O 3.5.1 K 1 R 1 nicht verwenden

Die Verwendung anonymer Typen ist untersagt. Stattdessen sind explizite Typdeklarationen („typedef´s" usw.) - also benannte Typen - zu verwenden.

Die Regelung ist *verpflichtend*.

Beispiel(e):

Korrekt:
```
CONST  MAX_LAENGE = 40;
TYPE   eingabePuffer: ARRAY [1 .. MAX_LAENGE] OF CHAR;
VAR    eingabeText: eingabePuffer;
```

Unkorrekt:
```
VAR eingabeText: ARRAY [1 .. 40] OF CHAR; (* nicht zu verwenden! *)
```

(Die Beispiele verwenden die Syntax von Modula-2)

A 2 O 3.6 Klassen etc.

A 2 O 3.6 K 1 Inhalt

A 2 O 3.6 K 1.1 unzulässiger Inhalt

A 2 O 3.6 K 1.1 R 1 kein hash() ohne compare()

Eine Klasse, die eine Hash-Funktion oder -Methode (wie etwa „__hash__" in Python oder „hashCode()" in Java) zur Verfügung stellt, muss auch eine Vergleichsfunktion („__cmp__" oder „equals()") implementieren.

Die Regelung ist *verpflichtend*.

Begründung:
Es muss sichergestellt werden, dass gleiche Objekte den gleichen Hashcode liefern (aber nicht notwendigerweise umgekehrt).

A 2 O 3.7 Ausnahmen

A 2 O 3.7 K 1 Benennung

A 2 O 3.7 K 1 R 1 Substantiv + Adjektiv

Ausnahmen bezeichnen einen unzulässigen Zustand. Ihr Name sollte deshalb aus einem Substantiv und einem Adjektiv bestehen. Das Adjektiv charakterisiert dabei, was genau nicht zulässig ist.

Die Regelung ist ein *Soll*.

Beispiel(e):
„Ungueltiger_Bezeichner", „FehlendeBerechtigung"

A 2 O 3.7 K 2 Verwendung

A 2 O 3.7 K 2 R 1 nicht für normalen Ablauf

Exceptions dürfen nicht zur Steuerung des Normalfalls eines Ablaufs verwendet werden, sondern wirklich nur zur Behandlung von Fehler- oder sonstigen Ausnahmefällen.

Die Regelung ist *verpflichtend*.

Begründung:
Sprachkonstrukte sollte man nur für die Zwecke benutzen, für die sie auch gedacht sind. Zudem verfügen Exceptions über keine guten Performance-Eigenschaften.

Beispiel(e):
Es ist unkorrekt, zur Verarbeitung von Elementen eines Arrays eine Endlosschleife zu verwenden, die in einen Try-Catch-Block geschachtelt ist, der die Ausnahme „ArrayIndexOutOfBounds" abfängt.

A 2 O 3.8 Prozeduren, Methoden etc.

A 2 O 3.8 K 1 Layout

A 2 O 3.8 K 1.1 Leerzeilen

--- 2 Regelungsalternativen ---

A 2 O 3.8 K 1.1 R 1 Linienkommentare

Prozeduren, Methoden und dergleichen werden nicht durch Leerzeilen, sondern durch „Linienkommentare" gegeneinander abgegrenzt.

Die Regelung ist ein *Soll*.

Beispiel(e):

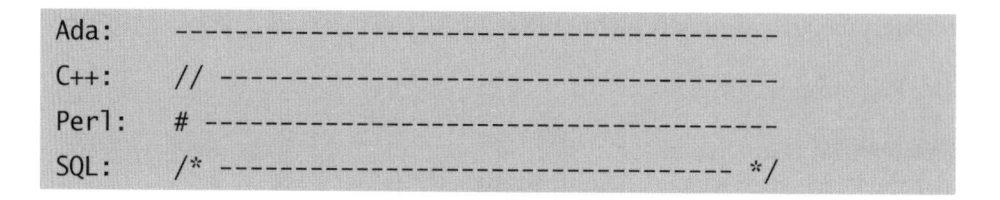

```
Ada:     ------------------------------------
C++:     // ---------------------------------
Perl:    # ----------------------------------
SQL:     /* ------------------------------ */
```

A 2 O 3.8 K 1.1 R 2 **zwei Leerzeilen**

Prozeduren, Methoden und dergleichen werden jeweils durch zwei aufeinander folgende Leerzeilen gegeneinander abgegrenzt.

Die Regelung ist ein *Soll*.

A 2 O 3.8 K 2 **Inhalt**

A 2 O 3.8 K 2.1 **unzulässiger Inhalt**

A 2 O 3.8 K 2.1 R 1 **max. ein Return**

Prozeduren („functions") bzw. Methoden, die einen Wert zurückliefern, sollten nur ein Return-Statement enthalten.

Prozeduren (im engeren Sinn) bzw. Methoden, die keinen Wert zurückliefern, (bzw. deren Return-Type „void" ist) sollten kein Return-Statement enthalten.

Die Regelung ist ein *Soll*.

Ausnahmen:
Werden am Anfang einer Prozedur (Funktion, Methode) die Zulässigkeit von Parameterwerten oder andere Vorbedingungen geprüft, so darf die Prozedur im Fehlerfall vorzeitig abgebrochen werden.

Begründung:
Prozeduren mit mehreren Ausgängen widersprechen dem One-Entry-One-

Exit-Prinzip der strukturierten Programmierung. Die Beachtung dieses Prinzips macht Algorithmen überschaubarer und kontrollierbarer, weil das Hintereinander im Quellcode dem Nacheinander beim Programmablauf entspricht.

Bei Prozeduren, die keinen Rückgabe-Wert haben, endet die Prozedur mit dem letzten auszuführenden Statement. Eine zusätzliche Return-Anweisung wäre redundant und könnte bei Erweiterungen des Codes zu Fehlern führen.

A 2 O 3.8 K 3 Gliederung

--- 2 Regelungsalternativen ---

A 2 O 3.8 K 3 R 1 Antwortzeiten kritisch

Parameter und andere Vorbedingungen werden zu Beginn einer Prozedur nur dann geprüft, wenn dies aus Sicht eines korrekten Programmablaufs unerlässlich ist. Das Gleiche gilt für Nachbedingungen.

Die Regelung ist *verpflichtend*.

Begründung:
Das Prüfen von Vorbedingungen zur Laufzeit eines Programmes erfordert zu viel knappe Rechenzeit.

Rahmenbedingung(en): Echtzeit, kurze Antwortzeiten

A 2 O 3.8 K 3 R 2 Standard

Für die Gliederung von Prozeduren empfiehlt sich im Allgemeinen das folgende Schema:

- Parameter und andere Vorbedingungen prüfen.
- Wenn alle Vorbedingungen erfüllt sind, den gewünschten Ablauf durchführen.
- Falls nötig, Nachbedingungen testen.

Die Regelung ist eine *Empfehlung*.

Begründung:
Um unkontrolliertes Systemverhalten so weit wie möglich auszuschließen, sollte jeder Ablauf damit beginnen, dass die notwendigen Vorbedingungen geprüft werden. In bestimmten Fällen müssen auch Nachbedingungen ge-

sondert gecheckt werden. (Beispiel: Nochmaliges Einlesen von Daten als Check für Schreibvorgang).

A 2 O 3.8 K 4 Kommentierung

A 2 O 3.8 K 4 R 1 Standard

Der Header-Kommentar zu einer Prozedur, Funktion oder Methode soll die folgenden Informationen enthalten:

- den Prozedurnamen,
- welche Aktion(en) sie ausführt,
- zu welchem Zweck sie dies tut (gegebenenfalls unter Verweis auf eine bestimmte Anforderung, eine Bug-Meldung oder dergleichen),
- welche Parameter sie hat und was diese bedeuten,
- welchen Rückgabewert sie liefert und wie dieser zu verwenden ist; gegebenenfalls auch, welche Genauigkeit dem Wert zukommt
- welche Exceptions möglicherweise geworfen werden und was sie bedeuten bzw. wie darauf zu reagieren ist,
- notwendige Vorbedingungen, die erfüllt sein müssen, damit die Prozedur korrekt arbeitet,
- Nachbedingungen, die im Anschluss an die Abarbeitung der Prozedur erfüllt sind,
- gegebenenfalls Hinweise auf Threadsicherheit, Concurrency-Probleme, Transaktionshandling usw.
- ein Beispiel für den Aufruf der Prozedur/Funktion/Methode, falls dies zur Verdeutlichung ihrer Verwendung erforderlich ist
- bekannte Fehler („known bugs") oder Schwachstellen, wie beispielsweise schlechte Performance bei bestimmten Bedingungen o.ä.,
- bei Bedarf eine Begründung bezüglich der Sichtbarkeit (warum „public", warum nur Modul-intern),
- unter Umständen ein Punkt „Besonderheiten", der sowohl Hinweise bezüglich der Implementierung als auch in Bezug auf die Verwendung der Prozedur enthalten kann.

Die Regelung ist ein *Soll*.

Begründung:
Die Informationen sind bis auf

- den Zweck,
- eine Begründung der Sichtbarkeit und
- den Punkt „Besonderheiten"

für die Verwendung einer Prozedur oder Methode notwendig. Die hier genannten „Zweck" usw. helfen insbesondere bei Wartung und Pflege.

A 2 O 3.8 K 5 Umfang

A 2 O 3.8 K 5.1 maximale Anzahl Zeilen

A 2 O 3.8 K 5.1 R 1 max. 200

Die maximale Anzahl Zeilen in einer Prozedur, Funktion oder Methode soll 200 nicht überschreiten.

Mit Rücksicht auf eine übersichtliche Darstellung und auf die Verständlichkeit der Abläufe darf die Länge von Prozeduren aber auch auf einen erheblich darunter liegenden Wert (etwa 25 bis 40 LOC) beschränkt werden.

Die Regelung ist eine *Empfehlung*.

Begründung:
Die hinsichtlich Erstellungskosten, Qualität, Wartungshäufigkeit und auch Wartungsaufwand(!) optimale Länge von Prozeduren scheint aufgrund wissenschaftlicher Untersuchungen etwa bei 150 LOC zu liegen.

Allerdings leidet bei längeren Prozeduren die Verständlichkeit sehr stark, was vor allem für Code-Reviews sehr negative Auswirkungen hat.

Hinweise:
Umfang gemessen in maximaler Anzahl Codezeilen.

Kommentar- und Leerzeilen sind hierbei *nicht* mitzuzählen! (non-empty, non-comment Lines of Code)

A 2 O 3.8.1 Funktionen

A 2 O 3.8.1 K 1 Verwendung

A 2 O 3.8.1 K 1.1 Aufruf

A 2 O 3.8.1 K 1.1 R 1 Return-Wert prüfen

Bei allen Aufrufen von Funktionen - insbesondere auch System-Calls - die einen Fehlercode zurückliefern oder eine (globale) Fehlervariable setzen, ist der Fehlercode zu prüfen und gegebenenfalls eine Fehlerbehandlung durchzuführen.

Liefern Funktionen Zeiger, Referenzen auf Objekte oder dergleichen, so ist auch deren Gültigkeit zu prüfen. *Insbesondere sind Pointer auf NULL zu checken.*

Die Regelung ist *verpflichtend*.

A 2 O 3.8.1 K 2 Inhalt

A 2 O 3.8.1 K 2.1 unzulässiger Inhalt

A 2 O 3.8.1 K 2.1 R 1 keine Seiteneffekte

Funktionsprozeduren sollen keine Seiteneffekte (Nebenwirkungen, wie z.B. Änderung einer globalen Variablen) haben.

Wenn Seiteneffekte sich nicht vermeiden lassen, sind diese zu dokumentieren. Diejenigen, die die betreffende Funktionsprozeduren verwenden, müssen durch die Form der Dokumentation über Art und Auswirkung der Seiteneffekte hinreichend informiert werden. Das heißt insbesondere, dass die Informationen in der API-Dokumentation zu der Funktionsprozedur vorhanden sein müssen und nicht bloß im Code, falls es eine getrennte API-Dokumentation gibt.

Die Regelung ist ein *Soll*.

A 2 O 3.8.2 Methoden

A 2 O 3.8.2.1 überladene

A 2 O 3.8.2.1 K 1 Verwendung

A 2 O 3.8.2.1 K 1 R 1 nicht nur Parametertyp

Überladene Methoden sollten sich nach Möglichkeit nicht nur im Parametertyp, sondern auch in der Parameteranzahl unterscheiden.

Die Regelung ist ein *Soll*.

Begründung:
Unterscheiden sich zwei Methoden nur im Parametertyp, kann es durch implizites Casten zum Aufruf einer „falschen" Methode und damit zu schwer lokalisierbaren Fehlern kommen.

A 2 O 3.9 Variable, Parameter, Konstanten etc.

A 2 O 3.9.1 Variable und Attribute

A 2 O 3.9.1 K 1 Kommentierung

A 2 O 3.9.1 K 1 R 1 Namenskontrolle und Maßeinheit

Jede Variablendeklaration (einschließlich der von „member variables", fields usw.) ist mit einem Kommentar zu versehen, der den Verwendungszweck der Variablen beschreibt.

Anhand des Kommentars ist zu prüfen, ob der Name für die Variable ihren Inhalt hinreichend präzise beschreibt, oder ob er durch einen prägnanteren ersetzt werden sollte.

Bei allen Variablen, die irgendwelche (Mess-)Größen enthalten, muss in dem Kommentar zudem die Einheit angegeben werden, sofern diese nicht bereits Teil des Variablennamens ist.

Wenn sich der Wertebereich einer Variablen nicht allein aus der Deklaration ergibt, ist dieser ebenfalls zu nennen. Bezüglich der zulässigen bzw. unzulässigen Werte müssen - soweit erforderlich - auch Hintergrundinformationen gegeben werden.

Bei Bedarf sind auch die folgenden Informationen in den Kommentar aufzunehmen:

▶ Hinweise zu Threadsicherheit, Concurrency-Problemen, Persistenz usw.,

▶ eine Begründung bezüglich der Sichtbarkeit.

Die Regelung ist ein *Soll*.

A 2 O 3.9.1.1 globale Variable

Hinweise:
Unter globalen Variablen sind - soweit dies die betreffende Programmiersprache unterstützt - applikationsweit sichtbare Variablen zu verstehen.

A 2 O 3.9.1.1 K 1 Benennung

A 2 O 3.9.1.1 K 1 R 1 Präfix „g"

Die Namen von globalen Variablen beginnen mit einem kleinen „g".

Die Regelung ist *verpflichtend*.

Begründung:
Auf diese Weise sind sie von Parametern und lokalen Variablen zu unterscheiden, bei objektorientierten Programmiersprachen auch von Attributen.

Beispiel(e):

```
gBenutzerName
```

A 2 O 3.9.1.1 K 2 Verwendung

A 2 O 3.9.1.1 K 2 R 1 nicht als Parameter-Ersatz

Die Übergabe von Werten an Prozeduren über globale Variablen ist untersagt; stattdessen sind Parameter zu verwenden.

Die Regelung ist *verpflichtend*.

A 2 O 3.9.1.2 modul-lokale Variable

Hinweise:
Modul-lokale Variablen sind innerhalb eines Moduls für jede Prozedur sichtbar, aber nicht außerhalb.

(Das heißt, sie werden weder exportiert noch in ein anderes Modul importiert.)

A 2 O 3.9.1.2 K 1 Benennung

A 2 O 3.9.1.2 K 1 R 1 Präfix „m"

Die Namen von modul-lokalen Variablen beginnen mit einem kleinen „m".

Die Regelung ist *verpflichtend*.

Begründung:
Auf diese Weise sind sie von Parametern, lokalen und globalen Variablen zu unterscheiden.

Beispiel(e):

```
mStackCount
```

A 2 O 3.9.1.3 lokale Variable

Hinweise:
Lokale Variablen sind solche, deren Sichtbarkeit sich auf eine Prozedur, eine Methode oder einen Anweisungsblock innerhalb einer solchen beschränkt.

A 2 O 3.9.1.3 K 1 Benennung

A 2 O 3.9.1.3 K 1 R 1 Präfix „v"

Die Namen von lokalen Variablen beginnen mit einem kleinen „v".

Die Regelung ist ein *Soll*.

Begründung:
Auf diese Weise sind sie von Parametern und globalen Variablen zu unterscheiden, bei objektorientierten Programmiersprachen auch von Attributen.

Beispiel(e):

```
vKundenAnzahl
```

A 2 O 3.9.2 Konstante

A 2 O 3.9.2 K 1 Verwendung

A 2 O 3.9.2 K 1 R 1 Ersetzen durch Functions

In allen Fällen, wo eine spätere Änderung von zunächst konstanten Werte möglich erscheint, sind anstelle von Konstanten Zugriffsfunktionen (getter-Methoden) zu verwenden.

Die Regelung ist *Soll*.

Begründung:
Stellt sich im Nachhinein heraus, dass ein Wert doch variabel ist, brauchen nicht alle Stellen im Code geändert zu werden, die die Konstante referenzieren. Man muss lediglich eine Prozedur zum Setzen des Wertes (setter-Methode) ergänzen.

A 2 O 3.10 Literale

A 2 O 3.10 K 1 Verwendung

--- 2 Regelungsalternativen ---

A 2 O 3.10 K 1 R 1 eingeschränkt verwenden

Die Verwendung von Literalen im Code sollte unabhängig von ihrem Datentyp vermieden werden.

Literale dürfen gebraucht werden, wenn sie definitiv nur an einer Stelle im Code benötigt werden. Dies ist beispielsweise dann der Fall, wenn das Literal ausschließlich für eine ohnehin in einer Prozedur oder Methode gekapselten Funktionalität verwendet wird.

In allen anderen Fällen sind anstelle von Literalen entsprechend definierte Konstanten zu verwenden.

Die Regelung ist ein *Soll*.

Ausnahmen:
Die folgenden Literale dürfen verwendet werden, sofern ihnen keine *besondere* Bedeutung zukommt:

- die Zahlen 0 und 1,
- der leere String („"),
- das leere Datum („empty date").

Begründung:
Die Definition von Konstanten für Literale erfordert es, sich aussagekräftige

Bezeichner für die betreffenden Konstanten zu überlegen. Dies ist beim schnellen Niederschreiben einer Implementierungsidee oder eines Prototyps oft hinderlich.

Deswegen sollten - je nach Rahmenbedingungen (Zeitdruck, erwartete Änderungshäufigkeit) - immer nur dort sofort Konstanten anstelle von Literalen verwendet werden, wo Literale die Programmwartung wirklich erheblich erschweren.

Rahmenbedingung(en): normaler Zeitdruck, extremer Zeitdruck, kaum Wartung

A 2 O 3.10 K 1 R 2 nicht verwenden

Die Verwendung von Literalen ist - außer zur Definition von Konstanten - untersagt. Dies gilt unabhängig vom Datentyp. Anstelle von Literalen sind entsprechend definierte Konstanten oder Getter-Methoden (bzw. -Funktionen) zu verwenden.

Die Regelung ist *verpflichtend*.

Ausnahmen:
Die folgenden Literale dürfen verwendet werden, sofern ihnen keine *besondere* Bedeutung zukommt:

- die Zahlen 0 und 1,
- der leere String („"),
- das leere Datum („empty date").

Begründung:
Die Verwendung von Literalen erschwert die Programmwartung, weil anstelle einer einzelnen Konstanten alle Stellen im Code geändert werden müssen, die das Literal enthalten.

Dies ist insbesondere dann schwierig, wenn das Literal an zahlreichen Stellen im Code verwendet wird und das Literal zudem mit unterschiedlichen Bedeutungen belegt ist (was gegebenenfalls dazu führt, dass für jedes einzelne Auftreten des Literals im Code geprüft werden muss, ob es zu ändern ist oder nicht).

A 2 O 3.10.1 numerische Literale

A 2 O 3.10.1 K 1 Layout

A 2 O 3.10.1 K 1.1 Ausrichtung

A 2 O 3.10.1 K 1.1 R 1 keine fuehrenden Nullen

Zur horizontalen Ausrichtung von numerischen Literalen dürfen nur Leerzeichen, aber keine Nullen verwendet werden.

Die Regelung ist *verpflichtend*.

Ausnahmen:
Sollen numerische Literale tatsächlich als Oktalzahlen interpretiert werden, so sind führende Nullen erlaubt; eine ist in diesem Fall sogar mindestens erforderlich.

Begründung:
Führende Nullen dienen in C, C++ und Java der Kennzeichnung von Oktalzahlen. Was der Lesbarkeit dienen soll, ändert also in Wirklichkeit die Semantik.

Hinweise:
Das Problem betrifft nicht nur C, C++ und Java, sondern auch Scriptsprachen, wie beispielsweise Perl.

Beispiel(e):

Korrekt:

```
int leistungs_stufe_0 =   50;
int leistungs_stufe_1 =   75;
int leistungs_stufe_2 =  100;
```

Unkorrekt:

```
int leistungs_stufe_0 = 050; // = dezimal 40 (!)
int leistungs_stufe_1 = 075; // = dezimal 60 (!)
int leistungs_stufe_2 = 100;
```

A 2 O 3.11 Schlüsselwörter

A 2 O 3.11 K 1 Layout

A 2 O 3.11 K 1.1 Leerzeichen

A 2 O 3.11 K 1.1 R 1 mit Leerzeichen

Zwischen Schlüsselwörter und öffnende oder schließende Klammern wird ein Leerzeichen gesetzt.

Die Regelung ist *verpflichtend*.

Begründung:
Der zusätzliche Leerraum verbessert die Lesbarkeit.

Beispiel(e):

Korrekt:
```
if (isdigit(firstChar))
{
    ...
}
```

Unkorrekt:
```
if(isdigit(firstChar))
{
    ...
}
```

A 2 O 3.12 Klammern

A 2 O 3.12 K 1 Layout

A 2 O 3.12 K 1.1 Leerzeichen

--- 2 Regelungsalternativen ---

A 2 O 3.12 K 1.1 R 1 keine Leerzeichen

Zwischen Klammern und den Zeichen, die von ihnen eingeschlossen werden, steht kein Leerraum.

Die Regelung ist *verpflichtend*.

Begründung:
Die Regelung entspricht einem weltweit verbreiteten Standard.

Rahmenbedingung(en): existierende Standards wichtig

A 2 O 3.12 K 1.1 R 2 mit Leerzeichen

Zwischen Klammern und den Zeichen, die von ihnen eingeschlossen werden, wird jeweils ein Leerzeichen eingefügt.

Die Regelung ist *verpflichtend*.

Begründung:
Diese Regelung widerspricht zwar geltenden Standards, führt aber zu einer wesentlichen Verbesserung der Lesbarkeit von Sourcen.

Rahmenbedingung(en): existierende Standards weniger bedeutend

A 2.1 C-ähnliche Sprachen

A 2.1 O 1 Konstrukte

A 2.1 O 1.1 Anweisungen

A 2.1 O 1.1.1 Kontrollstrukturen

A 2.1 O 1.1.1.1 Schleifen

A 2.1 O 1.1.1.1 K 1 Layout

A 2.1 O 1.1.1.1 K 1.1 Klammerung

A 2.1 O 1.1.1.1 K 1.1 R 1 { } ist Pflicht

Bei Verzweigungen und Schleifen sind die jeweiligen Anweisungsteile immer als Anweisungsblöcke zu schreiben, auch wenn sie nur eine einzelne Anweisung enthalten.

Die Regelung ist *verpflichtend*.

Begründung:
Erstens unterstützt eine einheitliche Schreibweise die Lesbarkeit, zweitens sinkt die Wahrscheinlichkeit von Fehlern, wenn Code ergänzt wird.

Beispiel(e):

Korrekt:
```
if (condition)
{
    anweisung;
}
```

Unkorrekt:
```
if (condition) anweisung;
```

A 2.1 O 1.1.1.1.1 **for**

A 2.1 O 1.1.1.1.1 K 1 **Layout**

A 2.1 O 1.1.1.1.1 K 1.1 **Zeilenumbrüche**

A 2.1 O 1.1.1.1.1 K 1.1 R 1 **getrennte Zeilen**

Initialisierungs, Bedingungs- und Inkrementteil eines for-Loops sollten auf getrennte Zeilen verteilt und untereinander ausgerichtet werden, wenn eine einzeilige Darstellung zu unübersichtlich wird.

Die Regelung ist eine *Empfehlung*.

Beispiel(e):

```
for (int pfad_Nr = 0;
        pfad_Nr < pfade.length;
        pfad_Nr++)
{
    ;
} // Ende for
```

A 2.1 O 1.1.1.2 Verzweigungen

A 2.1 O 1.1.1.2.1 Mehrfachauswahl

A 2.1 O 1.1.1.2.1.1 switch-case

A 2.1 O 1.1.1.2.1.1 K 1 Kommentierung

A 2.1 O 1.1.1.2.1.1 K 1 R 1 Fall-through kommentieren

Wird in einem switch-case von der Möglichkeit Gebrauch gemacht, mehreren Fällen dieselben Anweisungen zuzuordnen, ist dies ausdrücklich in einem Kommentar kenntlich zu machen.

Die Regelung ist *verpflichtend*.

Begründung:
Bei Wartungs- oder Pflegearbeiten könnte sonst der Eindruck entstehen, dass ein „break;" oder sogar einen ganze Folge von Anweisungen nicht absichtlich, sondern irrtümlich weggelassen wurde.

A 2.1 O 1.1.2 Deklarationen

A 2.1 O 1.1.2.1 Variablen-Deklarationen

A 2.1 O 1.1.2.1 K 1 Gliederung

A 2.1 O 1.1.2.1 K 1 R 1 en bloc

Variablen sind en bloc am Anfang der Prozedur oder Kontrollstruktur zu deklarieren, innerhalb derer sie gültig sind.

Die Regelung ist *verpflichtend*.

Begründung:
Deklariert man Variablen nach Belieben immer erst direkt vor ihrem Gebrauch, so werden Zusammenhänge zwischen ihnen nicht sichtbar. Außerdem ist dies für alle Entwickler ungewohnt, die überwiegend mit Sprachen vertraut sind, die Derartiges nicht zulassen.

A 2.1 O 1.2 Operatoren

A 2.1 O 1.2.1 Operatoren, logische

A 2.1 O 1.2.1.1 Bedingungs-Operator (? :)

A 2.1 O 1.2.1.1 K 1 Inhalt

A 2.1 O 1.2.1.1 K 1.1 unzulässiger Inhalt

A 2.1 O 1.2.1.1 K 1.1 R 1 gleicher Return-Typ

Der Bedingungstest-Operator muss im Wahr- und im Falsch-Fall Werte des gleichen Typs liefern. Unterschiedliche Return-Typen sind unzulässig.

Die Regelung ist *verpflichtend*.

A 2.1 O 1.3 Literale

A 2.1 O 1.3.1 numerische Literale

A 2.1 O 1.3.1 K 1 Inhalt

A 2.1 O 1.3.1 K 1.1 unzulässiger Inhalt

A 2.1 O 1.3.1 K 1.1 R 1 keine Kleinbuchstaben

Zur Kennzeichnung des Datentyps von numerischen Literalen sind Großbuchstaben zu verwenden.

Die Regelung ist *verpflichtend*.

Begründung:
Der Kleinbuchstabe „l" ist leicht mit der Ziffer „1" zu verwechseln. Aus Gründen der Einheitlichkeit sollte man deswegen immer Groß- statt Kleinbuchstaben nehmen.

Beispiel(e):

Korrekt:
```
long  dalmatinerAnzahl       = 10L;
float fleckenFlaecheProzent = 47.11F;
```

Unkorrekt:

```
long     dalmatinerAnzahl      = 101;
float    fleckenFlaecheProzent = 47.11f;
```

A 2.1.2 C und C++

A 2.1.2 O 1 Dateien

A 2.1.2 O 1.1 Quellcode-Dateien und Ähnliches

A 2.1.2 O 1.1.1 Include-Dateien

A 2.1.2 O 1.1.1 K 1 Inhalt

A 2.1.2 O 1.1.1 K 1.1 unzulässiger Inhalt

A 2.1.2 O 1.1.1 K 1.1 R 1 keine Variablen-Definitionen

Header-Dateien dürfen keine Variablen-Definitionen enthalten, höchstens Extern-Deklarationen.

Die Regelung ist *verpflichtend*.

A 2.1.2 O 1.1.1 K 2 Gliederung

A 2.1.2 O 1.1.1 K 2 R 1 Header-Guard

Include-Dateien müssen mit einem so genannten „Header-Guard" versehen werden, der verhindert, dass dieselbe Datei bei einem Präprozessorlauf an irgendeiner Stelle mehrfach includiert wird.

Im Übrigen empfiehlt sich die folgende Reihenfolge für die Inhalte:

- Konstanten-Deklarationen
- „Forward-Declarations" für Klassen, Structs und Unions
- Deklarationen von Structs und Unions
- Typedefs
- Klassendeklarationen
- Extern-Deklarationen der im betreffenden Modul implementierten Funktionen.

Die Regelung ist ein *Soll*.

Begründung:
Mehrfach-Includes können zu sehr subtilen Fehlern führen. Die Reihenfolge der Inhalte entspricht einem gängigen Standard.

Hinweise:
Der Header-Guard ist *Pflicht*. Die Inhalte können - wenn dies sinnvoll ist - in einer anderen Reihenfolge in der Include-Datei stehen.

Beispiel(e):

```
#ifndef __FILENAME_EXT__
#define __FILENAME_EXT__
... /* Deklarationen */
#endif /* __FILENAME_EXT__ */
```

FILENAME und EXT sind dabei durch den Namen der Datei bzw. ihre Erweiterung (ohne den Punkt) zu ersetzen.

A 2.1.2 O 1.1.2 Implementations-Dateien

A 2.1.2 O 1.1.2 K 1 Gliederung

--- 2 Regelungsalternativen ---

A 2.1.2 O 1.1.2 K 1 R 1 Standard 1

C- und C++-Dateien haben folgenden prinzipiellen Aufbau:

- Dateikopf
- Include-Befehle, wobei Standard-Includes wie beispielsweise <stdio.h> oder <iostream> vor denen für anwendungsspezifische Header-Files stehen; der „eigene" Header kommt zuletzt.
- Konstantendefinitionen
- Makrodefinitionen
- Typdefinitionen, dabei enum-Typen am Ende
- Deklaration von importierten globalen Variablen und Funktionen
- Deklaration von exportierten globalen Variablen und Funktionen

- Deklaration von (Modul-)lokalen Variablen und Funktionen
- main() gegebenenfalls am Ende

Die Regelung ist *verpflichtend*.

Begründung:
Die Reihenfolge entspricht gängigen Standards.

Eine standardisierte Gliederung

- vereinfacht beim Debugging die Suche nach bestimmten Programmteilen,
- erleichtert das Einlesen in die Sources bei Code-Reviews und Wartungsarbeiten und
- vereinfacht die Kontrolle, ob alle notwendigen Code-Teile vorhanden sind.

Hinweise:
In C++ sollte man anstelle von Makros nach Möglichkeit Inline-Functions verwenden.

A 2.1.2 O 1.1.2 K 1 R 2 Standard 2

C- und C++-Dateien haben folgenden prinzipiellen Aufbau:

- Dateikopf
- Include-Befehle, wobei Standard-Includes wie beispielsweise <stdio.h> oder <iostream> vor denen für anwendungsspezifische Header-Files stehen; der „eigene" Header kommt zuletzt.
- Typdefinitionen, dabei enum-Typen am Anfang
- Konstantendefinitionen
- Makrodefinitionen
- Deklaration von externen (importierten) globalen Variablen und Funktionen
- nicht-statische Extern-Definitionen
- statische Extern-Definitionen (Modul-lokale Variable)
- Funktionen, dabei „main()" gegebenenfalls am Anfang
- eventuell weitere Extern-Deklarationen und weitere Funktionen

Die Regelung ist *verpflichtend*.

Begründung:
Die Reihenfolge ist eine Variante gängiger Standards.

Eine standardisierte Gliederung

▷ vereinfacht beim Debugging die Suche nach bestimmten Programmteilen,
▷ erleichtert das Einlesen in die Sourcen bei Code-Reviews und Wartungsarbeiten und
▷ vereinfacht die Kontrolle, ob alle notwendigen Code-Teile vorhanden sind.

A 2.1.2 O 2 Konstrukte

A 2.1.2 O 2.1 Pragmas, Hints, Direktiven etc.

A 2.1.2 O 2.1.1 Präprozessor-Anweisungen

A 2.1.2 O 2.1.1 K 1 Layout

A 2.1.2 O 2.1.1 K 1.1 Ausrichtung

A 2.1.2 O 2.1.1 K 1.1 R 1 Zeilenanfang

Alle Präprozessor-Direktiven sollen in der ersten Spalte einer Zeile beginnen.

Die Regelung ist ein *Soll*.

Begründung:
Ältere Compiler können „#..."-Anweisungen, die nicht am Zeilenanfang stehen, möglicherweise nicht verarbeiten.

Beispiel(e):

Korrekt:
```
#include <meine_datei.h>
```

Unkorrekt:
```
 #include <meine_datei.h>
```

A 2.1.2 O 2.1.1.2 #define

A 2.1.2 O 2.1.1.2 K 1 Layout

A 2.1.2 O 2.1.1.2 K 1.1 Leerzeichen

A 2.1.2 O 2.1.1.2 K 1.1 R 1 keine Leerzeichen bei Makros

Bei Makrodefinitionen darf kein Leerzeichen zwischen dem Makronamen und der öffnenden Klammer stehen.

Die Regelung ist *verpflichtend*.

Begründung:
Der C-Präprozessor erkennt die Parameterliste nicht, wenn zwischen dem Makronamen und der linken Klammer ein Leerraum ist.

Hinweise:
In C++ sollte man anstelle von Makros nach Möglichkeit Inline-Functions verwenden.

A 2.1.2 O 2.1.1.2 K 1.2 Klammerung

A 2.1.2 O 2.1.1.2 K 1.2 R 1 definierten Wert klammern

Ist ein „#define" unumgänglich, sollte der definierte Ausdruck - um Fehler zu vermeiden - unbedingt geklammert werden.

Die Regelung ist *verpflichtend*.

Beispiel(e):

```
#define BREITE (1.41)
#define LAENGE (1.0)
#define FLAECHE (LAENGE * BREITE)
```

A 2.1.2 O 2.1.1.3 #include

A 2.1.2 O 2.1.1.3 K 1 Verwendung

--- 2 Regelungsalternativen ---

A 2.1.2 O 2.1.1.3 K 1 R 1 keine Schachtelung

Die Schachtelung von Includes, also die Verwendung von „#include" in Dateien, die selbst includiert werden, ist untersagt.

Wenn die Verwendung einer Header-Datei voraussetzt, dass weitere Dateien includiert werden, ist dies durch einen entsprechenden Hinweis im Dateikopf zu dokumentieren.

Die Regelung ist *verpflichtend*.

Hinweise:
Anstelle von geschachtelten Includes spricht man auch vom „Nesting" von Includes.

A 2.1.2 O 2.1.1.3 K 1 R 2 schachteln

Wenn die Verwendung einer Header-Datei voraussetzt, dass weitere Dateien includiert sind, muss die Header-Datei die „#include's" für diese Dateien enthalten.

Die Regelung ist *verpflichtend*.

Hinweise:
Von dieser Regelung wird mehrheitlich abgeraten.

A 2.1.2 O 2.1.1.3 K 2 Inhalt

A 2.1.2 O 2.1.1.3 K 2.1 Pfadangaben

--- 2 Regelungsalternativen ---

A 2.1.2 O 2.1.1.3 K 2.1 R 1 portabel

Die Angabe absoluter Pfade ist bei „#include"-Anweisungen untersagt.

Stattdessen sind Pfade relativ zum Verzeichnis der includierenden Datei zu verwenden oder die Include-Pfade per Compiler-Flag (-I) bzw. im Makefile anzugeben.

Includes, die nicht nur einen Dateinamen, sondern auch eine Pfadangabe enthalten, sind durch entsprechende #ifdef's für alle Plattformen passend anzugeben.

Die Regelung ist *verpflichtend*.

Begründung:

Beispielsweise sind die Pfadangaben „." für das aktuelle Verzeichnis und „.." für das übergeordnete Verzeichnis nicht auf allen Betriebssystem-Plattformen üblich, insbesondere nicht bei VAX/VMS.

Beispiel(e):

```
#include <stdio.h>
#include <mein_header_file.h>
#ifdef UNIX
#include "include/mein_modul.h"
#endif
#ifdef WIN
#include "include\mein_modul.h"
#endif
```

Rahmenbedingung(en): Multi-Plattform, VAX/VMS

A 2.1.2 O 2.1.1.3 K 2.1 R 2 Standard

Die Angabe absoluter Pfade ist bei „#include"-Anweisungen untersagt.

Stattdessen sind Pfade relativ zum Verzeichnis der includierenden Datei zu verwenden oder die Include-Pfade per Compiler-Flag (-I) bzw. im Makefile anzugeben.

Die Regelung ist *verpflichtend*.

Beispiel(e):

```
#include <stdio.h>
#include <mein_header_file.h>
#include "../include/mein_modul.h"
```

A 2.1.2 O 2.1.1.4 #pragma

A 2.1.2 O 2.1.1.4 K 1 Verwendung

A 2.1.2 O 2.1.1.4 K 1 R 1 untersagt

Der Gebrauch der Compiler-Direktive „#pragma" ist untersagt.

Die Regelung ist *verpflichtend*.

Ausnahmen:
Bei bestimmten Compilern ist die Verwendung von „#pragma"-Anweisungen nicht zu vermeiden. Dies betrifft insbesondere den Bereich Templates bei C++. Wenn Code „#pragma"-Anweisungen enthält, sollten diese in geeignete „#ifdef's" eingeschlossen und zudem ausführlich kommentiert werden.

Begründung:
„#pragma" ist nicht standardisiert; die Übersetzung einer Source-Datei mit unterschiedlichen Compilern und/oder auf unterschiedlichen Plattformen kann deswegen zu völlig unerwarteten Ergebnissen führen.

A 2.1.2 O 2.2 Anweisungen

A 2.1.2 O 2.2.1 Sprunganweisungen

A 2.1.2 O 2.2.1.1 return

A 2.1.2 O 2.2.1.1 K 1 Layout

A 2.1.2 O 2.2.1.1 K 1.1 Klammerung

####### A 2.1.2 O 2.2.1.1 K 1.1 R 1 Operanden klammern

Um den Operanden von „return" sollten immer Klammern gesetzt werden.

Die Regelung ist *verpflichtend*.

A 2.1.2 O 2.2.1.1 K 2 Inhalt

A 2.1.2 O 2.2.1.1 K 2.1 unzulässiger Inhalt

####### A 2.1.2 O 2.2.1.1 K 2.1 R 1 keine Zeiger auf lokale Variable

Funktionen und Methoden dürfen auf keinen Fall Zeiger oder Referenzen auf (nicht-statische) lokale Variable zurückliefern.

Die Regelung ist *verpflichtend*.

Begründung:
Das Programmverhalten würde davon abhängen, ob der Speicherplatz für die lokale Variable bereits wieder freigegeben ist.

A 2.1.2   O 2.3   Ausdrücke

A 2.1.2   O 2.3.1   Bedingungen

A 2.1.2   O 2.3.1.1   Vergleiche mit Konstanten

A 2.1.2   O 2.3.1.1   K 1   Reihenfolge

A 2.1.2   O 2.3.1.1   K 1   R 1   Konstante links

Werden variable Werte mit einer Konstanten auf Gleichheit geprüft, so steht die Konstante links, also vor dem Operator „==".

Die Regelung ist *verpflichtend*.

Begründung:
Auf diese Weise werden versehentliche Zuweisungen durch Verwechslung mit dem Operator „=" vermieden, die sonst zu schwer zu lokalisierenden Fehlern führen können.

A 2.1.2   O 2.3.2   Zuweisungsausdrücke

A 2.1.2   O 2.3.2   K 1   Verwendung

A 2.1.2   O 2.3.2   K 1   R 1   nicht verwenden

Die Möglichkeit, Zuweisungen als Ausdrücke zu verwenden, sollte so wenig wie möglich genutzt werden. Insbesondere sollte in Bedingungen davon kein Gebrauch gemacht werden.

Die Regelung ist ein *Soll*.

Begründung:
Die Lesbarkeit des Codes verringert sich. Die Verständlichkeit für Programmierer, die im Umgang mit C nicht routiniert sind, nimmt ab. In Bedingungen besteht zudem das Risiko, durch bloße Tippfehler Zuweisungen und Vergleiche zu verwechseln.

A 2.1.2 O 2.4 Operatoren

A 2.1.2 O 2.4.1 Vergleichsoperatoren

A 2.1.2 O 2.4.1 K 1 Verwendung

A 2.1.2 O 2.4.1 K 1 R 1 bei Pointern nur (Un-)Gleichheit

Zeiger sollten möglichst nur auf Gleichheit bzw. Ungleichheit geprüft werden.

Die Regelung ist ein *Soll*.

Ausnahmen:
Vergleichsoperationen von Pointern, die in dasselbe Array hineinweisen, sind zulässig.

Begründung:
Die nicht zugelassenen Operationen sind mit Rücksicht auf Portabilitätsprobleme zu vermeiden.

A 2.1.2 O 2.4.2 Operatoren, arithmetische

A 2.1.2 O 2.4.2 K 1 Verwendung

A 2.1.2 O 2.4.2 K 1 R 1 bei Pointern nur (Un-) Gleichheit

Zeiger sollten möglichst nur auf Gleichheit bzw. Ungleichheit geprüft werden.

Die Regelung ist ein *Soll*.

Ausnahmen:
Vergleichsoperationen von Pointern, die in dasselbe Array hineinweisen, sind zulässig.

Begründung:
Die nicht zugelassenen Operationen sind mit Rücksicht auf Portabilitätsprobleme zu vermeiden.

A 2.1.2 O 2.4.3 Zeiger- und Adress-Operatoren

A 2.1.2 O 2.4.3.1 Zeiger-Dereferenzierung (*)

A 2.1.2 O 2.4.3.1 K 1 Layout

A 2.1.2 O 2.4.3.1 K 1.1 Ausrichtung

A 2.1.2 O 2.4.3.1 K 1.1 R 1 an Variable

Der „*"-Operator zur Dereferenzierung einer Pointer-Variablen wird direkt an den Bezeichner der Variablen geschrieben.

Die Regelung ist *verpflichtend*.

A 2.1.2   O 2.4.3.2   Zeiger-Deklaration (*)

A 2.1.2   O 2.4.3.2   K 1   Layout

A 2.1.2   O 2.4.3.2   K 1.1   Ausrichtung

A 2.1.2   O 2.4.3.2   K 1.1   R 1   an Variable

Der „*"-Operator zur Deklaration einer Pointer-Variablen wird direkt an den Bezeichner der Variablen geschrieben.

Die Regelung ist *verpflichtend*.

A 2.1.2   O 2.4.4   Sonstige

A 2.1.2   O 2.4.4.1   Komma-Operator

A 2.1.2   O 2.4.4.1   K 1   Verwendung

A 2.1.2   O 2.4.4.1   K 1   R 1   nicht verwenden

Der Komma-Operator sollte möglichst nicht verwendet werden.

Die Regelung ist ein *Soll*.

Ausnahmen:
Bei Schleifen mit mehreren Zählervariablen können Ausdrücke wie

```
for (int zeile = 0, int spalte = 0; ...)
```

ausnahmsweise angebracht sein.

A 2.1.2   O 2.4.4.2   Cast-Operatoren

A 2.1.2   O 2.4.4.2   K 1   Verwendung

A 2.1.2   O 2.4.4.2   K 1   R 1   bei Pointern nur eingeschränkt

Die Umwandlung eines Pointers in einen, der auf einen „kleineren" Datentyp – z.B. „short" statt „long" – zeigt, ist zulässig. Jede andere Operation als die zugehörige Rückumwandlung sollte aber vermieden werden.

Die Regelung ist ein *Soll*.

Begründung:
Andere Operationen führen zu maschinenabhängigen Ergebnissen.

A 2.1.2 O 2.4.4.3 sizeof

A 2.1.2 O 2.4.4.3 K 1 Verwendung

A 2.1.2 O 2.4.4.3 K 1 R 1 möglichst bei Objekten

Der „sizeof"-Operator sollte im Regelfall auf Objekte und nicht auf Typen angewandt werden.

Die Regelung ist ein *Soll*.

Begründung:
Der Typ von Objekten kann sich zur Laufzeit ändern.

A 2.1.2 O 2.4.4.3 K 2 Layout

A 2.1.2 O 2.4.4.3 K 2.1 Klammerung

A 2.1.2 O 2.4.4.3 K 2.1 R 1 Typen klammern

Um den Operanden von „sizeof" werden Klammern gesetzt, wenn „sizeof" auf einen Typ angewandt wird. Wird „sizeof" auf ein Objekt angewandt, werden keine Klammern gesetzt.

Die Regelung ist *verpflichtend*.

Begründung:
Die Regelung bewirkt eine optische Unterscheidung zwischen den beiden Fällen.

A 2.1.2 O 2.5 Datentypen

A 2.1.2 O 2.5.1 Grundtypen

A 2.1.2 O 2.5.1.1 ganze Zahlen

A 2.1.2 O 2.5.1.1.1 int

A 2.1.2 O 2.5.1.1.1 K 1 Verwendung

A 2.1.2 O 2.5.1.1.1 K 1 R 1 nicht verwenden

Anstelle des Datentyps „int" sind nach Möglichkeit Integer-Typen zu verwenden, deren Länge maschinenunabhängig definiert ist.

Die Regelung ist ein *Soll*.

Begründung:
Da die Länge (Anzahl Bits) bei int-Variablen von der Prozessor-Architektur abhängt, führt die Verwendung dieses Typs zu wenig portablen Programmen.

A 2.1.2 O 2.5.2 Aufzählungen

A 2.1.2 O 2.5.2 K 1 Inhalt

A 2.1.2 O 2.5.2 K 1.1 zulässige Werte

A 2.1.2 O 2.5.2 K 1.1 R 1 Startwert = 1

Die Werte bei enum-Datentypen sollten mit 1 beginnen oder der erste Wert sollte „Fehler-Charakter" haben.

Die Regelung ist ein *Soll*.

Begründung:
Die Vorgehensweise stellt sicher, dass nicht explizit initialisierte Variablen eine Fehlermeldung bewirken (weil sie bei if-else- oder switch-case-Konstrukten zur Ausführung des Codes im else- bzw. default-Ast führen).

Beispiel(e):

```
enum {fehler_status, ok_status, keine_daten_status} status_Werte;
enum {neu_angelegt = 1, geaendert = 2, geloescht = 3} aktions_Typ;
```

A 2.1.2 O 2.6 **Klassen etc.**

A 2.1.2 O 2.6.1 **Interfaces**

A 2.1.2 O 2.6.1 K 1 **Benennung**

A 2.1.2 O 2.6.1 K 1 R 1 **Präfix I**

Die Namen von Interfaces beginnen mit einem großen „I".

Die Regelung ist *verpflichtend*.

Begründung:
Diese Konvention ist vor allem im Bereich COM verbreitet.

A 2.1.2 O 2.7 **Variable, Parameter, Konstanten etc.**

A 2.1.2 O 2.7.1 **Variablen und Attribute**

A 2.1.2 O 2.7.1.1 **statische Variable**

A 2.1.2 O 2.7.1.1 K 1 **Benennung**

A 2.1.4.2 O 2.7.1.1 K 1 R 1 **Unterstrich am Anfang**

Der Name von statischen Variablen beginnt mit einem Unterstrich.

Die Regelung ist *verpflichtend*.

Begründung:
Statische Variablen sollen im Code direkt als solche erkennbar sein.

A 2.1.2 O 2.7.2 **Parameter**

A 2.1.2 O 2.7.2 K 1 **Inhalt**

A 2.1.2 O 2.7.2 K 1.1 **Typ**

A 2.1.2 O 2.7.2 K 1.1 R 1 **bei structs Pointer**

Sind Structures als Parameter zu übergeben, so sollte dies nach Möglichkeit nicht „by value", sondern „by reference" geschehen.

Die Regelung ist ein *Soll*.

Begründung:
Die Vorgehensweise ist performanter und portabler. Bei C sollte man allerdings kontrollieren, dass nicht innerhalb der Funktion die Elemente der „struct" unzulässigerweise geändert werden.

Hinweise:
In C++ sollten „const" verwendet werden, um unzulässige Änderungen der Inhalte der „struct" zu unterbinden.

A 2.1.2 O 2.7.3 **Konstante**

A 2.1.2 O 2.7.3.1 **NULL-Pointer**

A 2.1.2 O 2.7.3.1 K 1 **Verwendung**

A 2.1.2 O 2.7.3.1 K 1 R 1 **nicht dereferenzieren**

Das Dereferenzieren von NULL ist untersagt.

Die Regelung ist *verpflichtend*.

Begründung:
Je nach Maschine kann dies Programmabstürze verursachen.

A 2.1.2.3 C

A 2.1.2.3 O 1 **Dateien**

A 2.1.2.3 O 1.1 **Quellcode-Dateien und Ähnliches**

A 2.1.2.3 O 1.1.1 **Include-Dateien**

A 2.1.2.3 O 1.1.1 K 1 **Benennung**

A 2.1.2.3 O 1.1.1 K 1 R 1 **dateiname.h**

Der Name einer Header-Datei besteht aus dem Namen der .c-Datei, zu der sie gehört und der Erweiterung „.h"

Die Regelung ist *verpflichtend*.

A 2.1.2.3 O 1.1.2 **Implementations-Dateien**

A 2.1.2.3 O 1.1.2 K 1 **Benennung**

A 2.1.2.3 O 1.1.2 K 1 R 1 **dateiname.c**

Der Name einer C-Quellcode-Datei besteht aus dem kleingeschriebenen Namen eines Moduls und der Erweiterung „.c".

Die Regelung ist *verpflichtend*.

A 2.1.2.3 O 2 Konstrukte

A 2.1.2.3 O 2.1 Pragmas, Hints, Direktiven etc.

A 2.1.2.3 O 2.1.1 Präprozessor-Anweisungen

A 2.1.2.3 O 2.1.1.1 #define

A 2.1.2.3 O 2.1.1.1 K 1 Verwendung

A 2.1.2.3 O 2.1.1.1 K 1 R 1 nicht für Konstanten

Für Konstantendefinitionen ist anstelle von #define „const" (oder gegebenenfalls auch ein Enum-Typ oder eine Getter-Funktion) zu verwenden.

Die Regelung ist *verpflichtend*.

Begründung:
Die Präprozessor-Direktive „#define" führt einfache Textersetzungen durch, was zu sehr subtilen Fehlern führen kann, insbesondere, wenn der definierte Ausdruck nicht vorschriftsmäßig geklammert wird.

Außerdem können Debugger über „#define" erzeugten Konstanten keine Symbole zuordnen.

Beispiel(e):

Korrekt:
```
const KONSTANTE = 50 + 8;
quadratzahl = KONSTANTE * KONSTANTE // 58 * 58
```

Unkorrekt:
```
#define KONSTANTE 50 + 8
quadratzahl = KONSTANTE * KONSTANTE // 50 + 8 * 50 + 8
```

A 2.1.2.3 O 2.2 **Ausdrücke**

A 2.1.2.3 O 2.2.1 **Bedingungen**

A 2.1.2.3 O 2.2.1 K 1 **Inhalt**

A 2.1.2.3 O 2.2.1 K 1.1 **unzulässiger Inhalt**

A 2.1.2.3 O 2.2.1 K 1.1 R 1 kein „== TRUE"

Werden TRUE und FALSE als Konstanten mit den Werten 1 bzw. 0 definiert, so darf in einer Bedingungen niemals auf „== TRUE" abgefragt werden, sondern immer nur auf „!= FALSE". Außerdem sollte zwischen „FALSE" und „NO_ERROR" klar unterschieden werden, sodass es in vielen Fällen ohnehin besser „!= NO_ERROR" (oder noch besser besser andersherum formuliert „== ER_OK") heißen sollte.

Die Regelung ist *verpflichtend*.

Begründung:
Der Wahrheitswert „TRUE" wird in C durch jeden Wert ungleich 0 repräsentiert. Ist „TRUE" - wie üblich - als 1 definiert, führt jeder „wahre" Wert ungleich 0 *und* ungleich 1 dazu, dass der Vergleich mit ihm - im Zweifel entgegen der Intention des Programmierers - „FALSE" liefert.

Beispiel(e):

Korrekt:
```
#define FALSE (0)
if (istZiffer(zeichen) != FALSE) ...

#define ER_OK (0)
int fehlernummer = ladeDaten(...);
if (fehlernummer == ER_OK)
{
    /* Daten wurden gelesen */
}
else
{
```

```
    gibFehlerAus(
        "Fehler Nr. %d beim Laden von Daten aus ...",
        fehlernummer,
        ...);
} /* end if */
```

Unkorrekt:
```
#define TRUE (1)
if (istZiffer(zeichen) == TRUE) ...

if (!ladeDaten(...))
{
    /* Daten wurden gelesen */
}
else
{
    gibFehlerAus(
        "Unbekannter Fehler beim Laden von Daten.");
} /* end if */
```

A 2.1.2.3 O 2.3 Prozeduren, Methoden etc.

A 2.1.2.3 O 2.3 K 1 Benennung

A 2.1.2.3 O 2.3 K 1 R 1 Anfangsbuchstabe groß

Funktions- und Prozedurnamen beginnen mit einem großen Anfangsbuchstaben.

Die Regelung ist *verpflichtend*.

Begründung:
Die Unterscheidung von Funktionsnamen gegenüber Variablennamen anhand eines großen Anfangsbuchstabens ist sinnvoll, soweit dies bereits gän-

gige Konvention ist und keine Missverständnisse gegenüber Klassennamen in objektorientierten Sprachen möglich sind.

A 2.1.2.3   O 2.3.2   **Funktionen**

A 2.1.2.3   O 2.3.2   K 1   **Inhalt**

A 2.1.2.3   O 2.3.2   K 1   R 1   **Return-Wert 0 kein Fehler**

Liefert eine Funktion eine Fehlernummer zurück, so steht „0" für „kein Fehler".

Die Regelung ist *verpflichtend*.

Begründung:
Gängige Konvention.

A 2.1.2.3   O 2.3.2   K 1.2   **unzulässiger Inhalt**

A 2.1.2.3   O 2.3.2   K 1.2   R 1   **keine variable Parameteranzahl**

Funktionen mit einer variablen Anzahl von Parametern sind zu vermeiden.

Die Regelung ist *Soll*.

Begründung:
„varargs" sind nicht portabel.

Rahmenbedingung(en): portabel

A 2.1.2.3   O 2.3.2   K 2   **Reihenfolge**

A 2.1.2.3   O 2.3.2   K 2   R 1   **Out-Parameter zuerst**

Bei der Deklaration von Funktionen sind in der Parameterliste Out-Parameter - soweit vorhanden - zuerst aufzuführen.

Die Regelung ist *verpflichtend*.

Begründung:
Dies ist bei C ein allgemeiner Standard.

A 2.1.2.3   O 2.3.2.3   **System calls**

A 2.1.2.3   O 2.3.2.3.1   **alloc / malloc**

A 2.1.2.3   O 2.3.2.3.1   K 1   **Verwendung**

A 2.1.4.2.3 O 2.3.2.3.1 K 1.1 Aufruf

A 2.1.2.3 O 2.3.2.3.1 K 1.1 R 1 sizeof und expliziter cast

Beim Allokieren von Speicherplatz ist immer der „sizeof"-Operator zu verwenden. Der Return-Wert von „malloc" oder „alloc" muss explizit in den gewünschten Pointer-Typ gecastet und stets auf „!= NULL" gecheckt werden.

Die Regelung ist *verpflichtend*.

A 2.1.2.4 C++

A 2.1.2.4 O 1 Dateien

A 2.1.2.4 O 1.1 Quellcode-Dateien und Ähnliches

A 2.1.2.4 O 1.1.1 Include-Dateien

A 2.1.2.4 O 1.1.1 K 1 Benennung

  --- 2 Regelungsalternativen ---

A 2.1.2.4 O 1.1.1 K 1 R 1 dateiname.h

Der Name einer C++-Header-Datei besteht aus dem Namen der Implementations-Datei, zu der sie gehört und der Erweiterung „.h".

Die Regelung ist *verpflichtend*.

A 2.1.2.4 O 1.1.1 K 1 R 2 dateiname.hpp

Der Name einer C++-Header-Datei besteht aus dem Namen der Implementations-Datei, zu der sie gehört und der Erweiterung „.hpp"

Die Regelung ist *verpflichtend*.

A 2.1.2.4 O 1.1.1 K 2 Inhalt

A 2.1.2.4 O 1.1.1 K 2.1 unzulässiger Inhalt

A 2.1.2.4 O 1.1.1 K 2.1 R 1 keine Deklaration statischer Variablen

Header-Files dürfen keine Deklarationen von statischen Variablen enthalten. Entsprechendes gilt für Prototypen statischer Nicht-Member-Funktionen.

Die Regelung ist *verpflichtend*.

A 2.1.2.4   O 1.1.2   **Implementations-Dateien**

A 2.1.2.4   O 1.1.2   K 1   **Benennung**

--- 2 Regelungsalternativen ---

A 2.1.4.2.4   O 1.1.2   K 1   R 1   dateiname.C

Der Name einer C++-Quellcodedatei besteht aus dem kleingeschriebenen Namen eines Moduls und der Erweiterung „.C".

Die Regelung ist *verpflichtend*.

A 2.1.2.4   O 1.1.2   K 1   R 2   dateiname.cpp

Der Name einer C++-Quellcodedatei besteht aus dem kleingeschriebenen Namen eines Moduls und der Erweiterung „.cpp".

Der Name einer Template-Definitionsdatei besteht aus dem kleingeschriebenen Namen der Template-Klasse und der Erweiterung „.cc".

Die Regelung ist *verpflichtend*.

A 2.1.2.4   O 2   **Konstrukte**

A 2.1.2.4   O 2.1   **Pragmas, Hints, Direktiven etc.**

A 2.1.2.4   O 2.1.1   **Präprozessor-Anweisungen**

A 2.1.2.4   O 2.1.1.1   **#define**

A 2.1.2.4   O 2.1.1.1   K 1   **Verwendung**

A 2.1.2.4   O 2.1.1.1   K 1   R 1   nicht verwenden

Die Präprozessor-Direktive #define sollte in C++ - Programmen nach Möglichkeit nicht verwendet werden.

Für Konstantendefinitionen ist anstelle von #define „const" (oder gegebenenfalls auch ein Enum-Typ) zu verwenden, Makros werden durch Funktionen der STL oder durch Inline-Functions ersetzt.

Die Regelung ist ein *Soll*.

Begründung:
Die Präprozessor-Direktive „#define" führt einfache Textersetzungen durch, was zu sehr subtilen Fehlern führen kann, insbesondere, wenn der definierte Ausdruck nicht vorschriftsmäßig geklammert wird.

Außerdem können Debugger über „#define" erzeugten Konstanten keine Symbole zuordnen.

A 2.1.2.4 O 2.1.1.2 #include

A 2.1.2.4 O 2.1.1.2 K 1 Inhalt

A 2.1.2.4 O 2.1.1.2 K 1 R 1 C++-Header verwenden

Anstelle von C-Headern wie „stdio.h" sind die entsprechenden C++-Pendants zu benutzen, wie etwa „iostream". Dabei ist jeweils die Variante ohne das Suffix „.h" zu bevorzugen (also beispielsweise „iostream" gegenüber „iostream.h"). Keinesfalls dürfen innerhalb eines Programmes beide Möglichkeiten parallel verwendet werden.

Die Regelung ist *verpflichtend*.

A 2.1.2.4 O 2.2 Anweisungen

A 2.1.2.4 O 2.2.1 Kontrollstrukturen

A 2.1.2.4 O 2.2.1.1 Try-Catch-Blöcke

A 2.1.2.4 O 2.2.1.1 K 1 Inhalt

A 2.1.2.4 O 2.2.1.1 K 1.1 unzulässiger Inhalt

####### A 2.1.2.4 O 2.2.1.1 K 1.1 R 1 Exceptions per Referenz

Exceptions müssen per Referenz gefangen werden. Jede andere Form ist unzulässig.

Die Regelung ist *verpflichtend*.

Begründung:
Die Gründe sind relativ komplex. Bei Bedarf können sie in entsprechender Fachliteratur nachgelesen werden.

Beispiel(e):

```
catch (exception& ausnahme) ...
```

A 2.1.2.4   O 2.2.2   **Sprunganweisungen**

A 2.1.2.4   O 2.2.2.1   **setjmp / longjmp**

A 2.1.2.4   O 2.2.2.1   K 1   **Verwendung**

A 2.1.2.4   O 2.2.2.1   K 1   R 1   **nicht verwenden**

Die Anweisungen „setjmp" und „longjmp" sind nicht zu verwenden.

Die Regelung ist *verpflichtend*.

Begründung:
Greift man stattdessen auf Exceptions zurück, werden für lokale Objekte ordnungsgemäß die Destruktoren aufgerufen, was dementsprechende Memory Leaks verhindert.

A 2.1.2.4   O 2.2.2.2   **return**

A 2.1.2.4   O 2.2.2.2   K 1   **Inhalt**

A 2.1.2.4   O 2.2.2.2   K 1.1   **unzulässiger Inhalt**

A 2.1.2.4   O 2.2.2.2   K 1.1   R 1   **keine lokalen Objekte etc.**

Die folgenden Return-Werte sind unzulässig:

▶ Referenzen auf lokale Objekte oder dereferenzierte Zeiger auf mit new erzeugte Objekte.

▶ Zeiger oder Referenzen auf Elemente, deren Zugriff stärker beschränkt ist, als die Methode, die das return-Statement enthält.

▶ „Handles" interner Objekte, wenn die Methode, die das return-Statement enthält, als konstant deklariert ist.

Die Regelung ist *verpflichtend*.

Begründung:
Die Rückgabe von Referenzen auf lokale Objekte führt zu Zugriffen auf bereits wieder freigegebenen Speicherplatz. Die anderen Fälle betreffen die Umgehung von Zugriffsbeschränkungen.

A 2.1.2.4 O 2.2.2.3 **throw / raise**

A 2.1.2.4 O 2.2.2.3 K 1 **Verwendung**

A 2.1.2.4 O 2.2.2.3 K 1 R 1 **nicht bei Interface zu COM**

Routinen, auf die möglicherweise über ein COM-Interface zugegriffen wird, dürfen keine Exceptions auslösen.

Die Regelung ist *verpflichtend*.

Begründung:
COM unterstützt keine Exceptions.

A 2.1.2.4 O 2.2.3 **Zuweisungen**

A 2.1.2.4 O 2.2.3 K 1 **Verwendung**

A 2.1.2.4 O 2.2.3 K 1 R 1 **nicht in Konstruktoren**

In Konstruktoren sollten anstelle einfacher Wertzuweisungen an Membervariablen so weit wie möglich Initialisierungen benutzt werden.

Die Regelung ist ein *Soll*.

A 2.1.2.4 O 2.2.3 K 2 **Inhalt**

A 2.1.2.4 O 2.2.3 K 2.1 **unzulässiger Inhalt**

A 2.1.2.4 O 2.2.3 K 2.1 R 1 **Arrays nicht polymorph behandeln**

Ist eine Variable als Array von Objekten deklariert, so darf nur ein Array von Objekten dieser Klasse zugewiesen werden, und nicht ein Array von Objekten einer Subklasse.

Die Regelung ist *verpflichtend*.

Begründung:
Es kommt sonst möglicherweise zu Fehlern bei der Adressierung der Objekte und in der Folge zu undefiniertem Programmverhalten.

A 2.1.2.4 O 2.2.4 **Aufrufe von Prozeduren etc.**

A 2.1.2.4 O 2.2.4.1 **Methodenaufrufe**

A 2.1.2.4 O 2.2.4.1 K 1 **Inhalt**

A 2.1.2.4 O 2.2.4.1 K 1.1 **unzulässiger Inhalt**

A 2.1.2.4 O 2.2.4.1 K 1.1 R 1 **Arrays nicht polymorph behandeln**

Ist ein Parameter einer Methode als Array von Objekten deklariert, so darf nur ein Array von Objekten dieser Klasse übergeben werden, und nicht ein Array von Objekten einer Subklasse.

Die Regelung ist *verpflichtend*.

Begründung:
Es kommt sonst möglicherweise zu Fehlern bei der Adressierung der Objekte und in der Folge zu undefiniertem Programmverhalten.

A 2.1.2.4 O 2.3 **Operatoren**

A 2.1.2.4 O 2.3.1 **Zuweisungsoperatoren**

A 2.1.2.4 O 2.3.1.1 **einfache Zuweisung („=" bzw. „:=")**

A 2.1.2.4 O 2.3.1.1 K 1 **Inhalt**

A 2.1.2.4 O 2.3.1.1 K 1 R 1 **operator= ordnungsgemäß überladen**

Beim Überladen des Zuweisungsoperators sind die folgenden Regeln zu beachten:

operator= muss eine Referenz auf *this zurückliefern.

In operator= müssen alle Datenelemente zugewiesen werden.

operator= muss auf Zuweisung an sich selbst prüfen.

Die Regelung ist *verpflichtend*.

A 2.1.2.4 O 2.3.2 **Operatoren, logische**

A 2.1.2.4 O 2.3.2.1 **ODER mit Kurzauswertung**

A 2.1.2.4 O 2.3.2.1 K 1 **Verwendung**

A 2.1.2.4 O 2.3.2.1 K 1 R 1 operator|| nicht überladen

Das logische „ODER" darf nicht überladen werden.

Die Regelung ist *verpflichtend*.

Begründung:
C++ arbeitet genau wie C bei logischen Verknüpfungen ausschließlich mit Kurzauswertungen. Dieses Verhalten lässt sich beim Überladen nicht nachahmen, weil der dadurch erzeugte Funktionsaufruf in jedem Fall die Bewertung *beider* Ausdrücke erfordert. (Vor einem Funktionsaufruf müssen *alle* Parameter berechnet werden!)

A 2.1.2.4 O 2.3.2.2 UND mit Kurzauswertung

A 2.1.2.4 O 2.3.2.2 K 1 Verwendung

A 2.1.2.4 O 2.3.2.2 K 1 R 1 operator&& nicht überladen

Das logische „UND" darf nicht überladen werden.

Die Regelung ist *verpflichtend*.

Begründung:
C++ arbeitet genau wie C bei logischen Verknüpfungen ausschließlich mit Kurzauswertungen. Dieses Verhalten lässt sich beim Überladen nicht nachahmen, weil der dadurch erzeugte Funktionsaufruf in jedem Fall die Bewertung *beider* Ausdrücke erfordert. (Vor einem Funktionsaufruf müssen *alle* Parameter berechnet werden!)

A 2.1.2.4 O 2.3.3 Sonstige

A 2.1.2.4 O 2.3.3.1 Komma-Operator

A 2.1.2.4 O 2.3.3.1 K 1 Verwendung

A 2.1.2.4 O 2.3.3.1 K 1 R 1 operator, nicht überladen

Der Operator „," (Verkettung von Anweisungen) darf nicht überladen werden.

Die Regelung ist *verpflichtend*.

Begründung:
Werden Anweisungen mit Hilfe des Komma-Operators verkettet, so erfolgt

die Auswertung von links nach rechts. Dieses Verhalten lässt sich beim Überladen nicht nachahmen, weil die Reihenfolge der Bewertung der Parameter bei dem dadurch erzeugten Funktionsaufruf nicht standardisiert ist.

A 2.1.2.4 O 2.3.3.2 Cast-Operatoren

A 2.1.2.4 O 2.3.3.2 K 1 Verwendung

A 2.1.2.4 O 2.3.3.2 K 1 R 1 C++-Casts verwenden

Anstelle von C-Casts sind die entsprechenden C++-Konstrukte zu verwenden.

Die Regelung ist ein *Soll*.

A 2.1.2.4 O 2.4 Datentypen

A 2.1.2.4 O 2.4.1 Grundtypen

A 2.1.2.4 O 2.4.1.1 ganze Zahlen

A 2.1.2.4 O 2.4.1.1.1 int

A 2.1.2.4 O 2.4.1.1.1 K 1 Verwendung

A 2.1.2.4 O 2.4.1.1.1 K 1 R 1 nicht für Wahrheitswerte

In C++ ist für Wahrheitswerte der Datentyp „bool" und nicht „int" zu benutzen.

Die Regelung ist *verpflichtend*.

A 2.1.2.4 O 2.4.2 Zeiger und Referenzen

A 2.1.2.4 O 2.4.2 K 1 Verwendung

A 2.1.2.4 O 2.4.2 K 1 R 1 auto_ptr statt einfacher Zeiger

Anstelle einfacher Pointer sind „auto_ptr" zu verwenden. Im Übrigen sollte man nach Möglichkeit Referenzen anstelle von Pointern nutzen.

Die Regelung ist *verpflichtend*.

Ausnahmen:
Diese Regelung gilt nicht für Vektoren.

Begründung:
Smart Pointer verhindern Memory Leaks. Die STL-Klasse „auto_ptr" verwendet allerdings „delete" und nicht „delete []" und kann deswegen nicht für Vektoren benutzt werden.

Der Gebrauch von Referenzen ist generell sicherer als der von Pointern.

A 2.1.2.4 O 2.5 Klassen etc.

A 2.1.2.4 O 2.5.1 Template-Klassen

A 2.1.2.4 O 2.5.1 K 1 Verwendung

A 2.1.2.4 O 2.5.1 K 1 R 1 nicht verwenden

Template-Klassen sind nicht zu verwenden.

Die Regelung ist *verpflichtend*.

Begründung:
Template-Klassen sind nicht standardisiert. Ihr Verhalten kann sich je nach verwendetem C++-Compiler ändern. Außerdem gibt es sie in anderen objektorientierten Sprachen - wie beispielsweise Java - nicht oder zumindest noch nicht.

A 2.1.2.4 O 2.6 Prozeduren, Methoden etc.

A 2.1.2.4 O 2.6.1 Funktionen

A 2.1.2.4 O 2.6.1.1 System calls

A 2.1.2.4 O 2.6.1.1.1 alloc / malloc

A 2.1.2.4 O 2.6.1.1.1 K 1 Verwendung

A 2.1.2.4 O 2.6.1.1.1 K 1 R 1 nicht verwenden

Anstelle der C-Funktionen „alloc", „malloc" und „free" sind die C++-Operatoren „new" und „delete" zu gebrauchen.

Die Regelung ist ein *Soll*.

A 2.1.2.4 O 2.6.1.2 Inline-Functions

A 2.1.2.4 O 2.6.1.2 K 1 Verwendung

A 2.1.2.4 O 2.6.1.2 K 1 R 1 nicht public

Inline-Functions dürfen nicht in öffentlichen Schnittstellen enthalten sein.

Die Regelung ist *verpflichtend*.

Begründung:
Der Code der Inline-Functions würde in alle Programme hineinkompiliert, die diese Inline-Functions verwenden. Änderungen der Implementierung erforderten also Neu-Übersetzungen aller dieser Programme.

A 2.1.2.4 O 2.6.2 Methoden

A 2.1.2.4 O 2.6.2.1 Getter

A 2.1.2.4 O 2.6.2.1 K 1 Benennung

A 2.1.2.4 O 2.6.2.1 K 1 R 1 ohne Präfix

Getter- und Setter- Methoden haben denselben Namen wie das entsprechende Attribut ohne irgendein Präfix.

Die Regelung ist *verpflichtend*.

A 2.1.2.4 O 2.6.2.2 Setter

A 2.1.2.4 O 2.6.2.2 K 1 Benennung

A 2.1.2.4 O 2.6.2.2 K 1 R 1 ohne Präfix

Getter- und Setter- Methoden haben denselben Namen wie das entsprechende Attribut ohne irgendein Präfix.

Die Regelung ist *verpflichtend*.

A 2.1.2.4 O 2.6.3 Konstruktoren

A 2.1.2.4 O 2.6.3 K 1 Inhalt

A 2.1.2.4 O 2.6.3 K 1 R 1 Ressourcenlecks vermeiden

Ressourcenlecks sollten in Konstruktoren möglichst im Vorhinein vermieden werden. Ist das nicht machbar, müssen *Fehlallokierungen im Konstruktor selbst* behandelt werden.

Die Regelung ist *verpflichtend*.

A 2.1.2.4　O 2.6.3　K 1.2　unzulässiger Inhalt

A 2.1.2.4　O 2.6.3　K 1.2　R 1　nicht genau ein Parameter

Konstruktoren sollten nach Möglichkeit keine oder mindestens zwei Parameter haben.

Die Regelung ist ein *Soll*.

Ausnahmen:
Copy-Konstruktoren.

Begründung:
Konstruktoren mit genau einem Parameter werden vom Compiler möglicherweise für implizites Casten „missbraucht".

Hinweise:
Parameter mit Default-Werten sind bei dieser Regelung nicht mitzuzählen.

Manche Compiler unterstützen das Schlüsselwort *explicit*. Damit kann die Verwendung eines Konstruktors für implizite Casts unterbunden werden.

A 2.1.2.4　O 2.6.3　K 2　Reihenfolge

A 2.1.2.4　O 2.6.3　K 2　R 1　Initialisiererliste

Zu initialisierende Elemente müssen in der Initialisiererliste in der Reihenfolge ihrer Deklaration aufgeführt werden.

Die Regelung ist *verpflichtend*.

A 2.1.2.4　O 2.6.4　**Destruktoren**

A 2.1.2.4　O 2.6.4　K 1　Verwendung

A 2.1.2.4　O 2.6.4　K 1　R 1　in Basisklassen virtuell

Destruktoren in Basisklassen müssen virtuell sein.

Die Regelung ist *verpflichtend*.

A 2.1.2.4 O 2.6.4 K 2 Inhalt

A 2.1.2.4 O 2.6.4 K 2 R 1 delete auf Zeiger

Für jedes Zeiger-Element muss im Destruktor ein „delete" stehen. Abhängig vom entsprechenden „new"-Aufruf ist dabei die Form mit bzw. ohne „[]" zu verwenden.

Die Regelung ist *verpflichtend*.

Begründung:
Bei Nichtbeachtung dieser Regel können Memory Leaks entstehen.

A 2.1.2.4 O 2.7 Variable, Parameter, Konstanten etc.

A 2.1.2.4 O 2.7.1 Variablen und Attribute

A 2.1.2.4 O 2.7.1.1 Member-Variable

A 2.1.2.4 O 2.7.1.1 K 1 Benennung

--- 2 Regelungsalternativen ---

A 2.1.2.4 O 2.7.1.1 K 1 R 1 Präfix „_"

Die Namen von Member-Variablen beginnen mit einem Unterstrich.

Die Regelung ist *verpflichtend*.

Begründung:
Die Vorgehensweise entspricht einem weit verbreiteten Standard.

Hinweise:
Da Unterstriche im Bereich C/C++ auch für andere Zwecke verwendet werden, wird von der Verwendung dieser Regel ausdrücklich abgeraten.

A 2.1.2.4 O 2.7.1.1 K 1 R 2 Präfix „m"

Die Namen von Member-Variablen beginnen mit dem Präfix „m" (kleines m). Der Attributname wird mit einem Großbuchstaben beginnend daran angehängt.

Die Regelung ist *verpflichtend*.

A 2.1.3 Java

A 2.1.3 O 1 Konstrukte

A 2.1.3 O 1.1 Anweisungen

A 2.1.3 O 1.1.1 Deklarationen

A 2.1.3 O 1.1.1 Attribut-Deklarationen

A 2.1.3 O 1.1.1.1 statische Attribute

A 2.1.3 O 1.1.1.1 K 1 Inhalt

A 2.1.4.3 O 1.1.1.1 K 1 R 1 RCS-ID-String

In jeder .java-Datei muss als statisches Feld jeder Klasse und jedes Interfaces ein String definiert werden, der es ermöglicht, die exakte Version der zugehörigen Byte-Code-Datei festzustellen.

Die Deklaration soll folgendermaßen aussehen und ist möglichst als ERSTE von allen Feld-Deklarationen in den Code einzufügen:

```
public static final String RCS_ID = "Version: @(#) $Id: $";
```

Die Regelung ist *verpflichtend*.

Ausnahmen:
Diese Regelung gilt NICHT für anonyme Klassen.

Begründung:
Um Fehlerursachen einkreisen zu können, ist es oftmals hilfreich, genaue Informationen über die Versionen aller Teile des Programmsystems zu erhalten, bei dem der Fehler aufgetreten ist.

Die Deklaration mit den Modifiern „public", „static" und „final" ermöglicht es, nicht nur den Byte-Code von Klassen, sondern auch den von Interfaces mit einer Versions-Kennung zu versehen. Die Versionskennungen können - zumindest unter UNIX - mit gängigen Tools („ident", „what" usw.) aus den Byte-Code-Dateien ermittelt werden.

Der Name des Klassen-Attributes („RCS_ID") ist überall gleich. Sollte RCS_ID im Code verwendet werden (z.B. zur Ausgabe von Versions-Informationen in eine Datei oder in einem Terminal-Fenster), so kann bei Mehrdeutigkeiten der Klassen- oder Interface-Name vorangestellt werden.

Für „anonymous classes" ist die RCS_ID nicht erforderlich, da sie aufgrund des Namens eindeutig ihrer übergeordneten Klasse zugeordnet werden können, und für diese wiederum die RCS_ID ermittelt werden kann.

Hinweise:
Um den mit dieser Regelung gewünschten Effekt zu erzielen, ist es unbedingt erforderlich, den letzten Übersetzungslauf NACH dem Einchecken der Sourcen in das Versionskontrollsystem auszuführen.

Beispiel(e):

```
public class       Regelung
       extends     Object
{
    public static final String RCS_ID = "Version: @(#) $Id: $";
    ...
```

Rahmenbedingung(en): RCS, CVS

A 2.1.3 O 1.2 Ausdrücke

A 2.1.3 O 1.2.1 Bedingungen

A 2.1.3 O 1.2.1 K 1 Inhalt

A 2.1.3 O 1.2.1 K 1.1 unzulässiger Inhalt

A 2.1.3 O 1.2.1 K 1.1 R 1 kein explizites „== true"

Die „Verdeutlichung" eines Bedingungsausdrucks durch Vergleich mit „true" oder „false" ist untersagt.

Die Regelung ist *verpflichtend*.

Begründung:
Auf diese Weise werden versehentliche Zuweisungen durch Verwechslung mit dem Operator „=" vermieden, die sonst zu schwer zu lokalisierenden Fehlern führen können. Derartige Fehler können aufgrund der Tatsache, dass Java strenger typisiert ist als viele andere Sprachen, dort allerdings nur passieren, wenn Variablen vom Typ „boolean" in Bedingungen verwendet werden.

Beispiel(e):

Korrekt:
```
if (hasChildren) ...
```

Unkorrekt:
```
if (hasChildren = true) ...
```

A 2.1.3 O 1.3 Operatoren

A 2.1.3 O 1.3.1 Vergleichsoperatoren

A 2.1.3 O 1.3.1.1 Gleichheitsoperator

A 2.1.3 O 1.3.1.1 K 1 Verwendung

A 2.1.3 O 1.3.1.1 K 1 R 1 nicht bei Strings

Der Gebrauch des Gleichheits-Operators ist beim Vergleich von Strings untersagt, auch wenn dies aufgrund der speziellen Konzepte von Java bei dieser Klasse manchmal korrekte Ergebnisse bringt. Statt „==" ist die equals-Methode zu verwenden.

Die Regelung ist *verpflichtend*.

Begründung:
Mit Hilfe von „==" wird für Objekte die Identität ihrer Referenzen geprüft, nicht die Gleichheit ihres Inhalts. Nur String-Literale, konstante String-Expressions und explizit mit der Methode „intern()" in den „String-Pool" eingefügte Strings können mit Hilfe von „==" auf inhaltliche Übereinstimmung geprüft werden. Nicht-internalisierte Strings können hingegen gleich sein, auch wenn sich ihre Referenzen unterscheiden.

Die Verwendung von „==" kann aufgrund dieser Besonderheiten schwer zu lokalisierende Fehler nach sich ziehen. Dies gilt insbesondere deswegen, weil manche JVMs Strings automatisch „internisieren" und dort der Fehler deshalb nicht zum Tragen kommt.

A 2.1.3 O 1.3.2 Operatoren, arithmetische

A 2.1.3 O 1.3.2 K 1 Verwendung

A 2.1.3 O 1.3.2 K 1 R 1 Ausnahmen prüfen

Arithmetische Operationen mit ganzzahligen und Fließkomma-Variablen sind so zu implementieren, dass arithmetische Ausnahmen entweder im Vorhinein ausgeschlossen oder im Nachhinein - beispielsweise durch Test auf „NaN" - abgeprüft werden.

Die Regelung ist *verpflichtend*.

Begründung:
Kommt es bei Integer-Operationen zu einem Overflow, wirft die JVM keine Exception. Ähnliches gilt für Fließkommazahlen. Anstatt arithmetische Ausnahmen - beispielsweise bei Division durch 0 - auszulösen, wird das Ergebnis auf „NaN" („Not a Number") gesetzt.

A 2.1.3 O 1.4 Klassen etc.

A 2.1.3 O 1.4 K 1 Gliederung

  --- 2 Regelungsalternativen ---

A 2.1.3 O 1.4 K 1 R 1 Methoden nach Sichtbarkeit

Java-Klassendefinitionen enthalten die folgenden Elemente in der angegebenen Reihenfolge:

- "documentation comment" (/** ... */)

- das Schlüsselwort "class" oder "interface" mit dem Bezeichner der Klasse oder der Schnittstelle

- einen Kommentar mit Informationen, die nicht in die API-Dokumentation eingehen sollen ("implementation comment" /* ... */)

- Deklaration aller statischen Felder (Klassen-Attribute) nach ihrer Sichtbarkeit geordnet, also in der Reihenfolge "public - protected - ohne Modifier / package-level - private"

- Deklaration aller nicht-statischen Felder (Instanz-Attribute) ebenfalls in der Reihenfolge "public - protected - ohne Modifier / package-level - private"
- Konstruktoren
- statische Methoden (außer "main")
- nicht-statische Methoden
- "main"-Methode (falls vorhanden)

Für die Methoden gilt jeweils die gleiche Reihenfolge wie für die Felder.

Die Regelung ist verpflichtend.

Begründung:
Entspricht weit verbreiteten Standards und erleichtert das Auffinden von Methoden.

A 2.1.3 O 1.4 K 1 R 2 Standard-Reihenfolge

Java-Klassendefinitionen enthalten die folgenden Elemente in der angegebenen Reihenfolge:

- "documentation comment" (/** ... */)
- das Schlüsselwort "class" oder "interface" mit dem Bezeichner der Klasse oder der Schnittstelle
- einen Kommentar mit Informationen, die nicht in die API-Dokumentation eingehen sollen ("implementation comment" /* ... */)
- Deklaration aller statischen Felder (Klassen-Attribute) nach ihrer Sichtbarkeit geordnet, also in der Reihenfolge "public - protected – ohne Modifier / package-level - private"
- Deklaration aller nicht-statischen Felder (Instanz-Attribute) ebenfalls in der Reihenfolge "public – protected – ohne Modifier / package-level – private"
- Konstruktoren
- Methoden (außer "main"). Die Methoden werden nach dabei sachlichen Kriterien geordnet, und nicht nach Sichtbarkeit oder Ähnlichem.
- "main"-Methode (falls vorhanden)

Die Regelung ist verpflichtend.

Begründung:
Die Regelung entspricht dem Standard. Die Methoden werden nach sachlichen (funktionalen) Kriterien und nicht nach irgendwelchen syntaktischen Eigenschaften geordnet, weil der Code dadurch an Übersichtlichkeit gewinnt und leichter zu verstehen ist.

A 2.1.3 O 1.5 Prozeduren, Methoden etc.

A 2.1.3 O 1.5.1 Methoden

A 2.1.3 O 1.5.1.1 Getter

A 2.1.3 O 1.5.1.1 K 1 Benennung

A 2.1.3 O 1.5.1.1 K 1 R 1 nur get und is

Wenn Getter-Methoden den Standards für Beans entsprechen müssen, dürfen ihre Namen nur mit „get" oder „is" beginnen und nicht mit „has", „can", „contains" oder Ähnlichem.

Die Regelung ist *verpflichtend*.

A 2.1.3 O 1.5.1.2 Setter

A 2.1.3 O 1.5.1.2 K 1 Benennung

A 2.1.3 O 1.5.1.2 K 1 R 1 Präfix „set"

Setter-Methoden beginnen mit dem Präfix „set".

Die Regelung ist *verpflichtend*.

A 2.1.3 O 1.5.2 Konstruktoren

A 2.1.3 O 1.5.2 K 1 Inhalt

A 2.1.3 O 1.5.2 K 1.1 unzulässiger Inhalt

A 2.1.3 O 1.5.2 K 1.1 R 1 Kein Aufruf von nicht-finalen Methoden

Der Aufruf von nicht als „final" gekennzeichneten (Instanz-)Methoden einer Klasse innerhalb ihres Konstruktors ist untersagt.

Die Regelung ist *verpflichtend*.

Begründung:
Werden Methoden, die im Konstruktor einer Super-Klasse aufgerufen werden, in einer Sub-Klasse überschrieben, treten Probleme auf, weil der Konstruktor der Super-Klasse vor dem der Sub-Klasse aufgerufen wird, die Methode der Sub-Klasse aber die korrekte Initialisierung aller „Fields" der Sub-Klasse voraussetzt.

A 2.2 Modula-2/-3

A 2.25 O 1 Dateien

A 2.2 O 1.1 Quellcode-Dateien und Ähnliches

A 2.2 O 1.1.1 Definitionsmodul-Dateien

A 2.2 O 1.1.1 K 1 Benennung

A 2.2 O 1.1.1 K 1 R 1 modulname.def

Dateien, die Definitionsmodule enthalten, erhalten den Namen des Moduls mit der Erweiterung „.def".

Die Regelung ist *verpflichtend*.

A 2.2 O 1.1.2 Implementations-Dateien

A 2.25 O 1.1.2 K 1 Benennung

A 2.2 O 1.1.2 K 1 R 1 modulname.mod

Dateien, die Implementierungsmodule enthalten, erhalten den Namen des Moduls mit der Erweiterung „.mod".

Die Regelung ist *verpflichtend*.

ANHANG A – CHECKLISTE MÖGLICHER REGELUNGEN EINSCHLIESSLICH ALTERNATIVEN

A 2.2 O 2 Konstrukte

A 2.2 O 2.1 Anweisungen

A 2.2 O 2.1.1 Kontrollstrukturen

A 2.2 O 2.1.1.1 Schleifen

A 2.2 O 2.1.1.1.1 for

A 2.2 O 2.1.1.1.1 K 1 Verwendung

A 2.2 O 2.1.1.1.1 K 1 R 1 Zähler nur innerhalb

Die Zählervariablen von FOR-Schleifen dürfen nur innerhalb dieser Konstrukte verwendet werden, selbst wenn der verwendete Compiler Zugriffe auf diese Variablen auch dahinter noch zulässt.

Die Regelung ist *verpflichtend*.

Begründung:
Das Verhalten eines Programmes, das eine Zählervariable außerhalb der entsprechenden FOR-Schleife verwendet, ist maschinen- und compilerabhängig.

A 2.2 O 2.1.1.2 Verzweigungen

A 2.2 O 2.1.1.2.1 Mehrfachauswahl

A 2.2 O 2.1.1.2.1.1 CASE

A 2.2 O 2.1.1.2.1.1 K 1 Inhalt

A 2.2 O 2.1.1.2.1.1 K 1 R 1 ELSE ist Pflicht

Jede CASE-Anweisung muss einen (gegebenenfalls leeren) ELSE-Ast enthalten.

Falls möglich, sollten alle Auswahlmöglichkeiten explizit abgefragt und der ELSE-Ast für eine Fehlermeldung (eventuell plus Programmabbruch) im Fall unzulässiger Werte reserviert werden.

Die Regelung ist *verpflichtend*.

Ausnahmen:
Wenn eine CASE-Anweisung dazu dient, einige wenige spezielle Werte aus einer größeren Wertemenge gesondert zu behandeln, darf der ELSE-Ast die

Verarbeitung der Standardfälle enthalten. Unzulässige Werte sind in diesem Fall - sofern sie auftreten können - durch eine zusätzliche IF-Anweisung abzufangen.

Begründung:
Wenn der ELSE-Zweig fehlt, ist die Wirkung der CASE-Anweisung undefiniert, falls kein passender Ausdruck in der CaseLabelListe enthalten ist.

Beispiel(e):

Korrekt:
```
CASE augen OF
    1: aussetzen          := TRUE
  | 2: schritte           := 2
  | 3: schritte           := 3
  | 4: schritte           := 4
  | 5: schritte           := 5
  | 6: nochmal_wuerfeln   := TRUE
ELSE WriteString("Würfel gefälscht!")
END
```

Unkorrekt:
```
CASE augen OF
    1: aussetzen         := TRUE
  | 6: nochmal_wuerfeln  := TRUE
ELSE schritte := augen
END
(* Werte kleiner 1 und groesser 6 nicht behandelt *)
```

A 2.2 O 2.1.1.2.1.1 K 1.1 unzulässiger Inhalt

A 2.2 O 2.1.1.2.1.1 K 1.1 R 1 keine Bereiche

In der CaseLabelListe einer CASE-Anweisung dürfen keine Bereiche von Aufzählungstypen angegeben werden.

Stattdessen sind die Werte explizit aufzuzählen.

Die Regelung ist *verpflichtend*.

Begründung:
Die Verwendung von Bereichen in der CaseLabelListe von CASE-Anweisungen kann bei Änderung des zugrunde liegenden Aufzählungstyps zu einer Änderung der Semantik der CASE-Anweisung und damit zu unerkanntem Fehlverhalten des Programmes führen.

A 2.2 O 2.2 Datentypen

A 2.2 O 2.2.1 benutzerdefinierte Typen

A 2.2 O 2.2.1 K 1 Sichtbarkeit

A 2.2 O 2.2.1 K 1 R 1 Standard

Datentypen, die nur Modul-intern benötigt werden (und nicht für die Verwendung exportierter Prozeduren), sind innerhalb des Implementierungsmoduls zu deklarieren.

Datentypen, die für die Verwendung des Moduls erforderlich sind, werden innerhalb des Definitionsmoduls deklariert.

Werden Datentypen lediglich innerhalb einer einzelnen Prozedur verwendet, können sie auch lokal innerhalb der betreffenden Prozedur deklariert werden.

Die Regelung ist ein *Soll*.

Begründung:
Um fehlerhafte Zugriffe zu vermeiden, sollte die Sichtbarkeit von Objekten grundsätzlich auf das unbedingt notwendige Maß beschränkt werden.

A 2.2 O 2.3 Pakete / Module / Units etc.

A 2.2 O 2.3.1 Module

A 2.2 O 2.3.1 K 1 Benennung

A 2.2 O 2.3.1 K 1 R 1 Substantive im Plural

Module werden mit Substantiven bezeichnet. Exportiert ein Modul einen abstrakten Datentyp, so wählt man für den Modulnamen die Pluralform des Typnamens.

Die Regelung ist ein *Soll*.

Begründung:
Ein Modul enthält im Allgemeinen die dv-technische Abbildung einer Kategorie von Dingen. Die Regelung entspricht gängigen Konventionen.

A 2.2 O 2.3.1.1 Definitionsmodule

A 2.2 O 2.3.1.1 K 1 Ablage

A 2.2 O 2.3.1.1 K 1 R 1 eigene Definitionsmodul-Datei

Definitionsmodule kommen jeweils vollständig in eine eigene Datei.

Die Regelung ist *verpflichtend*.

A 2.2 O 2.3.1.1 K 2 Inhalt

A 2.2 O 2.3.1.1 K 2.1 unzulässiger Inhalt

A 2.2 O 2.3.1.1 K 2.1 R 1 nur Elemente, deren Sichtbarkeit nach außen erforderlich ist

Definitionsmodule dürfen nur die Elemente (Konstanten, Typen, Prozedurdeklarationen usw.) enthalten, die nach außen sichtbar sein müssen.

Die Regelung ist *verpflichtend*.

A 2.2 O 2.3.1.1 K 3 Gliederung

A 2.2 O 2.3.1.1 K 3 R 1 Standard

Definitionsmodule werden folgendermaßen gegliedert:

▶ Importe

▶ Definition von Konstanten, die für Typdefinitionen erforderlich sind

▶ Typdefinitionen

- Sonstige Konstanten-Definitionen
- Deklaration von Variablen
- Deklaration von Prozeduren

Die Regelung ist ein *Soll*.

A 2.2 O 2.3.1.2 **Implementierungsmodule**

A 2.2 O 2.3.1.2 K 1 **Ablage**

A 2.2 O 2.3.1.2 K 1 R 1 **eigene Implementierungsmodul-Datei**

Implementierungsmodule kommen jeweils vollständig in eine eigene Datei.

Die Regelung ist *verpflichtend*.

A 2.2 O 2.3.1.2 K 2 **Gliederung**

A 2.2 O 2.3.1.2 K 2 R 1 **Standard**

Implementierungsmodule werden folgendermaßen gegliedert:

- Importe
- Definition von Konstanten, die für Typdefinitionen erforderlich sind
- Typdefinitionen
- Sonstige Konstanten-Definitionen
- Deklaration von Variablen
- Definition von internen Prozeduren
- Definition der im Definitionsmodul enthaltenen Prozeduren (in der durch das Definitionsmodul vorgegebenen Reihenfolge)
- Modulrumpf

Die Regelung ist ein *Soll*.

A 2.2 O 2.3.1.2.1 **Hauptmodul**

A 2.2 O 2.3.1.2.1 K 1 **Inhalt**

A 2.2 O 2.3.1.2.1 K 1.1 **unzulässiger Inhalt**

A 2.2 O 2.3.1.2.1 K 1.1 R 1 **Ohne Prozeduren**

Das Hauptmodul sollte keine Prozeduren enthalten.

Die Regelung ist ein *Soll*.

Begründung:
Das Hauptmodul sollte besonders kurz und übersichtlich sein.

A 2.2   O 2.3.1.2.1   K 2   **Umfang**

A 2.2   O 2.3.1.2.1   K 2.1   **maximale Anzahl Zeilen**

A 2.2   O 2.3.1.2.1   K 2.1   R 1   20

Das Hauptmodul sollte aus maximal 20 Zeilen bestehen.

Die Regelung ist ein *Soll*.

Begründung:
Das Hauptmodul sollte besonders kurz und übersichtlich sein.

A 2.2   O 2.4   **Prozeduren, Methoden etc.**

A 2.2   O 2.4   K 1   **Schachtelung**

A 2.2   O 2.4   K 1   R 1   **max. 2 Ebenen**

Prozeduren sollten nicht tiefer als 2 Ebenen geschachtelt werden. Es soll also höchstens eine Prozedur innerhalb einer Prozedur, die direkt in einem Modul enthalten ist, eingeschachtelt werden.

Die Regelung ist ein *Soll*.

Begründung:
Bei tieferer Schachtelung von Prozeduren geht die Übersichtlichkeit und damit die Verständlichkeit des Codes verloren.

A 2.2   O 2.4.1   **Prozeduren**

A 2.2   O 2.4.1   K 1   **Inhalt**

A 2.2   O 2.4.1   K 1.1   **unzulässiger Inhalt**

A 2.2   O 2.4.1   K 1.1   R 1   **keine Typ- / keine Konstanten-Defintionen**

Typdefinitionen sollten im Modul und nicht innerhalb einer Prozedur erfolgen.

Konstanten dürfen nur in begründeten Ausnahmefällen innerhalb einer Prozedur definiert werden.

Die Regelung ist ein *Soll*.

A 2.2   O 2.4.1   K 2   Gliederung

A 2.2   O 2.4.1   K 2   R 1   Standard

Prozeduren werden folgendermaßen gegliedert:

▶ Konstanten-Definitionen

▶ Deklaration von Variablen

▶ Definition von lokalen Prozeduren

▶ Rumpf

Die Regelung ist *verpflichtend*.

A 2.2   O 2.5   Variablen, Parameter, Konstanten etc.

A 2.2   O 2.5.1   Variablen und Attribute

A 2.2   O 2.5.1   K 1   Sichtbarkeit

A 2.2   O 2.5.1   K 1   R 1   kein Export

Variablen sollten von Modulen grundsätzlich nicht exportiert werden.

Soweit von außen auf Variablen eines Moduls zugegriffen werden muss, sind entsprechende Zugriffsprozeduren zu implementieren und anstelle der Variablen zu exportieren.

Die Regelung ist ein *Soll*.

A 2.2   O 2.5.2   Konstante

A 2.2   O 2.5.2   K 1   Sichtbarkeit

A 2.2   O 2.5.2   K 1   R 1   Standard

Konstanten, die nur Modul-intern benötigt werden (und nicht für die Verwendung exportierter Prozeduren), sind innerhalb des Implementierungsmoduls zu deklarieren.

Konstanten, die für die Verwendung des Moduls erforderlich sind, werden innerhalb des Definitionsmoduls deklariert.

Werden Konstanten lediglich innerhalb einer einzelnen Prozedur verwendet, können sie auch lokal innerhalb der betreffenden Prozedur deklariert werden.

Die Regelung ist ein *Soll*.

Begründung:
Um fehlerhafte Zugriffe zu vermeiden, sollte die Sichtbarkeit von Datenobjekten (Variablen, Attributen, Konstanten und dergleichen) grundsätzlich auf das unbedingt notwendige Maß beschränkt sein.

A 2.3 Visual Basic

A 2.3 O 1 Namen

A 2.3 O 1 K 1 Layout

A 2.3 O 1 K 1.1 Groß- und Kleinschreibung

A 2.3 O 1 K 1.1 R 1 Mixed Case

Die Notation für alle Bezeichner - egal, ob für Variablen, Prozeduren, Typen usw. - ist „mixed-case"-Schreibweise mit großem Anfangsbuchstaben.

Die Regelung ist *verpflichtend*.

Rahmenbedingung(en): Windows

A 2.3 O 2 Konstrukte

A 2.3 O 2.1 Pragmas, Hints, Direktiven etc.

A 2.3 O 2.1.1 VB-Options

A 2.3 O 2.1.1.1 Option Explicit

A 2.3 O 2.1.1.1 K 1 Verwendung

A 2.3 O 2.1.1.1 K 1 R 1 immer verwenden

„Option Explicit" muss am Anfang jedes Moduls stehen.

Anhang A – Checkliste möglicher Regelungen einschließlich Alternativen

Die Regelung ist *verpflichtend*.

A 2.3　O 2.2　**Datentypen**

A 2.3　O 2.2.1　**Zeiger und Referenzen**

A 2.3　O 2.2.1　K 1　**Verwendung**

A 2.3　O 2.2.1　K 1　R 1　**Keine Pointer**

Wenn VB-Programme auf PCs mit DDR-RAM laufen sollen, dürfen diese bei der Einbindung von DLLs keine Pointer verwenden.

Die Regelung ist *verpflichtend*.

Begründung:
Es sind Probleme in diesem Zusammenhang bekannt (Abstürze).

Rahmenbedingung(en): DDR-RAM

A 2.4　Scriptsprachen

A 2.4.1　Perl

A 2.4.1　O 1　**Dateien**

A 2.4.1　O 1.1　**Skripten**

A 2.4.1　O 1.1　K 1　**Gliederung**

A 2.4.1　O 1.1　K 1　R 1　**Standard-Aufbau**

Perl-Skripte sollten folgendermaßen aufgebaut sein:

```perl
#!perl -w
# ... (Dateikopf)
use strict;
use diagnostics;
... weiterer Perl-Code
```

Die Regelung ist ein *Soll*.

A 2.4.1 O 2 Konstrukte

A 2.4.1 O 2.1 Pragmas, Hints, Direktiven etc.

A 2.4.1 O 2.1.1 Perl-Pragmas

A 2.4.1 O 2.1.1.1 use English

A 2.4.1 O 2.1.1.1 K 1 Verwendung

A 2.4.1 O 2.1.1.1 K 1 R 1 untersagt

Die Verwendung des Perl-Pragmas „use English" ist untersagt.

Die Regelung ist *verpflichtend*.

Begründung:
Die Verwendung des Perl-Pragmas „use English" führt zu Portabilitätsproblemen zwischen unterschiedlichen Perl-Versionen und zu Effizienzproblemen beim Pattern-Matching.

A 2.4.1 O 2.1.1.2 use integer

A 2.4.1 O 2.1.1.2 K 1 Verwendung

A 2.4.1 O 2.1.1.2 K 1 R 1 vermeiden

Die Verwendung von „use integer" ist auf die absolut notwendigen Fälle zu beschränken.

Die Notwendigkeit zur Verwendung von „use integer" ist in einem Kommentar zu begründen. Der Kommentar muss einen Verweis auf die Perl-Dokumentation zu „use integer" enthalten.

Die Regelung ist *verpflichtend*.

Begründung:
„use integer" wirkt sich nur bei arithmetischen Operationen aus und führt deswegen zu überraschenden Verhaltensweisen:

Die Zuweisung eines positiven Wertes zu einer Variablen gilt nicht als arithmetische Operation und führt deswegen NICHT zum Abschneiden der Nachkommastellen.

Die Zuweisung eines negativen Wertes zählt jedoch als Operation; hierbei werden also die Nachkommastellen abgeschnitten.

Beispiel(e):

```
use strict;
use diagnostics;
# Im Folgenden wird ein Geldbetrag auf eine Anzahl
# Mitarbeiter verteilt.
# Weil Geldbeträge nicht beliebig teilbar sind,
# wird Integer-Arithmetik verwendet.
# Zu moeglicherweise ueberraschenden Verhaltensweisen
# von "use integer" s. auch C:/Perl/html/lib/integer.html
use integer;
my $cents = 57 - 0.8 - 0.8 - 0.4;
my $anzahl_mitarbeiter = 5;
my $entlohnung = $cents / $anzahl_mitarbeiter;
my $rest = $cents - $anzahl_mitarbeiter * $entlohnung;
print $cents . " Cent(s) werden auf " . $anzahl_mitarbeiter.
      " Mitarbeiter verteilt.\n";
print "Jeder Mitarbeiter erhaelt " . $entlohnung / 100 .
      " Euro.\n";
print "Der Rest betraegt " . $rest . " Cents.\n";
exit;
```

A 2.4.1 O 2.2 Anweisungen

A 2.4.1 O 2.2.1 Sprunganweisungen

A 2.4.1 O 2.2.1.1 exit / last (bedingtes Schleifenende)

A 2.4.1 O 2.2.1.1 K 1 Reihenfolge

A 2.4.1 O 2.2.1.1 K 1 R 1 „last" zuerst

Endlos-Schleifen werden sinnvollerweise durch ein „last - if" beendet und nicht durch ein „if - last".

Die Regelung ist eine *Empfehlung*.

Begründung:
Das „last"-Statement ist am Ende einer Zeile schwerer zu finden als am Anfang. Außerdem ist die Formulierung dann analog zu „exit - when" bei Ada.

A 2.4.1 O 2.2.2 Deklarationen

A 2.4.1 O 2.2.2.1 Variablen-Deklarationen

A 2.4.1 O 2.2.2.1 K 1 Inhalt

A 2.47.1 O 2.2.2.1 K 1 R 1 my und local verwenden

Bei der Deklaration von Variablen sollte ihre Sichtbarkeit mit Hilfe von „my" bzw. „local" so weit wie möglich eingeschränkt werden.

Die Regelung ist ein *Soll*.

Beispiel(e):
Die Einschränkung der Sichtbarkeit von Variablen verringert die Wahrscheinlichkeit dafür, dass Fehler durch unbeabsichtigtes Ändern einer Variablen oder auch durch ungewollten lesenden Zugriff auf eine Variable entstehen.

A 2.4.1 O 2.2.3 Zuweisungen

A 2.4.1 O 2.2.3.1 reset

A 2.4.1 O 2.2.3.1 K 1 Verwendung

A 2.4.1 O 2.2.3.1 K 1 R 1 untersagt

Die reset-Anweisung ist nicht zu verwenden.

Die Regelung ist *verpflichtend*.

A 2.4.1 O 2.2.4 Aufrufe von Prozeduren etc.

A 2.4.1 O 2.2.4 K 1 Layout

A 2.4.1 O 2.2.4 K 1.1 Klammerung

A 2.4.1 O 2.2.4 K 1.1 R 1 Klammern setzen

Bei Prozeduraufrufen sind Klammern zu setzen, auch wenn die Perl-Syntax dies nicht erfordert.

Die Regelung ist *verpflichtend*.

Ausnahmen:
Bei print-Befehlen werden keine Klammern gesetzt.

Begründung:
Die Klammerung der Parameterlisten ist sicherer. Das Schreiben des print-Statements ohne Klammern entspricht einer verbreiteten Konvention.

A 2.4.1 O 2.2.5 Sonstige Anweisungen

A 2.4.1 O 2.2.5.1 Select (Perl)

A 2.4.1 O 2.2.5.1 K 1 Verwendung

A 2.4.1 O 2.2.5.1 K 1 R 1 nicht empfohlen

Die select-Anweisung sollte nicht verwendet werden.

Die Regelung ist eine *Empfehlung*.

Begründung:
Es kommt zu merkwürdigem Programmverhalten, wenn das Zurücksetzen einer Ausgabeumleitung unterbleibt / vergessen wird.

Auch mit Rücksicht auf die Kontrollierbarkeit des Codes sollte man die Ausgabe-Handles explizit bei „print" bzw. „printf" angeben.

A 2.4.1 O 2.3 Operatoren

A 2.4.1 O 2.3.1 Vergleichsoperatoren

A 2.4.1 O 2.3.1.1 =~

A 2.4.1 O 2.3.1.1 K 1 Verwendung

A 2.4.1 O 2.3.1.1 K 1 R 1 nicht mit Variablen

Variable Suchmuster - wie in „($test =~ m/$muster/)" - sind zu vermeiden.

Die Regelung ist ein *Soll*.

Begründung:
Wenn die Variable ein Null-String ist, verwendet Perl stattdessen den Inhalt von $_, was zu unvorhersehbarem Programmverhalten führt.

A 2.4.1 O 2.3.2 Test-Operatoren

A 2.4.1 O 2.3.2 K 1 Verwendung

A 2.4.1 O 2.3.2 K 1 R 1 Unix-spezifische nur unter Unix

Operatoren, um Eigenschaften von Dateien zu testen, die nur unter Unix definiert sind, dürfen auch nur unter Unix verwendet werden.

Die Regelung ist *verpflichtend*.

Begründung:
Die Ergebnisse auf anderen Betriebssystemen sind undefiniert.

Rahmenbedingung(en): Windows-Plattformen, portabel, Mac erforderlich

A 2.4.1 O 2.3.3 Operatoren, arithmetische

A 2.4.1 O 2.3.3 K 1 Verwendung

A 2.4.1 O 2.3.3 K 1 R 1 nicht bei Strings

Die Verwendung von arithmetischen Operatoren auf Variablen, deren Inhalt nicht numerisch ist, ist untersagt.

Die Regelung ist *verpflichtend*.

Begründung:
Perl gestattet zwar die Verknüpfung beliebiger Variablen mit Rechenoperatoren, aber die Ergebnisse sind dabei kaum vorhersehbar.

A 2.4.1 O 2.4 Datentypen

A 2.4.1 O 2.4.1 Handles

A 2.4.1 O 2.4.1 K 1 Benennung

A 2.4.1 O 2.4.1 K 1 R 1 Großbuchstaben

Datei-Handles erhalten Namen in Großbuchstaben.

Die Regelung ist *verpflichtend*.

Begründung:
Allgemein verbreitete Konvention.

A 2.4.1   O 2.5   Prozeduren, Methoden etc.

A 2.4.1   O 2.5   K 1   Verwendung

A 2.4.1   O 2.5   K 1.1   Aufruf

A 2.4.1   O 2.5   K 1.1   R 1   mit &

Beim Aufruf von Perl-Subroutinen ist dem Prozedur- bzw. Funktionsnamen das „&" voranzustellen.

Die Regelung ist *verpflichtend*.

Begründung:
Auch wenn das „&" ab Perl 5 nicht mehr erforderlich ist, hilft es, den Aufruf einer Unterroutine von dem einer eingebauten Funktion zu unterscheiden.

A 2.4.1   O 2.5   K 2   Inhalt

A 2.4.1   O 2.5   K 2   R 1   mit return

Perl-Subroutinen müssen immer mit einem return-Statement enden.

Die Regelung ist *verpflichtend*.

Begründung:
Perl liefert als return-Wert sonst den Wert der letzten Anweisung. Dies ist jedoch für alle Entwickler, die keine Perl-Spezialisten sind, sehr ungewohnt und kann deswegen leicht zu Fehlinterpretationen des Codes führen.

A 2.4.1   O 2.5   K 2.1   unzulässiger Inhalt

A 2.4.1   O 2.5   K 2.1   R 1   keine Änderung von globalen Variablen

Variablen des Hauptprogramms dürfen aus Unterroutinen heraus nicht geändert werden. Sollte es aus irgendwelchen Gründen heraus doch einmal erforderlich sein, ist die Subroutine mit einem entsprechenden Kommentar zu versehen.

Die Regelung ist ein *Soll*.

A 2.4.1 O 2.5.1 Funktionen

A 2.4.1 O 2.5.1.1 each

A 2.4.1 O 2.5.1.1 K 1 Verwendung

A 2.4.1 O 2.5.1.1 K 1 R 1 Einschränkungen

Die Funktion „each(HASH)" darf nicht in einem skalaren Kontext benutzt werden und auch nicht, wenn innerhalb der betreffenden Schleife

▶ Elemente zu HASH hinzugefügt werden.

▶ eine der Funktionen „keys" oder „values" auf HASH aufgerufen wird.

Die Regelung ist *verpflichtend*.

Begründung:
Weil „" und 0 gültige Schlüssel für Hashes sind, kann die Rückgabe dieser Schlüssel in einem skalaren Kontext zu einem vorzeitigen Schleifenabbruch führen, denn diese Schlüssel werden als „false" interpretiert.

Der Gebrauch von „keys" bzw. „values" setzt den Zähler zurück, der von „each" verwendet wird.

A 2.4.1 O 2.5.1.2 read (Perl)

A 2.4.1 O 2.5.1.2 K 1 Verwendung

A 2.4.1 O 2.5.1.2 K 1 R 1 binmode

Wird eine Datei mit „read" binär gelesen, sollte auf die betreffende Filehandles immer „binmode" angewendet werden.

Die Regelung ist *verpflichtend*.

Begründung:
Der Gebrauch von „binmode" ist zwar nicht auf allen Betriebssystemen erforderlich. Es erleichtert jedoch die Portierung von Perl-Programmen, wenn durchgängig „binmode" verwendet wird.

Rahmenbedingung(en): portabel

A 2.4.1 O 2.6 Variablen, Parameter, Konstanten etc.

A 2.4.1 O 2.6.1 Variablen und Attribute

A 2.4.1 O 2.6.1 K 1 Benennung

A 2.4.1 O 2.6.1 K 1 R 1 eindeutig auch bei unterschiedlichem Typ

Es ist untersagt, Variablen unterschiedlichen Typs - wie beispielsweisen Listen und Skalaren - denselben Namen zu geben. Gegebenenfalls sind Namenszusätze - wie beispielsweise „Liste" - zur Unterscheidung zu verwenden.

Die Regelung ist *verpflichtend*.

Begründung:
Perl unterscheidet zwar $variable und @variable, aber der geringe optische Unterschied kann zu fehlerträchtigen Missverständnissen führen.

A 2.4.1 O 3 Software-Tools

A 2.4.1 O 3.1 Interpreter

A 2.4.1 O 3.1 K 1 Verwendung

A 2.4.1 O 3.1 K 1.1 Aufruf

A 2.4.1 O 3.1 K 1.1.1 Parameter und Flags

####### A 2.4.1 O 3.1 K 1.1.1.1 Parameter

######## A 2.4.1 O 3.1 K 1.1.1.1 R 1 doppelte Hochkommata

Beim Aufruf von Perl aus einer DOS-Box unter Windows-Plattformen müssen Parameter, die Leerzeichen enthalten, in doppelte Hochkommata eingeschlossen werden.

Die Regelung ist *verpflichtend*.

Begründung:
Einfache Hochkommata werden von „command" nicht als Parameter-Begrenzer erkannt.

Beispiel(e):

```
C:\>perl -e "print 47.11 * 1.95583"
92.1391513
C:\>perl -e 'print 47.11 * 1.95583'
Can't find string terminator "'" anywhere before EOF at -e
line 1.
```

Rahmenbedingung(en): Win 95, Win 98, Win 2000, XP, NT

A 2.4.1 O 3.1 K 1.1.1.2 **Flag -w**

A 2.4.1 O 3.1 K 1.1.1.2 R 1 **verwenden**

„perl" ist immer mit dem Flag „-w" zu starten.

Die Regelung ist *verpflichtend*.

Begründung:
Bei Verwendung von „-w" prüft der Perl-Interpreter das Script auf Code-Teile, die mit hoher Wahrscheinlichkeit fehlerhaft sind oder zu Fehlern führen können. (Beispiel: Verwendung von Schlüsselwörtern als Namen von Subroutinen). Dieses Flag schützt also vor einer Reihe möglicher Programmierfehler.

Für Programmcode, für den - aus welchen Gründen auch immer - Warnungen abgeschaltet werden müssen, kann im Script selbst der Schalter „$^W" entsprechend gesetzt werden. Ein Verzicht auf „-w" ist deswegen selbst in Ausnahmefällen nicht erforderlich.

A 2.4.2 Python

A 2.4.2 O 1 Konstrukte

A 2.4.2 O 1.1 Anweisungen

A 2.4.2 O 1.1.1 Kontrollstrukturen

A 2.4.2 O 1.1.1.1 Schleifen

A 2.4.2 O 1.1.1.1.1 while

A 2.4.2 O 1.1.1.1.1 K 1 Kommentierung

A 2.4.2 O 1.1.1.1.1 K 1 R 1 Bedeutung von „else"

„while"-Schleifen mit einem „else"-Ast sind in einer Weise zu kommentieren, dass ihr Verhalten auch ohne spezielle Python-Kenntnisse klar ist.

Die Regelung ist ein *Soll*.

Begründung:
„while"-Schleifen mit einem „else"-Ast sind ein sehr spezielles Konstrukt, dessen Bedeutung nicht intuitiv verständlich ist.

A 2.4.2 O 1.1.2 import / with / use

A 2.4.2 O 1.1.2 K 1 Verwendung

A 2.4.2 O 1.1.2 K 1 R 1 explizite Importe

Nach Möglichkeit sollten explizite Importe, also solche in der Form „from MODULE import FUNCTION", verwendet werden.

Die Regelung ist ein *Soll*.

Begründung:
Dies verbessert die Performance und unterstützt selbstdokumentierende Programmierung.

A 2.4.2 O 1.1.3 Zuweisungen

A 2.4.2 O 1.1.3 K 1 Inhalt

A 2.4.2 O 1.1.3 K 1.1 unzulässiger Inhalt

A 2.4.2 O 1.1.3 K 1.1 R 1 Attribute nur über Set-Methoden

Zuweisungen dürfen auf der linken Seite keine Ausdrücke der Form „Instanz.Attributname" enthalten. Anders ausgedrückt: Direkte Zuweisung von Werten an Attribute eines Objektes sind unzulässig.

Die Regelung ist *verpflichtend*.

Ausnahmen:
Innerhalb von Klassendefinitionen sind Zuweisungen an die Attribute des „self"-Objektes erforderlich und deshalb zulässig.

Begründung:
Die Gefahr, dass durch einen Tippfehler ein Attribut hinzugefügt statt der Wert eines anderen gesetzt wird, ist zu groß.

Hinweise:
Diese Regel schließt insbesondere auch ein, dass Zugriffe auf „private" Attribute (deren Namen mit „_" beginnt) strikt untersagt sind, auch wenn oder gerade weil sie bei Python nicht ausgeschlossen werden können.

A 2.4.2 O 1.1.4 Aufrufe von Prozeduren etc.

A 2.4.2 O 1.1.4 K 1 Verwendung

A 2.4.2 O 1.1.4 K 1 R 1 keyword arguments

Für Funktionsaufrufe ist die „keyword arguments"-Syntax zu verwenden.

Die Regelung ist *verpflichtend*.

Begründung:

Der Code wird dadurch erheblich verständlicher.

A 2.4.2 O 1.2 Operatoren

A 2.4.2 O 1.2.1 Vergleichsoperatoren

A 2.4.2 O 1.2.1.1 Gleichheitsoperator

A 2.4.2 O 1.2.1.1 K 1 Verwendung

A 2.4.2 O 1.2.1.1 K 1 R 1 nicht bei inkompatiblen Typen

Vergleiche zwischen nicht kompatiblen Typen sind untersagt.

Die Regelung ist *verpflichtend*.

Begründung:
Vergleiche zwischen nicht kompatiblen Typen sind zwar syntaktisch zulässig, führen aber zu undefinierten Ergebnissen.

A 2.4.2 O 1.2.2 Operatoren, arithmetische

A 2.4.2 O 1.2.2.1 Modulo (%)

A 2.4.2 O 1.2.2.1 K 1 Kommentierung

A 2.4.2 O 1.2.2.1 K 1 R 1 bei Fließkomma-/komplexen Zahlen

Wird der Modulo-Operator auf Fließkomma- oder komplexe Zahlen angewendet, so ist das Verhalten des betreffenden Ausdrucks in einem Kommentar zu erläutern.

Die Regelung ist *verpflichtend*.

Begründung:
Das Anwenden des Modulo-Operators auf Fließkomma- oder komplexe Zahlen ist so ungewöhnlich, dass die meisten Entwickler entsprechende Expressions ohne zusätzliche Informationen nicht interpretieren können.

A 2.4.2 O 2 Software-Tools

A 2.4.2 O 2.1 Interpreter

A 2.4.2 O 2.1 K 1 Verwendung

A 2.4.2 O 2.1 K 1.1 Aufruf

A 2.4.2 O 2.1 K 1.1.1 Parameter und Flags

A 2.4.2 O 2.1 K 1.1.1.1 Flag -t

A 2.4.2 O 2.1 K 1.1.1.1 R 1 verwenden

„python" ist immer zumindest mit dem Flag „-t" zu starten.

Die Regelung ist *verpflichtend*.

Begründung:
Beim Setzen dieses Flags warnt der Python-Interpreter vor unzulässiger Mischung von Tabulatoren und Leerzeichen bei Einrückungen.

A 2.5 SQL

A 2.5 O 1 Datenbank-Objekte

A 2.5 O 1.1 Tabellen

A 2.5 O 1.1.1 physikalische Tabellen

A 2.5 O 1.1.1 K 1 Benennung

A 2.5 O 1.1.1 K 1 R 1 Suffix _tbl

Die Namen von physikalischen Tabellen erhalten das Suffix „_tbl".

Die Regelung ist *verpflichtend*.

A 2.5 O 1.1.2 Indizes

A 2.5 O 1.1.2 K 1 Benennung

A 2.5 O 1.1.2 K 1 R 1 Suffix _idx

Die Namen von Indizes erhalten das Suffix „_idx".

Die Regelung ist *verpflichtend*.

A 2.5 O 1.2 Constraints

A 2.5 O 1.2.1 Primary Key Constraints

A 2.5 O 1.2.1 K 1 Benennung

A 2.5 O 1.2.1 K 1 R 1 Suffix _pk

Die Namen von Primärschlüssel-Constraints erhalten das Suffix „_pk".

Die Regelung ist *verpflichtend*.

A 2.5 O 1.2.2 Foreign Key Constraints

A 2.5 O 1.2.2 K 1 Benennung

A 2.5 O 1.2.2 K 1 R 1 Suffix _fk

Die Namen von Fremdschlüssel-Constraints erhalten das Suffix „_fk".

Die Regelung ist *verpflichtend*.

A 2.5 O 1.3 Trigger

A 2.5 O 1.3 K 1 Benennung

A 2.5 O 1.3 K 1 R 1 Suffix _trg

Die Namen von Triggern erhalten das Suffix „_trg".

Die Regelung ist *verpflichtend*.

A 2.5 O 2 Konstrukte

A 2.5 O 2.1 Anweisungen

A 2.5 O 2.1 K 1 Verwendung

A 2.5 O 2.1 K 1 R 1 mit Fehlerbehandlung

Bei SQL-Befehlen ist grundsätzlich sicherzustellen, dass ihre Ausführung gegebenenfalls mit einer Fehlerbehandlung verbunden ist. Dies gilt insbesondere auch für die COMMIT-Anweisung.

In welcher Form die Fehlerbehandlung erfolgt, hängt vom Kontext ab.

Bei eingebettetem SQL sind die Fehlervariablen der SQLCA zu prüfen, gebenenfalls auch Exceptions abzufangen.

Bei Skripten ist per Aufrufparameter oder per Anweisung an den Interpreter der gegebenenfalls erforderliche Programmabbruch sicherzustellen.

Warnungen sind im Zweifel wie Fehler zu behandeln.

Die Regelung ist *verpflichtend*.

Ausnahmen:
Wenn Fehler explizit ignoriert werden sollen, muss dies entsprechend gehandhabt werden. Beispiele hierfür sind „Drop"-Befehle, die scheitern, weil das zu löschende Objekt nicht existiert.

Begründung:
Jeder Befehl zum Lesen oder Ändern von Daten (DML, wie beispielsweise „Update") oder zur Änderung der Datenstruktur (DDL, wie z.B. „Create Table") oder aus dem Abschließen einer Transaktion („Commit") kann fehlschlagen. Die Gründe können in Syntax-Fehlern, in der Kommunikation zwi-

schen Client und Server, in Festplattenfehlern und dergleichen liegen. Nicht alle dieser Fehler können durch Programmtests im Rahmen der Systementwicklung ausgeschlossen werden. Netzwerkfehler können beispielsweise jederzeit zur Laufzeit eines Systems auftreten. Eine Transaktion kann also schlimmstenfalls auch beim Übertragen des „Commit"-Befehls an den Datenbank-Server noch scheitern. Wird dies nicht bemerkt, können sich Fehler in Datenbestände einschleichen, die erst nach langer Zeit festgestellt werden.

Warnungen sind deswegen im Zweifel wie Fehler zu behandeln, weil sie beispielsweise durch das Abschneiden von Textspalten beim Selektieren von Daten hervorgerufen werden. Derartiges kann je nach Kontext nicht als harmlos angesehen werden.

A 2.5 O 2.1.2 Datenmanipulation

A 2.5 O 2.1.2 K 1 Layout

A 2.5 O 2.1.2 K 1.1 Zeilenumbrüche

A 2.5 O 2.1.2 K 1.1 R 1 Tabellenname plus Schlüsselwort

Die Namen von Tabellen sollten immer auf der gleichen Zeile mit einem Schlüsselwort stehen, durch dass sich die Art des Statements identifizieren lässt. Das heißt, zwischen „Insert", „Update", „Delete" und „From" sowie dem bzw. den jeweiligen Tabellennamen darf sich keine Zeilenschaltung befinden.

Die Regelung ist *verpflichtend*.

Begründung:
Die Beachtung dieser Regel ermöglicht es, Zugriffe auf Tabellen - einschließlich der Art des Zugriffs - mit Hilfe einfacher Such-Utilitys zu ermitteln.

A 2.5 O 2.1.2 K 2 Inhalt

A 2.5 O 2.1.2 K 2.1 unzulässiger Inhalt

A 2.5 O 2.1.2 K 2.1 R 1 keine Functions

Anweisungen zur Datenmanipulation sollten nach Möglichkeit keine Functions enthalten.

Die Regelung ist eine *Empfehlung*.

Ausnahmen:
Die Regel gilt nicht für SQL-Statements in Stored Procedures und nicht dort, wo andere Implementierungen nicht realisierbar sind (z.B. in WHERE-Klauseln, bei denen Functions auf Spalten von Tabellen angewendet werden sollen und nicht auf Variablen der Client-Applikation).

Außerdem ist die Regel nicht anzuwenden, wenn es keine wirklich äquivalente Funktion im Client gibt.

Aggregate - wie „Sum" oder „Max" - sind ebenfalls von dieser Regel ausgenommen, weil sie standardisiert sind und ihre Ausführung im Server die Netzbelastung reduziert.

Begründung:
Functions im Client auszuwerten ist oftmals performanter. Außerdem sind Functions nicht standardisiert, sodass die Möglichkeiten zum Einsatz anderer SQL-Datenbanken verschlechtert werden.

A 2.5 O 2.2 Datentypen

A 2.5 O 2.2.1 with null

A 2.5 O 2.2.1 K 1 Verwendung

A 2.5 O 2.2.1 K 1 R 1 vermeiden

„Nullable" Datatypes sollten ausschließlich dort verwendet werden, wo es unbedingt notwendig ist.

Die Regelung ist ein *Soll*.

Ausnahmen:
Spalten, die den Wert NULL annehmen können, sind insbesondere dort erforderlich, wo Durchschnittswerte gebildet werden müssen.

Außerdem gibt es Datenbanksysteme, die leere Strings als NULL interpretieren und dementsprechend leere Strings nur dann speichern können, wenn man die entsprechenden Spalten „WITH NULL" deklariert.

Begründung:
Spalten, deren Werte NULL sein können, verkomplizieren Bedingungen in Abfragen. Der Grund liegt darin, dass in WHERE-Klauseln für solche Spalten

anstelle einer zweiwertigen Logik eine dreiwertige (wahr/falsch/null) berücksichtigt werden muss (z.B. „spalte > limit OR spalte IS NULL").

Zudem sind die Konzepte verschiedener Datenbanksysteme in Bezug auf „null values" unterschiedlich, sodass die Portabilität eingeschränkt wird.

A 2.5 O 2.3 Schlüsselwörter

A 2.5 O 2.3 K 1 Layout

A 2.5 O 2.3 K 1.1 Groß- und Kleinschreibung

--- 3 Regelungsalternativen ---

A 2.5 O 2.3 K 1.1 R 1 Anfangsbuchstabe gross

Bei allen reservierten Wörtern von SQL wird nur der Anfangsbuchstabe großgeschrieben.

Die Regelung ist *verpflichtend*.

Beispiel(e):
Select abteilung, vorname, familienname From angestellter;

Select ABTEILUNG, VORNAME, FAMILIENNAME From ANGESTELLTER;

Rahmenbedingung(en): verschiedene RDBMS (portabel)

A 2.5 O 2.3 K 1.1 R 2 Schlüsselwörter GROSS

Alle reservierten Wörter von SQL sind in Großbuchstaben zu schreiben.

Die Regelung ist *verpflichtend*.

Beispiel(e):
SELECT abteilung, vorname, familienname FROM angestellter;

Rahmenbedingung(en): RDBMS mit Bezeichnern klein

A 2.5 O 2.3 K 1.1 R 3 Schlüsselwörter klein

Alle reservierten Wörter von SQL sind in Kleinbuchstaben zu schreiben.

Die Regelung ist *verpflichtend*.

Beispiel(e):
select ABTEILUNG, VORNAME, FAMILIENNAME from ANGESTELLTER;

Rahmenbedingung(en): RDBMS mit Bezeichnern groß

A 2.5.3 embedded

A 2.5.3 O 1 Konstrukte

A 2.5.3 O 1.1 Variablen, Parameter, Konstanten etc.

A 2.5.3 O 1.1.1 Variablen und Attribute

A 2.5.3 O 1.1.1.1 lokale Variable

Hinweise:
Lokale Variablen sind solche, deren Sichtbarkeit sich auf eine Prozedur, eine Methode oder einen Anweisungsblock innerhalb einer solchen beschränkt.

A 2.5.3 O 1.1.1.1 K 1 Benennung

A 2.5.3 O 1.1.1.1 K 1 R 1 Präfix „hv"

Variablen, in denen selektierte Werte (zwischen-)gespeichert werden, erhalten das Präfix „hv".

Die Regelung ist *verpflichtend*.

Begründung:
Durch dieses Präfix wird eine Verwechslung mit Spaltennamen ausgeschlossen und damit auch eine mögliche Ursache für sehr unangenehme Bugs.

Index

Symbole
#define 281
#include 281
#pragma 281

Numerisch
4GL 40, 101, 102, 103
64-Bit-Architektur 97
7x24-Stunden-Betrieb 62, 82, 132
8-Bit-Zeichensätze 162

A
Abbild
    vergröbertes 51
Abdeckung
    von Anforderungen 88
Abfolge
    von Vorgängen 52
Abfrageergebnis 192
Abhängigkeiten
    zwischen Dateien 118
Abheften 222
Abkürzungen 32, 165, 166, 175
    einheitliche 178
    einheitliche Länge 184
    für Datentypen 182
    phonetische 176
Ablage 67, 91, 108, 110, 117, 118, 120, 123, 213
Ablageort 67
    Änderungen 69
Abläufe
    komplexe 221
    normaler 52
Ablauflogik 249
Ablehnen
    einer Lösung 59
Ablenkung 34, 58
Abnahmetests 155
Abrufen
    von Informationen 31
Abschneiden 176
Abspeichern
    von Informationen 31
Abstrahieren 51
Abteilungsleiter 23
Ada 100, 102, 144, 170, 198, 233, 289
Adjektiv 204
Adressaten 29, 129
Adressen
    Schreibweise 93
Adressverwaltung
    internationale 93
Advokatus diaboli 148
Aggregate 178, 186, 199, 208
Aggregat-Funktionen 296
Ähnlichkeit 39, 40
Akzeptanz 145
Algorithmus 259
Alignment 104
Allokieren
    Speicherplatz 79
Alternativen
    kostengünstige 87
Alzheimer 53
Analogieschlüsse
    falsche 59
Analysephase 44, 157
Änderungen
    der Anforderungen 136
Änderungs-
    datum 118, 251
    historie 213, 217, 254, 256, 260
    kommentare 120, 121, 260
Änderungsprotokoll siehe Änderungshistorie
Änderungswünsche 135
Aneinander-vorbei-Reden 51, 54
Anfänger 51
Anfangsbuchstaben 176
    Großschreiben 165
Anforderungen 24, 130, 135, 149, 154, 160, 210, 217, 254, 259
    Abdeckung 88
    an Quellcode 65

funktionale 77
   Nummerierung 88
Anforderungsdokumente 67, 74, 82, 86, 164
   Vollständigkeit 138
Anforderungs-Management-Systeme 122
Anforderungs-Tayloring 95, 96
Annahmen
   implizite 62
anonyme Typen 273
Anordnungen
   kreisförmige 37
Anschaulichkeit 35
ANSI-C 277, 282
Ansichten
   Entstehung 46
Antwortzeiten 79, 83, 88, 130, 132
Antwortzeitverhalten 77
Anweisungen
   Anzahl je Zeile 225
   zusammengehörende 233
Anweisungsblöcke siehe Blöcke
Anwender 89
Anwendung
   korrekte 141
Anwendungen
   betriebswirtschaftliche 94
   zeitkritische 24
Anwendungsbeispiele 37
Anwendungsbereiche
   Definition 27
API-Dokumentation 248, 250, 271
Applets 105, 288
Applikationen
   verteilte 74
Arbeitsgang 89
Ariane 5 59
Array 182
   assoziatives 293
Arrays 104, 181
ASCII 98, 101, 115
ASCII-Zeichensatz 250
Assembler 165
Assembler-Code 103
Assoziationen 84, 177

assoziative Bahnung 48
Ästhetik 219
Atlantik 51
Attribute 171, 182, 195, 204, 257
Attributnamen 229
Aufgaben
   geistig beanspruchende 34
Aufgabenstellungen
   komplexe 153
Aufgabenverwaltung 109, 124
Aufmerksamkeit 34
Aufrufparameter 73, 76
Aufteilung
   von Code auf Dateien 122
Aufwand 107, 151, 194
   bürokratischer 45
   für Wartung und Pflege 89, 92
Aufwandsabschätzungen 25, 46, 138
Ausbildung 152
Ausdrücke
   logische 269
   zusammengesetzte 235
Auseinandersetzungen 53
Ausgabegeräte 70
Auslandsmärkte 95
Auslieferungs-Build 82
Ausnahmebehandlung 100, 132, 144
Ausnahmen 204
   allgemeine 139
   generelle 141
Ausrichten
   horizontales 175, 185
Ausrichtung
   horizontale 209
Ausrichtungen 224
   gezielte 111
   horizontale 229, 234
Ausrufezeichen 33
Aussagekraft
   eines Bildes 50
Ausspionieren 133
Auswertungsreihenfolge 235, 277
   von Operanden 285
Authentifizierung 74, 75
auto_ptr 285
Automation 63, 107, 142

automatisiert 66
Automatismen 34, 40
Autor
    eines Programmes 251
Autoren
    bekannte 152
Autoritäten
    vermeintliche 148

B

Backup 79, 84
Balkendetektoren 32
Basic 290
Basisklassen 285
Batch-Operationen 79
Baumstruktur 301
Beautifier 60, 84, 108, 111, 220, 231, 234
Bedeutung 32, 49
Bedienung 86
Bedienungsfehler 132
Bedingungen 235, 269, 278, 279, 288, 296
Bedingungstest
    am Ende 268
Befehlsform 206
Begriffe
    abstrakte 54
    Präzisierung 141
Begründungen 37, 50
    Formulierung 140
Behalten
    von Informationen 30
Behaltensleistung 49
Beispiele 36, 141
Benachrichtigung 213
Benutzername 71
Benutzungsoberfläche 94
Bereichstypen 273
Bereichsüberschreitungen 280
Berichtsgeneratoren 191
Beschränkungen
    technische 174
Beschriftungen
    Länge 93
Besonderheiten 255, 256
Besprechungsteilnehmer 52

Beteiligte 136, 145, 153
Betriebssysteme 75, 96, 97, 134, 167, 227, 253, 275
    Versionen 98
Betriebssystem-Plattformen 75
Betroffene 145
Bewegung 177
Bezeichner
    deutsche 160
    englische 160
    für Attribute 195
    für Parameter 195
    für Variable 195
    Länge 104, 173
    problemorientierte 203
    sprechende 203
    ungebräuchliche 160
Bezeichnungsweise
    einheitliche 157
Bibliotheken siehe Librarys
Big Endian 97
Bilderkennung 29
Bildschirmdarstellung 222
Bildschirmseite 220
Binär-Files 68
Binary Large Objects 101
Bindestriche 165, 264
    harte 117
Bindungswirkung 228
binmode 293
Black-Box-Tests 78
Blobs siehe Binary Large Objects
Blöcke 39, 40, 221, 226, 235
Blockkommentare 41, 233, 258
boolean 181, 278
Browser 134, 286, 288
Bruchstrich 231
Buchstabe
    einzelner 173
Buchstabenfolge 163
Budgets 18
Bug-Management-Systeme 122
byte-alignment 279
Byte-Code 113, 278, 286, 294

C

C 102, 198
C++ 71, 100, 102, 269, 283, 287, 294
C++-Casts 284
C++-Gemeinde 196
Caching 133
Callbacks 205
Caption 181
CASE-Tools 66, 87, 107
CASE-Werkzeuge 248
Casten
    implizites 285
Cast-Operatoren 229
Casts 273
    implizite 279
C-Code 103
CD 174
Change-Log siehe Änderungshistorie
Check-In
    Zeitpunkt 252
Checklisten 81, 85
Chunks 56
Clean-Up-Operationen 268
Client 296
Client-/Server-Anwendungen 194
Client-/Server-Applikationen 88
close 74
Code Review 300
Code Reviews 34, 153, 247, 251, 259
Code Walkthroughs 85
Code-Blöcke siehe Blöcke
Code-Editoren 40
Code-Generator 66
Code-Generatoren 191, 248
Code-Qualität
    Absinken 151
Code-Redundanzen 268, 287
Code-Reviews 61
    und Automation 63
color 159
colour 159
COMMIT 296
Commit 61
compare 111, 113
Compile-Fehler 68
Compiler 76, 77, 96
    ältere 174
    Unterschiede 268
    Version 165
Compilersprachen 275
Compilierung
    bedingte 249
Concurrency 256
Connect 74, 80
Connections 80
const 287
content assist 109
continue 292
Copyright-Vermerk 66, 252
Core-Dumps 121
Cross-Compiler 103
currency 183
Customize 110

D

daemons 98
Dänemark 162
Darstellung
    Details 50
    interne 180
Data Dictionary 44, 166
DatabaseMetaData 99
Dateiarten 67
Dateien 122
    generierte 121
Dateiende 68, 98
Dateikopf 66, 248, 251, 252
Dateilänge 220
Dateinamen 68, 172, 174, 253
    Länge 98
    maximale Länge 69
    systemweit eindeutige 69
Dateisystem 98
Dateiversion 252, 253
Daten
    Entstehungsgeschichte 47
    harte 46
    mehrsprachige 94
Datenbank-Abfragen 122
Datenbankabfragesprache 146, 159, 275
Datenbank-Anwendungen 66, 129, 181
Datenbank-Definition 122

Datenbanken 101
Datenbankhersteller 169
Datenbank-Management-System 166, 168
    objektorientiertes 98
    relationales 47, 98
Datenbank-Management-Systeme 113, 114
Datenbank-Server 80, 193
Datenbanksysteme 75, 88, 96
Datenbank-Tabelle 70
Datenbank-Zugriffs-Schnittstelle 99
Datenformat 73
Datenimport 79
Datenmodell 94
    Erweiterung 88
Datensicherung 160
Datenträger
    lokale 68
Datentypen 178, 179, 186, 199, 278
    Arrays 104
    Auswahl 55
    unsigned 102
Datenvolumen 130, 131
Datum 183
    Schreibweise 93
Daumenregeln 56
Deadlocks 75
Debug-Ausgaben 78
Debugger 119
Debugging-Werkzeuge 109
Debug-Images 119
Debug-Mode 119
Default-Ast 62
Defaultwert 171
Deklaration 212
    von Variablen 43
Deklarationen 234, 249
    Anzahl je Anweisung 225
    implizite 290
Deklarationsteil 233
Dekrementieren 38
Delphi 288
Denken 29
    kritisches 148
    monokausales 59
    planendes 148
    sprunghaftes 84
Denkfehler 31, 51, 263
Design 160
Designdokumente 67, 86
Design-Werkzeuge 195
Destruktoren 285
Deutsch 159, 206, 208, 250
Dezimalzeichen 229
Dialogelemente 183
Dienstprozesse 98
diff 111, 112, 113
Differences 91, 260
Disconnect 74
Diskussionen 22, 155
Divisionsoperator 231
DLL 81
Doclet-Kommentare 33, 63, 86, 91, 123, 286
Dogmen 20
Dokumentation 67, 114, 175
    Aktualisierung 90, 91, 118
    Generierung 86, 123
    integrierte 86
    von Seiteneffekten 271
Dokumentationsaufwände 87, 123
Doppelarbeiten 156
Doppellaut 176
Do-While-Schleifen 268
Dringlichkeit 92
Dritt-Generations-Sprachen 170, 275
Drucken
    Probleme 162
Drucker 174, 221
Drucker-Fonts siehe Druckerschriftart
Druckerschriftart 222
Druckseite 221
Druckzeile
    Länge 222
Dummy-Routinen 121
dynamic SQL 113
dynamically typed 180

E
each
    Perl-Funktion 293
EBCDIC 98
Echtzeit 88

Editor 164
Editoren 86, 108, 109, 222, 227
    syntaxorientierte 167
EDV-Abteilungen 17, 219
Effizienz 20
Effizienzgewinne 21, 86
Eigenentwicklungen
    überflüssige 81
Eigenschaften
    von Objekten siehe Attribute
Einarbeitungsaufwände 87
Einchecken 216
    tägliches 121
Eindrücke
    visuelle 39
Einfallstore
    für Hacker 134
Einflussgrößen
    sich ändernde 63
Eingabedaten
    Prüfung 73
Eingabefeld 182
Einheiten 93, 186, 187, 199
    bedeutungshaltige 32
    physikalische 178
    typographische 178
Einheitlichkeit 38, 223, 232
Einrückungen 226
Einrückungstiefe 109, 111, 226
Einsatzorte 137
Einsatzumgebung 24, 81, 83, 95, 133
Einsparungen 156
Einstelloptionen 77
Einstellparameter 72
Einstellungen 110
Einzelinformationen 33, 56
Einzelkämpfertum 156
Else-Ast 62
else-Ast 294
Emails 120
embedded SQL 27, 168, 269
Embedded Systeme 286
Embedded-SQL-Präprozessor 193
Emotionen 44
Empfehlung 23, 139, 142
empty date 271

end comment 236
Endbenutzer-Werkzeuge 116, 159, 181, 193, 196, 207
Ende-Kommentar siehe end comment
endline comments 228, 234, 251, 258, 259, 263
Endlosdiskussionen 147
Endlos-Rekursionen 72
Endlos-Schleifen 121, 268
Englisch 159, 190, 206, 208, 250
    als Fremdsprache 159
    amerikanisches 159
    britisches 159
    Grundkenntnisse 127
Englischkenntnisse 159
Entscheidung
    durchdachte 58
    endgültige 136
    gute 20
    sachgerechte 22
    schlechte 56
Entschlüsselungskompetenz 182
Entwicklerteams 23
Entwicklungsaufwände 75, 102
Entwicklungsprozess 130
Entwicklungsteams 24
Entwicklungstools 166
    veraltete 61
Entwicklungsumgebungen 25, 95, 109
    integrierte siehe IDE
    Nutzen 138
    Umstellung 69
Entwicklungswerkzeuge 267
    Schwachpunkte 149
Entwicklungszeiten
    Kalkulation von 45
equals-Methode 288
Ereignis 205
Ereignisprotokoll 70, 98
Ereignisprozeduren 166
Erfahrungen 127, 146
    positive 46
Erfahrungshorizont 275
Ergebnis
    abschließendes 53
Erinnertes 52

Erinnerungsfehler 53
Erinnerungsvermögen 47
Erstelldatum 252
Ersteller
    von Programmierrichtlinien 29
Erstklässler 33
Evolution 30
Exceptions 71, 100, 144, 204, 255, 270, 283, 285, 296
Exit-Code 71
explicit 285
expression language 279
Expressions siehe Ausdrücke
extern 198
Extrapolieren 41

F
Fachbegriffe 50
Fachbücher 259
Fachliteratur 129, 153, 254
Fachwissen 50, 97
Fachzeitschriften 82
Fachzeitschriften-Artikel 81
Fagan Inspections 85
Fallstricke 278
Falscher Respekt 138
FALSE 281
Farbdrucker 167
Farben 40, 94, 110
    von Bezeichnern 167
Farbenblindheit 110
fc 111, 112
Feedback 50, 72, 152, 153
Fehleingaben 77
Fehlen
    ungewöhnliches 52
Fehlentscheidungen 148
Fehler 76
    gängige 141
    reproduzierbare 91
Fehlerarten 70
Fehlerbehandlung 70, 74, 86, 268, 270
Fehlerbehandlungsroutinen 95
Fehlerbehandlungs-Strategien 255
Fehlerbehebung 78
Fehlerbeseitigung 46

Fehlercode 70
Fehlerereignisse
    Häufigkeit 45
Fehlerfolgen 46
Fehlerhäufigkeit 39
Fehlermeldungen 94, 160, 188
    Formulieren 127
Fehlernummer 71, 296
    Konventionen 283
Fehlerprotokolldatei 70
Fehlerquellen 32, 91
Fehlersituationen 72
Fehlersuche 112, 119, 147
Fehlertext 70
Fehlerursachen 217, 244, 256, 260
    Auffinden 90
    Ermittlung 116
    Suche 78
Fehlervermeidung 45
Fehlerwahrscheinlichkeiten 46
Fehlinterpretationen 219
Feldüberschriften 181, 182
Fenstertechnik 221
Field 182
fields 196
File-Header siehe Dateikopf
Filtern
    von Dateien 87
final 287, 288
final build 63
find 87, 114, 117
Find as Word 173
Firmenkürzel 166
Firmenpräfix 171
Flächenelemente 32
Flags 76
Flexibilität 156
Fließkommawert 279
Fließkommazahlen 183, 300
Fluktuation 126
Folgekosten 156
Folgezeile 235
Font 110, 163
Formatierung 109, 113, 184, 220
For-Schleifen 268
Fortsetzungszeilen 224

Fragen
    kritische 148
Freeware 61, 108, 120
Fremdquellen 46
Fremdschlüssel 114, 194
From-Klausel 194
Fronten 46
Führungsaufgaben 148
Führungskräfte 46
function prototype 279
functions siehe Funktionen
funktionale Programmierung 294
Funktionalitäten
    allgemeine 70
    versteckte 302
Funktionen 270, 271
Funktionsprozeduren 205

G

Gallonen 94
Garbage Collection 283, 286
Garbage Collector 291
Gedächtnis 30, 47, 142
    visuelles sensorisches 33
Gedächtnisinhalte
    konkurrierende 53
    neu hinzugekommene 53
    Umorganisieren 51
    Zerfall 55
Gedächtnisleistung 49
Gedächtnispsychologie 48
Gefühle 30, 46
Gegenlesen
    von Quellcode 85
    von Sourcen 34
Gehirn 30
    Arbeitsweise 31
Geist
    menschlicher 29
Geldeinheiten 178
Genauigkeit 32
Geographie 137
Geschlossenheit
    Prinzip der 41
Geschwindigkeit
    einer Wahrnehmung 33
Gestalt
    gute 41
Gestaltgesetze 39, 41, 235
Getter-Methoden 39, 206, 272
Gewissenlosigkeit 53
Gewohnheiten 38, 112, 151, 152, 154, 166, 187
Glaubenskämpfe 46, 56
Glaubenskriege 22, 45, 163, 226, 235
Gleichheits-Operator 288
Gleichheitsoperator 279, 300
Gleichzeitigkeit 34
Gliederung
    nicht durchgehaltene 143
    sinnvolle 142
    standardisierte 247
    ungeeignete 143
    von Sourcen 220
Gliederungskriterien 142
globals siehe Variable
    globale
goto 292
goto-Programmierung 105, 268
Gramm 94
grep 87, 114, 117, 190
Griechenland 93
Grobdesign 95
Groß-/Kleinschreibung 69, 93, 101, 112, 163, 167
Großbuchstaben 32, 189
Gründe
    theoretische 138
Grundlagenarbeit 145
Gruppe 138
    Gesamtleistung 153
GUI-Programmierung 290
Gültigkeitsbereich 179, 197, 257
Gültigkeitsbereichs-Hierarchien 299

H

Hacker 76, 134
Handbücher 83, 108, 129, 148, 165, 248
    Erstellung 86, 87
Handelnde 177

Handlungsspielräume 148
Hardware 96, 105, 133
    Leistungsfähigkeit 79
Hauptspeicher 79, 132
Header-Files 281
Header-Guards 281
Hersteller 188
Herstellerkürzel 189, 199
Hervorhebung
    von Unerwartetem 38
    von ungewöhnlichen Reihenfolgen 52
Hervorhebungen 45, 106, 111
    in Kommentaren 33
Heuristiken 56
Hierarchie 143
Hilfsprogramme 107
Hindernissen
    praktische 158
Hintereinander
    statisches 249
Hintergrundinformationen 128
Hintergrundwissen 20, 22, 32, 43, 126
Hinweise 36
Hirnareale 30
Hochformat 222
Hochschulabsolventen 148
Hochschulen 226
Hostsprache 169
Hostvariablen 189
HTML 33, 115, 162

I
IDE 107, 124, 227
Imperativ 205
Implementierungsansatz 154
Implementierungsansätze 258
Implementierungsaufwand 137
import 198
Importe 172
    explizite 295
Inbetriebnahme 86, 136
Include-Files 280
Infinitiv 205
Informationen
    anschauliche 35
    bestätigende 45
    erforderliche 145
    nützliche 37
    sichere 31
    überraschende 35, 38
    unerwartete 38
    wichtige 36
    widersprechende 45
Informationsbeschaffung 82
    unzureichende 148
Informationskanäle 34
Informationsmenge 143
Inhalts-Assistenten siehe content assist
Inhaltsverzeichnis 142
In-House-Projekte 127
Ini-Dateien 73
Initialien 253
Initialisiererliste 285
Initialisierungen 249, 285
Inkonsistenzen 122
Inline-Functions 284
In-Parameter 195
Installation 86, 98, 291
Instanzvariablen 229
Intercaps 163, 166
Interesse
    zeigen 58
Interessen
    persönliche 138
Interessenkonflikte 135
Interface-Konzept 287
Interferenz 53, 55
Internationalisierung 72, 88, 93, 95, 124, 130, 134, 284, 286, 302
Internet 66, 82
Interoperabilitätsprotokolle 105
Interpolieren 41
Interpreter 76
Invarianten 257
Investitionen 22, 146
Irrtümer 41
Irrwege 147
    nicht-triviale 259
is

Operator 294
isInstanceOf 170
ISO-8859-1 93
Italienisch 94

J
Jar-File 174
Java 100, 102, 144, 182, 196, 198, 276, 283, 286, 294, 302
Java-Beans 206
Javascript 275
JDBC 99, 296
JVM 286

K
Kalender 93
Kantendetektoren 32
Kennwörter 74, 76
keyword substitutions 120
Keyword-Expansion 253, 254
Keywords 168
Klammern 39, 111, 170, 228, 230
    geschweifte 235
Klammerung 235
Klassen 172, 182, 190, 198, 203
Klassenhierarchie 144
Klassennamen 170, 230
Know-How-Sharing 156
Know-How-Transfer 147
known bugs 256
kognitive Psychologie 29
Kollegen 29
Kommando-Interpreter 98
Kommandosprachen 291
Kommandozeile
    Gesamtlänge 73
Komma-Operator 285
Kommentare 106, 191, 212, 228
    ausblenden 86
    mehrzeilige 103
    mit Querverweisen 92
    Stenogrammstil 84
    veraltete 262
Kommentarsymbole 229, 264, 267
Kommentarzeilen 228

Kommentierung 21, 74, 84, 144, 217, 250, 291
    in Englisch 127
    mangelnde 262
Kommunikation
    innerhalb des Teams 54
    mit Kunden 159
    Richtung Entwickler 90
Kommunikationsprobleme 147
Kompatibilität 273
komplexe Zahlen 294
Komplexität
    einer Aufgabenstellung 57
Komprimieren
    von Quellcode 117
Kompromisse 18, 20
    faule 147
Konfiguration 120, 125, 132
    von Code-Generatoren 67
Konfigurationsaufwände 87
Konfigurationsdateien 121
Konfigurationsdaten 73
Konfigurationsinformationen 73
Konfigurationsmanagement 23, 213
Konfigurierbarkeit 130, 135
Konflikte 148
Konformität
    Kontrollieren von Sourcen 50
Konkurrenzdruck 138
Konsistenz 121
Konsonanten 176
Konstanten 163, 171, 183, 204, 272
Konstrukte 144
Konstruktoren 285
Kontext 43
kontraproduktiv 49
Kontrollaufwände 106
Kontrollbedarf 87
Kontrolle 63
Kontrollstrukturen 233, 236, 258
Konventionen
    informelle 146
Konvertierung
    explizite 101
Konzentration 34, 58
Konzepte

von Programmiersprachen 144
Koordinatenursprung 180
Kopfschütteln 29
Kopien
    von Sourcen 66
Kopieren
    einer Datei 106
Korrektheit 21, 267
    einer Wahrnehmung 33
    eines Programmes 128
Korrekturmaßnahmen 131
Kosten 137, 221
    durch Fehler 45
    für Anpassung 138
    für Einarbeitung 138
    für Tests 47
Kostendruck 138
Kostenvorteil 41
Kostenziele 19
Kulturkreis
    westlicher 94
Kunden 127, 187, 195, 207, 232
Kundennummer 181
Kundenwünsche 137
Kurzauswertung 280, 285
Kürzel 188
Kurzzeitgedächtnis 56, 148
    Kapazität 58

L
Label 181, 236
Länder 95
Landessprache 94
Landscape siehe Querformat
Langzeitgedächtnis 48
Lastspitzen 77, 132
Lastverhalten 78
Lastverteilung 79, 133
Laufweite 110, 222
Laufzeit 115
Laufzeitbibliotheken 81
Layout 21, 220
    einheitliches 83
Lebenszyklus 65, 107
Leerzeichen 53, 173, 226, 228, 294

fehlende 111
Leerzeilen 232
Lehrbuchautoren 173
Lehrbücher 152, 171
    akademische 225
Leistungsfähigkeit 30
    eigene 138
Lernen 30
Lernpsychologie 152
Lernvorgang 50
Lesbarkeit 41, 83
Lexikon 162
Lexikonsortierung 93
Libraries 72, 76, 188
    dynamische 113
Licence 159
License 159
Lieferant 177
Lieferung 177
line 183
line comments 233, 264
Lines of Code 62
Linienelemente 32
Linker 165
Linker-Flag 77
lint 280
Liste
    maximale Länge 37
Listen 37
Listen-Operationen 103
Liter 94
Literale 271
Little Endian 97
load balancing siehe Lastverteilung
local 198, 292
Localization 72
Logging 75
Logik
    dreiwertige 296
long 43
longjmp 285
Loop-Counter siehe Zählervariablen
Lösungen
    unreflektierte 148
Lösungsalternativen 61

M

Mainframe 97
Maintenance 89
make 118
Make-Files 76, 77, 121
Mängelbeseitigung 84
Manipulieren 133
manuelle Nachbearbeitung 67
marker comments 251
Maschineschreiben 228
Maske 182
Maskeneditoren 109
Maskenfelder 182, 189
Maskengeneratoren 191
Maße 93
Matrizenoperation 203
Maximalwerte
    von Variablen 78
Mehrbenutzerbetrieb 88
Mehrdeutigkeiten 177
Mehrfach-Vererbung 283, 287, 289, 294
mehrsprachig 94
Meinungsverschiedenheiten 55, 155
Meldungsausgabe 70, 72
Member
    statische 196
member variable 171, 195, 196
Memory Leaks 132, 279, 283, 285
Memory-Allocation 79, 80
Menu 183
Messfehler 47
Methoden 270
    statische 170, 204
Methodennamen 229
Middleware 81
Minimalwerte
    von Variablen 78
Minute 177
Mischtöne 110
Missverständnisse 41, 54, 55, 140, 142, 162, 180, 198, 225, 235, 240, 268
    zwischen Teammitgliedern 100
Mitarbeiter
    erfahrene 146
Mitprotokollieren

von Fehlern 90
von Ressourcenverbräuchen 81
Mitteilungen
    unangenehme 44
Mittelamerika 51
mixed case 163, 170
Modell
    objektorientiertes 195
Modifier 165
Modula 198
Modula-2 288
Modularisierung 84, 91, 102
Module 198, 203
Modulebene 197
Modul-Header siehe Modulkopf
Modulkopf 252
Modulkürzel 166, 173, 188, 199
Modulnamen 172, 174, 254
Modulpräfix 171
Modultests 90, 155
Monitoring 75, 79, 86
Motivation 20, 49, 142, 156, 219
    positive 152
Mounten 177
multiple inclusion guards siehe Header-Guards
Multi-Prozessor-Systeme 97
Multithreading 80
Muster siehe Template
Muttersprache 159
my 198, 292

N

Nacharbeiten
    manuelle 191, 195, 226, 248
Nachbedingungen 249, 256
Nacheinander
    dynamisches 249
Nachteile
    von Regelungen 52
Nähe 39
name mangling 165, 174
Namen
    sprechende 223
Namensgleichheiten

zufällige 165
Namenskollisionen 190, 193, 199
Namenskonflikte 195
Namenskonventionen 91, 114, 187
Namensvergabe 21, 36, 60, 67, 84, 144, 157, 250
   in Englisch 127
Namenszusätze 179, 196
   Kombinationen 180
   unzulässige 166
Negations-Operatoren 269
Negativeffekte 59
Nervenzellen 30
Netzhautzellen 32
Netzwerke 75, 96
   heterogene 68, 172
Netzwerkprotokolle 105
Netzwerkverbindungen 74, 75, 79
Neuheit 35
Neuronen 30, 32
next 292
Nicht-proportional-Schriften 110
Nordamerika 51
Normen 161
Notation
   ungarische 290
Notizen 154
NULL 282, 296
Nulltarif 22
Null-Werte 99
Nützlichkeit 35

O

Obfuscating 134
Object Request Broker 81, 96, 105
Objekte
   benutzerdefinierte 167
Objekttyp 178
ODBC 72
Öffnen
   von Dateien 74, 79
One-Entry-One-Exit-Prinzip 270
open 74
Operating 86
Operationen
   ressourcenintensive 80
Operator 89
Operatoren 103, 223, 228, 235
   arithmetische 293
   binäre 228, 301
   unäre 228
   verfügbare 101
Optimierungsoptionen 76
Optimismus 45
Option Explicit 290
Optionen 110
Ordnung
   alphabetische 184
Ordnungskriterien 215
outline control 183
Out-Parameter 195, 282
Overflow 287
Overhead 131, 134
Overlearning 152

P

Pakete 198
Paketnamen 172, 174, 230, 254
Palm Top 97
Panama-Kanal 51
Parallelentwicklung 95
Parameter 195, 204, 255, 257, 277
   maximale Anzahl 37
   Prüfung 73
Parameterlisten 170, 223, 230, 245
Parameterübergabe 104
Parameterwerte
   Zulässigkeit 62
Pascal 288
Passwörter siehe Kennwörter
Patch-Installation 90
Pattern-Matching 293
Pattern-Matching-Operatoren 235
Pazifik 51
PC-Plattformen 97
Peer Reviews 85, 126, 153
Performance 68, 79, 256, 268, 272, 295
Performance-Probleme 80, 280
Perl 101, 103, 171, 198, 276, 291, 292
Perl-Pragma 293

Perl-Subroutinen 293
Persistenz 257
Pessimismus 45
Pfadangaben 98
Pfadnamen 172
    Länge 174
    maximale Länge 69
Pflege 88, 92, 130, 135
Pflichtenheft 70
PHP 275
Pixel 179
PL/SQL 289
plain text 115
Planbarkeit
    von Pflegemaßnahmen 92
Planunghorizont
    unsicherer 136
Platten
    lokale 68
Plattenplatz 79, 132
Plattformen 96, 146, 174
Plug-Ins 105
Pointer 103, 181, 182, 281
    konstante 283
Polymorphie
    bei Arrays 286
Portabilität 66, 96, 137, 169, 249, 273, 278, 282, 291, 293, 296, 302
Portierung 75, 89, 96
Position 35
Positionierung
    von Informationen 37
Postinkrementoperator 277
Präfixe 178, 184, 186, 200
pragma-Anweisungen 104
Prägnanz 39
Präinkrementoperator 277
Präprozessor 287
Präprozessor-Direktiven 284
Prioritäten
    wechselnde 136
Probleme
    komplexe 136
    überflüssige 29
    verästelte 138

Problemstellungen
    komplexe 63
    produktivitätsfördernd 263
Profiling-Tools 124
Profiling-Werkzeuge 109
Programmabstürze 280
Programmautor 154, 251
Programme
    Anpassung 25
Programmierer 29
Programmierrichtlinie
    Definition 23
Programmierrichtlinien
    als Problemursache 148
    Änderungswünsche 147
    Anpassungsbedarf 83
    Anwendung 147
    Einführung 152
    Einhaltung 47
    Entwurf 147
    Erstellung 151
    Erstellungsaufwände 146
    Formulieren 50
    Gestaltung 21
    Gestaltungsprozess 145
    Gliederung 85, 144
    Nutzen 151
    Überarbeitung 148
    Umfang 37
    Umsetzung 152
    Verbesserungsvorschläge 147
Programmierrichtlinien-Management-System 299
Programmiersprache
    Angabe im Dateikopf 254
    höhere 102
    maschinennahe 103
Programmiersprachen 146
    objektorientierte 144, 275
Programmierstil
    einheitlicher 39
    Vorlieben 155
Programmierung
    defensive 249
    funktionale 291

kommentarfreie 17
    strukturierte 270, 291
Projektebene 166
Projektkosten 123
Projektmanagement 153
Projektname 252
Projektstatus-Berichte 58
Projektstress 112
Properties-Dateien 73
Proportionalschrift 40
Protokollierungsfunktionen 82, 91
Prozeduraufrufe
    dynamische 113
Prozedurdeklarationen 245
Prozeduren 270
Prozedurkopf 251
Prozedurnamen 230
Prozess
    industrieller 108
Prozesskommunikation 75
Prüfungen
    automatische 120
    semantische 76
Pseudo-Code 62
Pseudo-Treffer 190
Psychologie
    kognitive 29
Public-Domain-IDE 124
Public-Domain-Software 17
Public-Domain-Tools 61, 227
Python 79, 198, 276, 291, 294

Q
QEP siehe query execution plan
QS-Maßnahmen siehe Qualitäts-Sicherungs-Maßnahmen
Qualifier 186, 210
Qualität 107, 108, 152, 221
    einer Entscheidung 57
Qualitätkontrolle 131
Qualitätsansprüche 65, 127
Qualitätskriterien 19
    von Richtlinien 21
Qualitätssicherung 160
Qualitäts-Sicherungs-Maßnahmen 62
Qualitätswünsche 19
Querbezüge 142, 160, 164, 175, 190, 301
Quereinsteiger 126
Querformat 221, 222
Querverweise 88, 114, 190, 259
    in Kommentaren 92
query execution plan 47
quoted identifier 161

R
Rahmen 264
Rahmenbedingungen 301
    Definition 24
    geänderte 25
    sich ändernde 136
Ränder 222
Rattenschwanz
    von Arbeiten 90
RDBMS siehe Datenbank-Management-System
    relationales
Reaktionszeiten 132
Rechnerkategorie 97
Rechnername 71
Rechtschreibelexikon 228
Rechtssysteme 94
Records 190
redo 292
Redundanz 142
Refactoring 124, 180
Referenz 182
Referenzen 283
Reflex 40
Regeln
    Alternativen 140
    Änderungen 145
    Anwendung 139
    Argumente 140
    Aufwand und Nutzen 140
    Auslegung 139, 166
    Ausnahmen 139, 141
    Beachtung 151
    Begründung 140
    Definition 23
    Einhaltung 142

Erlernen 151
    grundlegende 144, 157
    Inhalt 139
    Kenntnis 151
    Nicht-Beachtung 140
    praktische Anwendung 141
    selten anzuwendende 153
    sprachspezifische 144
    Umformulieren 145
    Umsetzung 139, 141
    Verständnis 141
    Zustimmung 147
    Zweck 143
Regelungen
    Definition 23
    Inhalt 85
    selten anzuwendende 55
Regelungsalternativen 23
Regelungsbedarf 65
Regionen 95
regions 98
Registry 73
Regressionstests 90, 155
regular expressions siehe reguläre Ausdrücke
reguläre Ausdrücke 101, 190
Reihenfolge 46, 184, 206
    alphabetische 184
    bei Lernvorgängen 55
    von Anweisungen 247
    von Statements 259
Reihenfolgen
    ungewöhnliche 52
Reisekosten 137
Reize 30
Reizmuster 30, 38
Rekonstruiertes 52
Relikt 173
Rentabilität 45
Repeat-Until 268
Reporting 94, 161
Repräsentanten
    von Denkkategorien 54
reproduzieren 55
reset 292

Respekt
    falscher 148
Ressource-Files 67
Ressourcen 78
    unbegrenzte 20
Ressourcenhunger 82
Ressourcenlecks siehe Memory Leaks
Ressourcenverbrauch 77
Ressourcenverbräuche 78, 83, 89
Restfehlerrate 62
Restriktionen 130
restriktiv 102
result set 48
Return 270
Return on Investment 147
Return-Code 71
Return-Statement 141
Reverse Engineering 105
Review 128, 155, 190, 195
Reviewer 85
Reviewtechniken 85
Review-Teilnehmer 154
Risiken 45
Risiko 133, 153
Rot-Grün-Blindheit 110
Routine 127, 152
Routinehandlungen 34
Rückgabewert 205
Rückübersetzen 134
Rückwärtsassoziation 55
Runtime-Module 81

S

Sackgasse 19
Satzzeichen 230
Schachtelungsebenen 232
Schachtelungstiefe 223, 226, 249
Schaden 244
Schemata 38, 52
    hierarchische 52
Schleifen 119, 235, 268, 278
Schließen
    von Dateien 74, 79
Schlüsselwort 109, 117, 167, 190, 193,

230, 297
Schlüsselwort-Ersetzungen 120
Schlussfolgerungen 52
Schnelldurchlauf 154
Schnittstelle 122, 168, 180, 187, 206, 217, 248
Schnittstellen-Dokumentation 86
Schönfärbereien 58
Schrägstrich 231
Schreibtischtest 111, 128
Schreibweise 117
Schrift
    lateinische 93
Schriftarten 109, 110
Schriftattribute 40
Schriftgröße 110, 221
Schrifthöhe 110
Schriftlichkeit
    Prinzip der 52
Schriftrichtung 93
Schriftstücke
    Behalten des Inhalts 52
Schrittweite 226
Schwächen
    von Programmiersprachen 275
Scripte
    selbst entwickelte 107
Scriptsprachen 101, 275, 276, 283, 291
Security siehe Sicherheit
Security-Mechanismen 75
Seiteneffekte 90, 271
Seitenvorschübe 222
Selbstverständlichkeiten 225
selten 55
Serialisieren 79
Serialisierung 257
Server 179
services 98
setjmp 269, 285
setter-Methoden 39, 206
Settings 110
Shared Objects 81
Shell-Scripte 121
Shift-Operator 287
Sicherheit 75, 102, 130, 131, 133, 156, 191
Sicherheitsaufwände 45

Sicherheitsdenken 59
Sicherheitslücken 76
Sicherheitsvorteil 194
Sicherheitszähler 268
Sichtbarkeit 256
sieben 37
Signale 75
Signal-Handling 72, 80, 98
signed char 183
Singular 204
Sinnesorgane 30
Sinngehalt 50
SI-System 177
sizeof-Operator 282
Skripte 78
Softwareentwicklung
    professionelle 18
Software-Entwicklungs-Alltag 20
Softwarehäuser 219
    kleine 17
Softwarequalität 18, 19, 22
Softwaretools 21
Sonderfälle 55, 62
Sonderzeichen 69, 161, 250
Sortieralgorithmen 133
Sortierfolge 162
Sortiermethoden 95
Sortierreihenfolge 93
Sortierung
    alphabetische 39, 209
Spalten 88
Spaltennamen 114, 168, 174, 189, 193, 229
Spaltenüberschriften 116
Spanisch 94
Speicher
    aktiver 48
Speichern
    von Source-Dateien 67
Speicherplatz
    Allokieren 133, 282
    Freigeben 80
Speicherplatzbedarf 80, 101
Speicherung
    assoziative 142
Speicherverwaltung

automatische 279
Sperren 98
Spezialwissen 127
Spielräume 22
spin 183
Sprachdialekte 22
Sprache 94
    Benutzerinterface 93
    Benutzungsoberfläche 94
    von Kommentaren 95
Sprachelemente 143
Sprachen
    objektorientierte 181
Sprachgebrauch
    einheitlicher 147
Sprachmischungen 206
Sprachschnittstellen 104
Sprechweise
    natürliche 208
SQL 27, 76, 79, 117, 121, 168
    Datenbanken 99, 101, 102, 115
    Funktionen 187
    Keywords 170
    Prozeduren 27
    Scripte 164
    Warnungen 129
SQLCA 296
Stabilität 77, 79
Standardbibliotheken 167, 171
Standardfunktionen 171
Standardisierung
    Lücken 104
Standardisierungsorganisationen 177
Standardisierungsversuche 101
Standard-Library siehe STL
Standardpakete 80, 172
Standardprozeduren 73
Standards
    Einhaltung 50
    internationale 187
Standardwerkzeuge 94
Stärken
    von Programmiersprachen 275
Start-Up's 17
Statements
    eingebettete 27

Statistiken 47
Statusberichte 58
Status-Meldungen 72
Sternchen 264
Steuerelemente 166
Steuerzeichen 287
STL 283
Stored Procedures 27, 99, 113, 296
Störeinflüsse 34
Strand 41
strcpy 171
Streichen
    von Endungen 177
Stress 57, 58
Strichstärke 264
Stringkonstanten 224
Strings 101, 104, 180, 181, 183, 279, 288, 290
Structures 190, 282
Strukturen
    geschlossene 39
Stücklisten
    Modellierung 115
Style Guides 26
Style Sheets 105
Substantive 203
Subunternehmer 232
Suchalgorithmen 133
Suche 217
    nach Fehlerursachen 256
Suchen/Tauschen 106, 116
Suchfunktionen 116
Suchkommandos 88
Suchkriterien 192
Suchmuster 164, 293
Suchoperatoren 101
Such-Utilities 88, 91, 173, 190, 264, 297
Südamerika 51
Suffixe 178, 184, 186, 199
switch-Statement 294
Symbole
    arithmetische 231
    Bedeutung 94
Symbolkombinationen 32
Synapsen 30
Synonyme 163

unzulässige 166
Syntax
    Erkennung 109
Syntax-Highlighting 40, 108, 167
syslog 71, 98
Systemadministration 291
Systemdesign 80, 97
Systeme
    verteilte 66
Systemkonfiguration 98, 160
Systemtabellen 169

T

Tabellen 76, 88
Tabellennamen 168, 194, 229, 297
Tabulatoren 112, 294
Tabulatorschrittweite 226
Tabulatorzeichen 53, 226
Team 22, 155
    internationales 95, 160
    neue Mitglieder 50
Teammitglieder 140, 145, 147, 152
Teamzusammensetzung 44, 126
technische Details 128
Teilautomation 87
Telefonbuch 162
Telefonbuchsortierung 93
Template-Klassen 283, 287
Templates 66, 104, 106, 110, 122, 125, 252, 268
Termindruck 58
Termine 18
Terminieren 267
Terminziele 19
Testaufwände 75, 89
Testauswertung 78
Testdaten 77, 91, 121
Testdurchführung 78
Testfälle 77, 85, 160
Testläufe 68, 121
Testphase 47, 77
Testpläne 67
Testprotokolle 67, 91
Tests 61, 77, 85, 89, 91, 156

Test-Tools 124
Testtreiber 91, 121
Texteditoren 221
Text-Files 67
Textterminals 221
Theorie 135
this-Pointer 195
Threads 75, 80
Threadsicherheit 256, 257
Three Letter Abbreviations 183
Tipparbeit 178
Tippfehler 234
Tips 36
TLA siehe Three Letter Abbreviations
Todo-Hinweise 260
Tools 98, 108
    Datensicherung 174
    Funktionsumfang 146
Trace-Files 67
Trace-Outputs 81
Tracing 75, 79, 83, 86, 119
    verfälschtes 82
Transaktion 80
Transaktionen
    Schließen 74
Transaktionshandling 256
Transaktionsmonitor 81
Treiber-Programme 78
Trennen
    von Clients und Servern 74
Trennung
    optische 164
Trojanische Pferde 76
TRUE 281
Try-Catch-Blöcke 236
Tuning 75, 78, 81, 83, 86, 89, 131, 132, 160
Tuning-Bedarf 81
Typdefinitionen 198
typedef 273
Typisierung 291
Typprüfungen 281
Typumwandlungen siehe Casts

U

Überarbeiten
　manuelles 84
Überarbeitungen 151
Überarbeitungszyklen 83
Überforderungen 136
Übergänge
　fließende 142
Übergangszeit 206
Überladen 171
　von Methoden 290
　von Operatoren 283, 285
Überlernen 152
Überraschungen
　böse 66, 87, 162
Übersichtlichkeit 136, 257
Überstunden 46
Übertragbarkeit siehe Portierung
Überwachung
　Sicherheit 75
Umbenennen 84
Umbenennung 253
Umbenennungen 118
Umbrüche
　unerwünschte 221
Umfang
　eines Systems 130
Umfeld
　der Softwareentwicklung 63
　komplexes 140
Umgebungsvariablen 73, 76, 98
Umlaute 161, 250
Umorganisieren 51
　von Gedächtnisinhalten 48
Umsetzung
　von Regeln siehe Regeln
　　Umsetzung
Umwandlung
　eines Pointers 282
Umwandlungsfunktionen 205
unbewusst 31
Unfälle 32
Ungarische Notation 182
Ungewohntes 45
Unicode 98, 101, 162, 284, 286, 287

Universität Stuttgart 289
Universitäten 148
UNIX 97
unkomprimiert 68
Unsicherheit 57
unsigned char 183
Unternehmensebene 166
Unterschätzen
　von Risiken 45
Unterstriche 115, 161, 163, 197
Unterteilung
　einheitliche Kriterien 142
Unzen 94
Urheberrecht 253
Urlaub 53
Urlaubssperre 60
Ursachenfindung 46
use 198
Utilities 87, 98, 107

V

varargs 282
varchar 101
Variable 204, 257
　applikationsweit sichtbare 198
　globale 71, 198, 271
　lokale 179, 195, 196
Variablendeklarationen 122, 258, 273, 278
Variablennamen
　einbuchstabige 288
　eindeutige 106, 118
　gültige 173
Variant 183
VB siehe Visual Basic
VBA siehe Visual Basic for Applications
Verallgemeinern
　unzulässiges 59
Veranschaulichung 141
Verarbeitungstiefe 49
Verbesserungen
　organisatorische 20
Verbesserungsmöglichkeiten 263
Verbinden
　von Clients und Servern 74

Verdecken
    von Variablen 198
Vereinfachungen 56
    unzulässige 48, 61
Vereinfachungsstrategien 57, 58
Vereinigte Staaten 94
Vererbungshierarchie 143
Verfälschen
    von Erinnerungen 51
Verfügbarkeit 130
Vergessen 55
Vergleiche
    von Dateien 112
    von Zeichenketten 101
Vergleichsoperator 276
Vergleichs-Tools 109
Vergleichswerkzeuge 112
Verkettung
    von Vergleichsoperatoren 294
Verläufe
    glatte 39, 40
Verschlüsselungsmechanismen 76
Versionskontrolle 34, 67
    Templates 125
Versions-Management-Systeme 63, 68, 91, 109, 120, 126, 155, 213, 252, 254, 260, 299
Versionsnummer 74
Versprechungen 66
Verständlichkeit 35, 85, 221, 251
Vertippen 84
Verwechslungsgefahr 44
Verweise
    in Kommentaren
        siehe Querverweise
Verwendungszweck 257
    von Variablen 36
Verzeichnis 67
Verzeichnisbäume 215
Verzeichnisnamen 172, 174
Verzeichnisse 117, 172
Verzerrungen
    der Wahrnehmung 45
Verzweigungen 235, 278
View-Definitionen 194

Visual Basic 166, 169, 170, 183, 269, 289
Visual Basic for Applications 290
Vokale 176
Vollständigkeit 32
Volltextsuche 217
Vorarbeiten 216
Voraussetzungen
    implizite 259
Vorbedingungen 249, 256
Vorgängerversion 111, 136
    Vergleich 84
Vorgehensweisen
    alternative 141
    sinnvolle 21
    verbreitete 167
Vorkenntnisse 146
Vorrang
    von Operatoren 228, 234
Vorrangregelungen 284
Vorschriften 23
    Abneigung 153
Vorstellungen
    unbewusste 54
Vorstellungswelten
    differierende 54
Vorteile
    von Regelungen 52
Vorwärtsassoziation 55
Vorwissen 35, 43, 53
    manipulierendes 55
Vorzeichen 228

W

Wahrheitswert 183
Wahrnehmung
    visuelle 31
Wahrnehmungen
    unvollständige 43
Wahrnehmungsapparat 30
Wahrnehmungspsychologie 29
Wahrnehmungsvorgang 32
Wahrscheinlichkeit
    von Fehlern 45
Währungen 93, 183

INDEX

Warning-Level 280
Warnungen 72, 76, 94, 189
Wartbarkeit 221
Wartung 86, 88, 156, 244, 247, 251, 258, 263, 272
Wartungsaufwand 264
Wartungshandbuch 128
Web Application Server 81
Web Browser 96, 105
Web Server 81
Werbefachleute 41
Werbesprüche 49
Werbung 49
Werkzeuge 108
Werte
    aggregierte siehe Aggregate
    zulässige 257
Where-Klausel 193, 296
While-Schleifen 268
White Space 112
White-Box-Tests 78
Widersprüche 20
Widerstände 46
Wiederholung
    bei Lernvorgängen 48
Wiederverwendung 106
Wiederverwendungs-Potentiale 42
Wildnis 32
Wirkbetrieb 61, 82, 119
Wissen
    vorhandenes 31
Wissenslücken 53, 148
with 198
Wohlbefinden 30
Wortanfänge 163
Wortbestandteile 163, 170
Wörter
    Trennung 165
Wortgrenzen
    Hervorhebung 164
Wortkombinationen 117
Wortlaut 50, 139, 141
wortwörtlich 31
Wunschdenken 45, 138

X

X-Ref-Funktionen 91
X-Ref-Tools 88, 109, 113, 190

Z

Zahlendarstellung 93
Zählervariablen 173, 267, 268
Zeichenkombination 40
Zeichensätze 93, 101, 161, 250
Zeiger siehe Pointer
Zeile 110
Zeilenanfang 224
Zeilenende 223
Zeilenende-Kommentare siehe endline comments
Zeilenlänge 111, 223, 228
Zeilennummern 222
zeilenorientiert 111
Zeilenschaltungen 68, 98, 112, 117, 229, 232
Zeilenumbrüche 222, 223, 230
Zeilenvorschub siehe Zeilenschaltungen
Zeitdruck 20, 58, 138, 142, 152, 259, 263, 272
    empfundener 57
    permanenter 63
Zeitrechnung 93
    russische 94
Zeitzonen 178, 187
Zentimeter 94
Zerstören
    von Daten 133
Zickzackkurse 46, 136
Zickzacklinie 40
Zielkonflikte 20, 135
Zielplattformen 96, 146
Zielsysteme 137
Ziffern 115, 161
    arabische 93
Zoll 94
Zufallszahlen 134
Zufriedenheit
    mit einer Entscheidung 57
Zugriffbeschränkungen 98

Zulässigkeit
  von Parameterwerten 270
Zusammenhänge
  Hervorhebung 39
  komplexe 135
Zustand
  fehlerhafter 204
Zuweisungsoperator 276, 279
  Überladen 285
Zweck
  von Programmierrichtlinien 24
Zweifelsfälle 166
Zwischencode 103
Zwischenraum 173
Zwischenversionen 68